「ムラの戸籍簿」を読み解く

——「郷」と「村」の古代・中世——

大山喬平
三枝暁子
服部光真【編】

小さ子社

刊行に寄せて

「ムラの戸籍簿」研究会発足から十五年目、研究会各位の努力によって、二冊目の論集が刊行されることとなった。列島社会におけるムラの意味を明らかにしていくことを念願とし続けてきた身として、感謝の気持ちでいっぱいである。

折にふれ、郷村表の作成を重視しながら、そうした作業の過程で遭遇する、個別のムラの事例分析の深化にこそ意義があること、自分がそこへ帰っていける一個の具体的な地域（フィールド）をもつことが、あらゆる研究に深みと彩りをもたらすことを研究会各位に伝えてきた。このたびの論集にも、こうした思いを共有する様々な専門領域をもつ研究者たちが結集してくれた。

郷村表の作成とムラの研究は今後も続いていく。活動の進展を祈念して、巻頭の言葉にかえたい。

大山喬平

二〇二四年九月

序

本書は、二〇〇九年四月に発足して以降、現在に至るまで活動を続けている「ムラの戸籍簿」研究会による、二冊目の研究成果書籍である。

研究会ではこれまで、①郷・村＝「ムラ」の初見年代とその史料を収載したデータベース（「ムラの戸籍簿」）を作成し、インターネット上に公開すること、②その作業を通じ、列島社会に展開した「ムラ」の全体像を把握するとともに地域的特質を解明すること、を柱として活動してきた。そして二〇一八年九月には、大山喬平・三枝暁子編『古代・中世の地域社会――「ムラの戸籍簿」の可能性――』（思文閣出版）を出版し、発足後十年にわたる研究成果をまとめている。ここでは、「ムラの戸籍簿」（以下、「戸籍簿」と表記）とは何か、その概要と作業状況について紹介したうえで、各国ごとの郷・村データベースの内容をふまえ、古代中世村落の個別具体的な様相を明らかにした。

刊行後、鈴木哲雄・伊藤俊一・土山祐之・榎原雅治の各氏に書評を依頼してシンポジウムを開催した（二〇一九年八月）ほか、坂田聡氏による書評（『史学雑誌』一二八編一〇号、二〇一九年）、田村憲美氏による書評（神戸大学大学院人文学研究科地域連携センター『Link』一一号、二〇一九年）、廣田浩治氏による書評（『日本歴史』八五九号、二〇一九年）を得た。多くの書評において、研究会のとりくみについて一定の評価がなされつつも、「生活のユニット」として「ムラ」をとらえることへの違和感や、「ムラの持続性」を措定することへの疑問が表明されている。その一方、史料における「郷」・「村」の現れ方の特徴や、「郷」・

「村」の意味の違いなど、これまで研究会で十分に検討してこなかった論点や課題が提示されるとともに、全国規模で「ムラ」を把握することの意義や地域差に着目していくことの重要性、学生・院生のムラに対する研究関心への促進効果など、「戸籍簿」のもつ可能性についても言及されている。

これらの書評によって、「戸籍簿」を作成していくことの意義を学界において共有していただくためには、前近代の村落史研究の歩みのうえに活動の成果を位置づけ、その方法論や視角の有効性を改めて自覚的に問い直すことが必要であり重要であることを認識することができた。それと同時に、「戸籍簿」のもつ強みが、全国的な見地から古代中世村落の時代別地域別特色を見通すことができる点にあること、および「戸籍簿」の作成を通じて、どのような史料に「郷」・「村」が現れやすいのかが非常に明確となることも、改めて確認することができた。

その後も「戸籍簿」の作成作業を続けており、現在、壱岐・対馬を含む全六十八か国のうち二十三か国のデータをインターネット上で公開している。またネット公開に向けて準備を進めている国が十八か国あり、未着手の国についても今後着手していく予定である。古代から中世に至るまでの、列島全体における郷・村初出数を把握するにはまだ時間を要するものの、おおよそ全体の三分の二に相当する国の郷・村初出状況を見通し得る段階に達しつつある。

以上の点をふまえ、今回新たに刊行することとなった本書においては、これまでの村落史研究をふりかえり、研究史上に「ムラの戸籍簿」の成果を位置づける第Ⅰ部、その「ムラの戸籍簿」の具体例を示しどのような情報がここから読み取れるのかを示し、さらに一国単位を超えて読み取れる「戸籍簿」の情報をもとに地域差をあぶり出していく第Ⅱ部、ムラがどのような史料に現れるのか、具体例を示し叙述していく第Ⅲ部、「ムラの戸籍簿」からどのような広がりが生まれていくのか、古代中世の政治・経済・社会にまつわる様々なテーマとの接点や、他時代・他分野の村落史研究との接点をあぶりだす第Ⅳ部の、四部構成をとることとした。

前書『古代・中世の地域社会』刊行後、二〇一八年十二月に大谷大学で開催された執筆者慰労会の場において、「ムラの戸籍簿」の発案者である大山喬平氏は、農民の成長を領主制の中に見出す石母田領主制論の立場にたつのではなく、領主制と対抗関係にあったはずの、ムラにおける中世の人たちの共同生活に光を当てる必要があること、歴史の主体として、農民（＝ムラに生きる人々）を位置づける必要があることを力説された。高度経済成長期以降、地縁共同体の解体に象徴される地域社会の崩壊の危機が叫ばれて久しいが、地域社会を支え、地域社会に主体的にかかわる人々の営みは、列島各地で今もなお展開し続けている。本書の刊行を通じ、ムラの盛衰の歴史を、列島社会における様々な地域の特質に照らし明らかにすることによって、持続可能かつ多様性と包摂性のある社会の構築に寄与していくことをめざしていきたい。

なお、本書においては、片仮名表記の「ムラ」については、特にことわりない場合、史料上に明記された「郷」・「村」をさすものとし、これ以外の意味で「ムラ」表記を用いる場合には、その理由を示したうえで用いている。

二〇二四年八月

三枝暁子
服部光真

目次

第Ⅰ部　「ムラの戸籍簿」の課題

第一章　大山喬平の中世農村史研究と「ムラの戸籍簿」

服部光真

はじめに

本稿では、「ムラの戸籍簿」研究を提唱し、リードしてきた大山喬平の中世農村史研究から近年のムラ研究への展開を跡づけ、「ムラの戸籍簿」研究の背景や問題意識を探ることで、その研究史上の位置づけを検討することを目的とする。

本書の序に述べたように、「ムラの戸籍簿」研究会の研究は、概ね一九九〇年代後半以降に精力的に進められてきた大山によるムラ研究を方法論的前提とし、その発展的継承を意図してきた。大山のムラ研究の射程は壮大なものがあるが、本稿の主題に関わる限りでその骨子をまとめると次のようになる。(1)

1　研究史上の問題意識として、中田薫以来、石母田正、網野善彦らの研究に脈々と流れてきた「ムラを忘れた歴史学」の克服がある。それと表裏の関係で、清水三男の「自然村落」論や文化史学によるムラ、神祇の研究を再評価する。

2　ムラの多様な姿を個体識別のレベルで追い集め、認識するための具体的作業として、「郷」「村」の史料上の単位呼称に注目し、その初見事例をデータベース化する「ムラの戸籍簿」作成という方法を採る。

3 〈生活のユニット〉としての「郷」・「村」の系列と、〈所有のユニット〉〈政治のユニット〉としての「荘」・「名」の系列とを弁別する。

4 七、八世紀に成立し、近代社会にまで受け継がれるムラの持続性を評価する。現代をその終末期に位置づける。

こうした大山による提言は、従来の研究史に基づく村落理解を相対化し、捕捉しがたい実態のムラ、民衆社会の有り様にアプローチするための一つの方法として一定の理解が得られてきたように思われる。しかし、一方で少なからず批判も寄せられきた。例えば、古代から現代までのムラの持続性を強調する点に関しては、超歴史的理解との印象も免れえず、ムラの実態およびその変遷を追う実際の研究との整合性についての疑義が提出されている(2)。また、史料上の「郷」「村」を〈生活のユニット〉として検出する方法についても、実際にはその内実は区々であり、〈生活のユニット〉、「ムラ」という概念自体が不分明であるなどと(3)研究視角の有効性についても批判がある。

こうした課題を検討していくにあたっては、大山の提言の背景や意図を改めて検証していく必要があるように思われる。とりわけ、大山は「ムラの戸籍簿」研究を提言する以前、一九七〇年代までの研究で、中世に歴史的に形成された「中世農民諸階層の政治的力量の最終的形態」としての中世村落を論じていた。こうした大山の初期の中世農村史研究と、自然村落―ムラの持続性を強調する後年の研究との関係については必ずしも大山も明言していない(4)。大山の中世農村史研究からいかに後年のムラ研究へと展開したのか、その過程や関係性、両者が整合的に理解しうるかどうかという点は、重要なポイントとなるだろう。

第一章　大山喬平の中世農村史研究と「ムラの戸籍簿」

服部光真

如上の問題意識に基づき、初期の大山による中世農村史研究との関係性に留意しながら、「ムラの戸籍簿」研究が提言された背景、問題意識を検討し、その位置づけと課題を展望したい。

一　中世農村史研究の位置

1　石母田領主制論と『日本中世農村史の研究』

大山による初期の中世農村史研究は『日本中世農村史の研究』(5)にまとめられた。この段階での大山の研究の最大の課題は、戦後中世史研究の主流であった石母田領主制論の克服であった。

その序説にあたる「日本中世農村史研究の課題」では、戦後日本中世史研究の出発点をなした石母田正の『中世的世界の形成』における理論と方法が批判され、全体史としての中世農村史の研究課題が積極的に展望されている。

ここでの大山の石母田理論への批判は、石母田・鈴木論争における鈴木良一による、封建制形成の原動力としての人民の意義の過小評価、という批判(6)の可能性の展開という形を借りる。石母田理論は、「直接生産者の奴隷から農奴への直接の形態変換（成長）の理論」、「この形態変換がそのまま領主制形成へと導くとする同一過程の理論」であるとまとめた上で、そこに、中世武士団が政治的に無能力な広い諸階層を代表しつつ古代的専制体制を打倒するという英雄時代構想を看取する。そしてこの理論の問題点として、直接生産者の小経営実現への志向や中世村落の評価の意識的な欠落を指摘する。すなわち、封建制形成の過程について、論理的起点は古代社会内部の小経営であり、その奴隷状態からの解放と新たな封建的隷属（領主制形成）の二つの過程と考えるべきであるとしたうえで、直接生産者の成長は領主制ではなく「中世農民諸階層の政治的力量の最終的形態」としての中世村落に集約されるとする。ただしこの中世村落は小経営の展開を促進し、領主支配への抵抗の砦となる一方で、それを否定する「小さな領主制」をたえず胚胎せざるをえず、こうして中世村落では領主―農民関係の萌芽を全て内包しながら封建制形成の最も基本的な過程、全体の歴史過程が進行する、という。

　この大山の研究の前提には、古代・中世農民の社会構成史上の位置づけをめぐる、石母田学説に対する戦前の清水三男以来の批判がある[7]。

　戦前・戦中から、家父長制的奴隷制下から家内奴隷が成長し農奴的小農経営が成立するとする松本新八郎の名田経営論[8]や、奈良時代の農民家族を家父長制的大家族の奴隷制的経営とする石母田の古代家族論[9]に対し、清水三男は、郷戸単位の大経営ではなく単一家族の小経営を重視するとともに、田堵の浮浪性を指摘して批判を展開していた[10]。しかし、清水の出征により両者の間の直接の論争は断たれることとなった。

　戦後にかけては、大山も直接的に克服の対象と位置づけた石母田の領主制論が形を整え、古代国家を、班田農民を奴隷制的に支配する総体的奴隷制と位置づけ、班田農民の分解の中から領主制が形成されて封建制を確立していくなかで、直接生産者は奴隷から農奴に進化するという道筋が理論的に説明された[11]。一方、清水の学説を継承した林屋辰三郎や宮川満の議論を経て、高尾一彦が小経営を積極的に評価し、名田経営の母胎に、農民の家族共同体的経営（萌芽的な小経営）を組み合わせた家父長制的家族共同体経営（有力農＝田刀の萌芽的自小作経営）をみるべきとして松本・石母田を批判すると[12]、田堵を契約的な請作人とみる村井康彦の研究[13]、ともに自立した農業経営をもつ名主層と小百姓層との二階層による村落の座的構造を指摘した黒田俊雄の研究[14]などにより、中世百姓の自立的性格が明らかにされつつあった。

大山が研究を始めた時期の研究状況はこのようなものであった。大山と同世代の戸田芳実や河音能平は、高尾らの議論を受け、石母田領主制論の理論的克服を試みていた[15]。それは、「小経営生産様式」範疇の導入によって、農奴制を奴隷制の継起的・必然的結果とみず、原始的社会構成から農奴制への直接展開を理論づけることで、小経営生産様式（自由農民）の零落と新たな隷属（家父長制的農奴主階級・律令貴族の封建的支配階級への転化）による農奴制形成を見通すものであった。

大山は、戸田らの生産様式論や在地領主制論とは若干の距離を生じさせていくことになるものの、最初の論文「地頭領主制と在家支配」[16]で自由な農民諸階層の存在を重視しているのはこうした研究動向に位置づけられるものである。この論文では、在家農民を「法的には自由人格の百姓」とし、それと対決しなければならなかった「地頭領主権の未成熟さ」が強調され、石母田以来の見解に対して、在家農民の歴史的系譜を奴隷の進化ではなく律令農民の展開過程に求めるべきこと、領主制展開過程においては直営地経営の設定・拡大を過大評価できないことが指摘されている。

そして、中世の灌漑労働の編成は有償労働が一般的であり、中世農民は去留の自由のある雇傭労働者であったことが明らかにされたこと[17]を皮切りに、こうした不安定で流動性を特徴とする小経営は「散田作人」と概念化され、名主層の大経営と散田作人層の小経営という中世村落の二重構成論が提起されることとなる[18]。さらに、中世前期の村落共同体「むら」や、在地の共同体的機能である勧農権の主体としての「小さな領主制」「村落領主」の具体的な姿が発見され[19]、中世村落は積極的に石母田理論の在地領主制に対置されるべき存在として位置づけられることとなった。そしてこの二重構成を内容とする中世村落に、〈主従制的支配権〉と〈統治権的支配権〉からなる封建権力の支配権の原基構造として、名主層による家内隷属民への〈家父長制的支配〉と、散田作人層への〈構成的支配〉が内包されていることが見出された。[20] こうして、日本の領主制・荘園制のあり方が農村によって規定されていたことを明らかにするとともに、石母田領主制論に対しては直接生産者の小経営実現への志向や中世村落の評価が欠落しているとの批判によりその克服が試みられたのである。

2 「ムラの戸籍簿」研究の源流

大山のこの時期の研究にも、後年のムラ研究、「ムラの戸籍簿」研究に通じる考え方が随所に認められる。

研究史理解の面では、この段階の大山の主たる批判対象は石母田であり、後年のように中田薫に遡る先行研究の検討はされていない。また清水についても、序説や各部冒頭に置かれた「問題の所在」などでは石母田に対置すべき有力学説として位置付けられているが、実証レベルで清水の影響が直接的に看取されるのは国衙領の研究などに限られる。ただし、上述のように大山の研究が清水以来の学説の流れに位置付けられることは明らかであり、大山自身は清水の学問からの影響について「ないと言ってはいけないかな」[21]などと明言しないが、過去には「私などは清水さんや松本さんの圧倒的な影響のもとに仕事をつづけてきたわけですが」[22]などという発言も認められる。西欧の封建制を唯一の典型とする考え方の克服という点も、やはり清水の問題意識に通じ、また後年の中田薫批判にもつらなる考え方とみることができよう。

また、中世村落の歴史的達成が荘園制・領主制のあり方を規定するとの見解は、村落と荘園を峻別する理解が前提にある。後年のように両者を対置し、前者こそを〈生活のユニット〉であると強調するものではないが、その萌芽は認められよう。そしてその中世村落の内部では全体の歴史過程（貨幣の浸透、経済的活動、小さな領主制、構成的支配、内部規範の形成、身分的編成など）が進行するとして、中世農村史が全体史として構想されている点も重要である。後述する中世都市の位置付けをめぐる網野善彦との論争における中世村落の位置付けや、後年の列島におけるムラの位置付けについての発言などが想起される。

当時の大山の「私どもにとって、より以上に切実な関心をよぶ問題は中世社会のいかなる構造から遠く現在につながる日本社会の体質が形成されていたのかという点に集約される」[23]との発言に見られるように、中世社会の構造が中世村落形成のうちに刻印づけられ、現代社会にいたるまで規定性を持ち続けているという問題意識も、後の「ムラ」論に通底する問題意識として挙げられる。ケガレの観念が日本中世の形成とともに成立したことを主張し[24]、「これは古代から中世への移行期の問題であり、河音能平さんにならって言えば、日本のフォルクの形成と関わりがあるのではないか」[25]と述べるように、黒田俊雄の「国内的文化圏」や河音能平のフォルクなど、特殊日本的な封建制の構造を中世成立期の「民族」の形成と関わらせて理解しようとする同時期の研究者と問題意識を共有していた。日本中世の農民闘争に対する、「救済への願望をひめた激情的な民衆叛乱の日本における全般的な欠如」[26]、中世百姓の意識面での荘園領主権への敗北[27]、といった冷徹な評価はそれと表裏の関係にある。日本中世農村史の研究は切実な現実社会への問題関心と不可分であったのである。後年にも「（日本の中世史研究は――引用者注）日本社会が全体としてどのような歴史的推移をたどって展開したか、そもそも日本社会はどのような性格の社会であるか、といった根底的な問題の重要な一環をなすものである」[28]と発言しているように、こうした問題意識は繰り返し述べられている。これが、後年に現代社会におけるムラの消滅という事態を受け、列島におけるムラの位置付けについて注意を喚起していくことにつらなるのであろう[29]。

3　ムラ研究の課題への手がかり

後年の大山のムラ研究への主要な批判点の一つである、〈生活のユニット〉としてのムラの内実について理解する手がかりも中世農村史研究には伏在している。

全体史としての中世農村史研究を支えたのは、労働と生産の具体的な場に即した中世農村の現実的展開の追究であった。実態・具体性へのこだわりは後年のムラ研究にも一貫しているが、その実態とは、中世農村史研究の段階では、具体的な人間と自然との関係や、人間関係としての所有、開発、生産過程、労働編成が問題とされていた。この点は大山の身分制研究にも通底しており、大山によれば身分とは「各階層の社会的諸活動の遂行主体として自己編成を遂げた集団の内部規範にその成立の根拠を持っている」ものであったが、「イエ」や「ムラ」には「それぞれ自然との戦いがあり、それにうちかつことなしに彼等は存立し得ない」から、その内部規範や身分的編成は外部干渉を排除して自律的性格を持つという。[30]こうした考え方は、中世村落の形成と展開を内在的な論理のうちにみる大山の歴史の見方そのものを支える一貫した論理であったことがうかがえる。そして同時に、中世村落＝「ムラ」が内部規範を自律的に有し、自然との闘いの主体となる存在として大山が捉えていたということが重要である。

後年のムラ研究で〈生活のユニット〉であるムラと〈政治のユニット〉としての荘—名の系統とを峻別したことについては、[31]鎌倉佐保が、〈生活のユニット〉としての村と〈政治のユニット〉としての村があることを指摘したのをはじめ、[32]本稿の冒頭に紹介したような批判がある。

ムラ研究において大山がいう〈政治のユニット〉あるいは「政治の枠組」とは、「国家組織であり、あるいは庶民各層の生活世界に被せられた大小各段階の権力システム」[33]のことであり、その「政治の枠組」に収まりきらない庶民の生活世界としてムラが想定されている。しかし中世農村史研究の段階での大山が用いていた「政治」の語には、法・論理・身分、現実・生活・階級の総結集としての意味があったはずで、単に生活世界の対立物としての権力システムを意味していなかった[34]。中世村落を「中世農民諸階層の政治的力量の最終的形態」と位置づけ、「政治」が支配階級の独占物ではなく、農村にも生活、論理、生活規範が成立し、政治的対抗の一翼となっていたことを主張し、もって石母田を批判しているのである。久野修義も指摘するように、中世農村史の研究とムラ研究では、「政治」という語の意味する内容は明らかに異なっている[35]。ムラ研究において〈生活のユニット〉と対比された〈政治のユニット〉の「政治」とは「権力システム」のことであって、そこではムラの有する政治性は問題とされていない。

それでは、〈生活のユニット〉の概念には、ムラの政治性は含意されているのであろうか。大山は『日本中世農村史の研究』第一部「問題の展望」で、この荘園社会の構造分析は、高橋幸八郎が『市民革命の構造』で提唱したフーフェ→ゲマインデ→グルントヘルシャフトという封建社会の論理構造を念頭に置き、それを名主→中世村落→領主制・荘園制として把握したものと説明していた。このゲマインデは、その段階では「中世村落」として把握されていたが、後年のムラ研究のなかでは「ムラ」という語が当てられて説明されている[36]。中世農村史研究と後年のムラ研究との接続を理解するうえで重要である。ムラ＝中世村落に政治性が組み込まれていることは十分に意に含めたうえで、〈生活のユニット〉と表現されていることは明らかであろう。つまり、政治の主体としての側面をムラから取り除いて〈生活のユニット〉という語を理解する必要はないと考えられるのである。

従来は〈政治のユニット〉と〈生活のユニット〉の対比のみが切り取られて理解されがちであったが、荘―名の系列は「国―郡―郷―村」の系統を所有の一点で切り取って成立したもの、という大山の説明から明らかなように、あくまでもその対比は荘―名の系列と郷―村の系列との対比を前提としている。この場合の〈政治のユニット〉とは、所有を成立の契機としたユニット[37]、「所有のユニット」[38]といった表現とも言い換えられている概念である。大山の文脈のなかで、融通性ある概念として理解する必要があるだろう。

同様に批判がある古代からのムラの持続性の問題についても、その発想の淵源は、清水が、奈良時代を「中世的な世相が優位」「古代へよりも中世に接した時代」[39]と捉えていたような側面が、大山の、狭山池重源碑を契機とする古代からの連続性を重視する認識につらなるのかもしれない。あるいは、大山自身が「八世紀以来のウジの解体過程において自立しつつあった家長層のきびしい自己淘汰をへて再編された新しい性格の地域権力、さらに古代から中世への歴史的転換を担った在地の直接生産者農民の自己変革――つづめていえば中世村落の形成がここに存したにちがいない」[40]と述べるように、小経営の自由な百姓の存在を、古代から中世に存在形態を変えながらも連続的に認める立場に胚胎している可能性がある。

しかし、小経営生産様式は「それ自体としては社会構成を規定しえない超歴史的・無性格のもの」であるが、それを「封建的な関係たらしめるもの」として追究されたのが、戸田の場合は在地領主制であり、大山の場合は中世村落であった[41]。ムラも〈生活のユニット〉としての持続性が認められることが大山によって確認され、強調されてきたとしても、その上で実際に問題とされてきたのはムラの変遷、歴史的動態の推移であり、そうしたかたちで本研究会の個別研究もこれまで進められてきている。それは、決してムラが古代から現代まで変化なく、静態的に存在してきたことを主張するものではない。この点は第二節で大山による「村の神さま」の研究に触れるなかで改めて確認する。

二　「ムラの戸籍簿」研究への道程

1　網野善彦との論争

前節でみたとおり、『日本中世農村史の研究』は石母田領主制論への批判が軸となっていたが、実際には網野善彦や石井進との間で当時進行中であった議論が念頭にあったことは間違いない。

同書に収録された論文のなかでは新稿を除くと最も新しい一九七七年に発表された「中世社会のイエと百姓」は、当時の研究状況を踏まえて、「石母田氏以来の領主制理論を継承しつつも、みずからの理論的枠組に従って」、イエ、百姓身分から中世社会の特質を論じたもので、中世村落研究と、身分制研究の両方を踏まえた中世農村史研究の立場からする中世社会論として位置づけられる。ここでの大山の主張の眼目は、百姓身分の自立的性格の背景にイエの自立性があり、その村落領主や百姓の固有のイエ支配の存在によって、中世の領主支配は「マバラな穴だらけの」脆弱な支配であり、それゆえに政治権力の中央集権的構造の基盤にもなったという点にあった。そして、こうした理解に基づき、石井の多元国家論、笠松宏至の地頭独立国論などの領主のイエ支配論を、百姓のイエの論理や「中世村落の歴史的達成の上に立ち、それを否定的に媒介したところに成立する中世的領域支配の問題」を欠落させた議論であると批判し、一三世紀後半以降に農業社会の成熟を見る網野、石井の所説を「安良城氏の家父長制的奴隷制社会説への傾斜」と断じた。中世村落の形成と百姓のイエの成立の問題が欠落しているとの批判は石母田批判から一貫したものであったが、同時にこれは網野史学との衝突の出発点となった。

とはいえ、保立道久が網野の無縁論を当時の研究史のなかに位置づけることを試みたなかで指摘しているように、そもそも網野の立論の前提には小経営の自立性を評価する大山の議論などがあった[42]。網野自身、『日本中世農村史の研究』の書評[43]のなかで、大山の「地頭領主制と在家支配」について「百姓の「法的」な「自由」を指摘したこの論文を読んだ時の強い感銘」に触れており、個別論文においても「諸国流浪」の状態にあった海民を検討するにあたっては、大山の論文を引用して「農民自体、少なくとも鎌倉期までは、多分に「浮浪性」を考慮に入れる必要がある」[44]と言及し、また、貨幣流通や労働編成に関する大山の所論も随所に好意的に引かれている[45]。

今日の研究史理解からは意外な感もあるが、当時の学界においても、小山靖憲が「この河音や大山の所論に刺激され（中略）ユニークな権力論を構想しつつあるのが網野善彦の一連の研究である」[46]と述べているように、網野の学説は河音や大山の議論とも親和性のあるものとして受け止められていた。大山が指摘した散田作人の浮浪性、河音が指摘した村落共同体から排除された流浪的大衆（間人・非人・乞食）の存在などが網野の立論の背景にあったことは、当時は客観的にもよく理解されていたようである。中世農村史研究を構想していた大山の意図にもかかわらず、その実証研究は、当初は網野の職能民・非農業民論にも大きな影響を与えていたのである。

しかし先述の「中世社会のイエと百姓」での大山による網野批判に見られるように、一九七〇年代以降、両者の議論は決定的な分岐を見せるようになる。網野は先述の『日本中世農村史の研究』の書評のなかで、あえて同書の論文配列の構成を崩し、時に初出掲載時から改稿された点を指摘しながら各論文を初出年代順に時系列で論評し、大山の学説の展開を執拗に検討した。そして、「荘園制と領主制」について「中世農民の「自由」な特質についての言及が、ついにここにいたって全く消え去った」と断じるなど、大山の学説に領主制論と非領主制論の間での揺らぎ・分裂があることを批判的に指摘している。

一方その後の大山による網野批判は、網野の非農業民論を念頭に、天皇―供御人関係をリアルに見直すべきであるとして、著作再録時に「自立しなかった商人たち」の副題が添えられた「供御人・神人・寄人」[47]が著された程度であったが、本格的には二〇〇〇年代以降になされた。その批判は、中田薫につらなる「ムラを忘れた歴史学」として網野、石井、笠松らの議論を位置づけるかたちで満を持して展開された[48]。

前節で触れたように、大山は『日本中世農村史の研究』において、高橋幸八郎が提唱したフーフェ↓ゲマインデ↓グルントヘルシャフトという封建社会の論理構造を、名主↓中世村落↓領主制・荘園制として把握した、と自身の学説の背景を説明していた。これについては、網野により「高橋のゲマインデには規制の側面はあっても、グルンドヘルシャフトに対しての抵抗の側面は、もともと欠落している」と批判されたが[49]、これに答えるかたちで、大山は、当時の土地所有理論の通説的位置にあった大塚久雄の理論とは異なり、高橋のフーフェは「〈労働する主体〉としての人間と自然とのかかわりを体現するもの」として措定され、ゲマインデはフーフェの経済的実現を〈媒介する契機〉と位置づけられていることに注目したとして、この理解が網野との分岐点であったと述べている[50]。

大山にあっては、中世民衆の自由の源泉は、中世の多様な農民の諸活動が展開されたムラのなかにこそ求められ、網野にあっては、私的所有の論理・イエの論理ではなく、ムラの外の無主・無縁の原理に求められることとなった。その相違が、中世の村人の山野河海を舞台とする多様な生産活動を重視し中世村落に都市的要素が含みこまれていると考える大山と、中世村落から「職能民」「非農業民」「都市的な場」を切り離した網野との間の、村落―都市についての理解の対立にもつながったのである。

大山が多く影響を受けた清水の『日本中世の村落』は、中世村落の達成を、第二次世界大戦を戦う大日本帝国を念頭に置いた「国民国家」形成に収斂させていかざるをえなかった。(51)この点の克服を試みるうえで、中世農民を政治的無能力な存在として村落の位置づけを欠いた石母田領主制論とともに、網野による「茫然とした」「本源的な天皇支配権」の「神秘主義的把握」(52)もまた大山には許容されるものではなかった。大山にあっては、中世民衆の自由の論理は、あくまでも中世の多様な農民の諸活動が展開される中世村落のうちになければならなかったのである。

清水三男についても、網野との間にはその転向の評価のしかたをめぐって微妙な対立があったほか、中世の都市・農村の捉え方も含めて学説レベルでも多くの点で継承の方向性に隔たりがあった。(53)ここでとりわけ注目したいのは、史料上の「郷」「村」という単位呼称に注目するという「ムラの戸籍簿」研究の手法に関わってである。大山はその手法について、清水の視点を継承したものであることを明確に述べている。(54)一方、網野もまた清水の『日本の中世村落』を踏まえて、その荘園公領制研究のなかで「郷」「保」「村」などの単位呼称に着目し、国別にその特質を検討した論文を多く著している。(55)例えば常陸国に関して「この国の場合、開発された新田が「村」と呼ばれている」などと史料上の「村」の性格の検討がなされている。ムラ研究ではなく、土地制度史としての荘園公領制研究の枠組みであり、「郷」「村」だけではなく「保」など他の単位呼称も対象としているため、その問題意識は決定的に異なっていたものの、その手法は「ムラの戸籍簿」研究にも通じるものがある。しかし、大山から網野の荘園公領制研究におけるこの手法への言及はない。

網野は晩年、「地」「保」「在家」などの地種を検討し、これらが都市的な場・都市に特徴的ではあるとはいえ、都市独自の制度ではなく、都市の領域も不鮮明であったことを指摘した。そして、村落も同様であったとして、都市も村落も制度的な単位となるほど明確に形成されていなかったことが、国制としての職の秩序が形成される背景にあったと主張した[56]。その際、「実態のつかみどころがないのは都市だけでなく村落も同じであった。冒頭に紹介した清水三男氏は、戦争中に刊行された名著『日本の中世村落』で、荘園公領制の荘・郷・保・名・村等の単位に即し、その背後に「自然村落」を想定、執拗に追究を試みたが、結局これらの単位が「村落」とは異なることを明らかにする結果に終わっているのである」[57]と述べていることは大いに注意される。すなわち、清水はこの方法では村落をつかむことができなかったと指摘しているのである。既にこの時期には大山によって鎌倉初期の「郷」・「村」に関する論稿[58]が発表されており、網野のこの指摘は、明言はされていないもののそれへの批判を念頭になされたものであろうことは想像にたやすい。結局これに対する大山からの反応はなかったが、こうした網野の批判を織り込みながら、後述するようにこれ以後「ムラの戸籍簿」研究の方法論を確立させていくこととなる。同じく清水を起点としながら、大山と網野の研究は微妙にすれ違いながら対蹠的に展開していったのである。

2　「ムラの戸籍簿」研究への展開

一九九〇年代以降、ムラ研究へと直接的に接続する諸論稿が発表された。

その背景には、一つには一九八〇年代からの荘園現地調査への関わりがあり、一九九三年には具体的な現地景観を踏まえた荘園制論が著された[59]。この論文では、明確に清水説を踏まえて、荘園と村落とを区別し、前者を〈政治のユニット〉、後者を〈生活のユニット〉と捉える見解が呈出されている。前節で触れたようにこの〈政治のユニット〉という概念には疑問点もあるが、荘園制が、国―郡―郷―村で成り立っている社会を、所有の契機を媒介に切り取って成立するものであるとして、荘園と村とを原則的に峻別する見解自体は、例えば水野章二が「荘園村落」という語について「清水氏が引き剝がそうとした荘園制という支配制度と中世村落とが、階層論によって不可分に結びつけられ、癒着した概念となっていた」[60]と評価したように、一定の共通理解となっているとみて良いだろう。そしてこうした村落をまとめあげた荘園には「臍」があったという指摘についても、例えば海老澤衷が自然頭首工の持続性に注目して具体的に検討を進めている。[61]

一方この論文では、同時に中田薫の学説の克服という課題も明確に提起された。大山自身が「本書(『日本中世農村史の研究』—引用者注)執筆段階で充分に意識化されていたわけではないが、私が当時、ぶちあたっていた障壁は、結局のところ石母田理論そのものが依拠してきた中田薫学説以来の伝統的なゲルマン法にもとづく日本中世理解の大きな流れそのものであった」[62]と振り返っているように、石母田理論からさらに遡って中田薫の古典的学説の克服が課題として自覚されることとなった。その克服は川端新らの立荘論の影響も受けながら進められ[63]、後に、中田に始まり、石母田、網野、笠松らに脈々と流れてきた、ムラの国制上の位置を問題とし人々の生活の場としてのムラの多様性を軽視する傾向を指摘し、これを「ムラを忘れた歴史学」とする批判へと展開した。[64] 清水説や文化史学の再評価が前面に主張されたことはこれと表裏の関係にあった。

合わせて、この時期に発見された建仁二年(一二〇二)銘の狭山池重源石碑の「流末五十余郷」の分析により、この「郷」は人々が共同して生活する場であり、その生活世界が荘の枠組みを越えて広がり、しかも古代から持続性を持っていたことを明らかにしたことも大山の研究の画期となった。[65] この成果を踏まえて、郷や村がいかに史料に表われるかを確かめるためになされたのが、鎌倉初期の「郷」「村」の検出作業であった。[66] この作業により、中世社会が国—郡—郷—村の系列で成り立っており、荘—名の系列はそれを切り取ることで形作られていたことを指摘し、さらに越中国での通時代的な検出作業により、その動態的な把握が目指された。(67)この方法が「ムラの戸籍簿」研究に直接継承されていくことになる。

そしてこの延長上に、古代の郷・村や、国家に先立つムラの存在とその表象としての「敷きます神」に関わる研究が展開し、ムラの持続性が強調されていくこととなる。そこでは「時代の枠を超え、政治の枠を超えて見えてくる人と神との関係」(68)が追究され、民俗学や文化史学を再評価しながら超歴史的な議論が展開されている。それは、現実として進行するムラの消滅という事態に直面し、さらに「ムラを忘れた歴史学」を克服する必要上から、ムラが営々と続いてきたことを確認し、その意義を問い直す必要があったためであろう。一方で具体的なレベルで検討されているのは、神々について論じた各論文ともにあくまでも「日本中世の庶民生活の実際」(69)であり、中世という時代を限定した歴史的なムラのあり様であった。

以上を踏まえて、改めて「ムラの戸籍簿」研究の目的を確認すると、大山は「列島社会における古代・中世の郷と村についての観念的理解を脱却し、郷(サト)と村(ムラ)との、あるがままの歴史的実態に近づこうとする作業である。私たちの先祖はどのようなシステムをもって、これをムラと認識していたか、これをあるがままに認識することからすべてが出発することになる」(70)と述べている。大山にあっては、「ムラの戸籍簿」とは、史料上の「郷」「村」を媒介に、まずは当時の人々によりムラと認識されていた存在を個体レベルで認識し、その内実を歴史的、具体的に捉えるのをめざす試みであった。その終着点があくまでもムラの実態を歴史的かつ具体的に捉えることである点は、改めて確認される必要がある。

むすびに──課題と展望

大山の初期の中世農村史研究と、後年のムラ研究との間には、一見して大きな懸隔があるような印象もあるが、本稿では、ムラ─中世村落を社会の根幹に位置付け、その実態、現実的展開を追究するという点において、一定の連続性、一貫性が認められることを指摘した。「ムラの戸籍簿」研究も、当時の人々の「認識」を媒介に郷・村を把握することを目的とし、今後はムラの持続性を確認することにとどまらず、ムラの実態に近づき、その変遷を歴史的かつ具体的に捉えるための出発点としなければならない。

またムラ研究における〈政治のユニット〉〈生活のユニット〉の捉え方についても、『日本中世農村史の研究』で展開された政治的主体としての中世村落論を踏まえ、〈生活のユニット〉のムラ（＝中世農村史研究における「中世村落」）は政治性を除外するものではなく、むしろその側面が組み込まれていることが十分理解されたうえで、荘園制とムラとの対比の限りにおいて〈政治のユニット〉、〈生活のユニット〉という表現が用いられていることを確認した。「自然村落」〈生活のユニット〉などの語に清水三男や大山が込めた含意を十全につかみとるには、なお考えなければならない点も多い。表面上の語義の理解にとどまらず、それぞれの文脈や背景のなかでその意図を理解していく必要がある。

ところで、大山の研究は壮大かつ多方面に及ぶため、その全体像はなお捉えがたいものがあり、身分制論をはじめ本稿で触れられなかった研究も多い。例えば十一世紀における地縁社会の成立を明快に指摘している研究[71]などは、中世成立期の村落や地域社会の形成史にも密接に関わる。今後のムラ研究との切り結びは大きな課題である。

また、仏教・寺院についても、大山には、「中世を生んだ政治的結合体としての武士と寺院大衆」と寺院大衆を武士に並ぶ存在として明快に位置付けるとともに、[72]鑁阿・文覚・重源による結縁勧進を人間諸力の編成の一形態とみて、彼らの合目的な合理性の中世生活世界への展開を積極的に評価する論文もある。[73]しかし後年の研究では、「村の神さま」を重視し、仏教はついにその世界には介入できなかったとも述べており、[74]その存在感は後景に退いた感もある。「ムラの戸籍簿」研究会でも、「郷」「村」の史料としての仏教史料との関係は重要な論点となっており、その位置付けも今後の課題となるだろう。

注

1　大山喬平『日本中世のムラと神々』（岩波書店、二〇一三年）。

2　高木徳郎「書評　大山喬平『日本中世のムラと神々』」（『新しい歴史学のために』二八四、二〇一四年）、坂田聡「書評　大山喬平・三枝暁子編『古代・中世の地域社会――「ムラの戸籍簿」の可能性――』」（『史学雑誌』一二八―一〇、二〇一九年）など。

3　木村茂光「「村」「ムラ」はあれど「むら」はなし」（『歴史評論』八四五、二〇二〇年）、似鳥雄一「あらためて村落とは何か」（同上）など。

4　服部英雄「書評　大山喬平著『日本中世のムラと神々』」（『史学雑誌』一二二―八、二〇一三年）では、冒頭「本書はこれまでの著作の基調とは、一見異なるように見える」との評があるように、こうした印象は大山の初期の研究を知る研究者には通有のものであろう。

5　大山喬平『日本中世農村史の研究』（岩波書店、一九七八年）。

6　鈴木良一「敗戦後の歴史学における一傾向――藤間・石母田氏のしごとについて」（歴史科学協議会編『歴史科学大系第二九巻　歴史科学の理論と方法（上）』校倉書房、一九八三年、初出一九四九年）。

7　以下、研究史の理解に高尾一彦「平安時代の名田経営について」(『日本史研究』三〇、一九五六年)、網野善彦「中世前期の社会と経済」(同『中世東寺と東寺領荘園』東京大学出版会、一九七八年、初出一九六九年)、村田修三「日本封建制論」(『講座日本史』第九巻、東京大学出版会、一九七一年)、戸田芳実「封建制成立論の発展のために」(歴史科学協議会編『歴史科学大系第四巻　日本封建制の社会と国家(上)』校倉書房、一九七三年)などを参考にした。

8　松本新八郎「名田経営の成立」(同『中世社会の研究』東京大学出版会、一九五六年、初出一九四二年)。

9　石母田正「古代家族の形成過程」(『石母田正著作集』第二巻、一九八八年、初出一九四二年)。

10　清水三男『上代の土地関係』(『清水三男著作集』第一巻、校倉書房、一九七五年、初出一九四三年)。

11　石母田正『中世的世界の形成』(岩波書店、一九八五年、初出一九四六年)、『古代末期政治史序説』(未来社、一九六四年、初出一九五六年)。

12　前掲注7高尾一彦「平安時代の名田経営について」。

13　村井康彦「田堵の存在形態」(同『古代国家解体過程の研究』岩波書店、一九六五年、初出一九五七年)。

14　黒田俊雄「中世の村落と座」(同『日本中世封建制論』東京大学出版会、一九七四年、初出一九五八年)。

15　戸田芳実「平安時代社会経済史の課題」(同『日本領主制成立史の研究』岩波書店、一九六七年、初出一九五九年)、河音能平「農奴制についてのおぼえがき」(同『中世封建制成立史論』東京大学出版会、一九七一年、初出一九六〇年)、河音能平「日本封建時代の土地制度と階級構成」(同上、初出一九六四年)。

16　前掲注5『中世農村史の研究』所収(初出一九五八年)。

17　大山喬平「中世における灌漑と開発の労働編成」(前掲注5『日本中世農村史の研究』、初出一九六一年)、「中世村落における灌漑と銭貨の流通」(同前、初出一九六一年)。

18　大山喬平「中世社会の農民」(前掲注5『日本中世農村史の研究』、初出一九六二年)。

19　大山喬平「鎌倉時代の村落結合」(前掲注5『日本中世農村史の研究』、初出一九六三年)。

20　大山喬平「荘園制と領主制」(前掲注5『日本中世農村史の研究』、初出一九七〇年)。

21　大山喬平・久野修義・馬田綾子・三枝暁子・塚田孝・竹永三男・西尾泰広「大山喬平氏の中世身分制・農村史研究」(『部落問題研究』二一八、二〇一六年)八七頁。

22　大山喬平(司会)『シンポジウム日本歴史六　荘園制』(学生社、一九七三年)。

23 大山喬平「領主制研究についての試論――石母田氏の方法にふれて」（『歴史学研究』二六四、一九六二年）。
24 大山喬平「中世の身分制と国家」（前掲注5『日本中世農村史の研究』、初出一九七六年）。
25 大山喬平「最近の中世被差別身分の研究をめぐって」（『部落問題研究』六一、一九七九年）。
26 大山喬平「日本中世農村史研究の課題」（前掲注5『日本中世農村史の研究』）。
27 前掲注19大山喬平「鎌倉時代の村落結合」。
28 大山喬平「川端新君のこと」（『花筺』川端新君を偲ぶ会、二〇〇〇年）。
29 大山喬平「日本中世史回顧」（『大谷大学史学論究』一一、二〇〇五年）、同「ムラが消える日」（『図書』六九二、二〇〇六年）、同「はじめに」（前掲注1『日本中世のムラと神々』）など。
30 前掲注24大山喬平「中世の身分制と国家」。
31 大山喬平「荘園制」（前掲注1『日本中世のムラと神々』、初出一九九三年）。
32 鎌倉佐保「伊賀国名張郡の村――平安期の村とその展開――」（大山喬平・三枝暁子編『古代・中世の地域社会――「ムラの戸籍簿」の可能性――』思文閣出版、二〇一八年）。
33 前掲注1大山喬平『日本中世のムラと神々』二一二頁。
34 前掲注26大山喬平「日本中世農村史研究の課題」、同「石母田中世史の軌跡」（同『ゆるやかなカースト社会・中世日本』校倉書房、二〇〇三年、初出一九八七年）。
35 前掲注21大山喬平他「大山喬平氏の中世身分制・農村史研究」八〇〜八一頁。
36 大山喬平「多様性としての列島一四世紀」（前掲注1『日本中世のムラと神々』、初出二〇〇七年）。
37 大山喬平「鎌倉初期の郷と村」（前掲注1『日本中世のムラと神々』、初出一九九九・二〇〇〇年）。
38 前掲注1大山喬平『日本中世のムラと神々』三八〇頁。
39 前掲注10清水三男『上代の土地関係』。
40 大山喬平「中世社会のイエと百姓」（前掲注5『日本中世農村史の研究』、初出一九七七年）。
41 前掲注7村田修三「日本封建制論」。
42 保立道久「網野善彦氏の無縁論と社会構成史研究」（『年報中世史研究』三二、二〇〇七年）。
43 網野善彦「書評　大山喬平『日本中世農村史の研究』をめぐって」（同『日本中世の百姓と職能民』平凡社、二〇〇三年、初出一九八〇年）。

44 網野善彦「海民の諸身分とその様相」(『網野善彦著作集第七巻　中世の非農業民と天皇』岩波書店、二〇〇八年、初出一九七一年)。
45 網野善彦『日本中世の民衆像』(岩波書店、一九八〇年)。
46 小山靖憲「村落共同体と座」(吉田晶・永原慶二・佐々木潤之介・大江志乃夫・藤井松一編『日本史を学ぶ二　中世』有斐閣、一九七五年)。
47 「供御人・神人・寄人」(前掲注34『ゆるやかなカースト社会・中世日本』、初出一九八八年)。
48 前掲注29大山喬平「日本中世史回顧」、同「村の神さま」(前掲注1『日本中世のムラと神々』、初出二〇〇六年)、前掲注36同「多様性としての列島一四世紀」など。
49 前掲注43網野善彦「書評　大山喬平『日本中世農村史の研究』をめぐって」。
50 前掲注36大山喬平「多様性としての列島一四世紀」。
51 大山喬平「解説・清水三男『日本中世の村落』」(前掲注34『ゆるやかなカースト社会・中世日本』、初出一九九六年)。
52 大山喬平「権門体制論における国家と民族」(前掲注34『ゆるやかなカースト社会・中世日本』、初出一九九四年)。
53 前掲注7網野善彦「中世前期の社会と経済」、同「悪党の評価をめぐって」(『網野善彦著作集第六巻　転換期としての鎌倉末・南北朝期』岩波書店、二〇〇七年、初出一九七〇年)、前掲注7同『中世東寺と東寺領荘園』序章、前掲注44同『中世の非農業民と天皇』序章、同「清水三男」(『網野善彦著作集第一八巻　歴史としての戦後史学』岩波書店、二〇〇九年、初出二〇〇六年)、前掲注51大山喬平「解説・清水三男『日本中世の村落』」、同「出会いと衝突の日々」(『網野善彦著作集月報』一二、二〇〇八年)、前掲注21同他「大山喬平氏の中世身分制・農村史研究」九二～九三頁などを参照。
54 大山喬平「越中の庄・郷・村」(前掲注1『日本中世のムラと神々』、初出二〇〇三年)。
55 網野善彦『日本中世土地制度史の研究』(塙書房、一九九一年)所収の各論稿。
56 網野善彦「中世前期の都市と職能民」(網野善彦・横井清『日本の中世六　都市と職能民の活動』中央公論新社、二〇〇三年)。
57 前掲注56網野善彦「中世前期の都市と職能民」一七一頁。
58 前掲注37大山喬平「鎌倉初期の郷と村」。

59　前掲注31大山喬平「荘園制」。
60　水野章二「中世村落・荘園研究の現状と本書の構成」（同『日本中世の村落と荘園制』校倉書房、二〇〇〇年）。
61　海老澤衷「和名抄郷の持続性と自然頭首工」（前掲注32大山喬平・三枝暁子編『古代・中世の地域社会』）。
62　大山喬平「日本中世農村史の研究」（加藤友康・由井正臣編『日本史文献解題辞典』吉川弘文館、二〇〇〇年）。
63　前掲注28大山喬平「川端新君のこと」、同「中田薫をこえるもの」（『歴史の広場』三、大谷大学日本史の会、二〇〇〇年）。
64　大山喬平「ムラは閉ざされていたか」（前掲注1『日本中世のムラと神々』、初出二〇〇八年）、同「ムラの新たな研究のために」（同前、初出二〇一〇年）など。
65　大山喬平「重源狭山池改修碑について」（前掲注1『日本中世のムラと神々』、初出一九九九年）。
66　前掲注37大山喬平「鎌倉初期の郷と村」。
67　前掲注54大山喬平「越中の庄・郷・村」。
68　前掲注48大山喬平「村の神さま」。
69　前掲注29大山喬平『日本中世のムラと神々』二一一頁。
70　前掲注64大山喬平「ムラの新たな研究のために」。
71　大山喬平「中世の日本と東アジア」（前掲注34『ゆるやかなカースト社会・中世日本』、初出一九八四年）、同「西楽寺一切経の在地環境」（同前、初出一九九八年）など。
72　前掲注71大山喬平「中世の日本と東アジア」、同「近衛家と南都一乗院」（前掲注34『ゆるやかなカースト社会・中世日本』、初出一九八五年）。
73　大山喬平「俊乗房重源の宗教的経済活動」（前掲注1『日本中世のムラと神々』、初出一九九九年）、前掲注29同「日本中世史回顧」。
74　大山喬平「賀茂　日本の神と歴史学」（前掲注1『日本中世のムラと神々』、初出二〇〇八年）。

第二章　「ムラの戸籍簿」と中世村落史研究

吉永隆記

はじめに

本章では、中世村落史研究のなかに「ムラの戸籍簿」はどのように位置付けられるのか、その研究史上の意義は何なのかを示してみたい。具体的には、「ムラの戸籍簿」が中世村落史研究とどのような点で接点を持つのかを確認し、「ムラの戸籍簿」を作成する研究史上の意義を提示することを目的としている。そのうえで、「ムラの戸籍簿」が今後どのような可能性をもっているのかについても見通してみたい。

そもそも、中世村落史研究のパイオニアともいうべき清水三男氏は、その名著『日本中世の村落』のなかで、自身の研究視角を示すと共に、戦中までの中世村落史研究における問題点を次のように指摘している(ルビなどは引用元のまま)(1)。

要するに私の企図する所のものは、中世の村人が作っていた村落的結合の姿である。即ち従来のこの種の研究が行ったような、農民階級史や聚落《しゅうらく》形態の歴史や農業史・農村問題史などではなく、村という結合体の史的研究である。だから元来それは経済に限らない。農民史に限らない。村落住民の生活すべてに関すべきものである。勿論その個人生活や階級生活でなく、共同生活をのみ取り扱おうとするのである。

以上極めて平凡な事の説明に数言を費やしたのであるが、従来多くの中世村落史の研究にあっては、根柢において如上の事が曖昧《あいまい》に取り扱われていて、所論の空疎な結果を生じていた事に顧み、これを敢えて行なった次第である。

中世村落を研究する視角として、「村落的結合」を重視するとした清水氏は、その内部で営まれる「村落住民の生活」や「共同生活」にこそ光を当てようとしていた。清水氏に言わせれば、こうした視角は「曖昧に取り扱われて」きたため、「所論の空疎な結果」を生んでいるという。かかる清水氏の問題意識は、村落共同体論をはじめとして、その後の研究に与えた影響も少なくない。しかしながら、清水氏の最も重視した「村落住民の生活」やその「共同生活」の実態については、いわゆる自然村落論として整理され、領主制論が盛り上がる傍ら、発展的継承が下火であったことも否めない。

さて、中世村落を「共同生活」の場として明らかにしようとする清水氏の研究視角は、大山喬平氏が二〇〇〇年代以降に「生活のユニット」としてのムラを再評価しようとしたことで、改めて注目されるようになる。清水氏は、中世社会にみられる荘・郷・保・村などのうち、村人の結合や生活に根差したものとして郷・村を重視する姿勢をとっていた。(2)そしてこれを継承した大山氏は、荘・保・御厨などを支配者の土地所有単位として「政治のユニット」とし、郷や村を「生活のユニット」として概括的に区分している。(3)そもそも郷・村を重視する清水氏の評価については批判的な見方もあったが、(4)大山氏は清水氏の視点を継承し、改めて郷・村を見直そうとしたのである。そして現在大山氏を中心に進められている「ムラの戸籍簿」づくりは、自治体史や史料集などを用いて、古代・中世における郷・村の初出事例を全国的に収集しようとする取り組みである。「ムラの戸籍簿」づくりは未だ途中段階であるものの[5]、全国の「ムラの戸籍簿」が完成したならば、史料上で古代・中世に郷や村と認識された初出事例を網羅的に確認できるものとなる。そのうえで、膨大な郷・村の中から、「生活のユニット」としてのムラを見出そうとしているのである。ただし、あくまで初出事例の一覧であるため、特定の郷・村の史料情報を通時代的に確認できるというものではないうえ、単に地名のみ登場するものは除外されている点にも注意が必要である。このように断ると、「ムラの戸籍簿」は具体的にどのようなことを目的に作成しているのか、どのように活用できるのかという点でやはり疑問もあろう。

そこで以下では、「ムラの戸籍簿」の取り組みが中世村落史研究のどのような課題や議論と接点をもつのかについて、①史料上の郷・村を悉皆調査する目的と、②古代・中世の初出事例を収集する意味に触れながら確認していきたい。

一　中世村落史研究における村の捉え方

中世村落史研究のなかで、そもそも中世村落はどのように捉えられてきたのであろうか。ここでは、いくつかの研究視角を挙げながら確認してみたい。

まず黒田俊雄氏は、名主層・小百姓層による共同体としての中世村落の成立をみたが、その実態は名主層組織による閉鎖的運営形態（座的形態）であったとする見解を示した（座的構成論）[6]。また、大山喬平氏は、村落共同体内部において、政治力結集を目的に名主層が小百姓（弱小経営）層を階層的に排除して支配した構造を確認し、[7]村落内部の中下級荘官（村落領主）が勧農を担い、名主層と小百姓層（散田作人層）を支配したとして、荘園領主と在地領主は、村落領主を介することで荘園制・在地領主制に基づく支配を実現していたと指摘した。[8]そして河音能平氏は、在地領主へ抗することを目的に、荘園領主奉仕者としての自治的政治組織が名主層（上層農民）によって成立することをもって、中世村落の成立を評価する。[9]

このように、中世前期の村落共同体論では、宮座など名主層主導の共同体成立から中世村落成立をみる議論が中心であり、共同体の政治的結集をその背景にみている。

他方、坂田聡氏のように、村落内における百姓の「家」に注目した成果では、また違った見解が示されている。すなわち、百姓の「家」成立を、近世へ接続する村の成立として評価し、その画期を十五世紀にみている点は注目される。[10]先の村落共同体論では、政治的結集としての共同体を村落と評価し、それは中世前期が主な検討対象であった。対して百姓の「家」成立の議論では、政治性も踏まえつつ、近世へ接続するような自治的動向の中に村落成立を評価しているようである。

このような村落の評価と関わって、惣村研究にも触れておきたい。例えば石田善人氏は、鎌倉期から室町期に至る村落の自治確立の過程に惣荘から惣村への発展を見通した。[11]そして三浦圭一氏は、惣村は垣内的集落である「小村」を複数内包して成立したとし、惣村と小村の重層構造を注視していた。[12]惣村についても、領主権力や外部勢力による政治的背景がその成立過程で重視されており、その主な検討対象となったのは中世後期であった。

これら村落の再編成を重視する研究視角としては、その内部構造の変容も踏まえて、中世後期こそ中世村落および惣村の成立期とすることが定着しているようである。この点は、いわゆる移行期村落論として近世への接続を重視する村落論にも共通する点であるといえよう。すなわち、藤木久志氏の提唱した自力の村論では、主に戦国期の村について、外圧や自然環境による共同体の成長と、高度な自治自衛および政治交渉能力を評価している[13]。また、勝俣鎮夫氏は、村落の自治を前提とする村請の成立に注目し、戦国大名領国における支配単位としての村落を重視した[14]。そして、近世の支配体制としての村町制への展開を見通したのである。移行期村落論については、戦国期に成立する自治自衛を前提とした、支配単位としての村落を近世村の前提と評価している点に特徴があるといえよう。

このように、いくつかの研究視角を例に挙げて確認してみただけでも、中世村落は大雑把には以下の二点で捉え方に大きな違いがあるといえよう。

まずは中世村落の成立にあたって画期とされた時期である。共同体論が重視したのは中世前期における共同体成立であり、その後中世後期にかけて、いかにそれが展開したのかというのが議論の中心であった。他方、村落の自治的動向や近世村への連続性については、その起点を中世後期としているものが多いようである。このような時期の問題については、次節で改めて考えてみたい。

次に村落の何を重視しているかという点である。村落のもつ政治的機能や、その内部構成、政治的領域の問題など、この点については論者により村落の捉え方や、重視するものが異なっている。それに加えて分析の方法によっても、村落の定義にかなりの違いがあるように思われる。研究者によって分析視角やアプローチの方法が異なることは当然のこととはいえ、これは中世村落を考えるうえで大きな課題ともいえる。ここで、一九九〇年代における榎原雅治氏の指摘を紹介しておきたい[15]。

> 私には諸論文の中でいわれるところの「村落」には、単位集落のようなものから、荘郷を単位としたもの、さらには「在地」という言葉にも置き換えられそうな漠然としてものまで含まれているよ

うに思われる。また中世と近世の違いをどうとらえるべきなのか、理解しづらい面も否めない。中世史側の研究に対し、近世史の側からの反応があまりないのも、そのあたりに一因があると思われる。

榎原氏は、研究者らの扱う「村落」の多様さと、それゆえの「村落」概念の曖昧さを指摘している。そして、中世村落と近世村落の違いや、その展開過程が明確に説明しきれていないとする点も重要であろう。すなわち、構造や機能、支配関係、共同体、空間構成、所有関係、政治的位相など、中世村落の捉えた方は研究史の中でも多岐にわたっている。それゆえ、「村落」を定義するもの、「村落」の要件として重視するものは、必然的に研究者によって異なっているといえよう。かかる問題は、二〇二〇年代現在においても、どれほど自覚的に受けとめられているだろうか。自明のこととして問題視しない見方もあろうが、この問題に対して明確な指標を示そうとしているのが「ムラの戸籍簿」である。

先述の通り、郷・村に対する清水氏の評価を継承した大山氏は、郷・村を「生活のユニット」、荘や保などを「政治のユニット」として区分した。そして「生活のユニット」を具体的に抽出していくことを目的に、「ムラの戸籍簿」はつくられてきたのである。言うまでもなく、史料表記としての郷・村がムラの実体を示しているのか、それを「生活のユニット」として評価できるのかなど、課題とすべきことも多い。しかし一方で、古代・中世における全国の郷・村を網羅的に確認することを通して、いったい何が郷・村と呼ばれているのか、そこに傾向や地域差があるのか等、中世村落を全国的に評価し直そうとする壮大な試みでもある。すなわち、郷・村を網羅的に収集することを通して、具体的な「生活のユニット」を膨大な郷・村の中から見出そうとしているのである[16]。その最新の成果は本書の各章にて示されているが、「ムラの戸籍簿」は単なる郷・村のデータベースではなく、前提として中世の「村落」を俯瞰的に捉え直そうとする目的があることは、改めて強調しておきたい。

以上、重厚な中世村落史研究のなかから、「村落」の捉え方が異なる特徴的な議論をいくつか示しつつ、その課題についても確認してきた。その課題を受けて「ムラの戸籍簿」はどのように中世村落史研究へ寄与していくことができるだろうか。次節では、「ムラの戸籍簿」が古代・中世の郷・村初出事例を収集してきた成果をもとに、中世村落史研究との接点についても確認してみたい。

二　「ムラの戸籍簿」からみる中世村落史

「ムラの戸籍簿」が収集している郷・村の情報は、古代から中世にかけての初出事例である。具体的には、七世紀から十六世紀を対象とし、旧令制国の郡ごとに一覧表としてまとめている。さらに、近世村と同名の村がいつ出現するかという点についても留意し、該当する郷・村には近世村マーク(☆)が付されている。すなわち、七世紀から十六世紀だけでなく、近世への接続も意識しており、郷・村の初出事例のみではあるが、非常に長期的な年代を扱おうとしているのである。

これまでの成果では、全国的に古代では八世紀に郷・村ともに初出事例が多く、その後は激減するものの、十二世紀以降にどちらも増加傾向をみせている。[17]さらに、郷・村ともに十四世紀に増加が顕著となり、十六世紀にピークを迎える。つまり、八世紀以降に落ち込んでいた初出の郷・村は、十二世紀から増加していき、時代を下るごとに増加傾向が強まり、特に顕著な傾向を見せるのが十四世紀と十六世紀ということになる(図)。このように「ムラの戸籍簿」から読み取れる郷・村の増減傾向について、こ

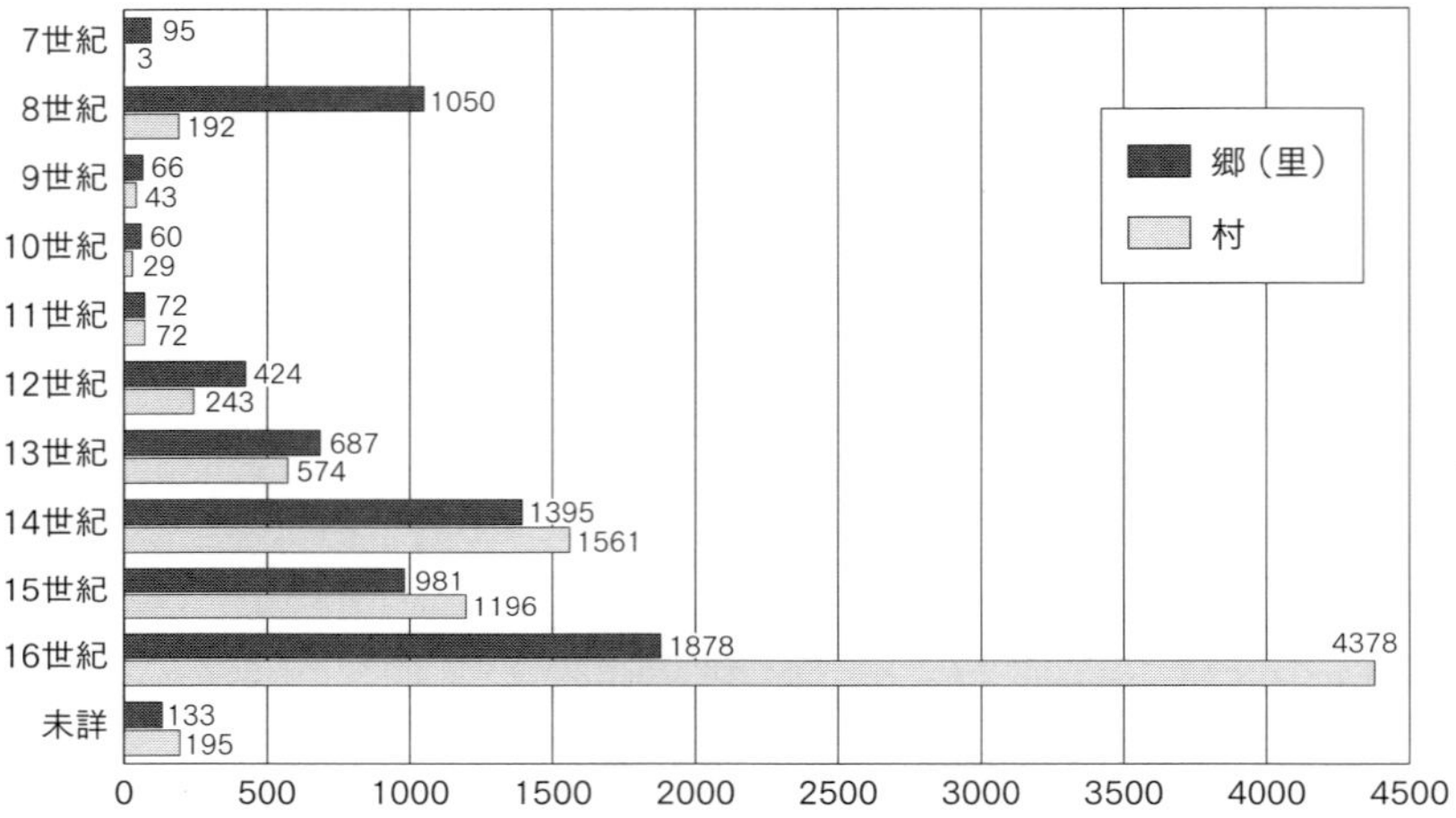

図　全国郷・村世紀別初出検出数一覧
（2024年7月時点、暫定データを含む49ヵ国を集計）

れまでの中世村落史研究の成果に照らしてみると、実は重要な接点を有していることがわかる。

かつて永原慶二氏は、中世村落の形態について「小村＝散居型村落」論を提示した。ここでは、薩摩国入来院の検討を軸に、中世村落の共同体的構成に否定的見解が示されている。[18]これは共同体形成による中世前期の村落成立を評価する村落共同体論とは対極的であった。とりわけ永原氏が「孤立農家」とも評して中世村落の集村化を否定した点について、批判的検証が各方面から加えられることとなった。その過程で、中世村落の成立時期や持続性も明らかになってきた。例えば戸田芳実氏は貴族的山野領有に対して、在地住民らの抵抗と共同体的山野占取などの運動を明らかにし、共同体成立による中世初期村落の成立を見出した。[19]また、田村憲美氏は、在地の住民等による結合関係を「随近在地」関係として村落共同体的関係と評価し、中世初期村落の姿を明らかにした。[20]さらに斉藤利男氏によれば、十二世紀半ばに国衙領支配体制から荘園公領制への移行に伴って、「新村」が現われるという。[21] ここでいう「新村」は、十一世紀までの村内部に発生した小単位の村であり、以後の中世村落の基本単位となったと見通されている。

このような中世初期村落の成立をめぐる議論と共に注目したいのは、考古学や歴史地理学を取り入れた成果や、環境史の成果である。水野章二氏は、丹波国の事例から十一世紀後半には生産と生活の空間が分化していたことを明らかにした。他方、大半が十三世紀に廃絶し、十四世紀以降に村の集落が現存集落位置に移動するとしている。また、近江国では十二世紀に耕地と集落が分化する再編（集村化）が進行したとも指摘している。[22] さらには、田村氏らによって中世前期の気候変動を踏まえた集落移動と領域型荘園形成の関係も示されるようになった。[23]

以上の成果を踏まえると、中世初期から村落形成は進み、十二世紀には新村の出現や集村化の事例が見られるも、集村化は安定せず十三世紀頃までに廃絶するものもあったということになろう。これに対応するように、十四世紀以降には集落移動が確認されている。ここで「ムラの戸籍簿」における郷・村の初出状況と対照させてみると、古代の八世紀以降、十一世紀までに郷・村の初出事例が極端に少ない傾向をみせる。そして十二世紀の集村化進行時期に対応するように、初出事例が増加しているのである。

しかしながら、なぜ集村化は安定することなく、廃絶していったのであろうか。気候変動に注目した近年の成果によると、十一世紀後半から十二世紀にかけて乾燥状況から降水量は回復し、村落においても用水整備などが展開したとされる。しかし、十二世紀以降に気温や降水量の変動は激しくなり、とりわけ水害対策を迫られていく地域社会の姿が明らかにされている。[24] 旱魃による水不足から洪水対策へと、気候変動への対応に迫られたのが十二世紀であり、以降の集落移動および廃絶もこのような背景によって進行したとされる。そうであるならば、十二世紀以降に増加傾向を見せる郷・村の初出事例についても、気候変動や水利に対応する地域社会の状況を反映しているとみることもできよう。

次に「ムラの戸籍簿」で郷・村の初出事例が急増する十四世紀以降の状況について確認しておきたい。先述の水野氏の成果によれば、集村移動が落ち着き、現在の集落との連続性が確認されるのは十四世紀以降とされる。先に触れた惣村研究など、十四世紀以降の中世後期に自立的な中世村落の成立が評価されたのは、やはり近世村への連続性を意識しているためである。

同様に、中世後期に村が増加する要因として、荘園制的枠組みと村の関係から検討を行った榎原雅治氏の分析も紹介しておきたい。榎原氏は、近世村に繋がる「集落」は十四世紀に成立したとする。[25]これは、惣荘内の責任能力者の変化（荘官→有徳人・侍層）を受け、惣荘が解体されると同時に村の自立が進行したためと評価している。とりわけ侍層の居住する村は、周辺部の村々に優越した地形的・宗教的・商業的機能を有しており、近世村の範囲も規定（本村—枝村など）したとする。[26]ここでは、惣荘と村の責任主体や機能の変化から、近世村に接続する村の成立を評価している。

このような荘園制解体に伴う村落の自立化の要因として、やはり気候変動に注目した近年の成果も注目される。伊藤俊一氏は東寺領荘園を対象に、年貢高や和市からみられる生産状況と気温の変動を対照させて検証を行った。[27]その結果、内乱期に水旱害の被害は大きい一方、室町幕府が安定する十四世紀後半から十五世紀にかけて年貢高低下は緩やかになるなど、気候のみならず戦乱と農業生産の関係も指摘している。そして激しい気候変動により繰り返される水旱害に対し、荘園現地では再開発や新田開発など、生産活動維持のための努力が続けられたとする。

第二章　「ムラの戸籍簿」と中世村落史研究

吉永隆記

これらの成果から、中世後期以降に展開する村の自立化の背景として、荘園や村の内部で責任主体や機能の変化が生じており、それらは農業生産活動を気候変動に対応させる過程で起こっていたと理解できよう。そして「ムラの戸籍簿」が示す十四世紀の郷・村初出事例の急増傾向は、村落が直面した危機とその対応の現れであり、それは全国的な傾向として見られる点にこそ注意を向けねばならない。さらに十六世紀に再び郷・村の初出事例が激増するのは、戦国大名や統一権力が検地を経て村を支配単位として把握していくことに対応していると考えられる。

以上のように、中世村落の成立から展開を論じたいくつかの成果と、「ムラの戸籍簿」が示す郷・村初出状況を対照させながら、その接点を確認してきた。初出とはすなわち、史料上で明確に郷・村が現われた初見事例であり、当然ながらそれが直ちに「生活のユニット」であるムラと見ることはできない。しかしながら、中世村落史研究が明らかにしてきた中世村落の成立や集落移動の変遷、その後に展開する村の顕在化は、「ムラの戸籍簿」が抽出してきた郷・村の初出傾向と一致する点が多い。このことは、これまで各地の個別事例から指摘されてきた中世村落の成立や展開の画期について、それが郷・村初出データによる全国的傾向としても裏付けられることを示している。そうであるならば、何世紀にもわたり長期的な視点で郷・村の初出事例を集積するという明確な方針は、中世村落史研究が明らかにしてきた中世村落の成立時期や傾向を具体的データによって明示できる可能性をもっている。

加えて、郷・村の増加を規定する社会背景として、気候変動・戦乱などとの連関性を見通すこともできるのではないだろうか。実際、本節の各所で紹介した近年の気候変動を踏まえた環境史や農業史などの成果は、「ムラの戸籍簿」の取り組みと多くの接点を持っている。そして非常に長い期間を視野に気候変動を考える分析視角は、古代・中世から近世への展開を見通そうとする「ムラの戸籍簿」の問題意識と共通する部分も多い。「ムラの戸籍簿」が蓄積しているデータと照らして検討すべき余地も多いと見通されるため、今後の成果が期待される。[28]

おわりに

以上、「ムラの戸籍簿」と中世村落史研究との接点を探りつつ、「ムラの戸籍簿」の目的や可能性についても確認してきた。古代・中世における郷・村の初出事例をデータベース化する「ムラの戸籍簿」の取り組みは、個々の内実はどうあれ、まずは郷・村に注目することこそ、中世村落の「生活のユニット」に迫る入り口であるという方針が前提となっている。無論、この前提も含め課題が多いことは言うまでもなく、取り組みの方針やデータベースの内容・分析について、度々批判的評価をいただいたことも当然の反応であろう。[29]具体的な課題例として、惣村のように重層的構造をもつ村同士の関係（惣村―小村）などは、データベース上で村として同列にカウントしている。今後、収集した郷・村データの個別研究を進め、こうした村の性格の違いなども反映したデータ整理も必要になろう。一方、このような課題を抱えつつ、中世の人間社会の基層にあったムラとは何か、その列島規模での全体像をどのように捉えればよいのかという問題意識を核として、明確な方針のもと「ムラの戸籍簿」づくりは進められてきた。この取り組みがどのように結実するのか、研究史のなかでどのように位置付けられていくのか、今後の展開を注視いただければ幸いである。

最後に、「ムラの戸籍簿」づくりがこれまでの現地調査の恩恵を前提に進められつつ、近年の調査成果にも学んでいることについて触れておきたい。「ムラの戸籍簿」づくりは、基本的に一国の枠組みを意識して自治体史をめぐるという作業が基本となっている。すなわち、良質な自治体史や史料集の編纂事業の恩恵があってこその「ムラの戸籍簿」なのである。こうした自治体史編纂や、高度経済成長期を中心にした圃場整備事業、宅地開発などを背景に、荘園故地等を対象とした地域調査が広く行われた。そのピークは一九八〇年代であろうが、その成果物として刊行された荘園ごとの報告書や、自治体史編纂事業による史料調査の大幅な進展は、現在の地域史をはじめとする各研究の下地となっていることは言うまでもない。すなわち、自治体史編纂事業などを境として、村落に関する史料も広く活用される状況が生まれたのである[30]。現在はかつてのように各地での地域調査は活況であるとはいえないものの、個別の成果として注目すべきものも多い。とりわけ海老澤衷氏を中心に進められた荘園の地域調査は、地理情報システム(GIS)をはじめとするデジタルデータを活用した荘園調査モデルとして大きな成果を挙げている[31]。このような歴史地理学的アプローチを用いた景観復原の成果は、飛躍的に進展しているといえよう。

また、「ムラの戸籍簿」をつくるにあたり、七世紀から十六世紀という長いスパンで郷・村の初出事例を収集していくと、史料に表記される郷や村の傾向や特徴もいくつか見出すことができるようになった。例えば大山氏が提示している通り、郷や村の表記のされ方にいくつかの型があり[32]、その類型を整理すると寺社史料や武家関連史料などで傾向を見出すこともできる(本書第Ⅱ部・第Ⅲ部参照)。とりわけ「村落住民の生活」の現場で、「郷」や「村」をどのように捉えているのかは注意すべき論点となる。この点と関わって、近江国で史料中に「村人」と表記されるのは、地域内の寺社史料に限定されるとした見解も提示されている[33]。これらの事例は、郷や村を誰が把握しているのか、階層や立場によって把握のされ方が違うのかという点で重要である。近年、中世地下文書研究会によって荘園村落の現地(地下)に伝来した史料（地下文書）の原本調査が広く行われるようになり、その作成経緯や機能、保存や伝来の特徴も明らかにされるようになった。[34]そのなかで地域ごとに地下文書の性格や内容が異なっているとされる点は、「郷」や「村」、或いは「村人」と表記される史料の性格と関わって、地域的傾向を考えるうえで注目すべき調査成果である。

それから、近年の気候変動を受けた農業史や環境史と接点をもつ「ムラの戸籍簿」の成果として、火山噴火を受けた地域社会の再開発を経て、中世の郡や荘・郷の枠組みや編成が大きく変遷していたことも明らかになった。[35]このことは、気温や降水量の変化と共に、自然災害としての火山噴火についても、中世村落へ与えた影響を考えるうえで重要な論点となった。こうした成果に限らず、気候変動を通した研究成果と「ムラの戸籍簿」の成果をどのように接合させていくかは、ますます重要な課題になると見通している。

さて、はじめに断った通り「ムラの戸籍簿」づくりはまだ途中段階であり、全国の郷・村の初出情報の採録作業が続いている。これが完成し、全国の郷・村の初出状況や傾向を長期的に把握できた時、一つの明確な方針のもとで中世村落を列島規模で俯瞰する前提を用意することができると見通される。すなわち、膨大な郷・村の中から個別事例を広く比較検討し、各国・地域の特徴を見出しつつ、中世村落の全体像を明らかにしようとする試みが「ムラの戸籍簿」の目指すものである。すなわち、「ムラの戸籍簿」とは、郷や村にこだわることで、「共同生活」の場であるムラ（「生活のユニット」）を見出し、それをもとに中世社会像を捉え直そうとする挑戦なのである。

注

1　清水三男「序　中世村落の研究について」（同、大山喬平・馬田綾子校注『日本中世の村落』岩波書店、一九九六年、初出一九四二年に所収）。岩波文庫版の二十四頁。

2　前掲注1清水著書。

3　大山喬平「越中の庄・郷・村」（同『日本中世のムラと神々』岩波書店、二〇一二年、初出二〇〇三年）。

4　網野善彦・横井清『日本の中世（六）　都市と職能民の活動』（中央公論新社、二〇〇三年）など。

5　これまでの「ムラの戸籍簿」研究会の成果としては、二〇一八年に大山喬平・三枝暁子編『古代・中世の地域社会――「ムラの戸籍簿」の可能性――』（思文閣出版）が刊行されているので参照されたい。また、「ムラの戸籍簿」データベースも公開されており、二〇二四年現在も更新中である。
「ムラの戸籍簿」データベース　https://www.drfh.jp/mura/

6　黒田俊雄「中世の村落と座」（同『日本中世封建制論』東京大学出版会、一九七四年、初出一九五九年）。

7　大山喬平「中世社会の農民」（同『日本中世農村史の研究』岩波書店、一九七八年、初出一九六二年）。

8　同「荘園制と領主制」（同前、初出一九七〇年）。

9　河音能平「中世社会成立期の諸問題」（同『中世封建制成立史論』東京大学出版会、一九七一年、初出一九六四年）。

10　坂田聡『日本中世の氏・家・村』（校倉書房、一九九七年）。

11　石田善人「郷村制の形成」（同『中世村落と仏教』思文閣出版、一九九六年、初出一九六三年）。

12　三浦圭一「惣村の構造」（同『日本中世の地域と社会』思文閣出版、一九九三年、初出一九八五年）。

13　藤木久志『戦国の作法』（平凡社、一九八七年）、同『村と領主の戦国世界』（東京大学出版会、一九九七年）ほか。

14　勝俣鎮夫「戦国時代の村落」（同『戦国時代論』岩波書店、一九九六年）。

15　榎原雅治「地域社会における「村」の位置」（同『日本中世地域社会の構造』校倉書房、二〇〇〇年、初出一九九八年）。

16　「ムラの戸籍簿」が見出そうとしている「生活のユニット」としてのムラを踏まえつつ、中世村落の実態やその定義について、近年もいつかの視点が提示されている。詳しくは木村茂光「「村」・「ムラ」はあれど「むら」はなし――中世前期村落の評価のために」（『歴史評論』第八四五号、二〇二〇年）、似鳥雄一「あらためて村落とは何か――大山喬平・三枝暁子編『古代・中世の地域社会』を中心に――」(『歴史評論』第八四五号、二〇二〇年)を参照されたい。

17 全国の郷・村の初出状況概観については、前掲注5大山・三枝編書の「序章」を参照されたい。

18 永原慶二「中世村落の構造と領主制」(『永原慶二著作集 第三巻 日本中世社会構造の研究』吉川弘文館、二〇〇七年、初出一九六二年)。

19 戸田芳実「山野の貴族的領有と中世初期の村落」(同『日本領主制成立史の研究』岩波書店、一九六七年、初出一九六一年)。

20 田村憲美「中世村落の形成と「随近在地」・「在地」」(同『日本中世村落形成史の研究』校倉書房、一九九四年)。

21 斉藤利男「十一~十二世紀の郡司・刀禰と国衙支配」(『日本史研究』二〇五号、一九七九年)。

22 水野章二「中世の開発と村落」・「平安期の開発と中世村落」・「鎌倉期の村落と荘園制」(いずれも同『日本中世の村落と荘園制』校倉書房、二〇〇〇年、初出はそれぞれ一九九四年、一九九六年、同年)。

23 田村憲美「一〇~一二世紀の気候変動と中世荘園制の形成」(中塚武監修、伊藤啓介・田村憲美・水野章二編『気候変動から読みなおす日本史(四)気候変動と中世社会』臨川書店、二〇二〇年)。

24 高木徳郎「一〇世紀末~一一世紀の気候変動と荘園の認定」(同前)。

25 榎原雅治「地域社会における「村」の位置」(同『日本中世地域社会の構造』校倉書房、二〇〇〇年、初出一九九八年)。

26 同「中心村落と周縁村落についての覚書」(同前、二〇〇〇年)。

27 伊藤俊一「一四~一五世紀における荘園の農業生産の変動――播磨国矢野荘を中心に」(前掲注23伊藤ほか編書)。

28 前掲注23、24、27の成果も含め、総合地球環境学研究所のプロジェクト成果がまとめられた中塚武監修「気候変動から読み直す日本史」シリーズ(全六巻、臨川書店、二〇二〇~二一年)の刊行は、各時代で日本社会に与えてきた気候変動の影響の大きさを改めて示す成果となっている。今後の中世村落史研究においても重要な論点となろう。

29 「ムラの戸籍簿」研究会の成果物となった前掲注5大山・三枝編書刊行を受けて、シンポジウム(第六回「ムラの戸籍簿」研究会シンポジウム、於 東京大学、二〇一九年八月三日)およびいくつかの書評等において、「ムラの戸籍簿」の取り組みや成果について言及があった。坂田聡氏の書評(『史学雑誌』第一二八編第九号、二〇一九年)、廣田浩治氏の書評（『日本歴史』第八五九号、二〇一九年）、田村憲美氏の書評（『Link【地域・大学・文化】（神戸大学大学院人文学研究科地域連携センター年報）』第一一号、二〇一九年）、前掲注16の似鳥雄一氏の論文などを参照されたい。

30　自治体史の例でいえば、和泉国日根庄をカバーする『泉佐野市史』、播磨国矢野庄をカバーする『相生市史』、さらには県内の荘園関連史料を整理した『兵庫県史』などが挙げられる。

31　これらの成果として、豊後国田染庄を扱った海老澤衷・服部英雄・飯沼賢司編『重要文化的景観への道――エコ・サイトミュージアム田染荘』（勉誠出版、二〇一二年）、備中国新見庄を扱った海老澤衷・高橋敏子編『中世荘園の環境・構造と地域社会――備中国新見荘をひらく』（勉誠出版、二〇一四年）、海老澤衷・酒井紀美・清水克行編『中世の荘園空間と現代――備中国新見荘の水利・地名・たたら』（勉誠出版、二〇一四年）、美濃国大井庄を扱った海老澤衷編『中世荘園村落の環境歴史学――東寺領美濃国大井荘の研究』（吉川弘文館、二〇一八年）など。

32　詳しくは前掲注3大山論文参照。ここでいう型とは、大山氏が当論文で提示した「郡―郷―村」や「庄―村」などの整理を基本的に継承している。

33　谷昇「近江国中世史料に見る「村人」の存在形態」（前掲注5大山・三枝編書）。

34　春田直紀編『中世地下文書の世界――史料論のフロンティア』（勉誠出版、二〇一七年）、同編『列島の中世地下文書――諏訪・四国山地・肥後』（勉誠出版、二〇二三年）。

35　花田卓司「中近世における下野国の郡域変動」（前掲注5大山・三枝編書）。

第Ⅱ部　郷と村の地域論

第一章　「ムラの戸籍簿」について

大欠 哲・門井慶介・三枝暁子

第Ⅱ部では、「ムラの戸籍簿」＝郷・村データベースからどのような情報を読み取ることができるのか、一国単位さらには複数の国から成る地域単位ごとに分析した論稿を収めている。ここでは、これらの論稿の前提となっている「ムラの戸籍簿」とはいかなるものであるのかを、作成状況および具体的な事例の提示を通じ、簡単に紹介しておきたい。

「ムラの戸籍簿」（以下、「戸籍簿」と略記）とは、『古代・中世の地域社会――「ムラの戸籍簿」の可能性』（大山喬平・三枝暁子編、思文閣出版、二〇一八年）の「序章」において説明しているように、古代・中世の文献史料上にみえる郷・村の初見事例を国別・郡別に集積した「郷村表」と、各国の初出事例数を世紀別・郡別に表現した「郷村名郡別世紀別初出表」の二つからなるデータベースをさしている。人びとの生活の基盤である郷・村（＝ムラ）が、いつ生まれ（＝史料上の初見事例の集積）、近世村にどのように接続するのか、あるいは消滅するのかを記録する「郷村表」を、出生から死亡までを記録する人間の戸籍にたとえて、「ムラの戸籍簿」と呼んでいる。

「郷村表」の内容は、各国の郷・村の初出事例を、『和名類聚抄』記載の郡ごとに提示し、郷と村それぞれについて、郷村名・郡・初出年月日・史料原文・出典を記したものとなっている。郷村名のうち、近世村につながることが判明するものについては、☆印をつけている。これらの情報から、郷村の成立と消滅、さらには近世村への接続の様相を明らかにすることができるばかりでなく、どのような性格の史料に郷・村＝「ムラ」の痕跡が認められるのか、おおよその傾向を把握することができる。そして「郷村表」を集積していくことにより、これらの傾向を、国ごとのみならず各地域ごと、さらには列島社会全体において読み取ることが可能となる。

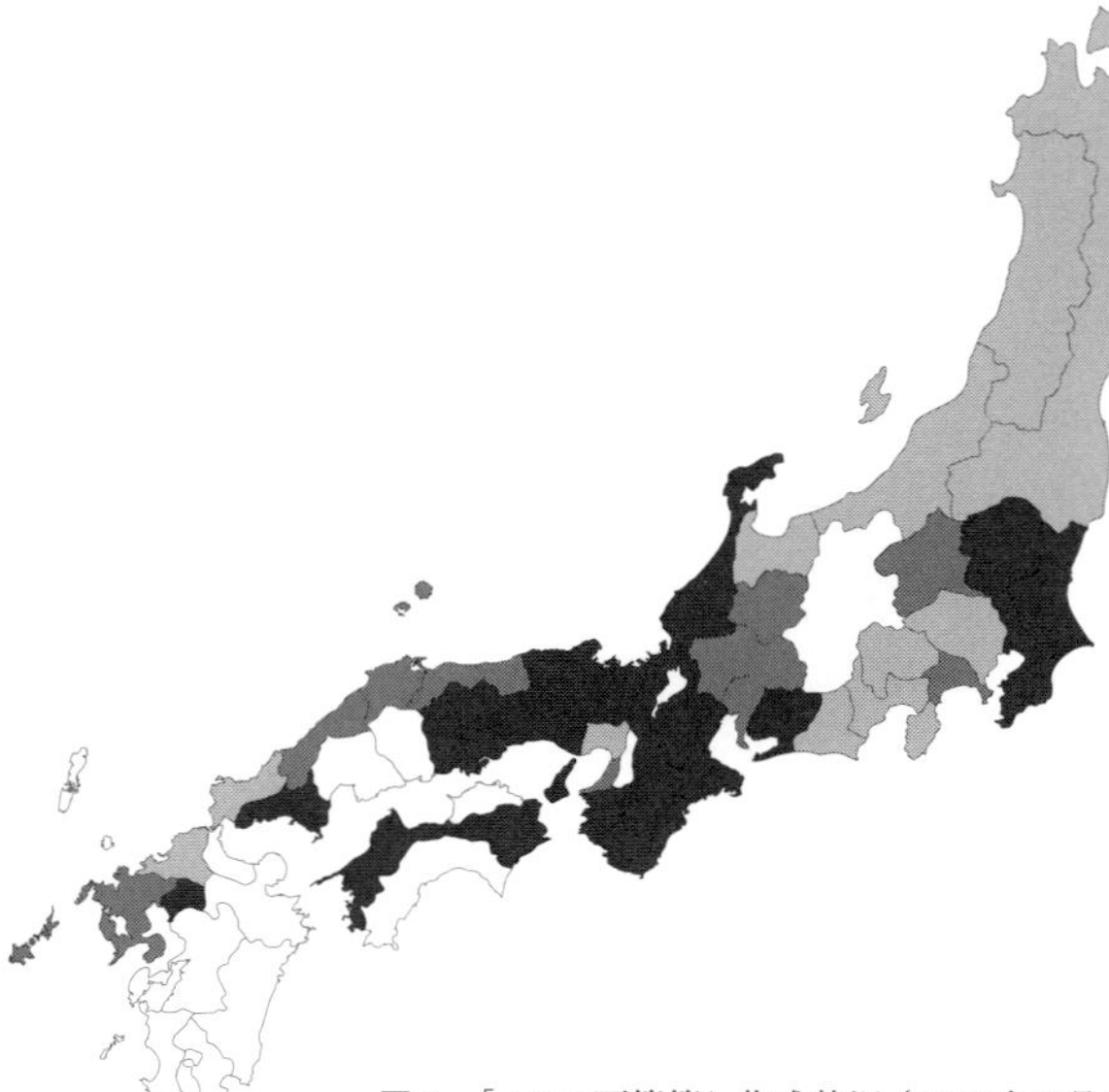

図1　「ムラの戸籍簿」作成状況（2024年7月現在）

「郷村表」作成に際しては「誰でも利用できる客観的かつ簡潔な表を作成する」ことを基本方針とし、各国「郷村表」作成担当者の推測や、複雑な史料操作は可能な限り排除している。二〇二四年七月現在、図1に示したように二十九カ国が完成し（黒色）、うち二十三カ国について、WEB上で公開している（「ムラの戸籍簿」データベース　https://www.drfh.jp/mura、残る六カ国は公開準備中）。また作業が概ね完了し、今後公開準備に入るものは十二カ国ある（濃灰色）。

城崎郡

郷(里)

新田、城埼、三江、奈沼(佐)[16]、田結

郷(里)	郡	年月日	西暦	原　文	出　典
那佐郷	城崎郡	神護景雲 3.-.-	769	〔木簡〕【奈佐】但馬国城崎郡那佐郷官府腊□龍 神護景雲三年□＝/＝月□マ豊嶋六斤	県史古 1p.501 平城宮跡出土木簡
田結郷☆	城崎郡		8C	〔木簡〕【田結】城崎郡田結郷□□里宗我部□	県史中 9p.792 平城京跡出土木簡

村

村	郡	年月日	西暦	原　文	出　典
気比村☆ 上山村☆ 立野村☆ 本庄村	城崎郡 気比庄	弘安8.12.-	1285	〔但馬国太田文〕気比庄 五拾町一反弐百九拾分内〈地頭太田太郎左/衛門政綱跡〉/気比村三拾四町三反弐百五拾歩〈地頭太田左衛門太/郎政頼〉/上山村四町三反三百五十歩〈地頭藤蔵人重直〉/立野村拾一町二反五拾歩〈地頭太田左衛門次郎政員〉/本庄村畠六町四反〈地頭太田左衛門三郎政光〉	県史中 3p.487 帝釈寺文書 1

図２　但馬国城崎郡「郷村表」

さらに、作業を継続中の国や新たに作業を始めた国もある（薄灰色）。

「郷村表」の具体例として、現在「ムラの戸籍簿」データベース上で公開している、但馬国について見てみよう。例えば城崎郡の場合、「郷村表」は図２のようなかたちで公開されている。城崎郡は但馬国のなかで最も郷・村ともに検出数が少ない郡で、郷が那佐郷と田結郷の二つ、村が気比・上山・立野・本庄の四村と、両者を合わせても十にも満たない状況である。

郷に関しては、八世紀の木簡に記されているだけで、その後十六世紀までを通しても見ることができない。また、二つの郷は『和名類聚抄』記載の郷であり(1)、田結郷については、近世に村として確認できる。一方村については、十三世紀に前述の四村が一つの史料に出てくるだけで、他の世紀には確認できなかった。これら四村は中世においては気比庄に属していることが初出史料から明らかとなるが、そのうち三村が近世村へとつながっ

表　但馬国「郷村名郡別世紀別初出表」

郷・村／世紀	郷												村											
	7	8	9	10	11	12	13	14	15	16	未詳	合計	7	8	9	10	11	12	13	14	15	16	未詳	合計
合計	1	18	2	1	1	4	14	1	1			43	0	0	0	0	0	2	21	17	16	104	0	160
朝来郡		4		1	1							6									2	2		4
養父郡		2				2	3	1				8							8	4	1	9		22
出石郡		4	1				1					6							2	9	6			17
気多郡		4	1				9		1			15							4		1	6		11
城崎郡		2										2							4					4
美含郡		1					1					2							2	2		28		32
二方郡	1	1										2						2		1	1	22		26
七美郡						2						2										35		35
所属郡不明																			1	1	5	2		9

ている。

次に、但馬国の「郷村表」をもとに作成した「郷村名郡別世紀別初出表」を挙げてみる。

この「初出表」によって、但馬国の場合、四十三の郷の初出事例と、百六十の村の初出事例のあることがわかる。但馬に存在する八つの郡のうち、七つの郡で七・八世紀段階の初出郷が多く検出されているが、これらはいずれも木簡による検出事例である。他方、文献史料による郷の検出は、後世に至っても他国より少ない。また、但馬国で村が出現するのは十二世紀以降のことであり、各郡とも十三世紀に急増している。これは、弘安八年（一二八五）に守護によって作成されたとされる「但馬国太田文」による大量検出であり、但馬国における村の出現が、統治権力による把握をもって史料上に初出していることがわかる。そして十六世紀になると、村の数は再び急増している。

このような但馬国にみられる傾向は、但馬国固有の特徴もあるが、全国的な傾向と重なる点もある。すなわち郷の初出のピークが八世紀であることや、十六世紀に村の数が増えることは、他の多くの国においても認められる特徴である。すなわち各国のデータを蓄積すればするほど、各国固有の特徴と、全国に共通する傾向とが明らかとなり、地域的特質とともに列島全体の変化・変動をみることができる。

「戸籍簿」の作成は未だ途上にあるが、今後も各国ごとの郷・村の初出事例の検出と集積を重ねながら、地域ごとの特質を明らかにしつつ、全国的な傾向や時代ごとの変化をより詳細に把握していくことをめざしていきたいと考えている。以下に続く第Ⅱ部の各論稿も、現段階で集約された「戸籍簿」からどのような情報を読み取れるのか、国ごと、地域ごとに検討しつつ、他地域との比較や全国的な傾向との比較を行いながら、「総括」につなげていく内容となっている。こうした試みを通じ、今後、古代中世村落史研究や地域社会研究はもとより、古代中世都市史研究や古代中世政治史研究など様々な研究に「戸籍簿」が活用されていくことを願っている。

注

1　戸籍簿作成において、高山寺本の『和名類聚抄』を参考にしており、和名抄郷として記載されている「奈沼郷」をあげているが、『兵庫県の地名Ⅰ』（日本歴史地名大系　第二九巻一、平凡社、一九九九年）によると、高山寺本以外の諸本には「奈佐郷」とあり、「奈沼郷」は誤記とされている。

第二章 山城国の「ムラの戸籍簿」

大欠 哲

はじめに

本稿で取り上げる山城国は、現在の京都府南部にあたり、近江・伊賀・大和・河内・摂津・丹波などの各国と接していた。『和名類聚抄』によると、乙訓・葛野・愛宕・紀伊・宇治・久世・綴喜・相楽の八郡から成立しており、葛野・愛宕・紀伊郡の全域、宇治・乙訓・久世郡の一部は現京都市域で、その他の郡は京都府下に該当する。

「ムラの戸籍簿」研究会において、各国の「郷村表」を作成するにあたっては、尾張国ならば『愛知県史』、甲斐国ならば『山梨県史』のように、原則的に都道府県レベルの自治体史を使用している。しかしながら、山城国にあたる京都府では、府レベルでのまとまった自治体史が刊行されていないという問題がある。そのため、府内の市町単位の自治体史および刊行されている史料集（『寧楽遺文』や『平安遺文』など）を使用して郷・村を拾い上げ「郷村表」を作成した。

歴史的にみると、山城国は平安期以降、平安京の貴族や大寺社など、荘園領主の所在地をかかえた地域であり、国内には多くの荘園が存在していた。十四世紀に足利氏によって幕府が京都に開かれ日本の中心となると、主として北山城が歴史的・文化的に発展を遂げていくことになる。一方、南山城は農村的な地域であり、戦国期の争乱では戦国大名同士の対立や土一揆といった民衆の行動もその多くが南山城を舞台としていた。やがて、永禄十一年（一五六八）の織田信長の入京、そしてその後の豊臣秀吉による天下統一によって、戦国の争乱は終わりを告げることになる。

このように、京都が政権都市であった経緯から、自治体史以外に刊行されている史料集や公家や寺社などが書き残した古記録類、調査報告書など、確認すべき史料は多岐にわたっているが、「郷村表」の作成にあたっては、当面はあくまで自治体史をもとにし、いくつかの史料集で補填するという作業に留めている。今後は、現状の「郷村表」をベースに、より多くの史料に接することで、さらなる情報の集積を図り、「郷村表」の完成度を高めていく必要がある。本稿では、現時点における山城国の郷村表から見られる古代・中世の郷・村の特質について述べていく。

一　山城国における郷・村の傾向

1　世紀別にみた「郷」「村」初出の傾向——八世紀

七世紀から十六世紀までの史料上における山城国の郷（里）・村の初出件数がどのような状況かというと、まず七世紀には郷・村ともに確認することはできなかった。郷・村の存在が初めて確認されるようになるのは八世紀で、養老四年（七二〇）に成立したとされる『日本書紀』のなかに、紀伊郡に属する「深草里」と「俯見村」、綴喜郡の「内村」が見られる。[1] このうち「深草里」と「内村（有智）」は古代律令制下の郷を記載している『和名類聚抄』に見られる郷名であるが、もうひとつの「俯見村（伏見）」はそ

表1　山城国「郷村名郡別世紀別初出表」

郷・村／世紀	郷												村											
	7	8	9	10	11	12	13	14	15	16	未詳	合計	7	8	9	10	11	12	13	14	15	16	未詳	合計
合計		30	17	7	10	15	23	9	40	29		180	0	10	4	4	5	6	5	9	17	128		188
乙訓郡		4	2			2	1	3	5	4		21		1	1		1	2	3	5	1	20		34
葛野郡		1	8	2			4	1	6	1		23		3		1		2		3	1	27		37
愛宕郡		7	4	1	3		3	1	4	13		36			2		2				2	14		20
紀伊郡		3		1	1	2				3		10		1		3		1		1	8	8		22
宇治郡		4	1	2	1	1		1	18	2		30		1	1			1			2	5		10
久世郡		3			2	7	2	1	4	3		22									2	6		8
綴喜郡		3		1	2	2	5	1	3	3		20		2					1		1	28		32
相楽郡		5	2		1	1	8	1				18		2			2		1			20		25

のなかに見ることができない。また、郷として伏見郷も史料上確認できるが、村の初見からは遅れて十二世紀に初めて現れるのである。[2] 内村においては、同じく八世紀の史料「智識優婆塞等貢進文」（正倉院文書）に「内郷」と記され、村だけではなく郷も確認することができる。『日本書紀』では、贄土師部の由来の記事のなかで、詔によって土師連の祖先にあたる吾笥が、摂津国来狭狭村、山背国内村、俯見村、伊勢国藤形村、そして丹波・但馬・因幡の部民を献上したことが記されている。

　このように内村は古代から人々の生活のユニットとして存在していたものであったが、律令行政上の郷にもなっていた。「俯見村」の他に、山城国において郷より村の方が先に検出されるものとしては、宇治郡の「山科村」、乙訓郡の「古市村」、綴喜郡の「松井村」などがあげられる。「山科村」は八世紀の『日本三代実録』に現れ、郷は十世紀の史料「醍醐寺牒案」に見ることができる。[3]

　八世紀に現れる郷（里）について、どのような史料に記されているか注目してみると、

「山背国乙訓郡山埼里戸主間人造東人戸口」(4)
「山背国羽束里戸主長岡坂本国麻呂戸口」(5)
「山城国葛野郡橋頭里戸主秦調日佐堅万呂戸口」(6)
「山背国愛宕郡賀茂郷岡本里戸主鴨県主呰麻呂戸口」(7)
「山背国紀伊郡堅井郷戸主布勢君家万呂戸口」(8)
「右件家地、小栗郷戸主従八位下宇治宿禰豊川」(9)

といったような戸としての郷、戸によって把握された律令公民の集合体としての郷が多く見られる。このような表記とは別に、「山背国宇治郡賀美郷家地売買券文」には次のように記されている。(10)

【史料1】

謹解　申家地売買券文進事
合地捌段屋弐間有二宇治郡加美郷堤田村一、直絁拾匹・税布拾端
　地主加美郷戸主宇治宿祢大国
以二前地一、売二進旧正三位藤原南夫人家一已訖、仍具録レ状、謹解、
　　天平廿年八月廿六日
　　　売地人宇治宿祢「大国」
（後略）

宇治郡加美郷戸主宇治宿祢大国による家地売買券であるが、加美郷という領域として把握された郷の内に堤田村という村が存在していたことが示されている。この史料は、天平十二年（七四〇）から仁寿二年（八五二）までの計十六通からなる「山城国宇治郡家地等売買寄進券文」と題される東大寺東南院文書のひとつである。同じ文書群の他の史料には「西宇治連奈多麻呂家」、「東北道守臣人足家」といったように、堤田村内に在地の人々の家の存在も確認でき、村が人々の生活の基盤となっていたことがわかる。また、堤田村では複数の近隣郷の人たちや皇族、官人あるいは寺院が土地を所有するような複雑な所有関係を有する村となっていたことが指摘されている[11]。

2　世紀別にみた「郷」「村」初出の傾向――九〜十一世紀

山城国では八世紀から十六世紀までで、検出できなかった郡はあるものの、初出の郷・村が見られない世紀はなく、これは全国的な傾向と比べても珍しいことである。また、他のほとんどの国では、九世紀から十一世紀に郷がほぼ確認できない状況に対して、山城国では十世紀に数が減少しているが、他の世紀と変わらず郷を確認することができた。しかも、九世紀には十七郷、十一世紀には十郷と、郷の出現数が十を超えており、他の国に比べて多い出現状況が見られた。とりわけ、九世紀では郷名が『日本後紀』・『続日本後紀』・『日本三代実録』といった、古代律令国家によって編纂されたいわゆる「六国史」に多く記載されている点に特徴がある。具体的に、どのように史料上に登場するかというと、

「山城国乙訓郡物集・国背両郷雷風、壊二百姓盧舎一、人或被二震死一」[12]

「山城国葛野郡上林郷地方一町賜二伴宿祢等一、為下祭二氏神一処上」[13]

「助笠朝臣名高等、至㆓山城国葛野郡田邑郷真原岳㆒、定㆓山陵之地[14]㆒」
「有㆑勅、以㆓山城国葛野郡上木嶋・下木嶋両里乗田五段㆒、奉㆑宛㆓従一位平野神社[15]㆒」
「勅㆓以山城国愛宕郡鳥部郷㮈原村地五町㆒賜㆓施薬院[16]㆒」
「奉㆓為　桓武天皇㆒所㆓建立㆒道場院一区、在㆓山城国愛宕郡八坂郷[17]㆒」
「勅㆓木工寮㆒、採㆓銅於山城国相楽郡岡田郷旧鋳銭司山[18]㆒」

といったように、八世紀に多く見られた戸によって把握された律令公民の集合体としての郷とは異なり、領域的な場所・所在を示す表記として郷が現れている。

さて、山城国において、八・九世紀に現れる郷（里）と『和名抄』との関係を見てみると、四十七個の郷のうち四十二郷と多くが和名抄郷へと接続している。接続していない郷（里）は、葛野郡の「上・下木嶋里」、愛宕郡の「岡本里」、相楽郡の「恭仁郷・岡田郷」の五郷である。上・下木嶋里と恭仁郷・岡田郷は、以後中世においてもその名は見られず、古代において郷としての枠組みから外されたものと思われるが、岡本里については、上賀茂神社の社領地である賀茂六郷が再編された際に、そのひとつとして再び郷名が現れることが注目される。[19]

続いて十世紀では、「六国史」と同じく国家によって編纂された『延喜式』の諸陵寮のなかに

「大岡墓　桓武天皇夫人従三位藤原氏、在㆓山城国葛野郡大岡郷㆒」
「白河陵　太皇太后藤原氏、在㆓山城国愛宕郡上粟田郷㆒」
「後深草陵　中宮藤原氏、在㆓山城国紀伊郡深草郷㆒」

「小野陵 贈皇太后藤原氏、在二山城国宇治郡小野郷一」

といったような陵墓の所在地として郷名が現れており、これは他国には見られず、山城国における特徴と言えるであろう。

3　世紀別にみた「郷」「村」初出の傾向――十二世紀以降

その後十六世紀までの間で、史料上に合計三百六十八の郷・村の存在を確認することができた。郷・村別では、郷が百八十、村が百八十八であり、両者の間には若干の差が見られるだけで、東国諸国のような郷の方が圧倒的に多く検出されるという郷優位の傾向は表れなかった。

先述したとおり、山城国において郷は八世紀から十一世紀まで継続的に確認することができたが、その後の出現状況も東国の国々とは対照的なものになっている。全国的な統計として、郷の初出については、検出数の多い時期が八・十四・十六世紀と三期あることが確認されているが、山城国では十四・十六世紀は他国と比べて郷の出現数がそれほど多いとは言えず、特に十四世紀では九郷しか検出することができなかった。

山城国のなかで郷の数が最も多く見られたのは十五世紀で、なかでも宇治郡の郷が全体の約半分を占めている。これらは全て山科地域に関するものであり、この地域では南北朝期以降に「山科七郷」と呼ばれる地域的なまとまりをもつ郷が成立していた。

一方、村の初出件数については、山城国の場合、八世紀から十四世紀まではほぼ変わらず横ばいで推移していき、十五世紀になると多少増加し、十六世紀には百二十八村と激増している。その半数以上が、本能寺の変によって織田信長が亡くなった天正十年（一五八二）六月以降、信長後継者の地位を固めた羽柴（豊臣）秀吉が発給した文書によるもので、所領の宛行状や全国各地に直轄領として設定した蔵入地の目録に記されている。なかでも、文禄四年（一五九五）八月八日付の「山城国上郡蔵入地帳」という一つの史料のなかに、郡域を越えて三十五もの村が列挙されている。[20]全国的には村の出現数は十二世紀以降に増え始めて、十四世紀に急増する傾向にあるが、山城国ではそれとは異なる傾向が表れていることがわかる。最後に、十六世紀までに出現した郷村のなかで、近世の村（天保郷帳記載）へと連続する郷村は二百二十一あり、全体の約六十％にあたる割合となった。

なお、郡ごとに郷・村の出現状況を見ていくと、乙訓郡では、郷が二十一、村が三十四であり、計五十五の郷・村を確認することができた。その他、葛野郡では、郷が二十三、村が国内で最も多く三十七で計六十。愛宕郡では、郷が国内で最も多く三十六、村が二十で計五十六。紀伊郡では、郷が国内で最も少なく十、村が二十二で計三十二。宇治郡では、郷が三十、村が十で計四十。久世郡では、郷が二十二、村が国内で最も少ない八で計三十。綴喜郡では、郷が二十、村が三十二で計五十二。相楽郡では、郷が十八、村が二十五で計四十三という結果になった。山城国では、どこかの郡で飛び抜けて郷・村の数が多く検出されるということはなかったが、久世郡に関していえば、史料の残存状況にもよるが、十五世紀まで村名を確認することができず、葛野郡と久世郡では出現数に倍の差が見られた。

4　郷・村の系列の特徴

次に、村が史料上どのように現れるかであるが、大山喬平氏は「国―郡―郷―村」の系列こそが在地社会の骨格をなすものであるとし、地名表記が「国」「郡」「郷」「村」の範囲に収まるものを「基本型」

として、荘園的所領表記を介在させた形式を「派生型」、「基本型」にも「派生型」にも入らない特殊な地名表記を「展開型」と分類している。[21] 山城国において、最も基本的な「国—郡—郷—村」の系列で現れるのが、次の四例である。

〔宇治郡〕山城国—宇治郡—山科郷—上花山村
〔紀伊郡〕山城国—紀伊郡—深草郷—下村・中村・上村
〔愛宕郡〕山城国—愛宕郡—鳥部郷—椋原村
〔葛野郡〕山城国—葛野郡—上林郷—小野村

「上花山村」が記されている史料は、天正十七年（一五八九）の検地帳であるが、他の三点は九・十世紀といった古代の史料から検出された。

また、国名は記されていないが、同じく基本型「郡—郷—村」や「郷—村」で表記されるものとして次のものがみられる。

〔葛野郡〕山田郷—谷村、大岡郷—下村
〔宇治郡〕宇治郡—加美郷—堤田村
〔久世郡〕当国—狭山郷—美豆中村、城州—平川郷—大窪村

その他は、「乙訓郡—物集村」「葛野郡—宇太村」「愛宕郡—西賀茂村」「宇治郡—山科村」「綴喜郡—天

王村」「相楽郡—大狛村」といったような、郷を介さず郡のもとに村が位置づけられる「郡—村」の系列のものや郡・郷を介さず直接「国—村」のかたちで表記されるもの、ただ単に○○村と記されるもので、割合としてはこちらの表記の方が山城国では多く見られた。

二　山科七郷と近衛家領荘園にみる郷・村の諸相

山城国の郷については先に触れたように、十五世紀に新出の郷が最も多く確認される。そのうち、最多の新出郷が確認されるのが著名な宇治郡の「山科七郷」である。そこで本節では、この特徴的な山科七郷と、同じく宇治郡に属する近衛家領荘園とを事例として、山城国の郷・村の具体相をみていきたい。いずれも先行研究の蓄積のある事例ではあるが、ここでは如上の「ムラの戸籍簿」研究の方法論を活かして史料上の「郷」「村」に着目することで、郷・村の成立や重層性について検討したい。

1　山科七郷の成立

山科にいつ頃から人が住み始めたかははっきりしないが、山科盆地では縄文晩期にすでに集落が形成されていたのではないかと言われており、六世紀頃には定着農耕の生活が営まれていたとされている。

山科の地名は、『日本書紀』天智天皇八年（六六九）五月壬午条に「天皇縦二猟於山科野一、大皇弟・藤原内大臣、及群臣皆悉従焉」とあるように、天智天皇が山科で遊猟をしたことが記されているのが初見である。郷・村としては、康保元年（九六四）十二月十三日付「醍醐寺牒案」に「宇治郡山科郷」と現れており、また「日本三大実録」の貞観十四年（八七二）五月十五日条には、平安京へ向かう渤海の使節を

「山城国宇治郡山科村」で迎えたと記載されている。両者ともに郡を介したかたちで記され、前述したように郷よりも先に村名として現れ、和名抄郷としても確認することができる。

その後、平安末期から鎌倉初期にかけて、山科の地に後白河上皇の御所が営まれることになる。この御所と周辺の地は、上皇から寵愛を受けた丹後局高階栄子に与えられ、後に栄子の子冷泉教成へと相伝された。教成は上皇が亡くなると、その菩提を弔うために御所の傍に御影堂を建立し、その所領を寄進した御影堂領が山科小野庄である。小野庄は山科庄とも呼ばれ、観応二年（一三五一）に、足利尊氏がその半分を地頭得分として醍醐寺三宝院賢俊に与えたことにより東庄と西庄に分かれ、東庄を教成流の山科家が戦国期まで知行していくことになる。[22]

「山科七郷」という言葉がいつ頃から現れるかというと、南北朝期の観応年間の史料とされる『園城寺文書』にのなかに確認される。しかしながら、この時点では「山科七郷」の具体的な構成は不明であり、その内訳が知れるのが次の史料である。

【史料2】『山科家礼記』応仁二年（一四六八）六月十五日条

一、今日七郷在所一通調京上、一通広橋殿・一通飯尾加賀守・一通池田、昨日依レ注二進子細一近郷可レ被レ成二御奉書一之由候、奥ハ合力御奉書申、使二郎五郎也、

山科七郷事

一郷　野村　領主三宝院

一郷　大宅里　山科家知行　南木辻

一郷　西山三宝院　大塚聖護院

一郷　北花山　下花山青蓮院　上花山下司ヒルタ
一郷　御陵陰陽頭在盛　厨子奥華頂護法院
一郷　安祥寺勧修寺門跡　上野上野門跡　四宮河原北山竹内門跡
一郷　音羽　小山　竹鼻清閑寺
已上七郷
合力在所事
　勧修寺　三井寺　三宝院　粟田口　小松谷
　　此外東山辺可レ然在所可レ被レ成二御奉書一候、
一、七郷文字上ニ盡(ママ)本郷、下ハ組郷也、

右の史料2では、山科七郷として地名とそれぞれの領主が列挙された後、「七郷文字上ニ盡(ママ)本郷、下ハ組郷也」と注記してあり、本郷と組郷に分かれ、野村郷以外の本郷には、一～二の組郷が付随している関係にある。すなわち、七郷内には本郷と組郷の別があり、この二種の郷によって構成される七つの「一郷」全十六郷が「山科七郷」として把握されているのである。

一郷の組み合わせは、それぞれ近隣の郷によって形成されているが、西山と大塚は離れた地域の郷が組み合わされている。また同じ本郷と組郷のなかでも、西山郷は三宝院、大塚郷は聖護院といったように領主が異なっている郷もあることから、この組み合わせは領主側ではなく在地から形成されたものと考えられる。

このような郷の結合の契機については、郷内での大般若経の転読というものが指摘されている。[23] 山科

区東野にある三之宮神社は、延喜年間に醍醐天皇によって創建されたとも伝わり、勧修寺（現山科区）の四至を示した、平安時代末から鎌倉時代頃作成と考えられる山城国山科郷古図には、上狭野里に「三宮」の記載がある。ここには、応永三年（一三九六）に後小松天皇から寄進された大般若経六百巻があり、その転読が往古から年三回、山科郷士の持ち回りで郷士宅において行われていたと言われており、毎年行われてきた年中行事を通じて、山科七郷の結合が生じたとされている。

しかしながら、観応年間には山科七郷の呼称が現れていることや貞和二年（一三四六）に山科郷民と醍醐郷民の間で争いが起きていることから、(24) 大般若経の転読によって郷の結合が生じたのではなく、それ以前から七郷はまとまりをみせ始めたと思われる。その後、山科七郷の総鎮守的な神社にかかわる大般若経の転読が行われるようになり、また山科七郷には禁裏警固番役が課せられており、それらを通じて郷の結合がより強くなっていたのであろう。(25)

2　山科七郷における郷の重層性

この本郷と組郷の組み合わせについて注目されるのは、『山科家礼記』文明四年（一四七二）二月二十九日条に「今日七郷之くミを二郷去年よりはつす、関事歟、大宅四宮之也、今日もとのことくなをり候也」と記されている。ここから、七郷のうち大宅郷と四宮（河原）郷の二郷が、山科七郷のうちからか、それとも本郷と組郷の組み合わせ（両郷は前掲の史料から本郷と組郷との関係ではない）からかは判別はできないが、一時的に外されていたことがわかる。また、明応七年（一四九八）十一月三十日付の室町幕府奉行人奉書には「山城国宇治郡山科七郷幷竹鼻等事」とあり、(26) 山科七郷と七郷に含まれていた竹鼻（郷）が別々に記されていることから、竹鼻郷が山科七郷から外されていたとも考えられ、このように七郷の結合というものが解消される可能性もあったことが推測される。

さて、「郷村表」を作成するにあたっては、○○郷として把握されている郷は全て採録する方針をとっている。そのため、本郷も組郷も一つの「郷」として扱うことで、史料2からは十五の新出郷を採録することとなった。ただし、史料2の記述で明らかなように、郷の中にも本郷や組郷といった、位相の違いが存在している点には注意を要する。

同じく『山科家礼記』応仁二年三月十七日条に、「今日七郷ノヨリ合在ㇾ之、安祥寺ニテ沙汰、例年春ハ北郷、秋ハ南郷ニテ沙汰、当所ヨリモ老衛門入道出候」と記されている。また、応仁・文明の乱のなか、室町幕府奉行人の飯尾之種が山科家家司の大沢久守に宛てた書状には「南郷衆」が忠節を尽くしたとあり、[27]「山科七郷」を二分する「北郷」・「南郷」という区分も存在していたようである。

山科七郷は、定期的に寄合を開いて問題の解決を図り、また緊急時には武装した郷民が集合して野寄合なるものを開いていた。先の史料にある安祥寺郷のほか「郷民花山にて寄合」、「七郷々民於二東庄一寄合在ㇾ之」、「七郷よりあひ、大塚郷ニこれあり」とあるように、本郷でも組郷でも郷民による寄合が開かれていたことがわかる。[28]

文明十八年（一四八六）五月、山科七郷に対して室町幕府より禁裏の築地修復を命じられた際には、四宮・西山・南木辻・厨子奥・花山の各郷からの使者が大沢久守のもとを訪れ、人夫役免除の交渉をし、[29]長享二年（一四八八）正月に、東山殿御庭普請を賦課する旨の室町幕府奉行人奉書が発給されると、花山・音羽・四宮・野村・大宅・大塚・西山・御陵郷から使者が出されていることから、[30]本郷と組郷と関係なくどちらかの代表者が郷に関する問題に対応していたのである。

先にあげた山科七郷の内訳がわかる史料において「大宅里」は、唯一「里」と記されている。「大宅里」は山科家の所領であり、山科家の日記『教言卿記』『言国卿記』『言継卿記』、家司大沢久守らによる『山科家礼記』には、「大宅里」「東庄」「大宅郷」の呼び名が見られる。『教言卿記』応永十三年（一四〇六）十月十九日条に「東庄大宅里ヨリ宿直二人参也」や応永十六年四月五日条に「東庄大宅里番者二人参勤也」とあることから、東庄内の大宅里とも捉えられるが、『山科家礼記』応仁二年正月二十七日条に

【史料3】

一、東庄制札申出、春蔵主申沙汰也、
　禁制　　山科国山科大宅里
右軍勢甲乙人等乱入狼藉事、堅令㆓停止㆒候訖、若於㆓当手輩㆒有㆓違乱之族㆒者、可㆑処㆓罪科㆒者也、仍下知㆑件、
　応仁弐年正月廿三日　　右京大夫源朝臣在判

と記され、また応仁二年十二月二十九日条には、「七郷々民於㆓東庄㆒寄合在㆑之、今度自㆓三宝院殿㆒勢使之儀其沙汰候間、七郷成㆓衆儀㆒、大宅里可㆓合力㆒之由各衆儀如㆑此候也」とあり、禁制が出された東庄および七郷の寄合が開かれた東庄が大宅里と同じということがわかる。

『康正三年記』の四月二十五日条には、室町幕府から山科七郷へ人夫役賦課を命じるために発給された奉行人奉書が記載されており、その奉書に関して大沢氏と奉行人とのやりとりがみられる[31]。奉書には郷名の「大宅里」について「以㆓大屋家人夫㆒」や「以㆓公之人夫㆒」とその文字が間違って記されていたため「其御奉書字ワロキ間返し候也」と、大沢氏が奉行人の諏訪忠郷に奉書を書き直させている。同二十

六日に「大宅里《ヲホヤケサト》」と文字だけではなく読み方も口頭で伝え、さらに翌日には「又今日スワ奉書到来、又字ワロシ、又返候也、大宅里と云字、折紙書遣候也」と、再度折紙で指示をしており、奉行人（幕府側）と大沢氏との間で郷名に対する意識の違いが垣間見える興味深い事例であろう。

大宅里の呼び名が三パターンあることを述べたが、初めて「大宅郷」の記載が見られるのは、山科家の記録が始まる応永期から約百年後の明応期である。(32) それまでは、「東庄」・「大宅里」と見られ、応仁・文明の乱に際して、細川勝元から「安祥寺郷中」や「御陵郷中」など、山科七郷に出された感状があるが、大宅里に対してはその宛所が「大宅里郷中」と、里と郷が重ねて記されており、(33) 単独での「大宅郷」の呼び名は見られない。その後、天文年間頃からは「東庄大宅郷」との記載はあるものの、大宅里として史料上に現れることはなくなる。(34) 領主と在地との関係の変化によるものとも考えられるが、さらに天文十七年（一五四八）五月には、大宅里を含む山科七郷は一円御料所となり、山科家による支配は終わりを迎えることになるのである。

さて、山科郷全体の話に戻すと、延徳四年（一四九二）六月十二日に発給された室町幕府奉行人奉書には、「家領山城国山科郷内大宅里」と記され、(35) また明応五年（一四九六）十一月二十一日付の奉行人奉書には「山城国宇治郡山科郷内小野庄野村・西山両郷」と見られる。(36) あくまでも山科七郷の上位には山科郷があり、「東庄大宅里」と同様に「小野庄野村郷・西山郷」という政治のユニットを介した重層的な枠組みとなっていたのである。ちなみに、野村郷は十六世紀後半までに東西に分かれたようで、西野村の存在が確認できる。(37)

このような重層的な郷の枠組みとその関係は、どのような編成原理になっているのか、「郷—郷」の関係を「郷—村」の関係に置き換えて考えてもよいものかなど、村を考える上で多くの論点を含んでいる。

山科七郷の他にも、広い地域での郷（村）の結合として、上賀茂神社領の「賀茂六郷」や男山（石清水）社領の「（八幡庄）内四郷・外四郷」、伏見庄域に存在した「伏見九郷」、そして乙訓・葛野郡「西岡十一ヵ郷」など、山城国内の郷については、今後も比較検討を進めていく余地があると考えられる。

３　近衛家領荘園の再編と村の出現

一方、山科と同じく山城国宇治郡には、近衛家領として伝領された「五ヶ庄」という荘園が存在した。この荘園は、近衛家領であった「冨家殿」と「岡屋庄」という二つの家領が前提となり、十五世紀に二つが統合することで成立した経緯がある。[38]「郷村表」では、この五ヶ庄内の村として、十五世紀に二村を採録している。

【史料４】『後法興院記』文明十五年（一四八三）八月五日条

自二申刻一甚雨下、雷一両声、自二五ヶ庄一有二注進一、去三日巳刻水主城衆守護発向、五ヶ庄冨家村、岡本村、其外村々放火云々、

（後略）

応仁・文明の乱後、山城地域では守護畠山氏の内訌が続いており、近衛政家の家領である五ヶ庄も戦災に遭った。史料４では、「五ヶ庄冨家村、岡本村、其外村々」として、荘内の村々が登場している。注目すべきは、このうち冨家村が、五ヶ庄成立以前に存在した冨家殿と同じ村名を冠している点である。このことは、近衛家領統合による五ヶ庄成立を受け、かつての所領単位として設定されていた冨家殿が村

へ転化したものと考えられる。

このように、冨家村の事例は、荘園領主の家領再編に伴って村が出現した事例である。こうした事例は、山城地域で十五世紀以降に村が増加していく傾向と無関係とはいえないのではなかろうか。無論、この時期に村が多く検出される背景として、集落の形成や自立的な地域結合を反映した側面もあろうが、領主側による所領再編の動きも併せて考える必要がある。それはすなわち、村の枠組みを定める主体が何かという議論と直結する。それが地域社会側の結合や自立性、或いは「生活のユニット」によるものか、支配者側の編成によるものかという点は、個別の検討を要するものである。

「郷村表」によって、各地域の郷や村の出現傾向を把握したうえで、こうした個別事例の検討を進めていくことは、「郷村表」の成果を次の段階へ発展させていく作業の一つである。一例として紹介した冨家村の事例は、郷や村が「いつ生まれたか」という情報を集積していくと同時に、その検討によって、「どのように生まれたか」も明らかにしうるものと考えられる。

おわりに

以上、山城国の「郷村表」から古代・中世における郷や村についてみてきた。最後に同じく畿内の国で「郷村表」が完成している大和・摂津国の状況と山城国とを比較してみる。大和国では、郷が二百三十三、村が二百四十四で計四百七十七、摂津国では、郷が八十七、村が三百五十三で計四百四十の郷村が確認できた。

数だけで見ると、大和国は山城国と同じく郷と村の出現数にそれほどの差はないが、摂津国では村の

表2　大和国「郷村名郡別世紀別初出表」

郷・村／世紀	郷												村											
	7	8	9	10	11	12	13	14	15	16	未詳	合計	7	8	9	10	11	12	13	14	15	16	未詳	合計
合計		30	4	16	8	26	41	37	56	15		233	0	31	4	4	3	8	11	8	10	165		244
添上郡		9	1	4	2	5	13	5	4	1		44		3	1		1	2	3	2	2	6		20
添下郡		4				1	1		2			8		1								1		2
平群郡		2		1	2	4	6	3		2		20		1	1			1	1			9		13
広瀬郡		1		1	1	1	3	2		1		10		3				1		1	1	12		18
葛上郡		1	1			2			6			10		1				1				2		4
葛下郡		1				5	1	2	3	2		14		2	1			1	3	3	1			11
忍海郡		1							2			3					1				1			2
宇智郡		1	1	2		3			1			8		1		3								4
吉野郡						1	3	13	6	2		25						1	1	2	4	6		14
宇陀郡		1				1	2	1	6	1		12		2							1	24		27
城上郡						1	3	1		1		6		2					1			18		21
城下郡		2		2			3	3	11	1		22		2								13		15
高市郡		4		1	1	1	3	4	11	2		27		7	1							7		15
十市郡		2		1	2	1		3	1	2		12		2				1	1			40		44
山辺郡		1	1	4			3		3			12		4		1	1		1			27		34

表3　摂津国「郷村名郡別世紀別初出表」

郷・村／世紀	郷												村											
	7	8	9	10	11	12	13	14	15	16	未詳	合計	7	8	9	10	11	12	13	14	15	16	未詳	合計
合計		27	3	2	4	5	13	16	10	7		87	0	11	3	0	2	19	48	100	69	101	0	353
住吉郡		2	2			1	2					7		1							8	6		15
百済郡		3										3												0
東生郡		1			1			1	1			4		1	1			1		2	3	1		9
西成郡		5						1		1		7		2			1		1	1	8	1		14
島上郡		3		1	2							6			1				2	10	6	12		31
島下郡		3	1			1		1	3	1		10		2			1	9	13	11	10	10		56
豊島郡		3				2	3	1	1	1		11		1				6	6	7	1	4		25
河辺郡		4		1	1		2	8	3			19		2	1				10	52	12	7		84
武庫郡		1				1	4	2		1		9							2	1	4	4		11
菟原郡								1		2		3									5	23		28
八部郡		2										2		1				1	7	4	4	8		25
有馬郡										1		1							3	8	6	4		21
能勢郡							2	1	2			5		1				2	4	4	2	21		34

数が郷の四倍ほどになっていることがわかる。さらに畿内近国にその範囲を広げてみると、近江国でも郷三百一、村四百八十二と村の数が多いが、両者の差が山城・大和国より大きく、さらに丹波・播磨国では摂津国と同様、圧倒的に村の数が多く現れている（丹波：郷六十五・村三百二十七、播磨：郷百四十五・村四百七十八）。ここから、各国における郷・村の現れ方が山城・大和・近江国を境として東西で異なる傾向を示していることが読み取れる。

山城国で踏まえておかねばならない特徴として、京都が所在していることは、自明の論点であることに間違いない。郷が多く検出される点は、権門寺社の膝下領があることと無関係でないと考えられ、所領再編によって村が新出する事例などは、荘園領主の所在する京都との近さが大きく関係したと想定される。

冒頭に触れたように、山城国地域では、まとまった自治体史が無かったため、主要な自治体史や史料集を絞って「郷村表」を作成している。今回は現状の「郷村表」をもとに分析と考察を行ったが、今後はより多くの史料情報を反映させることで、一層精緻で豊富な情報が集約できるであろう。さらに、畿内で未完成の河内・和泉国の「郷村表」を作成することにより、畿内における郷・村の状況を明らかにしていきたいと考える。

注

1　『日本書紀』欽明天皇即位前記、雄略天皇十七年三月条。
2　保安三年（一一二二）十一月二十四日付右京大夫宅牒案、『平安遺文』一七一八「久我文書」。

3　『大日本古文書』「醍醐寺文書」一七三。
4　天平勝宝元年（七四九）十一月三日付大宅朝臣可是麻呂貢賤解案、『大日本古文書』「東大寺文書・東南院文書」六三三。
5　前掲注4。
6　天平十四年（七四二）十二月十三日付高橋虫麿優婆塞貢進解、『大日本古文書』八　一五四頁「正倉院文書」。
7　天平六年（七三四）七月二十七日付優婆塞貢進解『大日本古文書』一　五八三頁「正倉院文書」。
8　天平二十年（七四八）四月二十五日付写書所解『大日本古文書』三　七八頁「正倉院文書」。
9　延暦十年（七九一）正月二十一日付宇治宿祢豊川解『大日本古文書』「東大寺文書・東南院文書」五六四。
10　『大日本古文書』「東大寺文書・東南院文書」五六四。
11　門井慶介「八世紀の家地売券にみる「村」」（『大谷大学大学院研究紀要』二十九、二〇一二年）。
12　『日本後紀』弘仁六年（八一五）六月癸亥条。
13　『続日本後紀』承和元年（八三四）正月庚午条。
14　『日本三代実録』天安二年（八五八）九月二日条。
15　『日本三代実録』元慶九年（八八五）二月八日条。
16　『日本三代実録』仁和三年（八八七）五月十六日条。
17　『続日本後紀』承和四年（八三七）二月庚申条。
18　『日本三代実録』貞観七年（八六五）九月二十六日条。
19　承元三年（一二〇九）七月四日付賀茂能田地売券『鎌倉遺文』補五六〇「関戸守彦氏所蔵文書」。
20　『城陽市史』四「御牧文書坤」。
21　大山喬平「越中の庄・郷・村」（同『日本中世のムラと神々』岩波書店、二〇一二年、初出二〇〇三年）。
22　後藤靖・田端泰子編『洛東探訪　山科の歴史と文化』（淡交社、一九九二年）。
　山科七郷に関しては多くの研究成果があり、山科七郷を構成する大宅郷としての自治的な諸活動と山科家の名字の地・根本荘園としての諸様相などが明らかにされてきた。田端泰子「戦国期の山科家と山科七郷」（同『中世村落の構造と領主制』法政大学出版局、一九八六年）。菅原正子「山科家領荘園の研究」（同『中世公家の経済と文化』吉川弘文館、一九九八年、初出一九八五年）、同「山科家の家司大沢久守と山城国山科東庄――在地武士としての考察――」（同『中世の武家と公家の「家」』吉川弘文館、二〇〇七年）。志賀節子「山科七郷と徳政一揆」（同『中世荘園制社会の地域構造』校倉書房、二〇一七年、初出一九七八年）、細川涼一「山科東荘の大宅寺について――山科東荘における山科家と勧修寺――」（『佛教史学研究』六四―一、二〇〇二年）など。

23 前掲注22後藤靖・田端泰子編書。

24 『賢俊僧正日記』貞和二年（一三四六）二月二十日条。

25 永享五年（一四三三）には、室町幕府が勢多橋の警固について、園城寺に山科七郷民を動員するよう命令している。

「足利義教御判御教書」『園城寺文書』一一〇

勢多橋警固事、相二催山科七郷幷粟津五箇庄土民等一、厳密可レ致二其沙汰一之状如レ件、

永享五年七月廿五日　（花押）

園城寺衆徒中

26 『言国卿記』明応七年十一月三十日条。

27 （応仁二年〈一四六八〉）八月七日付飯尾元種書状案『田中穣氏旧蔵典籍古文書』九四「山科家請取文書控」。

28 『山科家礼記』応仁二年（一四六八）七月二十七日条、同年十二月二十九日条、文明九年（一四七七）十二月二十一日条。

29 『山科家礼記』文明十八年（一四八六）五月二十六日、二十九日、六月二日、四日、七月七日条。

30 『山科家礼記』長享二年（一四八八）正月二十二日、二月六日、七日、九日、十八日条。

31 『田中穣氏旧蔵典籍古文書』八九。古川元也「［資料紹介］康正三年記」（『国立歴史民俗博物館研究報告』七六、一九九八年）。

32 『言国卿記』明応七年（一四九八）八月十二日条。

33 七月十五日付細川勝元書状案『田中穣氏旧蔵典籍古文書』九四「山科家請取文書控」。

34 『京都市の地名（日本歴史地名大系第二七巻、平凡社、一九七九年）』では、『言継卿記』天文元年（一五三二）十一月四日条に「山しな大やけの郷なきのつし」「山科七郷之内大宅郷椥辻地頭分」などとあることから、「大宅郷という場合は、南木辻をも含む総称とも考えられる」としている。

35 『山科家礼記』延徳四年（一四九二）七月二日条。

36 『室町幕府文書集成 奉行人奉書篇』二〇四四「勧修寺文書」。
37 『明智光秀 史料で読む戦国史』所収〔明智光秀書状〕「荻野研究室収集文書」。
38 伝領の概要については「冨家殿」(『京都府の地名(日本歴史地名大系　第二六巻)』平凡社、一九八一年)を参照。冨家殿については、藤本孝一「近衛家領山城国冨家殿について」(同『中世史料学叢論』思文閣出版、二〇〇九年、初出一九七五年)に詳しい。なお、藤本氏によれば、「冨家殿」の呼称は、藤原忠実の宇治別業がこう呼ばれたことによるという。

第三章　古代・中世尾張国の郷と村

井戸裕貴

はじめに

尾張国については、多くの先行研究によって行政・地理・交通・特産などにおける様々な特質が見出されつつある。「ムラの戸籍簿」による本稿の試みもその一環であり、古代・中世史料に見られる「郷」「村」の時期的な傾向を分析することで、尾張国における地域的特質を見出すことが目的である。

まず行政について見ると、大宝元年（七〇一）の五畿七道制確立によって、尾張国は行政区画としての東海道の一国に位置付けられた。国内の行政区分は、『和名類聚抄』によると、中島（中嶋）郡・丹羽郡・春部郡・愛智郡・山田郡・智多（知多）郡・海部郡（平安後期〜戦国時代は海東郡・海西郡に分裂）・葉栗郡の八郡であり、十六世紀のうちの一時期には三河国西部が「高橋郡」として尾張国に編入された。また、八〜十五世紀半ば頃に少なくとも百六十五の荘園、六十四の国衙領が成立し、国衙が所在する中島郡の荘公領がその三分の一を占めたという(1)。

次に地理を見ると、北部・西部は木曽川という大河川が平野を通って南へ奔流し、各務原台地の隆起と河口部の沈降という二つの地殻変動に伴う大きな流路変動が十五世紀に見られ(2)、領主層も国境を変える必要に迫られるなど自然地理的条件が行政に大きく影響した（本書第II部第六章杉江論文図1参照）。

また、尾張国は東国と西国の境目に位置する。承久三年（一二二一）の乱後、鎌倉幕府が西国を束ねる機関として六波羅探題を設置すると、尾張国はその管轄下に入ったが、三河国はその管轄から外れる時期もあった。加えて、十五世紀に知多郡で調達された大般若経の識語には、尾張国の地名のみならず、三河国高橋荘（現豊田市北部・旧西加茂郡）や重原（現刈谷市）、遠江国井那佐郷（現浜松市）などの地名が見られる(3)。このように、尾張国は政治的には西国と認識された例も見られるが、東国と認識される三河国・遠江国などとの地域間交流の様子も見られるなど、東国・西国と区分するのは難しい(4)。

そこで日本列島における尾張国の地理的位置を考えると、東国・西国の狭間にある東海諸国の一角であり、その中でも京や奈良に近い。この性格を単に「中間」ではなく、「東海」として積極的に評価する研究が増えつつある。

例えば交通の面では、中世前期から東国と畿内近国の往復（貢納物の輸送や商業の航路）に、伊勢湾海運を中継地点として太平洋海運を用い、遅くとも十五世紀には伊勢湾やそれと結節する木曾川水系など大河川流域一帯での小廻船の活動が、直接・間接的に複数地域の経済を媒介する機能を果たしたという(5)。また、その太平洋海運を介して知多半島で製造された常滑焼が列島各地に広がったこと(6)、美濃国と同様にその生産条件によって年貢として米の代わりに絹を納めていたことも、「東海」特有の性格であろう(7)。

以下本論では、尾張国の郷村表の特徴を指摘し、以上の特質を踏まえつつ具体的に検討したい。

第三章　古代・中世尾張国の郷と村

井戸裕貴

一　「ムラの戸籍簿」に見る尾張国

1　古代尾張国における「郷」と「村」

中世のムラの生成過程に焦点を当てた大山喬平氏は、鎌倉初期史料の「郷」「村」抽出作業から、中世の郷・村の多くの村名が近世村に残ることに注目して、郷は内部に新村を生み出すことで分裂、あるいは村が郷に昇格し、「郷や村は確実に近世村落の母胎として歴史的生成をとげつつあった」と評価した。(8)この大山氏の試みを尾張国に適用した上村喜久子氏は、本稿の郷村表と同様に大山喬平氏の「ムラの戸籍簿」研究の方法論を踏まえ、「郷」「村」の初出事例の収集から中世尾張の郷村の特質を論じた。(9)また上村氏は、独自の郷村表に基づいて、尾張国の郷村を地形によって「尾張平野の中心部」、「三角洲および木曽川下流域」、「山地・丘陵地域」に類型化し、さらに、十四世紀以降に郷・村の近世村への「継承性」が上昇することを確認し、「郷・村自身の弛まぬ分裂運動」によって中世後期には郷・村が同質化したことなどを指摘した。尾張国の郷村を検討する上で起点となる重要な先行研究である。

ただし、上村氏の問題意識は中世に絞られていたため採録対象も十二世紀から十六世紀半ばまでに限定されている。本節では古代史料や十六世紀後半の史料も対象にして、より長期的な視野による郷村表から尾張国の郷村の特質を検討したい。

本稿で用いる尾張国の郷村表は、継体元年（五〇七）～慶長五年（一六〇〇）の尾張国・三河国関係史料を採録した『愛知県史　資料編』（以下『県史』と略）6～14巻の計九冊（一九九九～二〇一五）を主な典拠として、「某郷」「某里」「某村」「某邑」表記の史料を、前者二例を「郷」、後者二例を「村」(10)として抽出

表　尾張国「郷村名郡別世紀別初出表」

郷・村／世紀	郷（里）												村											
	7	8	9	10	11	12	13	14	15	16	未詳	合計	7	8	9	10	11	12	13	14	15	16	未詳	合計
合計	6	38	0	0	0	27	35	152	89	331	15	693	0	2	0	0	0	1	15	77	38	215	14	362
葉栗郡		5				1	2	6	12	18	3	47							1	6	5	12		24
海部郡	3	3					11	31	13	62		123							1	8	4	65		78
愛智郡		6				1	5	20	6	36	1	75		1					4	6	5	20	2	38
春部郡		2				20	2	11	10	52	3	100							2	6		22	2	32
山田郡	1	3				1		7		3	1	16							1	1	3	1	1	7
智多郡	2	11					4	16	19	21	1	74							1	1	7	13		22
中島郡		6				1	7	39	8	87	4	152						1	4	31	11	30	2	79
丹羽郡		2					2	8	11	47	2	72							1	7	2	47	2	59
所属郡不明						3	2	14	10	5		34		1						11	1	5	5	23

し、『和名類聚抄』に記された郡・世紀で区分した（表）。[11]

尾張国の郷村表を他の東海諸国と比べると、[12]「郷」の初出事例を七世紀に数例、八世紀に多く確認でき、九世紀〜十一世紀には「郷」「村」ともに初出事例が見られず、十四世紀に一度目のピーク、十六世紀に二度目のピークが見られる点を共通点と指摘できる。一方、尾張国に限り八世紀と十二世紀に「村」の初出事例が見られるのは、東海諸国の中でも特徴的である（尾張国に十六世紀の初出事例が多いのは、太閤検地関係史料および『織田信雄分限帳』の現存が大きい）。

まず、上村氏の分析から外された古代の郷村について、七〜八世紀における「郷」「村」の史料を取り上げたい。「郷」表記の初出事例（「里」）は以下の通りである。

【史料1】　荷札木簡（『県史』六、七一二頁）

辛卯年十月尾治国知多評入□〔見カ〕里神部身□三斗[13]

【史料2】　荷札木簡（同前）

甲午年九月十二日知田評阿具比里五□□〔百木カ〕部□□□養米
六斗[14]

前者の干支は「辛卯」、後者は「甲午」で、大宝元年（七〇一）以降見られない「評」表記を用いた藤原宮出土木簡であり、前者は朱鳥五年（六九一）、後者は同八年と推定される。「入見里」「阿具比里」は、ともに知多郡に属する。尾張国において確認される七世紀の「里」は二例で、いずれも知多郡に属するのは偶然なのか、古代知多郡を概観して考えたい。[15]

古代知多郡の郡司は、天平年間（七二九～四四）には和爾部臣が務めたとされるが、[16]七世紀に遡るかは明らかではない。史料1の「神部」を三輪氏の部曲、貢進物を「三斗」という数量から塩とする指摘があり、[17]和爾部臣と並んで天平六年（七三四）の尾張国正税帳に名を連ねたのが、「伊福部」すなわち史料2「五百木部」であった。つまり史料1・2は、七世紀末に知多郡の有力豪族が塩や養米を集め藤原京に送ったことを物語っている。

以上を踏まえて、尾張国における七世紀の「里」史料が知多郡に関するものに限り残った背景をどう考えられるか。北村優季氏によると、古代の東海道で尾張国から西に向かう際は知多郡から伊勢湾を渡海して伊勢平野に着岸し大和国に向かうのが最短ルートであり、藤原京・平城京は伊勢湾航路と密接な関係にあったという。[18]つまり、知多郡から伊勢湾航路を使うのが、距離・往復に要する日数・人夫の食糧などの経費など、様々な面で他の郡より効率的に租税を運搬できたと思われ、それゆえ知多郡関係木簡が残りやすい環境にあったのではないか。もっとも、他にも様々な可能性を考えられる。ここでは、藤原京にたどり着く木簡の地域的偏差を考える上で郷村表が手がかりになる可能性を指摘するにとどめたい。[19]

次いで、「村」の初出事例について考えてみたい。

【史料3】 荷札木簡（『県史』六、七一八頁）

尾張国愛知郡中寸若倭部大嶋

【史料4】 荷札木簡（『県史』六、七三二頁）

□□〔虎村カ〕五斗

前者は平城宮出土木簡であり、平城京が都であった和銅三年（七一〇）～延暦三年（七八四）に、「愛知郡中寸（村）」に「若倭部」が存在したことを伝える。「若倭部」については、ワカヤマトネコヒコオホヒヒにその由緒を求める説があり、出雲に非常に多く見られるという[20]。後者は、勝川遺跡（現愛知県春日井市）の出土木簡であり、「虎村」が属する郡は勝川遺跡が位置する春部郡とも考えられるが、断定は難しい。また「虎村」を勝川遺跡周辺の地域と仮定すると、勝川遺跡の寺院跡は八世紀前半頃には造営されたという指摘があり[21]、史料3と4の「村」のいずれが先行するか検討の余地があるが、ここでは八世紀の「村」の事例が見られることを確認したい。

このように、郷村表によって検討することで、知多郡の租税の運搬に利用された七世紀の「里」表記木簡が残ったこと、尾張国の「村」の初出事例が他の東海諸国とは異なり八世紀と十二世紀に見えることや、八世紀というかなり早い時期の貴重な「村」史料を確認できた。

2　中世尾張国の「郷」「村」と地域的傾向

次に、中世の「郷」「村」について検討する。

郷村表によって郡ごとに郷・村の初出の傾向を確認すると、まず、「郷」の初出数は愛智郡・丹羽郡が他の東海諸国と同じ傾向を示すが、葉栗郡は世紀を追うごとに微増する。また、中島郡・春部郡・海部郡は全体的に初出事例が多い。次に、「村」の初出数は葉栗郡・愛智郡は東海諸国と同じ傾向で、丹羽郡は十六世紀に急増する。一方、「郷」の検討ではまとめて扱った中島郡・春部郡・海部郡は、春部郡が「村」の初出数が他の二郡より少なく、十五世紀に初出事例は見られず、中島郡が十二世紀に尾張国内唯一の初出事例を有するなど、それぞれに相違点がある。

以上のように、「郷」の初出数の検討では愛智郡と丹羽郡、中島郡と春部郡・海部郡はそれぞれ同じ傾向であるが、「村」の初出数の検討では愛智郡は葉栗郡と傾向が重なり、丹羽郡とは傾向が異なる。また、中嶋郡と春部郡・海部郡は全く傾向が異なる。これを上村氏の「尾張平野の中心部」（西北部を除く中島郡・海東郡北部・丹羽郡西部・春部郡西部・愛智郡北西部）、「三角洲および木曽川下流域」（中島郡西北部・海東郡南部・海西郡・葉栗郡北西部）、「山地・丘陵地域」（丹羽郡北部・春部郡東北部・山田郡・愛智郡東南部・知多郡）という分類に重ね合わせると、郷村表は郡単位で作成したため判断が難しい点もあるが、概ね同じ傾向となるように思われる。収録対象を十六世紀後半まで広げた場合にも、上村氏が見出した地形ごとの地域分類の有効性が認められるといえよう。

ところで、中世尾張国の郷村の初出事例の中でもとりわけ注目されるのは、十二世紀の「村」である。他国の郷村表との比較によれば、東海地域では十二世紀に「村」がみられるのは尾張国に限られる。しかも、この十二世紀の尾張国の「村」は中島郡に限られるという点もとりわけ注意される。以下、この点について検討する。

【史料6】 七寺一切経奥書（『県史』七、一二二七号）

尾張国中嶋部（郡）南条堤田郷庄小松野村、書写了

執筆僧蓮秀

「一校了、栄俊」

【史料7】 七寺一切経奥書（『県史』七、一二三八号）

安元三年八月十二日、尾張国中嶋郡南条堤田御庄松野村、執筆僧蓮秀書写了、

「一校了、栄芸」

史料6・7は、安元三年（一一七七）前後の時期に在庁官人が企画し、七寺を拠点に主に尾張国内で勧進書写させた一切経のうちの奥書である。他に「村」表記が見られる十二世紀の史料には、長寛元年（一一六三）に尾張国留守所目代が国守の下文に従い、佐伯遠長に「鈴置村」の領掌を認めたものがある（「白描五智如来図像紙背文書」『県史』七、一〇九三号）。史料6・7と合わせて、郡が明らかな全ての十二世紀の「村」が中島郡に存在したのである。

上川通夫氏によると、七寺一切経をめぐる勧進書写事業の前提に、その底本をめぐって中央・地方を貫く中世の支配機構があったという。[22] この極めて特徴的性格を有する史料に、「村」表記が記されたことは興味深い。また、前述の「白描五智如来図像紙背文書」も「村」の存在を物語る。中島郡には国衙

が所在し、国衙の付近には政庁・学校・倉庫群が存在したとされることも踏まえると、[23]中島郡には他の郡より早く実態としての「ムラ」が存在したのか、在庁側が「村」を設けたのか、検討の余地があるが、その土壌には政治・地理・文化など様々な要素を考えられるだろう。

本項では、上村氏の成果に基づきつつ、地形ごとの地域分類から窺える中世尾張国の郷村の特質が、郷村表の傾向と概ね一致することを確認した。そして、郷村表において特徴的であった十二世紀における中島郡関係史料に注目して、尾張国内で中島郡に「村」が早く存在した背景を指摘した。

二　中世後期尾張国における「郷」「村」

1　破田「郷」と破田「村」

本節では、郷村表の作成過程で見出した、同時期に「郷」「村」表記が混在する葉栗郡破田（現一宮市木曾川町外割田・内割田）を舞台に「郷」から「村」への変遷を検討し、「郷」「村」表記がどのような実態を反映しているか考えたい。上村喜久子氏は、破田を含む葉栗郡北西部を「三角州および木曾川下流域」に分類し、その特徴は「きわめて不安定な条件下にあり、洪水による河川流路の度重なる変更によって、荒野化や集落の消滅・移動は、近世まで続」き、十一世紀末頃から「開発・再開発を目的とした領域型荘園」[24]が成立したと指摘した。

破田の史料上の初見は、元亨三年（一三二三）に久明親王が武家による破田荘への介入を禁じた事例（「大徳寺文書」『県史』八、八二四号、以下の『県史』収録史料は全て「大徳寺文書」）である。破田荘について上村氏は松枝荘の異称と見ており、破田が松枝荘の荘域を代表するほど重視されたと考えることもできるだろう。以下、地理的・政治的に独特な位置を占めていたと思われる破田について「郷」「村」の視角から検討する。

南北朝期には足利将軍家が近江・美濃・尾張を対象にした半済令を発布し、破田にも影響を及ぼした。永徳二年（一三八二）、破田の荘園領主白川業定は、「破田郷」の守護方半済分・領家分を大徳寺如意庵に寄進した（『県史』九、四〇五・四〇六号）。

翌年白川業定は、その事情を大徳寺宛ての文書に記した。当時、「破田郷」の半済分は尾張守護土岐頼康のもとで高山（土岐）次郎が実効支配していた。そこで白川業定は、禅宗寺院領が半済令の対象外であると見越した如意庵住持・言外宗忠の献策を受け、如意庵に「破田郷」を寄進することで守護方（高山）による押妨を抑止し、翌年までは成功していたようである（『県史』九、四三七号）。

しかし、嘉慶二年（一三八八）に守護土岐満貞（頼康の甥）は「破田郷」半済分を如意庵に寄進した（『県史』九、五三一・五三二号）。この史料から、永徳三年まで無効だった半済が復活し、守護の手に帰したことが分かる。そこで業定は同年十二月、「破田村」の村請年貢三年分にあたる四十貫文の徴収を如意庵に委ね（『県史』九、五五七号）、その「破田郷」の年貢から十貫文を業定の「如意庵方借物」の返済に充てたのである（『県史』九、五五八号）。業定は自力では守護方を抑えられず、如意庵を請負代官にして、大徳寺が守護方に抵抗するよう狙ったという[25]。その結果、満貞は半済分を如意庵に寄進し、明徳二年（一三九一）には「破田郷」の他の土地も如意庵に寄進した（『県史』九、六〇二号）。大徳寺を利用した業定の抵抗を前に、これ以上の実力行使を諦めたのであろう。

ここで、「破田郷」「破田村」表記の揺れに注目したい。四〇五号から五三二号までは「破田郷」、五五七号は「破田村」で、同日の五五八号では「破田郷」と記されたのである。この点については上村氏が、村請に関しては「破田村」、領家年貢収取単位に関しては「破田郷」と指摘した。

しかしその後、表記の揺れはより大きくなる。応永元年（一三九四）に「破田村」吉光名・平三名の名主玉阿が大徳寺と本銭返（銭による買戻し可能な不動産売買）を契約した（『県史』九、六五八号）が、玉阿は「破田村」と記したのである。以上の事例から、守護方は「破田郷」、地域側は「破田村」と表記したと考えられる。

次いで同四年に守護今川仲秋が、守護代斎藤仲善に斎藤三郎左衛門尉の違乱を止め「破田村」を大徳寺に返すよう指示し、仲善も守護又代丹羽太郎左衛門尉に同様の指示をした（『県史』九、七〇六・七〇七号）。この史料は、守護方による「破田村」表記の初見で、単に守護方・地域側の区別で表記の揺れを論じることも難しい。そして、同七年には三郎左衛門尉の違乱に関して、如意庵は甲斐将教から「破田郷」「破田村」の領掌を確認する守護の奉書、沙弥某・若椙から同趣旨の打渡状を入手した（『県史』九、七七七・七七八号）。恐らく前者が在京する守護の側近くで仕える人物、後者二人は地域にあって守護領を支配する人物であろう。

つまり、在京している白川業定や守護方は「破田郷」、地域住民は「破田村」と記したのである。そして、応永十六年（一四〇九）に業定が如意庵に「破田郷」を売却した文書（『県史』九、九三八号）を最後に「破田郷」表記は見られなくなり、守護方から地域住民まで「破田村」表記に統一したのである。[26]

２　応永年間以後の破田

その後、破田はどのような歴史を辿ったのか。応永二十八年（一四二一）、「尾州足近庄住人」（葉栗郡、現岐阜県羽島市）栗原惟忠は、「破田村」内の平三名を如意庵に十八貫文で売却したという（『県史』九、一一五五号)。ここで注目されるのは、別地域の住民が「破田村」表記を使った点である。これ以前、「破田村」表記を用いたのは破田近隣の住民、近隣にあって支配する領主層に限られた(前節で登場した玉阿が住む「玉井」(『県史』九、六五八号)は破田と隣接)。しかし栗原惟忠は「足近庄住人」であり、破田の権益を持つ外部の住民である。破田を「破田村」と主張する動機がなく、その主張を受ける立場にもない人物が「破田村」表記を用いたことは、破田外部の住民にも「破田村」認識が浸透していたことを示唆している。

「破田村」認識では、如意庵所領注文并過去帳(『県史』九、一一七四号)も注目される。『県史』では応永二十九年の如意庵文書目録に続けて収録され、内容の関連性からも近い年代の史料と思われる。そこでは、土岐満貞が寄進した「破田郷」を「破田村」と表記している。これは、大徳寺の認識の変化を意味する。所領注文という地域住民の目に触れる可能性が低い記録にも登場するほど、「破田村」認識が浸透していたのである。

正長二年(一四二九)、幕府は後花園天皇の即位式・大嘗会のための「破田村」分の段銭を京都で徴収することを認めた(『県史』九、一三二九・一三三〇)。その措置を伝達する文書は、形式的には幕府奉行人から尾張国守護代、守護代から守護被官に宛てられた。この史料は最終的に大徳寺に見せる前提で作られたと思われ、幕府要人と守護代、守護代と守護被官の間に交わされた文書であり、そこでも「破田村」と表記されたことは重要である。

以上のように、応永年間を境に「破田村」認識が将軍・守護・荘園領主・百姓など様々な階層の者に浸透した。その後、文明十六年(一四八四)の足利義政御判御教書(『県史』十、二六五号)を最後に、「破田村」は史料上見られなくなる。その原因は、恐らく大徳寺が「破田村」への支配力を失い、大徳寺文書に「破田村」が見られなくなったことにあろう。同時期には応仁・文明の乱を一つの契機として戦国時代が始まり、室町期荘園制が動揺・崩壊した。(27)そうした列島全体の大きな動きが、「郷」「村」表記の変化など郷村表の傾向と無関係とは思われず、十六世紀以降「村」表記の史料が急増する郷村表の傾向を踏まえて、一国ないし一地域の実態について考える視角は有効と考える。また、破田は葉栗郡、または「三角州および木曾川下流域」において、応永年間という早い時期に「郷」「村」表記の変化の契機が見られた事例であり、その点も特徴的である。破田は一つの事例に過ぎないが、このような多様な展開をも踏まえて、今後の議論を進めるべきであろう。

むすびに

最後に展望として、中世後期の尾張国における「郷」「村」の変遷の背景について考えたい。まず、土岐氏以後の尾張国守護は頻繁に交代し、畠山（明徳三（一三九二）～四年、応永五（一三九八）～同六年）、今川（明徳四年～応永五年）など尾張国に地盤のない人物が短期間で務めた。(28)そのため彼らは現地の実態把握が十分ではなく、円滑な統治のためには地域の百姓からの支持が不可欠であった。つまり、少なくとも尾張国に限れば、守護権力が百姓の支持を得ようと苦心する直接的な要因があった。

全国的にみると、十三世紀半ば～十四世紀に耕地開発が展開した結果、室町時代には開発状況が「飽和」状態に至ったという。(29)また、南北朝・室町時代には百姓の力だけで安定的に農業生産ができるようになり、領主に対する百姓の政治的立場も強くなり、荘園制の最終段階に領主権の空洞化、弱体化を招き社会を不安定にしたという。(30)これらの状況は、尾張国の政治・社会状況を理解する上で参考になる。

中世後期の領主層は、成熟する地域社会の実態理解を不可欠の前提とする傾向に迫られた。前述のように地域住民の文書には「村」表記が多く、「破田郷」「破田村」表記の揺れが見られるのは応永末期という指摘もある。[31]守護が、発給文書に「郷」より地域に近い「村」表記を自覚的に用いたのは、自らが百姓の生活実態=「ムラ」の存在を理解し認めていることを、文書の表記というかたちで示そうとしたからではなかろうか。未だ推測の域を出ないが、地域側の表記を領主層も使用するに至ったという歴史的画期性については認めてもよいのではなかろうか。

注

1 上村喜久子「尾張国」(網野善彦他編『講座日本荘園史五 東北・関東・東海地方の荘園』吉川弘文館、一九九〇年)。
2 榎原雅治『中世の東海道をゆく 京から鎌倉へ、旅路の風景』(中央公論新社、二〇〇八年)。
3 愛知県立大学中世史研究会編『延命寺(愛知県大府市)所蔵『大般若経』調査報告書』(大府市歴史民俗資料館、二〇二二年)。
4 網野善彦氏は、荘園・公領やその背景にある社会構造の検討によって尾張国の地域的特色を「中部的」と評価し、一定程度の東国からの影響を踏まえつつ、西国指向性が顕著とする論説(「尾張国」『網野善彦著作集四 荘園・公領の地域展開』岩波書店、二〇〇九年、初出一九八一年)と、年貢に繊維製品を納める特質から尾張国を東国と論じた論説(『東と西の語る日本の歴史』講談社、一九九八年、原著一九八二年)があり、尾張が東国か西国かの評価を一定させていない。
5 綿貫友子「尾張・参河と中世海運」(同『中世東国の太平洋海運』東京大学出版会、一九九八年、初出一九九三年)。
6 永原慶二編『常滑焼と中世社会』(小学館、一九九五年)など。

7 大山喬平「絹と綿の荘園――尾張国富田庄」（同『日本中世農村史の研究』（岩波書店、一九七八年、初出一九六五年）。

8 「鎌倉初期の郷と村――文治元年（一一八五）から建暦元年（一二一一）まで」（同『日本中世のムラと神々』岩波書店、二〇一二年、初出一九九九・二〇〇〇年）三九三頁。

9 「中世尾張国の「郷」「村」と荘園・国衙領」（同『尾張の荘園・国衙領と熱田社』岩田書院、二〇一二年）。以下断らない限り、上村氏の論考はこの論文に準拠する。

10 本稿において史料を引用した「村」以外の「村」および「ムラ」表記は、それぞれ大山氏が説く「所有のユニット」「生活のユニット」を指す。

11 以下『愛知県史』所収史料を掲げる際は、『県史』〇、〇号（または〇頁）とする。

12 本稿で扱う東海諸国の範囲は、郷村表が完成・完成間近である尾張国・三河国・遠江国・駿河国・伊豆国を指す。三河国の郷村表は、「ムラの戸籍簿」研究会のホームページに上げられている郷村表を参照（服部光真氏作成）。遠江国・駿河国・伊豆国の郷村表は、本書第Ⅱ部第六章杉江氏論文を参照。

13 奈良文化財研究所（以下、奈文研）は、「辛卯年十月尾治国知多評入見里神部身閈三斗」と釈読している（奈良文化財研究所編『評制下荷札木簡集成』東京大学出版会、二〇〇六年）。

14 奈文研は、「甲午年九月十二日知田評阿具比里五□《〔木カ〕》部皮嶋□養米六斗」と釈読している（同前）。

15 東浦町誌編さん委員会編『新編東浦町誌　本文編』（一九九八年）第一章（執筆は福岡猛志氏）に、既に知多郡内の郷里名が見られる木簡の一覧が掲げられ、世紀ごとの数量についての指摘がある。本稿では、その成果に基づき郷村表を用いた若干の補足を行う。

16 『日本歴史地名大系　愛知県の地名』（平凡社、一九八一年）。

17 福岡猛志「知多半島古代史像の追及・試論」（『知多半島の歴史と現在』一六、二〇一二年）、前掲注13奈文研編書。

18 北村優季「長岡平安遷都の史的背景――首都立地論の試み」（同『平城京成立史論』吉川弘文館、二〇一三年、初出二〇〇七年）。

19 なお、海部郡には「尾張海評堤□□□□《〔田五十戸カ〕》」「尾治□《〔海カ〕》評嶋田五十戸」「尾張海評津嶋五十戸」（前掲注13奈文研編書）が知られ、「五十戸」表記は「サト」と読み、持統元年（六八七）以前に遡るという（市大樹『飛鳥藤原木簡の研究』

塙書房、二〇一〇年)。本稿は「里」表記史料の検討にとどまったが、知多郡には「五十戸」表記史料は知られず、海部郡から知多郡への国衙の進出なども想定すべきかもしれない。
20 福井県編『福井県史』通史編1(一九九三年)(白崎昭一郎氏・門脇禎二氏執筆)。
21 『愛知県埋蔵文化財センター調査報告書第二九集 勝川遺跡Ⅳ』(愛知県埋蔵文化財センター、一九九二年)、樋上昇「春日井市勝川遺跡出土木製品の再検討」(『研究紀要(愛知県埋蔵文化財センター)』四、二〇〇三年)。
22 「一切経と中世の仏教」(同『日本中世仏教史料論』吉川弘文館、二〇〇八年、初出一九九九年)。
23 『国史大辞典』「国衙」項(石井進氏執筆)。
24 前掲注9上村論文、二三五頁。
25 愛知県史編さん委員会編集『愛知県史通史編2 中世一』(二〇一八年)、(執筆は水野智之氏・村岡幹生氏)。
26 破田(現割田)は「わりでん」と読まれる。全国的にも稀有な例で、他の「わりでん」地名は岐阜県大垣市の割田村のみである。割田村は貞享二年(一六八五)『大垣領村々高帳』が管見の限り初見で、中世まで遡る地名かは分からない。他に類例を『日本歴史地名大系』で検索すると、「わりた」「わった」などと読む「割田」地名は全国に十数箇所見られる。一宮市の破田や大垣市の割田を含め、その多くが河川と至近距離にあり、破田の性格を考える上で興味深い。河川が氾濫すれば、近くの田地は損害を受ける。そうして穀物を育てる機能を失った田地を、城の象徴部分を取り壊して機能不全とした破城のように、「破田」と呼ぶようになったのではないか。もちろん、「破田」の田地が常に機能不全であったとは思わない。河川の氾濫を警戒すべき地域の住民・領主が、その危険を語り継ぐために地名として残したと考えるのである。しかし以上は推測の域を出ず、「破」「割」に込められた他の意味も考慮する必要がある。また、一宮市・大垣市の二つの地名が「わりでん」と読まれる背景、地名と「村」の登場の相互関係についても検討課題である。
27 伊藤俊一『室町期荘園制の研究』(塙書房、二〇一〇年)。
28 「守護・守護代・守護又代一覧」(愛知県史編さん委員会編『愛知県史資料編9 中世二』(二〇〇五年)を参照。
29 榎原雅治『室町幕府と地方の社会』(岩波書店、二〇一六年)。
30 伊藤俊一『荘園 墾田永年私財法から応仁の乱まで』(中央公論新社、二〇二一年)。
31 一宮市『新編一宮市史 本文編 上』(一九七七年)、(執筆は上村喜久子氏)。

第四章　甲斐国の「ムラの戸籍簿」

貝塚啓希

はじめに

本稿では甲斐国の「ムラの戸籍簿」と、そこから読み取れる情報について考察する。

甲斐国の郷・村についての先行研究は、戦国大名武田氏との関わりをはじめ、戦国期を対象とした検討が豊富である。[1] 一方でそれ以前に遡る検討が少ないことには、甲斐国に関わる史料の残存状況が影響していると考えられる。『山梨県史』資料編四巻では、解説編の総説として山梨県内の中世文書について、「本巻に収めた県内に現存する文書、あるいはある時期まで伝来していたことの確実な文書を通観して、まず気づくのは、他県の県内文書と比較してみたとき、鎌倉・南北朝期の文書、応仁・文明の乱以前の室町期の文書がきわめてわずかしか見られないことである。（中略）しかしこれに対して、写本・刊本の形で確認しうるものを含めて、武田氏（穴山氏・小山田氏）から徳川氏にいたる戦国期・織豊期（文亀から慶長まで）の文書は、約一五五〇点と、厖大といっても決して過言でない数に及ぶ」と指摘している。[2] 理由は不明であるが、県内中世文書の大半が戦国期以降、特に十六世紀後半のものである点は、それより前へと遡って甲斐国の郷・村について検討することを困難にしている。

これまで「ムラの戸籍簿」研究会では、史料上に現れる郷・村名について、和名抄に見える郷名や近世村名との比較を通じて、各担当国の郷・村について古代から近世へと至る変遷の過程を明らかにしてきた。そこで本稿においても、室町期以前の具体的な状況が見えにくい甲斐国の郷・村について、右のような「ムラの戸籍簿」研究会の手法にそって考察してみることにしたい。(3)

一　甲斐国の「ムラの戸籍簿」

まず、甲斐国の「郷村名郡別世紀別初出表」を掲げる(4)(表)。甲斐国では郷が二百四十九件、村が九十七件検出された。村に比べ郷が二・五倍近く多いが、こうした郷優位の傾向は、他の東国諸国と一致している。(5)また十四世紀・十六世紀に郷の検出数が増えることも、すでに東国の特徴として指摘されているが、(6)その点でも甲斐国は典型的な東国型の国であるといえる。

一方で十二世紀以前においては、ほとんど郷・村が検出できない。この点は他の国にはみられない特徴である。その理由の一つには、先述した史料状況の問題があろう。承久三年（一二二一）の年紀をもつ薬照寺鰐口銘に見える「甲斐国巨摩郡春米村」など、(7)郷・村が史料上に多く現れ始めるのは十三世紀からであるが、それらの郷・村が十三世紀に突如として生じたと考えることはできない。他の国々と同様、古代から徐々に郷や村は生まれていたとみるのが妥当であろう。(8)また甲斐国の場合、和名抄に挙げられている郷のうち、古代史料に郷名として見出せる事例が少なく、その多くは中世に入ってから広域地名として確認される。

十六世紀に入ると郷・村ともに初出事例が激増する。こうした郷・村を示す史料の多くは武田氏の発

表　甲斐国「郷村名郡別世紀別初出表」

郷・村／世紀	郷												村											
	7	8	9	10	11	12	13	14	15	16	未詳	合計	7	8	9	10	11	12	13	14	15	16	未詳	合計
合計		3	1	1			4	31	23	185	1	249		1				3	5	11	13	64		97
山梨郡		2	1	1			1	12	11	64		92						1	2	3	5	11		22
八代郡								4	1	31		36						2	2	1	1	14		20
巨摩郡		1					3	10	6	80		100							1	7		29		37
都留郡								5	5	10	1	21		1							7	10		18

給文書や、武田氏滅亡後の徳川氏による検地関係文書などである。それらに見出せる郷・村の一部は南北朝期ごろまで遡って検出できるので、やはり多くの郷や村が十六世紀に新たに誕生したと考えることはできない。それ以前から存在した郷や村が、戦国期にはじめて史料上に現れてくるようになったのだと思われる。

次に、郷や村が史料上どのような地名の系列のもとに現れるか整理する。大山喬平氏は国―郡―郷―村という系列を「基本型」とし、荘園の枠組みでそれらを切り取った形を「派生型」、荘園による区分を超えて新たな地域区分を設定したものを「展開型」として整理し、それらの下位に地名表記の類型化を行った。(9) また花田卓司氏は下野国の事例を整理する際に郡が見えづらいという事情から、大山氏の類型に独自の区分を加えている。(10) 後述するように甲斐国の郷・村の現れ方は下野国の郷・村に似ているところがあるため、ここでは一部花田氏の区分にならった。

【第Ⅰ類型・基本型】

●Ⅰ―1「郷―村」型（「郷」の下に「村」があるもの）

［山梨郡］菱村郷―丸山村／安田郷―下井尻村／御座郷―横井村／塩田郷―傘木村／万力郷―矢坪村

［八代郡］市河郷―六日市場村・上野村／向山郷―精進村

［巨摩郡］弘篠郷—小平村／小笠原郷—三蔵之村／下山郷—山額村／亀沢郷—芦沢村

［都留郡］棡原郷—照沢村・沢渡村・用竹村・檜原村／丹波山郷—長谷村／田原郷—深田村／宮谷郷（矢野門郷）—井尻村／小西郷—袴着村／鹿留（郷）—馬場村・夏狩村

●I—2「村—村」型（「村」の下に「村」があるもの）…所見なし(11)

●I—3「郡—郷」型（「郡」の下に「郷」があるもの）

［山梨郡］山梨郡—板垣郷・千野郷・万力郷・萩原郷・栗原郷・岩崎郷・御座郷・広瀬郷・中河郷・西保郷・岩下郷

［八代郡］八代郡—向山郷・増利郷・白井河原郷

［巨摩郡］巨摩郡—鷹津野郷・小松郷・山神郷

［都留郡］都留郡—西原郷・棡原郷・畠倉郷・丹波山郷・田原郷・矢野門郷・宮谷郷・小西郷・葛野郷・吉田郷・明見郷・倉見郷

●I—4「郡—村」型（「郡」の下に「村」があるもの）

［山梨郡］山梨郡—塩後村・岩下村

［巨摩郡］巨摩郡—春米村・今福村

［都留郡］都留郡—宍富村・押野村・西原村・強瀬村

全体として郡—郷—村の系列は強固であり、郡のもとに直接村が位置付けられる事例は多くない。しかし「郡—郷」型の場合も、郡・郷の間に荘園名その他の広域地名が冠されることが多く、必ずしも郡と郷は直結して現れるわけではない。そもそも郡名が記されない事例も数多くあり、総じて甲斐国の場合は「郡―郷」型・「郡―村」型の事例は少ないといえよう。

ただし都留郡では例外的に郡名が記されることが多く、「郡―郷」型の事例も多く検出される。このことは甲斐国内でも地域によって大きな差があること、そのなかでも都留郡の特殊性を示している。また都留郡では郷―村の系列が特に多く見られるが、この点については地形の条件が影響していると思われる。都留郡の郡域は山間部に所在するため、近世には山間に集落が点在し、支村・枝郷が多かったという。[12] 中世から同様の状況があったのであろう。

次に、国―郡―郷―村の系列に収まらない地名表記について整理する。

【第Ⅱ類型・派生型】

●Ⅱ―1「荘―郷」型（「荘」の下に「郷」があるもの）

［山梨郡］八幡荘―安田郷／高橋荘―竹森郷／一宮荘―塩田郷・都塚郷／牧荘―中牧郷／志磨荘―上条郷（嶋上条郷）

［八代郡］青島荘―浅利郷

［巨摩郡］飯野三牧―波木井郷／山小笠原荘（小笠原荘）―弘篠郷・朝尾郷・江草郷／奈胡荘―浅原郷／逸見荘―若巫郷・米蔵郷・長坂郷・小笠原郷・皆波郷／鎌田荘―八郷（宮原・高室・上中島・阿荒・ヲシコシ・中立・西荒・古市場）／鷹津名荘―平林郷／甘利荘―須沢郷

［都留郡］大原荘―船津郷・大嵐郷（大嵐村郷）

●Ⅱ―2「荘―村」型（「荘」の下に「村」があるもの）

［山梨郡］稲積荘（板垣荘？）[13]―小瀬村

[八代郡]　石橋荘―本郷村
[巨摩郡]　大井荘（南条内）―黒沢村／逸見庄―大八田村（上大八田村・下大八田村）・夏焼村
●Ⅱ―3「保―村」型（「保」の下に「村」があるもの）
[巨摩郡]　藤井保―境村
●Ⅱ―4「郷―保」型（「郷」の下に「保」があるもの）…所見なし

甲斐国では広域地名として、荘名が多く見られる。その一部は郡と郷の中間に位置付けられ、郡―荘―郷―村という系列として確認できる。ただし郡名が記されることは少なく、どの郡に所属する荘園であるか不明であることも多い。[14] 甲斐国の荘園については、すでに網野善彦氏による概説や、秋山敬氏による網羅的な紹介がある。[15] 網野氏は、他国同様に周縁部の牧から摂関家領荘園が形成されてゆき、十二世紀後半以降になると国衙の所在する中心部（山梨郡・八代郡）に天皇家を本家とする荘園が形成されてゆくこと、名や保が史料上ほとんど確認できないことを指摘している。また秋山氏は郡域ごとに荘園を整理しているが、他の三郡に比べて巨摩郡域に含まれる荘園が格段に多い。右のⅡ―1～3でも牧が多く所在した巨摩郡の事例が多く、概ね網野氏・秋山氏の指摘と一致している。

「○○荘○○郷（村）」と記される郷・村の事例は、鎌倉期から戦国末期に至るまで、長期にわたって多数確認することができる。古いものでは『吾妻鏡』に「稲積荘小瀬村」と見える事例、徳治二年（一三〇七）付「花井寺大般若経」書写奥書に「甲斐国大井荘南条内黒沢村」と見える事例などがある。その後も戦国期に至るまで、金石文や大般若経奥書を中心に多数検出することができる。[16]

ただし史料上に現れる甲斐国の荘園名のほとんどは、単に広域地名として用いられているにすぎない。

同様に用いられる広域地名として、甲斐国では最終的に「九筋二領」に整理されてゆく「筋」という独特な地域区分がある。花田卓司氏によれば、中世下野国では律令制の郡とは異なる、新たな郡（新郡）が多く見られるようになるという[17]。甲斐国の筋も新郡に似たものといえるので、花田氏の分類にならって「新郡（筋）—郷」型、「新郡（筋）—村」型の二類型を加えておく。

●Ⅱ—7「新郡（筋）—郷」型
［山梨郡］東郡—勝沼郷／中郡—朝気郷
［巨摩郡］河内—南部郷・下山郷（村？）[18]／逸見筋—小尾郷・北下条之郷・比野郷

●Ⅱ—8「新郡（筋）—村」型
［山梨郡］東郡—山村
［巨摩郡］河内—保食村／中郡—花輪村

これらの事例の多くは、「甲州東郡勝沼郷」といったように、甲斐国に直結する系列として現れ、律令制下の郡が併記されることはない。それではこうした広域地域が見られることは、甲斐国の地域的特質を考えるうえで何を意味するであろうか。次節で考察することとしたい。

二　甲斐国の地域的特質と地名表記

甲斐国は山梨郡・八代郡・巨摩郡・都留郡の四郡からなる。これら四郡は地理的状況から、甲府盆地を共有する山梨郡・八代郡・巨摩郡の三郡と、武蔵国・相模国に近い山間の都留郡に分けることができる。『山梨県史』通史編によれば、古代豪族としては甲斐国造のみが存在したところ、天智朝の立評の際に甲斐国造のクニが分割され、山梨・八代の二評が成立したという。ほか巨麻評は高句麗滅亡後、その遺民が渡来したことで成立し、都留評は相模国造のクニが分割されて成立したとされる(19)。

一方でこれらの郡名は、前述の通り中世の郷村関係史料にはほとんど見出せない。四郡のうち、山梨郡・八代郡・巨摩郡の郷・村については、「〇〇郡〇〇郷（村）」として史料上に現れることは少なく、多くは単に「〇〇郷（村）」と記される。ただし、都留郡の郷・村に限っては例外的に、中世を通じて「都留郡（鶴郡）〇〇郷（村）」として郡名が記され続ける。

こうした差異は何によるものであろうか。ひとつには、典拠としている史料の性質の違いが挙げられよう。郷・村の表記に郡名を付す史料には寺院関係文書や金石文が多く、武家発給文書では基本的に郡名の情報は見られない。先述したように、甲斐国で郷名・村名が現れる史料の多くは戦国期のものである。戦国大名武田氏は、荘郷のような広域的な地域区分に拠らず、郷村を個別に把握しようとしたと考えられている(20)。たしかに、山梨・八代・巨摩三郡の郷・村が見られる史料には武田家・徳川家関係の文書が多く含まれるのに対し、都留郡の場合は寺院関係文書や金石文が多い。しかし山梨・八代・巨摩郡では、寺院文書や金石文に

図1　甲斐国の地域区分1　律令制下の郡

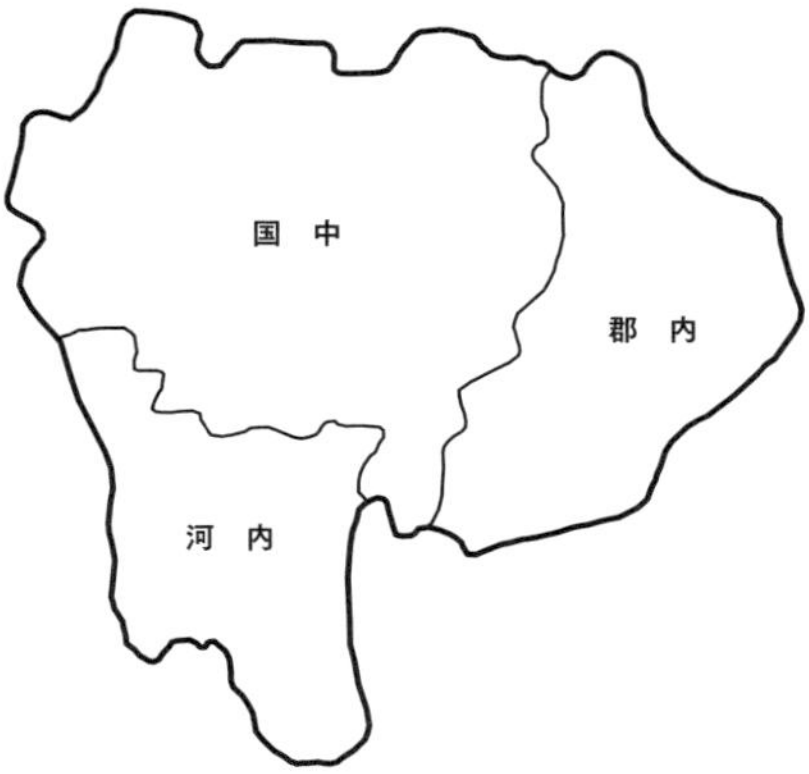

図２　甲斐国の地域区分２　国中・河内・郡内

図３　甲斐国の地域区分３　九筋二領

も郡名が記されない事例を複数見出すことができるし、また逆に都留郡では郡名まで記した武家文書が残る。(21)単に史料の性質というだけでは、地域による郷・村表記の違いを説明するには不十分である。

甲斐国の地域区分としては、律令制下の四郡のほかに、甲府盆地周辺をさす「国中」、富士川沿岸周辺をさす「河内」、都留郡の郡域をさす「郡内」という三区分が用いられることがある。郡内は都留郡に重なるが、国中・河内については古代の郡域とは無関係に、国中は山梨・八代・巨摩の三郡を、河内は八代・巨摩の二郡を部分的に含みこんでいる(22)（図１・図２）。

この三区分は、国中地域がさらに分割されることで、九筋二領という地域区分となる（図３）。秋山敬氏によれば、九筋二領は以下のように成立していくという。(23)

①鎌倉期まで…笛吹川・釜無川（富士川）によって、国中地域を東郡・中郡・西郡に区分する。貞応三年（一二二四）の明王寺鰐口銘に「西郡」が見えるほか、十五世紀末に編纂された「鎌倉大草紙」では、国中地域を「東郡」・「中郡」・「西郡」に区分している。

②戦国期…国中のうち西郡から逸見が独立し、国中地域は東郡・中郡・西郡・逸見の四区分となる。武田氏支配下ではこれらの郡が筋とも呼ばれていた。

③武田氏滅亡後…徳川家康の甲斐支配のもと、中郡は中郡筋と北山筋に分割される。国中地域は東郡・中郡・北山・西郡・逸見の五筋となる。

④天正十七年（一五八九）…関東移封直前の徳川家康のもと伊奈家次により検地が行われ、国中地域はさらに分割され九筋となる。栗原筋・万力筋・大石和筋・小石和筋（東郡）、中郡筋（中郡筋）、北山筋（北山筋）、西郡筋（西郡筋）、逸見筋・武川筋（逸見筋）に再編成される。これら九筋に河内・郡内の「二領」をあわせて「九筋二領」と呼ばれる。

⑤天正二十年以降…徳川家康の関東移封によって甲斐国は加藤光泰の支配下となり、定着していなかった九筋区分は撤回され、③同様の五筋に戻る。しかし翌文禄二年（一五九三）には浅野長政・幸長父子によって、九筋が行政区画として復活する。

九筋二領の成立経緯は以上の通りである。これらの地域区分は、最終的には伊奈家次による検地などを契機として、支配のための単位として編成されてゆくこととなるが、「西郡」の初例が十三世紀の鰐口銘であるように、もとは地域社会の中から自生してきた地域区分であろう。[24]

なぜこうした新たな地域区分が必要であったか。その理由は不明であるが、ひとつには網野善彦氏が推測するように、古代の郡域設定が、後世からみれば不自然なものであったことが挙げられよう。[25] 磯貝正義氏によれば、古代、等力郷・栗原郷の二郷は巨摩郡に含まれる郷であったが、国郡制導入以前からの有力豪族の支配領域を反映し、山梨郡の郡域内に飛び地として所在していたという。[26] この説に従えば、甲斐国の場合、古代郡域の設定は、自然地形よりも古代豪族の勢力圏に拠ったことになる。豪族の衰退に伴い、地域区分として律令制下の郡名が使われなくなっていくことも理解できる。すなわち中世甲斐国の人々は地域区分として、古代律令制下に恣意的に設置された郡よりも、地形などによる新たな地域区分を創出して用いたのである。特に郡境に位置した郷・村の住民にとっては、自らの暮らす郷・村が律令制下のどの郡に属したのか、わからないことも多かったのではないか。(27)

逆に都留郡においてのみ戦国末期まで「都留郡」と郡名が冠され続けるのも、同様の説明ができよう。先述の通り都留郡の郡域は山間部にあり、他の領域との混同が比較的起こりづらい。近世には郡域がそのまま「郡内」として広域地名に保存されるのも、地理的に隔絶した地域だったためであろう。

おわりに

ここまで、甲斐国の「ムラの戸籍簿」から、地名の系列の現れ方を中心に考察してきた。甲斐国においては地形の状況によって、地域ごとに史料上への郷・村の現れ方が異なり、また律令制下の郡とは異なる地域区分も生じていた。

それではそうした新たな地域区分は、何を直接の契機として生じてくるのであろうか。下野国においては、十二世紀に新たに登場する新郡や荘園は、天仁元年（一一〇八）の浅間山大噴火後、武士による再開発や支配のなかで生じた領域であったという。(28) 甲斐国における新たな地域区分は下野国の新郡と似たものであるから、甲斐国においても、開発や自然災害の影響で新たな地域区分が発生したと想定することもできる。ただし甲斐国の場合は中世前期の史料に恵まれないために、個々の荘園や中世に新たに生じる地域区分が、現地の環境や在地勢力とどのように関わるか、具体的に解明することは難しい。(29)

また本稿では郡内とそれ以外の地域の違いを指摘するにとどまったが、他にも国中・河内、国中内部の東郡・中郡・西郡、五筋や九筋二領など、様々な地域区分に即して検討を重ねることで、より詳細に各地域がもつ特性や、その通時的変化を明らかにすることができよう。現状の「ムラの戸籍簿」では基本的なフォーマットに則って、郷・村の情報は郡を単位として整理されているが、郡ではない地域を単位に再整理し比較・検討することで、たとえば新郡における郷・村のあり方や、地形に基づいて形成・編成される集落の様相などを解明できる場合もあるように思われる。残された問題は多く、直ちに解決できることばかりではないが、いずれも今後の課題としておきたい。

注

1 笹本正治「武田氏の郷村支配について」(同『戦国大名武田氏の研究』思文閣出版、一九九三年、初出一九八六年)、平山優『戦国大名領国の基礎構造』(校倉書房、一九九九年)など。

2 『山梨県史』資料編四、中世一(山梨日日新聞社、二〇〇二年)。

3 なお、鎌倉~室町期の県内文書の残存状況がよくないことから、中世甲斐国の郷や村について知るうえで重要な史料となるのが、金石文や、寺院史料を始めとする県内文書である。甲斐国の寺院史料については、本書所収の拙稿「寺院史料と郷・村」もあわせてご参照願いたい。

4 『山梨県史』資料編一~七(山梨日日新聞社、一九九七~二〇〇四年)、『山梨県棟札調査報告書』全五巻(山梨県、一九九五~二〇〇五年)等によって作成した。

5 「ムラの戸籍簿」研究会事務局「序章」(大山喬平・三枝暁子編『古代・中世の地域社会――「ムラの戸籍簿」の可能性――』思文閣出版、二〇一八年)。たとえば武蔵国では郷二百八十一件・村百四十二件、上総国では郷百五十二件・村八十八件、下野国では郷二百八十一件・村七十二件と程度の違いはあれど、郷の検出数と村の検出数には明確な差がある。

6 同上、門井慶介氏執筆部分。

7　『山梨県史』資料編七。

8　また都留郡では郷・村が見え始めるのが十四世紀後半以降と遅いが、その中でも早い康応元年（一三八九）二月十六日付「熊野三山検校良瑜御教書案」では、「鶴郡四十八郷」の熊野参詣先達職が「住心院法印御房」に安堵されている（『山梨県史』資料編五下）。すでに多くの郷が存在していたことがわかる。

9　大山喬平「越中の庄・郷・村」（同『日本中世のムラと神々』岩波書店、二〇一二年、初出二〇〇三年）。

10　花田卓司「中近世における下野国の郡域変動」（前掲注5『古代・中世の地域社会』）。

11　郷のもとに郷が所属する事例も検出できていない。甲斐国においては、郷―村の系列が強固であったことが窺える。近世村へと接続するのは郷・村双方の事例があり、必ずしも村のみではない。

12　『山梨県棟札調査報告書』郡内Ⅰ、第二章「調査地域の歴史的環境」。

13　承久三年（一二二一）、承久の乱後に源有雅を小笠原長清が処刑する場面である。一方で『承久記』では同じ事件について「板垣荘之内古瀬村」と記述しており、小瀬村が板垣荘に属したのか、稲積荘に属したのかということは不明である（『角川日本地名大辞典』）。

14　甲斐国の「ムラの戸籍簿」作成に際しては、『日本歴史地名体系』・『角川日本地名大辞典』等の比定に即して郡名を記している。

15　網野善彦「甲斐国の荘園・公領と地頭・御家人」「甲斐国御家人についての新史料」「鎌倉時代の甲斐国守護をめぐって」（同『網野善彦著作集』第四巻、岩波書店、二〇〇九年、初出は一九九〇年・一九九三年・一九九一年）、秋山敬『甲斐の荘園』（甲斐新書刊行会、二〇〇三年）。

16　平山優氏によって、甲斐国では戦国期に至ってもなお、荘郷鎮守を中心とした祭礼によって、複数の郷や村が結合していたことが指摘されている（平山優「中世荘園と郷村祭祀」前掲注1平山『戦国大名領国の基礎構造』、初出一九九七年）。「〇〇荘」という地名が使われ続ける背景には、そうした現地の状況があるのである。

17　前掲注10花田「中近世における下野国の郡域変動」。

18　「南松院蔵大般若経」書写奥書では、「巨摩郡下山郷」「河内下山郷」「河内下山村」といった様々な地名表記が見える。

19　『山梨県史』通史編一、原始・古代（山梨日日新聞社、二〇〇三年）。ほか、甲斐の郡の成立については、磯貝正義「郡の成立―甲斐国巨麻郡の場合―」（同『郡司及び采女制度の研究』吉川弘文館、一九七八年）、末木健「甲斐国巨麻郡の成立と展開」（『研究紀要』三、山梨県立考古博物館・山梨県埋蔵文化財センター、一九八七年）、同

「甲斐仏教文化の成立」(『研究紀要』五、一九九〇年)、『大月市史』通史編(大月市史編纂委員会、一九七八年)、坂本美夫「甲斐の郡(評)郷制」(『研究紀要』一、一九八四年)などがある。

20 『山梨県史』通史編二、中世(山梨日日新聞社、二〇〇七年)、前掲注1平山『戦国大名領国の基礎構造』など。

21 たとえば、永和三年(一三七七)の永昌院梵鐘銘には「甲州鹿取郷」とあり、鹿取郷の所在する巨摩郡の郡名は記されない(『山梨県史』資料編七)。一方で天文二十三年(一五五四)の西念寺宛武田家朱印状では、「都留郡吉田之郷」と記されている(『山梨県史』資料編四)。

22 以下、図1~3は竹内理三編『荘園分布図 上巻』(吉川弘文館、一九七五年)、秋山敬「九筋の起源」(磯貝正義先生古稀記念論文集編纂委員会編『甲斐の地域史的展開』雄山閣出版、一九八二年)、西田かほる「武田氏の神社政策」(萩原三雄・笹本正治編『定本・武田信玄』高志書院、二〇〇二年)などを参考に作成した。

23 前掲注22秋山「九筋の起源」。ほかに甲斐国の筋について紹介したものに、網野善彦「筋――郡制を断つ独特な区分――」(同『甲斐の歴史をよみ直す――開かれた山国――』山梨日日新聞社、二〇〇三年)がある。

24 国中・河内・郡内という地域区分は、戦国期にそれぞれ武田氏・穴山氏・小山田氏が支配領域としていた地域と説明されることが多いが、河内という地名表記の初見は永徳元年(一三八一)で、穴山氏が河内地域に進出するより前の事例である(南松院蔵大般若経)。広域地名としての国中・河内・郡内が、武田氏・穴山氏・小山田氏の支配領域として成立したわけではなく、鎌倉~南北朝期の地域の状況によって成立していたことが窺える。

25 前掲注15網野「甲斐国の荘園・公領と地頭・御家人」、前掲注23網野「筋――郡制を断つ独特な区分――」。

26 前掲注19磯貝「郡の成立――甲斐国巨麻郡の場合――」。磯貝氏の説には批判もあり、近年の説を整理したものとして斎藤芳弘「「飛び地」か「二つの栗原」か――古代・巨麻郡栗原郷巡る二説への考証――」(『甲斐』一二五、二〇一一年)がある。

27 このことはいくつかの傍証によっても裏付けられる。たとえば「引導院日牌帳」では「甲州駒郡竹井郷岩間佐渡守」とみえるが(『山梨県史』資料編六下)、『角川日本地名大辞典』が推測するように竹井郷は八代郡内の郷と考えられ、駒(巨摩)郡と表記するのは誤りである。『山梨県史』も「ママ」と注記している。

28 前掲注10花田「中近世における下野国の郡域変動」。

29 網野氏はこうした新たな広域地名が登場する背景として、甲斐国に特徴的な牧の存在や、河川交通との関係などの可能性を挙げている(前掲注23網野「筋――郡制を断つ独特な区分――」)。

第五章　関東地域の「ムラの戸籍簿」

吉竹智加

はじめに

本稿は主に関東地域について、これまで作成された「ムラの戸籍簿」(以下「郷村表」)の成果にもとづき地域的特徴を見出すことを目的とする。また、表に載る史料のみを用いるのではなく、「郷村表」を起点に、「ムラ」がどういった史料にどのように現れてくるかという点も考えていく。

なお、ここで取り上げる関東地域については、関八州に伊豆、甲斐を加えた、鎌倉〜室町期における行政的区域としての「関東」を想定しているが、具体的に史料を用いた言及は、郷村表の作成が進められている国(後述)を中心とした。

関東地域の特質を論じようとする際、まず踏まえるべき研究史は東国村落史となろう。(1)東国の村落は、周知のとおり在地領主制の文脈で検討されてきた。(2)そのため研究の主眼は領主制の展開と、武士による村落支配の浸透度合いをはかることにあった。その後、峰岸純夫、小山靖憲らによる詳細な検討では、武士の発展というストーリー上で、中世的郡郷名を名乗る一族の分出と東国の中世村落形成の過程とがリンクすると説明された。村落は、堀之内を中心とした単一的構造を取る在地領主の基盤として評価された(領主型村落)。[3]永原慶二はそれより先、中世前期の東国では農民の自立、村落共同体を評価しえない、と述べていたが、領主制的理解はこの永原の説明とも親和的であった。[4]このため、東国村落は武家領主という強力な支配者の存在により農民の自立は阻まれたと説明されてきた。これに対し、鈴木哲雄や峰岸は十四世紀の東国の寺社領でみられる百姓結合を、郷村における結集の萌芽として評価した。[5]近年では中世後期〜戦国期の東国村落史においても、宗教的契機による村落結合が着目されている。とくに戦国期ではこれまでの領主支配の観点とはことなる、領主と郷村の中間に位置する中間層と呼ばれる人たちの研究が進展した。[6]領主と村落の関係を追及する流れのなかで、彼ら中間層はその媒介を担う存在として重要視されている。

以上の研究状況を踏まえて、第一節では、「郷村表」にみられる特徴をもとに、東国村落の研究史との接続を試みる。現在公開中の郷村表は、安房、上総、下総、下野、(相模・武蔵・甲斐)である。[7]これら関東地域の郷村表から看取できる、史料への「郷」「村」の現れ方の特徴や、和名抄より後に新しく現れる〈新郡〉について考察する。

第二節では、関東の村落史が領主制的視点で語られる要因となっている惣村史料の不足という状況に対して、寺社文書や宗教関係の史料の有用性を示したい。なかでもとくに金石文を、宗教的契機による在地の結合がクリアに投影される史料としてとりあげたい。

第三節は、村落側の状況が反映されうる重要な史料として禁制などの制札に注目する。制札は、戦時下において武力をもつ上位権力による安全保障としての機能をもち、その発給にあたっては在地の受給者からの要請をうけ、それに応えるかたちで出されるものである。そのため、宛先(=受給者)となる地名表記からは地域の有意なまとまりを読み取れる。また、こうした制札等でみられる地名表記との比較のため、戦国期や織豊期に在地支配のなかで一斉発給された史料も用いて考察する。

本稿はあくまで「郷村表」そのものから読みとれる傾向や、特徴的な個別事例から関東の地域的特徴を見出すもので、粗雑な議論となってしまうことは断っておくが、反面、「郡」や「郷」・「村」の数的傾向、表全体から伺える特色など通時的・巨視的に「ムラ」をみること考えることの可能性を示したい。そして、郷村表に限らないが、一定の基準で機械的に抽出を行った史料を数的に分析する際は、史料それぞれの性格に注意を払う必要がある。このことを意識しつつ、広範な史料を借りて東国村落史の視点を広げたい。

一　関東地域の「郷村表」の特徴

現在公開されている関東地域の「郷村表」を一瞥したとき、共通してみえる特徴としては、

①「郷」の数が「村」よりも優位である。

②郷村表にのる「郷」と「村」は、どちらも同様に近世村に接続する例が多い。

③同じ地名が「郷」と「村」両方の形で史料に現れる場合がある。ある史料では「〇〇郷」として、別の史料では「〇〇村」として出現することが同時期の史料でもある。

④「郷」・「村」名が、和名抄郡を伴って現れる事例が少ない。とくに中世後期ごろになると和名抄郡以外の〈新郡〉を冠して史料に出てくることが多くなる。[8]

これらを順に確認していく。①関東の郷村表を一瞥すると、「郷」の数が「村」より優位である（唯一安房国を除く）。[9]この理由について明確に説明できる答えは持たないが、中世の関東地域の土地において

は荘園より公領の比重が高いことが指摘されており、郡郷制のもと公領においては「郷」が行政的な単位となっていた。[10]荘園のなかにも「郷」は存在するのであって、関東地域における公領の展開がそのまま「郷」の数的優位という状況を規定するわけではないが、郷の数が優位であることの理解につながる可能性として示しておく。また、これは地域を問わないと思われるが、律令制下すでに行政単位として成立していた「郷」と、荘園公領制の変質に伴い出現してくる「村」では、数量的にもその起点やピークのタイミングは異なっている。郷村表の数的条件をもとにして総合的に論じようとすると、こうした「ムラ」の開発時期、関東各国の自然地理的な条件なども詳しくみる必要があるが、本稿では筆者の力不足により論じきれない。

②と③は、密接にかかわっていると思われるため、あわせて詳しくみていきたい。①でも述べたように、郷村表によって、関東地方においては「郷」の数が「村」よりも多いということが可視化されたが、これまで東国村落史においては、郡郷制の研究のなかで国衙領の行政的単位としての「郷」や、郡・郷・荘の内部の「郷村」がどういうものであるか、またその質的差異を問おうとする動きはあったが、「郷」・「村」それぞれがどのような関係をもって史料に出現してくるのか、といったことにはあまり関心が払われてこなかったように思われる。[11]

鈴木哲雄は、中世東国の地域史を考えるためには中世的郡や荘園内部の「郷」・「村」の位置づけが重要であるが、現状はいまだ不明確なままと述べている。[12]郷村表の作成にあたり用いた自治体史などでも、「郷」と「村」の関係については踏み込んだ記述がなされてはいない。史料の種類や状況に即して考える必要があると思われ、後で具体的にとりあげる。

以上の点を踏まえて、あらためて郷村表をみていきたい。郷村表は、国ごとに「郷」と「村」の初出

第五章　関東地域の「ムラの戸籍簿」

吉竹智加

をそれぞれに別けて採録したものである。ここでは、相模国郷村表のうち、「郷」と「村」両方で初出の表に現れる地名、言い換えると「郷」・「村」両方での表記がみられる「ムラ」を抽出し、表とした。先ほど、「郷」と「村」は成り立ちからもその出現などには時期差があると述べたが、「郷」「村」両方の表記がみられる「ムラ」において、「〇〇郷」→「〇〇村」という変化や、もしくは逆の方向もふくめそういった明らかな傾向は見出せない。

以上のとおり、関東地域の郷村表で「郷」と「村」両方で表記される場合の、有意な傾向は見出せないのが現状である。のみならず、福田豊彦が「中世初期の東国の郷について考える場合、史料の上では共に何々郷と呼ばれていても、国衙の徴税単位としての郷と、郡・郷・保・庄の内部にある郷とは一応区別しなければならない。」と指摘しているように、中世前期においては等しく「郷」と表記されていてもその機能や質的な差に注意を払う必要がある。[13] そしてこれらの「郷」の双方ともが別の史料では「村」として現れる場合もあり、複雑というほかない。[14] そして、三節で詳述するが戦国期や織豊期の段階になると、領主による土地の一斉把握が広範囲で行われるため史料状況が一変する。郷村表や表における「郷」・「村」の表記については、史料ごとに時代やその背景をふまえてみる必要がある。

ただし福田によると、香取社領の検注帳においては、同一名称の「郷」と「村」について、国役賦課の単位としては「郷」を、神社や在地領主が自らの所領を表す際には「村」を使用しているという。やはり史料ごとの、またその主体の性格によるのであろう。ちなみに福田は、ここでみられるような荘郷内部の「郷」「村」については在地領主の支配の基盤とみなす一方で、村落共同体（＝「ムラ」）としては評価していない。[15]

以上のように、「郷」・「村」の関係については多様な形態があると思われるが、表から、相模国懐島郷

表　相模国郷村表のうち「郷」・「村」両方の表記があるもの

	郷・村	郡	年月日	西暦	出典
	足上郡				
1	金子郷	大井庄(足上)	弘安 6. 7. 23	1283	県史資②p.110　二階堂文書
	かねこの村	(足上)	天正 18. 4. −	1590	県史資③下 p.1277　間宮文書(正文)
2	香山之郷	西郡(足上)	天文 5. 9. 20	1536	県史資③下 p.254　伊東文書
	こう山村	(足上)	天正 18. 4. −	1590	県史資③下 p.1277　相州文書所収足柄上郡源左衛門所蔵文書(写)
	神山(郷or村)	(足上)	天正 9. 10. 17	1581	県史資③下 p.929　相州文書所収足柄上郡源左衛門所蔵文書
3	加山之郷	西郡(足上)	天文 11. 12. 23	1542	県史資③下 p.279　伊東文書
	かやまの村	西郡(足上)	天正 18. 4. −	1590	相州古文書①p.48　舊栢山村　善栄寺所蔵
4	斑目郷	(足上)	永禄 12	1569	相州古文書①p.70　舊斑目村　民左平次所蔵
	斑目(郷or村)	(足上)	天正 9. 10. 10	1581	県史資③下 p.929　相州文書所収足柄上郡佐平治所蔵文書
	足下郡				
5	底倉郷	(足下)	天正 18. 5. 14	1590	相州古文書①p.140　舊底倉村　藤屋勘右衛門所蔵〈安藤氏〉
	底倉村	(足下)	永正 8. 8. 4	1511	県史資③下 p.197　相州文書所収足柄下郡藤屋勘右衛門所蔵文書
	大住郡				
6	弘河郷	(大住)	嘉元 2. 3. 12	1304	県史資②p.311　相承院文書
	廣川(郷) *1	(大住)	天正 15. 7. 30	1587	県史資③下 p.1127　相州文書所収大住郡彦左衛門所蔵文書
	廣川之村	(大住)	天正 18. 6. 4	1590	県史資③下 p.1302　相州文書所収大住郡新左衛門所蔵文書
7	波多野郷	餘綾・大住？	建武 3. 10. 10	1336	県史資③上 p.55　小早川文書
	波多野村	金目郷、四宮庄(大住)	明徳 4. 3. 30	1393	県史資③上 p.719　慶応義塾大学図書館所蔵文書
8	丸嶋郷	(大住)	観応 3. 6. 17	1352	県史資③上 p.370　鶴岡等覚相承両院蔵文書
	丸嶋之村	(大住)	天正 12. 3. 8	1584	県史資③下 p.1024　相州文書所収大住郡七右衛門所蔵文書
9	田原(郷)	(大住)	応永 7. 6. 12	1400	県史資③上 p.772　相州文書所収大住郡大山寺八大坊文書
	田原村	(大住)	観応 1. 8. 20	1350	県史資③上 p.334　小山文書
	愛甲郡				
10, 11	荻野郷 妻田(郷) 散田(郷)	(愛甲)	観応 3. 6. 13	1352	県史資③上 p.370　相州文書所収鎌倉郡覚園寺文書
10	讃多村	大中郡	天正 18. 4. −	1590	県史資③下 p.1282　相州文書所収愛甲郡三田村制札
11	荻野村	大中郡	天正 18. 4. −	1590	県史資③下 p.1282　相州文書所収愛甲郡傳兵衛所蔵文書

	郷・村	郡	年月日	西暦	出　典
	高座郡				
12	上深谷郷	吉田庄(高座)	正応 1. 6. 27	1288	県史資②p.157　岡元家文書
	上深谷村	(高座)	建武 1. 6. 3	1334	県史資③上p.12　岡元文書
13	懐嶋郷	(高座)	観応 2. 10. 17	1351	県史資③上p.350　茂木文書
	懐嶋村	(高座)	康正 2. 12. –	1456	県史資③下p.90　西来庵文書
14	堤郷	大庭御厨(高座)	至徳 1. 閏 9. 3	1384	県史資③上p.652　相模文書
	つゝみの村	(高座)	天正 18. 4. –	1590	県史資③下p.1282　相州文書所収高座郡文右衛門所蔵文書
	鎌倉郡				
15	山碕郷	山内庄(鎌倉)	享徳 6(康正 3). 4. 13	1457	県史資③下p.91　黄梅院文書
	山崎村	(鎌倉)	康正 3. 2. –	1457	県史資③下p.90　黄梅院文書
	御浦郡				
16	林郷	(三浦)	弘安 7. 12. 13	1284	県史資②p.135　法華堂文書
	武(村) 林(村)	三浦郡	年未詳. 2. 1 *2	15c	県史資③下p.24　前田家所蔵文書実相院及東寺菩提院文書
17	長澤郷	三浦	応永 7. 12. 25	1400	県史資③上p.778　當山大工所古書之写
	長澤之村	(三浦)	天正 18. 4. 13	1590	県史資③下p.1270　相州文書所収三浦郡忠蔵所蔵文書
18	武之郷 *3	三浦	天正 18. 4. –	1590	県史資③下p.1281　東漸寺文書
	武(村) 林(村)	三浦郡	年未詳. 2. 1 *4	15c	県史資③下p.24　前田家所蔵文書実相院及東寺菩提院文書
19	野比郷	三浦郡	天正 18. 5. –	1590	県史資③下p.1300　最寶寺文書
	野比村	(三浦)	応永 11. 4. 3	1404	県史資③上p.803　最寶寺文書
20	長江之郷	三浦郡	天正 19. 11. –	1591	相州古文書⑤p.135　舊長柄村　御霊社所蔵
	長江村	(三浦)	応安 5. 11. 14	1372	県史資③上p.551　相模文書
21	久野谷村郷	三浦郡	天正 19. 11. –	1591	相州古文書⑤p.139　舊久野谷村　岩殿寺所蔵
	久野谷村	(三浦)	天正 19. 10. 10	1591	相州古文書⑤p.140　舊久野谷村　岩殿寺所蔵

*1「當郷」と文中に出てくるため、「郷」として採録。
*2『県史』は差出である上杉持朝の官途より文安五年以前とする。
*3『県史』には「本文書は検討の余地がある。」とある。
*4 *2と同様。
出典　県史資：『神奈川県史　資料編』、相州古文書：『改訂新版　相州古文書』

をとりあげて具体的にみていきたい（表No.13）。

懐島郷が「村」として史料に現れるのは、康正二年（一四五六）某禁制に「相州懐嶋村之内西来庵領」と載る一度のみで、それ以外は戦国期以降の禁制を含めても「懐島郷」の表記である。[16]「懐島郷」としての初出は観応二年（一三五一）であるが、それより前の文永九年（一二七二）には二階堂氏の所領として一族内で「相模国懐島内殿原郷」が譲与されており、地名・領域ともに「懐島郷」の前身と思われる「懐島」のなかに、殿原「郷」が内包されていることが注目される。[17]反対に「殿原郷」はこの史料を最後に確認できず、『角川地名大辞典』の〔殿原郷〕項では、「二階堂氏による当地の支配が終わるとともに、殿原郷という呼称も史料に見られなくなる。」と記述されている。これも踏まえたうえで、当該地域について、二階堂氏の「殿原郷」支配以前にさかのぼって確認する。

「殿原郷」は天養二年（一一四五）、大庭御厨への源義朝の濫行に際し出された官宣旨に「当御厨内字殿原・香川両郷」としてみえるのが最初で、その後、建暦三年（一二一三）には、「相模国懐嶋殿原郷地頭職」が二階堂元行に与えられている。[18]それまで懐島一帯を本拠としていた大庭景兼が、同年の和田合戦の際に和田義盛の与党として挙げられており、これを期に没落または戦死した可能性が高い。[19]大庭景兼の父景能は、「懐島」とも名乗っており、懐島の地を本拠としていた。[20]大庭氏の没落により二階堂氏が当地の支配を行うようになったのだろう。このタイミングで「相模国懐島殿原郷」というように、懐島という地名が殿原郷と接合していることとともに、二階堂氏も「懐島氏」と称していた（『尊卑分脈』）ことは注目される。整理すると、「殿原郷」は大庭氏の没落と二階堂氏の支配が始まるのと軌を一にして「懐島」という地名を伴って表記されるようになる。そして「殿原郷」は二階堂氏の支配が終わりを迎えると史料からみえなくなり、それ以降、入れ替わるように「懐嶋郷」が現れてくる、ということになる。[21]

懐嶋の地名の変遷を追ってきたが、こうした現象からは、在地領主の没落・交代などによって、地名や在地の編成形態が変化した可能性が想定できる。また、二階堂氏の支配対象地としての「懐島殿原郷」との表記は、「殿原郷」を含む、より広域な「懐嶋」という地域全体に、ある程度二階堂氏による支配が及んでいたことを示しているのではないだろうか。[22] この時期に「懐島」地域一帯がまとまりをもったことが、「懐島郷」という地域単位が用いられる前提になった可能性がある。ここでは一事例をとりあげたにすぎないが、このような複雑な地名の変遷を経ている例は少なくないであろう。

では、この懐島において「郷」と「村」の関係をどうみればよいだろうか。「懐島郷」はのち、大仏貞直、足利直義の所領を経て、文安五年（一四四八）十月には「懐嶋内三郷辻」が鎌倉建長寺西来庵領に、その後享徳二十年（一四七一）の年紀をもつ「茂木持知申状」では「相州懐嶋六ケ村」が茂木持知の所領となっていた。そして天正十八年（一五九〇）の豊臣秀吉掟書の宛先は「相模国東郡内ふところ嶋三ケ村」となっているのである。[23]

これらの懐島「三郷（辻）」「六ケ村」「三ケ村」、が、同じ領域を指しているかどうかは不明と言わざるを得ないが、天保十二年（一八四一）成立の『新編相模国風土記稿』では浜之郷村、円蔵村（枝村西久保村を含む）、矢畑村の領域を古くの「懐島郷」にあてていることから、この三村が秀吉掟書にみえる「ふところ嶋三ケ村」であると考えられるだろう。そして、ここでは三つの村それぞれに掟書が出されているのではなく、三ケ村あてとなっていることに注目したい。掟書にみえる、近世村につながる三ケ村を包括するこの地域的まとまりは、中世の「懐島郷」の領域から引きつがれているのである。

続いて④について確認する。関東地域の「郷村表」には郡名があまりみられない。郡名が記される場合にも、〈新郡〉（和名抄以降に現れる郡）であることが多い。例えば常陸国は、和名抄時点では十一郡であるが、その後の弘安二年（一二七九）の常陸国作田勘文には十九郡が記されており、この間に八郡が増加している。これは既存の和名抄郡から分出したものだという。[24]

こうした〈新郡〉について、領主制の立場から検討した内田実は、常陸国を例に、和名抄郡郷以降に現れる新しい郡・郷＝中世的郡郷の存在をよみとり、十二〜十三世紀に在地領主はその新郡郷を拠点に分立した可能性を指摘した。[25]では、在地領主制的理解では説明できない十四世紀以降の〈新郡〉についてはどうであろうか。花田卓司は、下野国の郡郷の出現状況について検討し、郡を編成する二つの原理の存在を指摘している。[26]①火山灰の影響からの再開発を主導した武士の支配領域がもととなり郡域が変動すること。②中世後期における在地有力神社の祭礼費用を負担する領域が〈新郡〉となることである。とくに②については、〈新郡〉氏家郡の郡鎮守今宮明神の祭礼頭役をつとめる「氏家二四郷」の範囲が、氏家郡として長期にわたり維持されていたことが注目される。今宮明神は神主でもある宇都宮氏の主導で造営事業や祭礼が遂行され、郡鎮守を介した社家領主としての支配が行われていたが、宇都宮氏が去った近世においても行政区域とは別に在地の地域名称として残存していた。[27]

関東地域の国では、〈新郡〉が多くみられる。本書第Ⅱ部第四章貝塚論考に詳しいが、たとえば甲斐国では、和名抄郡四郡のほか、「国中」「河内」「郡内」という三区分が用いられることがあり、さらにそれを地形等で割った「九筋二領」という、〈新郡〉に相当するような地域区分も存在する。[28]相模国の西富郡は、箱根権現の関係史料のみに現れる郡名であり、本来の和名抄郡域としては足下郡域にあたる。箱根権現が在する場所として「西富郡足柄郷」という表記が一貫しているという特徴がある。また後北条氏は相模国を東郡（高座・鎌倉郡）・中郡（余綾・大住・愛甲郡）・西郡（足上・足下郡）・三浦郡・津久井郡（愛甲郡北西部）といった〈新郡〉に基づいた区分けを行い支配単位としていたが、すでに応永十二年（一四〇五）に「西郡」の表記が、在地寺院である蓮華寺木造日蓮上人坐像の胎内墨書銘で確認できる。[29] また同三十一年の梵篋寺覚智院宛の大森憲頼寄進状にも「西郡」と記載がある。[30] 在地で定着していた「西郡」という郡名を、大森氏もその支配のなかで使用し、後北条氏もそれを継承したものと考えられよう。

以上、郷村表から看取できる特徴について確認した。鈴木も指摘するように、郡と「郷」「村」の関係、その重層性は関東地域の在地社会を考えるうえで重要な事象といえる。[31]〈新郡〉は、領主の支配領域や、有力寺社の祭礼費用負担の範囲などを反映し、近世においても、制度的には用いられずとも慣習的に使われている場合も多くあり、このような〈新郡〉のまとまりが在地側に根付いていたといえよう。加えていうならば、〈新郡〉のように新しい領域区分で把握された地域とは逆に、相模国三浦郡のような、戦国大名の支配下にあっても用いられ続けている和妙抄郡名については、その在地性の強さが指摘されている。[32] 先に、中世後期以降になると郡名が表記される史料が少なくなると述べたが、その反面、中世後期、戦国期まで残る和名抄の「郡」名については、地域的結合や強い在地性といった背景を想定してもよいだろう。

二　「ムラ」と寺社史料

東国村落史は現在も在地領主制の成果を基盤としており、これによって畿内近国との差異が強調されるとともに、関東地域において惣村の発展が遅れる説明にもなっている。湯浅治久が東国の研究史を概観して述べるとおり、関東地域は領主制を前提にした仕組みであったことは否定できない。[33] その克服とは、支配的文脈、畿内村落との相対的評価からの脱却といえ、これにはむしろ、違う視点からの研究による補完が意味を成すと思われる。村落の全体像が把握できるまとまった史料が存在しない関東地域において、近年では地域寺社文書、とりわけ金石文を利用した研究が大きな成果となっている。(34) その史料的特徴としては、湯浅が述べるように「村落の結合をはじめとする何らかの集団的な介在が存在し、それらは仏神への結縁の結果として残された仏像や金工品、あるいは堂舎の棟札などの形で残される」ものであり、「当該期の在地における多様な人的結合関係を析出することが可能」な史料であるといえる。(35)なお金石文が重要視されるようになってきたのは一九九〇年代からで、それまでの自治体史では資料編に採録されていない場合も多い。関東地域の自治体史では、たとえば一九七〇年代刊行の『神奈川県史』では金石文は一部のみの採録だが、九〇年代以降刊行の『群馬県史』『埼玉県史』『山梨県史』などでは採録されている。これらを利用した湯浅による東国村落史への視点も、地域寺社や宗教的契機による在地の結集を重要視するもので、さらには十五、六世紀の東国では「郷村」が地域社会のコアであると位置付けている。(36) 湯浅は「荘園の内部の郷や村に相当するものが、十五・六世紀を通じて確認できる」「荘園鎮守が十五世紀の半ばでピークを迎えるのに比べ、「郷村」鎮守はその後十六世紀をとおして確認できることが大きな特色」と述べるが、こうした成果と「郷村表」はどう接続できるだろうか。実際に「郷村表」をみると、荘園内部の「郷」「村」の割合が時代を経るごとに増えていくわけではなく、数的なピークでは重ならない。表そのものからの裏付けは難しいが、郷村鎮守の成立と「郷村」の史料への出現は必ずしも同じタイミングになるとは限らず、むしろ、実際に「郷村表」(=「ムラ」の初出史料)から、地域寺社を核とする「郷村」の様子が見出せることを強調したい。

東昌寺本尊不動明王明文曰、相州小坂郡久野谷内池子之村之住人［　　］、立在之所勧進劫積故、

忠河五良右衛［　　　　］、本願新造、丙午二月十九日建立、郷之祈願［　　　　］、相定住持、尋伺
梅泉之御意、従律師以［　　　　］…[37]

これは相模国池子東昌寺の本尊不動明王が天文十五年（一五四六）に造立された際の銘文を写したものという。欠損が多く意味をつかみづらいが、「相州小坂郡久野谷内池子之村之住人」[38]によって造立が行われようとしたが実際には「忠河五郎右衛（門）」が本願、または主導となり新造をかなえたということだろうか。ここでは、東昌寺が十六世紀に新しくつくられた「郷村」鎮守であること、かつその建立にあたっては「郷村」の住人や名主層による主体的動きがみられることが確認できた。また、ここでの「郷之祈願」は、「久野谷内池子之村」のうち「池子之村」にかかっていると思われるが、その後「久野谷」も「池子」も、別々に近世村となっている。[39]天正十九年（一五九一）の徳川家康寄進状の宛先や文禄三年（一五九四）の検地でもそれぞれ単独で記載されており、このころにはすでに久野谷とは別の「村」として把握されていたのであろう。[40]

そしてこれは自治体史の金石文採録状況が大きくかかわるが、ほかの関東の郷村表と比べても、甲斐国の郷村表では圧倒的に寺社所蔵の文書や宗教関係史料からの郷村名の採録例が多い。本書第Ⅱ部第四章貝塚論考でも、中世を通じて荘内「郷」・「村」は、金石文や大般若経の奥書から多数みられるとの指摘があるが、このような宗教関係の史料からは、「ムラ」とみなせる荘内「郷」「村」に加え、宗教的契機をもととした有意な地域間の結合も読みとることができ、「ムラ」の検討にも非常に有効であるといえる。[41]

以上、「郷村表」によって、こうした特徴をもった寺社関係史料が多数確認できた。これまでも関東地

域の寺社文書は村落史研究で取り上げられてきたが、突出した個別の事例に限られるものではなく一般化が可能であると示された。湯浅や鈴木らの示した宗教を紐帯とした地域の繋がりは普遍的にみられるのである。これにより、関東地域の村落に対して従来イメージされてきた、在地領主制的な視点とは異なる捉え方が可能となった。一揆や申状とは原理を異とした、政治的な契機を必ずしも条件としない地域的なまとまりも多数存在する。関東地域においてはとくにこうした事例を見出すことが重要になるのではないだろうか。また、則竹雄一は在地寺社の棟札等の金石文に、後北条氏の給人＝地頭層に加えて百姓層が現れてくることを明らかにしている。(42)「ムラ」における両者の位置づけから中間層や政治史の議論にもつながる、金石文の史料としての可能性も示しており貴重な成果である。

三　制札にみえる「ムラ」と近世への展開

関東地域の郷村表の特徴として、禁制や掟書などの制札類が中世後期以降頻出することも注目される。峰岸純夫によれば、これらの史料は戦時における安全保障として発給されるが、進駐軍は在地の状況を把握できていないため、その宛先などは受給者の要求に基づいて書かれている可能性が高いという。(43)本稿の関心からは、禁制や制札の宛先としての「郷」や「村」には、受給者である村落側の状況が反映されるものとみたい。それはつまり、戦時において制札類の効力に期待し、現実の生活や生産の場の安全のための制札を請求する「政治的」主体としての実態的な「ムラ」の姿が伺えるということである。当研究会の立場からみてもとくに有用な史料である。

また、このような制札が対象とする地域のまとまりを基準に、それ以前や以後の史料にどのように現れるか、という分析も可能になる。制札に限ったことではなく郷村表にみえる史料すべてにいえることであるが、どのようなタイミングで書かれたものか、という点も問題となる。とくに戦国期郷村名の表記においては、関東地域であれば戦国大名後北条氏による郷村支配のなかで行われた検地や、豊臣秀吉の小田原城攻め、徳川家康による関東入部などの政治的契機とかかわって、彼らによる在地の一斉把握のなかで出された史料が多くを占めるという点を考慮する必要がある。とりわけ天正期には、同十八年（一五九〇）小田原合戦があり、七月には後北条氏が降伏、その後家康によって同年・翌十九年にかけて関東諸国へ順次検地が行われるなど、政権による在地の一斉的な把握がなされており、必然的に郷村にかかわる史料が多くみられることになる。

具体的にこの時期の史料から郷村名の表記を確認する。下総国の猿田神社には家康が行った天正十九年検地目録が現存するが、その表紙には、「下総国〈海上郡三崎庄〉猿田郷村野帳」と書かれている。(44)一方で同じく家康の同年十一月猿田神社への寄進状では「寄進　猿田山　下総国海上郡猿田郷之内参拾石」とある。(45)同時期の史料でこのように「郷」「村」両方の表記でみられることについては、文書発給に際する様々な要件が影響するが、検地が終了した天正十九年十一月前後、家康が一斉発給した寺社への寄進状（朱印状）は「郷」表記に統一されていること、後北条氏は「郷」「村」が文書の宛先になる場合は基本的に「〇〇郷」表記を用いつつ、文中では効力の対象範囲を「郷村」と記しているなど、発給主体側の認識が影響していた可能性はあろう。この場合の「郷村」は、「郷」と「村」というより、「郷村」としての後北条氏の在地把握に基づくものとみたい。

関東地域には後北条氏段階から近世初期にかけて、領主による在地把握が進められるなかで作成された史料が多くあり、当該期における在地名称が確認・比較できる。第一節で確認した郷村表内の「郷」

と「村」両方の表記がみられる例（表）にもかかわってくるが、ここでは戦国期以降の問題として改めてみていきたい。

後北条氏による「郷村」の把握について少し触れたが、後北条氏は、「郷」を支配の基本単位としている。この「郷」から近世村にそのまま接続する事例も多数あり、郷村表からも確認できる。後北条氏により作成された『小田原衆所領役帳』[46]（以下『所領役帳』）や、家康の関東入部に伴う検地を経て発給された寄進状等が、それぞれ中世末から近世村の支配単位として確定していく段階の地名表記がみえる史料とすれば、天正期、戦時において一斉発給された制札は在地の訴求にこたえた史料であり、そこに現れる差異を検討することで近世的な支配単位からは読み取れない、有意な地域的まとまりを見出せる。

例えば金目郷は、『所領役帳』では「遠山丹波守　五百六拾貫文　中郡金目郷」と記されるが、家康による天正十九年の寺社領寄進状では「寄進　熊野権現／相州小中郡／北金井（目）郷内／弐石之事」とある。[47]北金目（・南金目）は、それぞれ近世村として存続していくが、天正期に新しく分かれた村ではない。もともと金目郷は、中世の早い段階から、足利尊氏が鎌倉宝戒寺に「金目郷半分」を寄進したことをきっかけとし、建武年間にはすでに南方を宝戒寺（在地の光明寺を末寺化）、北方が瑞泉寺→のち浄光明寺、と、それぞれ別の領主によって支配されており、すでに南北で独立した「ムラ」となっていた可能性が高い。[48]支配単位を載せる『所領役帳』には、こういった事情は反映されていない。掟書や禁制など、申請主体がみえる史料において複数の「村」（「郷」）がその効力範囲の対象となっている場合、そこに中世段階の在地における一定の地域的まとまり（＝「ムラ」）が表れているとみたい。第一節でみた懐島郷の例（秀吉掟書にみえる「ふところ嶋三ケ村」＝近世村三ケ村＝中世の懐島郷）もそのひとつの例だろう。[49]

以上、制札史料に着目しつつ、中世の領主や戦国大名らによる在地支配の文書に「ムラ」がどう出てくるかを検討してきた。関東地域には広域な領国を支配していた後北条氏や武田氏などの戦国大名が存在したが、織豊期にはその滅亡と新権力の入部に伴い、一斉的に土地把握が行われ、かつ在地側から制札類を求める機会も多くあった。受給者側の状況が反映されるという特色をもつ制札史料を起点にした「ムラ」の検討は、村落側の史料が少ない関東地域において、領主側の文書を効果的に使うヒントにもなる。

おわりに

関東地域の「郷村表」の成果をもとに、個別史料の検討を行い、史料状況の克服をめざすとともに研究史とのかかわりに留意しながら、関東地域における郷村およびその史料上への表われ方について検討してきた。改めて整理したうえで、東国村落史への展望を述べる。

関東地域の郷村表の特徴としては、「村」より「郷」の数が多いことは明確に指摘できる。ただし、「郷」と「村」両方で表記される場合も少なからずあり(表)、「郷」と「村」の重層関係も多様で、表にみえる「郷」「村」をそのまますべて「郷─村」の系列で理解できるわけではない。そのため、「郷」「村」の近世村への接続や制札に現れる地域的まとまりとを対照する作業が必要となろう。郷村表で検出された郷村を個別に検討した結果、郷村の史料上の表記が支配者側に影響されるかたちで変化する場合もあるとはいえ、一方で支配権力を介在させず、在地側の訴求や信仰を契機に形成された地域区分や郷村のまとまりの存在も確認されたことは重要である。

はじめに、で述べたように、関東地域の村落史においては、村落文書の不足という状況の克服が大きな課題である。これに対し、第二節・三節でみたような寺社関係史料や制札といった在地側の要請が反映される史料からは、「郷」「村」を複数含んだ広域におよぶ地域のつながりや、近世村として行政的単位にならなかった、隠れた小村のまとまりも読み取れる。また、戦国大名による村落支配の史料が多くみえるのも特徴である。池上裕子は後北条氏による「豊富な農村支配史料」から、「郷村」における領主と百姓の相互関係、その媒介となる中間層について検討し、村落自治や在地からの規定といった評価軸にとどまらない村落像を提示している。[50] 関東地域の村落を検討するにあたってならうべき手法といえよう。

史料上の「郷」「村」それ自体は、課役、所有、領域、結合、自治など様々な機能をもった存在として現れており、それぞれの史料において「郷」「村」がどういった機能をもって現れているかの確認は必須である。しかし、郷村表の作成によって寺社関係史料や制札、あるいは後北条氏関係史料に現われる「郷」「村」が一覧化されたことで、関東地域では数少ない村落文書を補う村落史の史料としてこうした種類の史料が重要であることが明らかとなった。鈴木や湯浅らが対象としたような特定の事例に限らず、より一般化して関東地域の郷村を論じることが可能となった点は大きな成果として位置づけられるだろう。

注

1 「関東」に対して「東国」は陸奥地方も含む、より広い範囲であるが、東国村落史が対象としてきた範囲のなかに「関東」も含まれるため。

2 石井進『中世武士団』(小学館、一九七四年)、豊田武『武士団と村落』(吉川弘文館、一九六三年)など。

3 小山靖憲『中世村落と荘園絵図』(東京大学出版会、一九八七年)、峰岸純夫『中世の東国――地域と権力――』

（東京大学出版会、一九八九年）。

4　永原慶二「東国における惣領制の解体過程」（『永原慶二著作集　第二巻　日本封建制成立過程の研究』吉川弘文館、二〇〇七年、初出一九五二年）また、湯浅はこの農民の自立の遅れを経済的不安定さから説明した。湯浅治久「中世東国社会論再構築の試み――宗教社会史の視点からの考察――」（菊地大樹・近藤祐介編『寺社と社会の接点――東国の中世から探る――』（高志書院、二〇二一年）。

5　鈴木哲雄「中世東国の百姓等申状」（同『日本中世の村と百姓』吉川弘文館、二〇二一年、初出二〇〇七年）、峰岸純夫「一四〜一五世紀の東国の寺社領における農民闘争と権力」（同『中世の東国』東京大学出版会、一九八九年、初出一九八六年）。

6　池上裕子「戦国の村落」（『戦国時代社会構造の研究』校倉書房、一九九九年、初出一九九四年）、銭静怡『戦国期の村落と領主権力』（吉川弘文館、二〇一八年）の「序章」参考。

7　（）内は、ウェブ上は未公開だが作業は進められており、成果が参照可能な国である。

8　「郷村表」では、史料に郡名の記載がなく、「〇〇国〇〇郷」といった地名表記の場合、名称として近世村へ接続があれば、近世村の位置から和名抄郡域を推定して（）で表記した。

9　以下に関東地域の「郷村表」から、郷村の初出数を載せる。
〔武蔵〕…郷：二百八十一、村：百四十二、〔下野〕…郷：二百八十一、村：七十二、〔相模〕…郷：二百四十七、村：百八〔上総〕…郷：百五十二、村：八十八、〔下総〕…郷：百八十四、村：百五十二、〔安房〕…郷：七十二、村：八十八、〔甲斐〕…郷：二百四十九、村：九十七。

10　福田豊彦による弘安二年の常陸国作田惣勘文の分析によれば、公領六十二％、保四％、庄三十四％。となっている。福田豊彦「東国における「村」・「郷」について――北爪氏報告に対する二・三の疑問――」（『歴史学研究』二八三、一九六三年）。

11　内田実「東国における在地領主制の成立――中世的郡郷の成立と在地領主制の展開――」（東京教育大学昭和史会編『日本歴史論究』二宮書店、一九六三年）。

12　鈴木哲雄「荘園公領制と東国の村郷」（前掲注5鈴木著書、初出二〇〇二年）。

13　前掲注10論文において福田は、郡・郷・村を、国衙または在地領主による支配に包まれる、課税単位としてのみ評価をしており、村落共同体の機能を否定している。中世前期の「ムラ」の性格を考える際には踏まえるべき指摘である。福田は、大山喬平「鎌倉初期の郷と村」(同『日本中世のムラと神々』岩波書店、二〇一二年、初出一九九九・二〇〇〇年)での分類系統にはあてはまらない、〈郷—郷〉の例も提示している。「例えば下総国香取郡大槻郷内十二郷や上野国長野郷内簸輪本郷・下総国大須賀保(郷)内草毛両村のように、国衙との関係は重畳的」。

14 坂本賞三「郡郷制の改編と別名制の成立」(同『日本王朝国家体制論』東京大学出版会、一九七二年、初出一九六四〜六七年)では、内部単位の「郷」は、和名抄郷や別名の郷の内部の「村」と同じであり、大田文では区別されていたとする。

15 福田豊彦「下総国香取神社の中世への変容」(同『中世成立期の軍制と内乱』吉川弘文館、一九九五年、初出一九六〇年)、鈴木哲雄「荘園公領制と東国の村郷」(同『日本中世の村と百姓』吉川弘文館、二〇二一年、初出二〇〇二年)。

16 康正二年十二月日付「某禁制」(『神奈川県史』(以降『神』)資料篇三[二]九〇頁、六二四五)、長禄二年八月日付「板倉頼資禁制」(『神』資料篇三[二]九〇頁、六二六四)また、長禄二年八月には、同じ板倉頼資による発給の禁制が黄梅院領山崎村にも発給されており、ある程度の範囲に一斉に発給された可能性がある。なお、康正二年の某禁制は懐嶋村にあてた単発での発給である。

17 文永九年五月二十六日付「将軍家政所安堵下文案」(『神』資料編一、七七一頁、六四一号)。

18 天養二年二月三日付「官宣旨」(『神』資料編一、二一六頁、七七八)、建暦三年五月九日付「将軍源実朝袖判下文」(『神』資料編一、五四九頁、二七八)。

19 『吾妻鏡』健保元年五月二日条、義盛の「与力衆」として「大庭小次郎景兼」の名がみえる。

20 『吾妻鏡』承元四年四月九日条、『尊卑分脈』景義項などで、「懐島権守」とある。

21 二階堂氏は弘安八年(一二八五)の霜月騒動により当主である行景が敗死している。

22 この点については、二階堂氏は置文のなかで、「所々堺事/一懐嶋与曽禰堺事」と、懐島の堺にも言及していることからも確認できる。懐島という名称・単位自体が二階堂氏による支配の結果もたらされたものか。

23 「相模国懐嶋内三郷名寄」(『神』資料編三[二]六二頁、六〇六七)、「茂木持知申状」(『神』資料篇三[二]一一九頁、六三一九)、「豊臣秀吉禁制」(『神』資料編三[二]一二七八頁、九七〇〇)。

24 前掲注10福田論文。

25 前掲注11内田論文。

26　花田卓司「中近世における下野国の郡域変動」（大山喬平・三枝暁子編『古代・中世の地域社会――「ムラの戸籍簿」の可能性――』（思文閣出版、二〇一八年）。
27　今宮明神は氏家郡の惣鎮守かつ氏家氏の氏神として正安二年（一三〇〇）に現在地に遷されたようである。また、氏家氏は宇都宮氏と婚姻関係を結び一門となった。（『高根沢町史』通史編Ⅰ、二〇〇〇年）。
28　本書第Ⅱ部第四章貝塚啓希「甲斐国の「ムラの戸籍簿」」。
29　応永十二年（一四〇五）十一月十三日胎内墨書銘（『小田原市史』史料編 原始古代中世Ⅰ、一九九五年、銘文二四）に「相州西郡千葉山蓮華寺」とある。なお森幸夫「相模国西郡・東郡について」（『日本歴史』六六八、二〇〇四年）でも紹介されている。
30　応永三十一年卯月二十二日付「大森憲頼寄進状」（『神』資料編三、九二五頁、五七〇七）。関恒久「相模沼田城址の歴史的背景――沼田氏・大森氏を中心として――」（『駒沢史学』二二、一九七五年）も参照。また、戦国期の相模国の郡については、黒田基樹「（コラム）戦国時代の相模国の郡」（『新横須賀市史』資料編 古代・中世Ⅱ、横須賀市、二〇〇四年）にも記載がある。
31　前掲注12鈴木論文。
32　『小田原衆所領役帳』を分析した池上裕子によると、三浦衆はきわめて在地性の強い地侍層で、後北条氏のもとでも三浦郡から転出せずに三浦郡内にあり、半役や無役の特典を与えられて編成されていた。池上裕子「戦国大名領国における所領および家臣団編成の展開」（前掲注6池上著書、初出一九七六年）。
33　前掲注4湯浅論文。
34　前掲注5鈴木著書、湯浅治久『中世東国の地域社会史』（岩田書院、二〇〇五年）、高橋裕文『中世東国の村落形成：中世前期常陸国を中心に』（岩田書院、二〇二〇年）などにおいて、在地の寺社文書を積極的に利用した研究が積み重ねられている。
35　湯浅治久「室町期東国の荘園公領制と「郷村」社会――上総国を事例として――」（前掲注34著書、初出二〇〇三年）。
36　前掲注35湯浅論文。
37　天文十五年十一月十八日「東昌寺本尊不動明王明文写」（『新横須賀市史』資料編古代・中世 補遺、二八九頁、三〇八二）。

38 小坂郡も相模国の〈新郡〉で、実質は鎌倉郡とその範囲は重なっている。
39 「郷」という表記で実際には「池子村」を指していることについては、この時期後北条氏も「郷村」として在地を把握していたと思われるため、このような表記のずれは一般的にあったのだろう。なお、この点は三節でも少し触れる。
40 因みに、『新編相模国風土記稿』池子村の項目はなぜか空白となっているが、久野谷村、池子村に隣接する柏原村、山根村の項目では双方の村ともに「久野谷郷ニ属ス」とあり、この一帯の村はもともと久野谷郷の範囲内だったと思われる。
41 取り上げられなかったが、金石文のなかでも板碑は地域分布などがみやすく、地域間のつながりの看取に適した史料である。千々和到『板碑とその時代――てぢかな文化財・みぢかな中世――』(平凡社、一九八八年)。
42 則竹雄一「棟札にみる後北条領国下の地頭と村落」(永原慶二編『大名領国を歩く』吉川弘文館、一九九三年)。
43 峰岸純夫「戦国時代の制札とその機能」(同『中世災害・戦乱の社会史』、吉川弘文館、二〇〇一年)。
44 この検地帳は天正十九年九月一日、二日に行われた検地に際して書かれた原本である。『千葉県史料』中世篇 諸家文書 二版、四三八頁(千葉県、一九九〇年、初版一九六二年)。なお検地帳表紙は銚子市ＨＰで画像確認可能。https://www.city.choshi.chiba.jp/edu/sg-guide/page210169.html 最終更新日二〇二三年四月三日。
45 「徳川家康寄進状写」(『千葉県史料』中世篇 諸家文書 二版、三八八頁、四一九)。
46 佐脇栄智『小田原衆所領役帳』(戦国遺文後北条氏編別冊、東京堂出版、一九九八年)。
47 「小中郡」も北条氏によって用いられた〈新郡〉で、「中郡」から分かれたものである。「相中留恩記略」(『平塚市史 四』(資料編 近世 三)本編、三〇五頁、一一〇号・三〇六頁、一一一号)。
48 建武二年三月二十八日付「足利尊氏寄進状案」(『平塚市史 一』(資料編古代・中世)本編、九四頁、二九号)。
49 なお、この時期の制札史料が複数の村を対象として発給される場合は「村を包括する郷」「同一の生活圏」とする神崎彰利の指摘もある。神崎彰利「移行期の村落名――秀吉掟書・禁制から――」(『日本歴史』六六八、二〇〇四年)。
50 池上裕子「中世後期の国郡と地域」(同『日本中世移行期論』校倉書房、二〇一二年、初出二〇〇〇年、同「中近世移行期を考える――村落論を中心に」(同前書、初出二〇〇九年)。

第六章　東海地域の郷と村

杉江綾乃

はじめに

本稿は、尾張・参河・遠江・駿河・伊豆国の五カ国の「ムラの戸籍簿」をもとに、東海地域の「郷」と「村」を論じるものである。(1)

東海地域の「郷」と「村」を論じる前提として、「東海地域」という枠組みについて触れておきたい。今日における東海地域とは、愛知・岐阜県に三重県もしくは静岡県を加えた枠組みを指すことが一般的であろう。そもそも「東海」とは、古代の広域行政地域である五畿七道のうちの「東海道」に由来するものであるが、古代中世の史料にあらわれる「東海」と、今日における「東海」はその内実が大きく異なる。したがって古代中世の「東海地域」をどこに設定するのか、またどのような特徴を共有していたのかを検討する必要がある。

東海地域は畿内と東国を結ぶ人流と物流の幹線に位置することから、西国と東国の境界として注目されてきた。しかし、その論点は「どこまでが東国・西国的性格をもつのか」という境界線を示すことにあり、東海地域の独自性を見出す観点は乏しい。

中世史研究会（名古屋）の二〇一二年度のシンポジウム「日本中世史のなかの東海地域」では、中世社会を東国・西国的と二者択一的に理解することに対して、東海地域はその相対化が可能な地域であることを明確化し、分析枠組・作業仮説としての東海地域について多角的議論が提示された。[(2)] その一方、東海地域の設定自体は論じる時代やテーマにより異なっており、地域設定の難しさをも明らかにしたといえるだろう。

このように地域設定が論者によって異なるからであろうか、東海地域全体を論じる村落研究はあまり蓄積されていない。そのような動向のなかで注目すべき研究として、東海地域の村落の独自性を見出だそうと試みた菊池武雄氏の研究があげられる。菊池氏は東海地域の村落について、先進型（近江国今堀・菅浦）・後進型（近江国甲賀郡・駿河国富士）・中間型（遠江国蒲御厨・初倉荘）という三つの惣の型との関係で位置づけた。[(3)] また、大山喬平氏は尾張国富田荘に着目し、「東海型荘園」の特徴を分業と流通という観点から論じている。[(4)] 両者ともに、東海地域を東国と西国の境目としてとらえるのではなく、史料から内在的に地域の特徴を明らかにするという手法が共通している。

本稿では、右記五カ国の「ムラの戸籍簿」をもとに、従来の東国と西国の境界としての東海地域という視点に加えて、東海地域が地域としてまとまりをもっていたのか、もしそうであるのならばどのような特徴が共通しているのかを検討し、古代中世の東海地域の「郷」と「村」を論じる。

一　東海地域の「郷」「村」の概観とその特徴

本節では、「東海地域の「郷村名国別世紀別初出表」[(5)]（表1）の概略を述べ、そこから見出せる東海地域

第六章　東海地域の郷と村

杉江綾乃

表１　東海地域の「郷村名国別世紀別初出表」

郷・村／世紀	郷												村											
	7	8	9	10	11	12	13	14	15	16	未詳	合計	7	8	9	10	11	12	13	14	15	16	未詳	合計
尾張国	6	38				27	35	152	89	325	15	687		4				1	13	77	38	68	14	215
参河国	13	24				4	27	53	69	202	1	393						1	2	42	29	166		240
遠江国	4	13		1	1	18	17	88	37	107	6	292						20	2	45	25	132	4	228
駿河国	1	10					11	56	21	110	2	211							1	11	12	68		92
伊豆国		9			3	10	5	36	14	37		114								19	20	36		75
合計	24	94	0	1	4	59	95	385	230	781	24	1697	0	4	0	0	0	22	18	194	124	470	18	850

の諸特徴について述べる。表１から東海地域の特徴を論じるにあたって、①和名抄の「郡」「郷」との関係、②近世村落との関係、③「郷」「村」比率という三つの視角から考察する。

①和名抄の「郡」「郷」との関係について、東海地域の特徴は、尾張・参河国では律令制下の郡域が古代から中世にかけて大きく変化しないことに対して、遠江・駿河・伊豆国では史料に郡名があらわれることは少ないこと、また中世後期には律令制下の郡域とは異なる郡がみえることである。加えて前者二カ国は、古代から中世にかけて【国―郡・庄―郷・村】というタテの系列がみえやすいが、後者三カ国は鎌倉時代から室町時代にかけて【国―（庄）―郷・村】という形で「郷」「村」を表記することが一般的であり、郡名が史料にみえる例はほとんどみられない。この東海地域における郡の問題は第二節で詳述するため、ここでは尾張国から伊豆国にかけて東に向かうほど、「郡」という枠組みがみえにくくなる点を確認しておきたい。

和名抄記載の「郷」との関係について、十二世紀以降になると和名抄に記されていない「郷」があらわれるようになることは、東海地域に共通している。関連して、②の近世村落との関係について、十二世紀以降に初出する「郷」「村」の多くは近世の諸史料にも引き続きみられることから、近世村に連続している可能性が予測される。(6)

③「郷」「村」比率について、東海地域は全体的に「郷」が「村」の数を上回っていることが特徴的である。基本的に東国は七世紀から十六世紀までの「郷」初出検出数が「村」を上回ること、西国は「村」初出検出数が「郷」を上回ることを考慮すると、(7) 東海地域の「郷」「村」比率からみえる特徴としては、東国的特徴があらわれているといえるだろう。

世紀別の初出検出数について、五カ国ともに「村」の初出が十二世紀まで遅れること、「郷」の初出は八・十二・十四世紀に多くみられるという共通点がある。しかし、これらの特徴は全国的にみられる傾向であり、必ずしも東海地域独自の特徴ではない。

以上、東海地域五カ国の「郷村名国別世紀別初出表」を三つの基準から概観した。東海地域の特徴として、以下二点あげる。

第一に、東海地域は東へ行くほど東国的特徴が見出せること。つまり東海地域全体が西国的特徴と東国的特徴の交錯する場であるといえる。これは史料における「郡」表記にあらわれている可能性がある。

第二に、「郷村名国別世紀別初出表」に共通する特徴は、東海地域独自のものとはいえず、全国的にみられる特徴であること。これは東海地域最西に位置する尾張国と最東の伊豆国を含みこんだ共通点を見出そうとすると、もはや地域独自の特徴がみられなくなるという東海地域の多様性・流動性のあらわれであろう。

もちろん、このように東海地域全体に共通する特徴を見出しづらいのは、横に広い地理的条件によるものだけではなく、「郷」「村」の初出を数量データで表すという手法にも要因があるだろう。したがって第二節以降では、「郷村名国別世紀別初出表」に加えて具体的な史料を用いて東海地域の「郷」「村」の特徴を論じたい。

二　東西の境界としての東海地域

本節では、東海地域における「郡」に着目し、「東国と西国の境目としての東海地域」という特徴をみていく。

東海地域は東国と西国の境界として、民俗学・言語学など様々な分野から考察されてきた。それらの成果を踏まえつつ、網野善彦氏は『東と西が語る日本の歴史』において日本列島の多様性を論じる中で東国と西国の境目として尾張・美濃国に着目した。(8) 論者の研究対象や時代によって異なるが、東国と西国の境界はおおよそ尾張・参河・遠江国に引かれることが多い。このように、東国と西国の境界線が明確にあらわれるのではなく、ゆるやかなグラデーションにあらわれることは、古代・中世における東海地域の「郡」が史料にどのようにあらわれるのかという特徴とも共通する。

したがって本節では、「郷」や「村」の上位の単位としての「郡」に着目し、東海地域の【国―郡―郷・村】というタテの序列がどのようにあらわれるかを考えてみたい。大山喬平氏は、中世社会の骨格は【国―郡―郷―村】のタテの系列であり、在地社会は「郷」「村」によって形づくられていること、タテの序列が逆転することはないこと、荘園はこの系列を任意に切り取ったものであることを指摘した。(9) つまり、「郷」や「村」の上位に位置する「郡」の特徴を捉えることは、その下にある「郷」「村」などを含む在地社会の骨格をつかむことにつながるだろう。

先述したように、尾張・参河国では【国―郡―郷・村】というタテの系列がみえやすい。一方、遠江・駿河・伊豆国において、「郷」「村」は中世以降の史料では【国―庄―郷・村】もしくは【国―郷・村】

とあらわれる場合が大半であり、郡名が再び使用されるようになるのは戦国時代以降、かつその際には律令制下の郡名・郡域によらない新たな郡もあらわれるようになる。[10]

しかし、遠江国以東の三カ国では全く「郡」があらわれないのではなく、遠江国から伊豆国にかけて徐々に減少していくことが特徴的である。その際注目されるのは、棟札銘・鰐口銘・鐘銘といった史料である。これらの史料では、「郡」が一般にみえなくなる遠江・駿河・伊豆国においても「郡」がみえるからである。表2をみると、遠江国では、十五世紀における棟札銘・鰐口銘・鐘銘のうち、「郷」「村」表記をともなうものが十七件あり、そのうち十三件は【国―郡―郷・村】の形で記されている。駿河国では四件のうち二件が【国―郡―村】の形であらわれる。そして伊豆国では三件ともに【国―（庄）―郷・村】の形で表記され、郡名はみられない。

もちろん、棟札銘・鰐口銘・鐘銘といった史料自体の個性に注意を払う必要がある。これらの史料は【南閻浮提・日本国・某国・某郡・某郷・其村】というように、仏教的世界認識の中に日本国土の行政区分を位置付けているため、[11]通常の古文書等に比べて「郡」があらわれやすい可能性が高い。その点を踏まえたうえで、「郡」があらわれやすい史料であるにも関わらず、遠江国から伊豆国にかけて東へ行くほど、「郡」がみえなくなることに着目したい。

中世において、律令制下の「郡」が使用されず、郡域をまたぐ荘園・新郡などの広域地名があらわれるようになることは、下野国や甲斐国など東国にもみられる特徴である。[12]畿内近国では古代の郡域が維持されることが多いが、東国では律令制下の郡域が維持されにくいことを踏まえると、「郡」のあらわれ方から東海地域は「畿内と東国の特徴が錯綜する場」であるといえるだろう。そして両者の境界線は、参河・遠江・駿河国と三カ国にまたがり、ゆるやかなグラデーションを描いている。参河国では郡域が

杉江綾乃

表2　棟札・鰐口・鐘銘にみえる15世紀の遠江・駿河・伊豆国の「郷」と「村」

	番号	年月日	郡＊1	庄	郷	村		史料	出典＊2
遠江国	1	永享5年(1433)8月22日	岩田郡			裏鹿村	牛頭天王社壇	棟札銘	補76
	2	永享5年(1433)10月15日	(豊田郡)			東藤平村	六所大明神	棟札銘写	⑥866
	3	永享7年(1435)10月12日	周知郡			綾着村	諏訪社社殿	棟札銘	補77
	4	永享11年(1439)12月11日	豊田郡		高薗郷		新善光寺	鐘銘	補78
	5	嘉吉元年(1441)12月15日	榛原郡	山香庄		久法村	阿弥陀堂	鰐口銘	⑥942
	6	文安3年(1446)12月13日	(周智郡)		天方郷		護福寺	鰐口銘	⑥1008
	7	長禄2年(1458)3月	(城飼郡)	笠原庄	岩滑郷		新福寺	鰐口銘	⑥1120
	8	長禄2年(1458)11月6日	豊田郡		二俣郷		光明寺	鐘銘写	⑥1127
	9	寛正3年(1462)10月24日	豊田郡			熊村	真福寺	鰐口銘	⑥1169
	10	寛正6年(1465)2月	(周智郡)		熊切郷		薬師堂	鰐口銘	⑥1188
	11	文明元年(1469)6月15日	豊田郡			懐山村	六所御宝前	鰐口銘	⑥1235
	12	文明元年(1469)12月	伊那佐郡			□多佐村	安楽寺	鐘銘	⑥1236
	13	文明2年(1470)11月	豊田郡		野那(部カ)郷		日吉山王神宮寺	鐘銘写	⑥1237
	14	文明4年(1472)9月28日	豊田郡		野部郷		十二所(権現)	鰐口銘	⑥1246
	15	文明11年(1479)3月16日	伊那佐郡			河名村	六所大明神殿	棟札銘	⑥1281
	16	文明18年(1486)1月	周智郡	飯田庄	戸和田郷		賀茂三所大明神御宝前	鰐口銘	⑦37
	17	明応7年(1498)11月	豊田郡			青谷村	豊受皇太神宮	棟札銘写	⑦94
駿河国	1	応永33年(1426)11月	(安倍郡)		安倍郷	横沢村	楽音寺	鰐口銘写	⑥806
	2	永享8年(1436)11月	(志太郡)		吉永郷		安楽寺	鰐口銘	⑥903
	3	応仁元年(1467)10月25日	益頭郡			朝比奈・青羽根村	大造井大明神宝殿	棟札銘	⑥1218
	4	文明8年(1476)4月	志駄郡			相賀村	伽藍大明神御宝前	鐘銘写	⑥1267
伊豆国	1	永享12年(1440)11月13日	(賀茂郡)		蒲屋郷	手石湊村	三島大明神御宝殿	棟札銘	⑥935
	2	嘉吉3年(1443)12月17日	(那賀郡)	仁科庄		門野村	三宝大荒神御社	棟札銘	⑥952
	3	応仁元年(1467)10月23日	(那賀郡)	仁科庄	那賀郷		舟田若宮	棟札銘	⑥1218

＊1　郡名が史料にあらわれない場合は、(○○郡)と推定を示した
＊2　出典は、『静岡県史』資料編6(中世二)を⑥、資料編7(中世三)を⑦、中世資料補遺を補と表記し、右に頁数を示した

比較的明瞭であるのに対して、遠江国では「郡」があらわれやすい棟札などの史料に集中して「郡」が見え、駿河・伊豆国と東へ向かうほど「郡」は用いられなくなる。

このように、東海地域は畿内と東国の特徴が錯綜する場であり、両者の特徴は参河・遠江国でゆるやかに変化していることが「郡」のあらわれ方から看取できる。

三　中世東海地域の「郷」と「村」――地理的条件に着目して――

前節で、東海地域は「畿内と東国の特徴が錯綜する場」であることを「郡」に着目して考察した。本節では、そのような特徴が「郷」や「村」にどのようにあらわれるのか、また東海地域に内実をもった共通点はあるのかを考察する。本節は和名抄にみられない「郷」があらわれはじめる十二世紀以降、つまり中世の東海地域の「郷」「村」を対象とする。

東海地域における「郷」「村」の特徴を論じるさい、上村喜久子氏の地理的条件による分類という視角を継承したい。上村氏は尾張国を事例に、在地社会の構成単位である「郷」と「村」の関係を考察するさい、地理的条件により「郷」の歴史的性格が異なることを明らかにした。[13] 尾張国の地理的条件による分類は、次の三類型となる。

Ⅰ「尾張平野中心部」では、①和名抄の郷を継承した「郷」、②小規模荘園内部の「郷」「村」、③小規模国衙領内の「郷」「村」、がある。①の「郷」は近世村に継承されずその中にある「村」が近世村に継承され、②・③の「郷」「村」はともに近世村に継承される。

Ⅱ「山地・丘陵地域」では、①山地における広域の「郷」、②荘園内部の「郷」「村」、③国衙領内部の

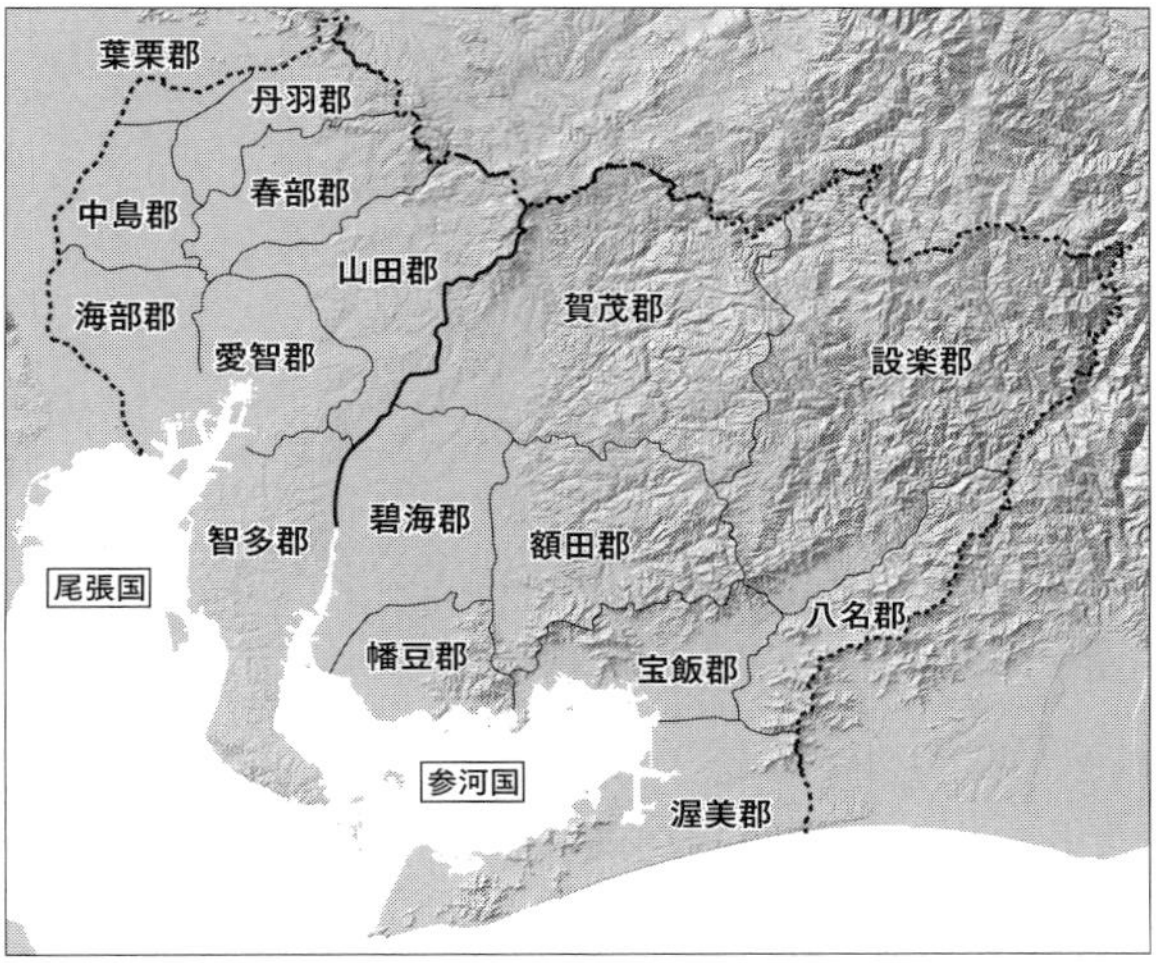

図1　尾張・参河の郡域
太点線は現在の愛知県境。各郡の境界と郡名は『国史大辞典』の各国略図をもとにした。
背景：国土地理院基盤地図情報（数値標高モデル）を加工

「郷」「村」、がある。①の「郷」はその内部の「村」が近世村に継承され、②・③の「郷」「村」はともに近世村に継承される。

Ⅲ「三角州および木曽川下流域」といった自然条件の不安定な場所では、①荘園内部の「郷」「村」、②国衙領内の「村」があり、①・②の「郷」「村」ともに近世村に継承される。

尾張国ではⅠ～Ⅲともに「郷」「村」を構成単位としており、「郷」の設定主体はⅠでは国衙、Ⅱでは領主または名主連合による村落形成、Ⅲでは領主主導の開発であったこと、中世成立期には使い分けられていた「郷」「村」の区別は十三世紀末から十四世紀には崩れたことを明らかにした。

服部光真氏は参河国の「郷」「村」について以下の通り考察した[14]。

Ⅰ平野部では、①大規模荘園内部の「郷」、②小規模荘園に相当する「郷」、③小規模国衙領の「郷」、がある。いずれの「郷」も近世村に連続しているものがほとんどである。

Ⅱ山間部では、①荘園内部の「郷」「村」、②広域の「郷」、がみえる。②の「郷」はその内部の「村」

が近世村に接続している。
ただし参河国では、「庄」と「郷」、「村」「名」と「郷」などの差異が不分明な例も多くみられることを指摘している。

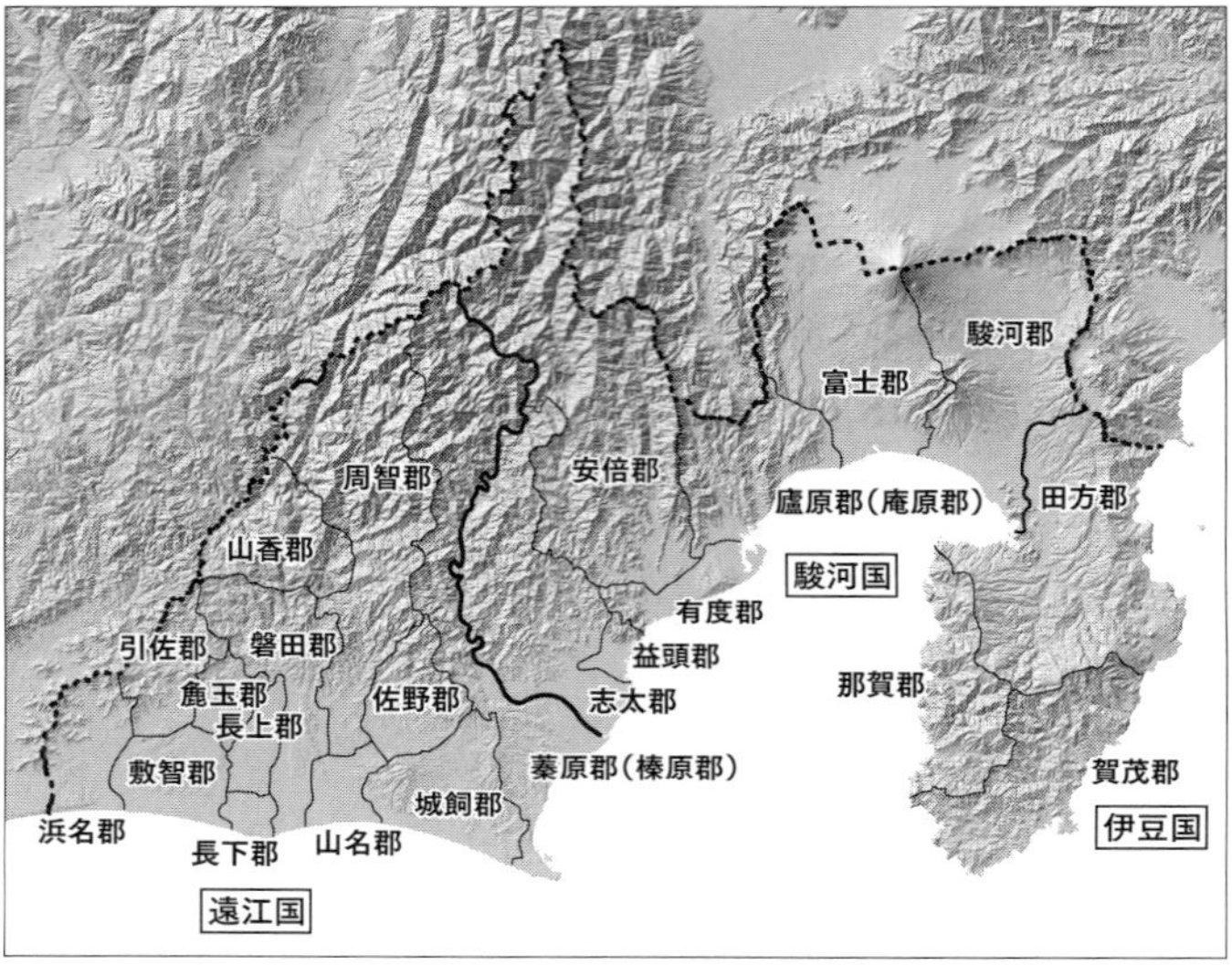

図2　遠江・駿河・伊豆の郡域
太点線は現在の静岡県境。各郡の境界と郡名は『国史大辞典』の各国略図をもとにした。
背景：国土地理院基盤地図情報（数値標高モデル）を加工

尾張・参河国の「郷」「村」分析の手法にならい、遠江・駿河・伊豆国について検討した結果は以下の通りである。

遠江国における「郷」「村」は、次のように分類される。

Ⅰ平野部では、①磐田郡池田荘・榛原郡質侶荘などの荘園内部の「郷」「村」、②浜名郡尾奈郷・敷智郡吉美郷など小規模荘園に相当する「郷」、③小規模国衙領に相当する「郷」、がある。①・③の「郷」「村」の大半は近世村に連続するが、②の「郷」はその内部の「村」が近世村に連続することが多い。

Ⅱ山間部では、①大規模荘園（山香郡山香荘）内の「郷」「村」、②山地における広域の「郷」がみえる。①・②の「郷」「村」ともにほぼ近世村に連続する。

遠江国は駿河・伊豆国に比して荘園史料が豊富であることから、池田荘など荘園内部の「郷」「村」の実態が詳しくみられること、しかし「庄」と「郷」、「郷」と「村」の差異は明確でないことが指摘できる。

駿河国における「郷」「村」は次のようにあらわれる。

I平野部では、①安倍郡浅服荘・庵原郡入江荘などの荘園内部の「郷」「村」、②小規模荘園に相当する「郷」、③小規模国衙領の「郷」、④東海道の宿を包摂する「郷」、がみえる。①・③の「郷」「村」はともに近世村に連続し、③は「郷」内部の「村」が近世村に連続することが多い。

④について、志太郡岡部郷・有度郡手越郷などは近世村に連続するが、有度郡丸子郷・庵原郡興津郷などは近世村に連続しない。「宿」と「郷」の関係は、中世の「宿」が鎌倉幕府の軍事政策や情報伝達政策に則り創出された国家的制度であるという歴史的性格を踏まえ、[15]議論する必要があるだろう。

II山間部では、志太郡葉梨郷など広域の「郷」がみえる。この「郷」は、近世村に連続する場合もあれば、「郷」内部の「村」が近世村に連続する場合もある。また「庄」「郷」の差異が不分明である場合が多い。

最後に伊豆国の「郷」「村」についてみていく。伊豆国は、駿河湾に注ぐ狩野川流域の田方平野以外はほとんど山地であることから、地理的条件で分類するさい伊豆半島北部に位置する田方郡、南部に位置する那賀郡・賀茂郡の二つに分けて考察した。北部は東海道が一部通っていること、伊豆国の「郷」「村」初出件数の大半を占めていることが特徴的だからである。

Ⅰ北部では、①狩野荘・三津荘などの荘園内の「郷」「村」、②間宮郷など小規模荘園に相当する「郷」、③小規模国衙領の「郷」「村」、がみえる。①・③の「郷」「村」は近世村に連続するものがほとんどである。②は近世村には連続せず、「郷」内部の「村」が近世村に連続することがほとんどである。

Ⅱ南部では、①那賀郡仁科荘などの荘園内部の「郷」「村」、②広域地名の「郷」、がみえる。①は近世村に連続し、②は「郷」内部の「村」が近世村に連続する。また伊豆国南部の「郷」は、木簡史料を除くと十四世紀からあらわれ始める。十四世紀まで「郷」の初出が遅れることは、全国と比較しても珍しい[16]。

以上、中世東海地域の「郷」「村」を地理的条件で分類し、国ごとの特徴を考察した。東海地域における「郷」「村」のあらわれかたの差異は以下の通りである。

第一に、遠江国以東では、「郷」と「庄」の使いわけの差異が明確でない事例が多くみえることである。遠江国では長上郡市野郷・引佐郡井伊郷、駿河国では安倍郡足洗郷・志太郡葉梨郷、伊豆国では田方郡宇佐美郷・馬宮郷などがあげられる。これらの「郷」は基本的にその内部の「村」が近世村に継承される。

第二に、駿河国では「宿」を包摂する「郷」がみえること、伊豆国南部では「郷」初出が他地域よりも遅れていることなど、国ごとの地理的条件に関連してみられるものである。

東海地域の共通点は、平野部では①大規模荘園内の「郷」「村」は近世村に継承されること、②小規模荘園に相当する「郷」は近世村に継承されず、その内部の「村」が継承されること、③小規模国衙領の「郷」「村」は近世村に連続することである。山間部では、広域地名である「郷」が近世村に連続する場合と、その内部の「村」が連続する場合がある。また全体の特徴として、「郷」「村」「名」の違いが明確でないこと、「郷」は「村」の初出検出数を上回ることがあげられる。上村氏が指摘した尾張国の「郷」の多様性は、[17]東海地域全体に敷衍できる特徴であり、そのような特徴が「郷」優位の東海地域につながるのではないだろうか。

本節では、中世の東海地域の「郷」が持つ多様性を確認し、「郷」「村」からみえる東海地域の特徴を「ムラの戸籍簿」から探る一手段を提示した。以上の「郷」「村」は、史料上では所領単位として登場することも多く、実態のあるムラにどのように連続するのかは、個別史料の検討が求められる。またこれらの共通項が東海独自の性質であるのかは、他地域との比較も必要であるだろう。

むすびにかえて

以上、五カ国の「ムラの戸籍簿」から東海地域の「郷」「村」について考察した。最後に東海地域の村落について論点を示し、結びとしたい。

東西に広い東海地域は、尾張国や伊豆国をも含みこんだ共通点は見出し難い。第三節では中世の東海地域の特徴をみてきたが、そのような枠組みは古代から存在したのか、それとも中世に形成されたのだろうか。

古代における「東海道」とは、都から「東」の「海」の「道」であり、安房国や常陸国など現在の関東方面も含まれていた。しかし、中世に幕府が鎌倉に置かれると、【平安京―鎌倉】をつなぐ道路としての「海道」の交通が活発化し、また政治的文脈の中で東国と西国の境界線が引かれるようになる。[18]分権化の過程で東国が第二の中心点となり、東海地域は京・鎌倉に挟まれるようになる。つまり、東海地域の枠組みを考えるさいには、「東国」の成立とその範囲も視野に入れて考察する必要がある。

また東海地域は「畿内と東国の特徴が錯綜する場」であったため、東国だけではなく畿内からも影響を受けてきた。近年明らかにされつつある中近世移行期の村落と室町期荘園制の密接不可分な関係性をふまえると[19]、東海地域の村落は荘園領主の力が及ぶ東限である遠江国と、それより東に位置する駿河・伊豆国では異なる様相を見出せる可能性がある[20]。このように、東海地域の村落の独自性をとらえるうえでは、東国や畿内との共通性や差異を見出すことも求められるだろう。

以上の論点を課題とし、今後検討を進めていくことにしたい。

注

1　本稿では、東海地域の対象を尾張・参河・遠江・駿河・伊豆国、つまり現在の愛知県・静岡県に相当する地域とした。前近代において美濃・尾張国は密接な関係がみられることや東海地域における伊勢信仰の広まりを踏まえると、美濃・伊勢国を含んだ東海地域を論じることが望ましいだろう。しかし本稿では、「ムラの戸籍簿」作成の進捗状況を踏まえて美濃国は除外していること、また伊勢国は郷村名初出が各世紀にみられるという畿内の村落に近い特徴がみられることから、上記の五カ国のみを「東海地域」として仮に設定した。

2　岡野友彦「権門都市宇治・山田と地域経済圏」、松島周一「観応の擾乱と東海地域」、山田邦明「古文書から見た東海の地域性――色成・引得・盗賊・悪党文言に注目して――」、安藤弥「東海地域における真宗勢力の展開」(『年報中世史研究』三八号、二〇一三年)。

3　菊池武雄「戦国大名の権力構造」(『歴史学研究』一六六号、一九五三年)。

4　大山喬平「絹と綿の荘園――尾張国富田庄――」(同『日本中世農村史の研究』岩波書店、一九七八年、初出一九六五年)。

5　表1は、古代から天正十八年(一五九〇)七月十三日までの「郷」「村」名の初出を世紀別に表したものである。

「ムラの戸籍簿」作成における各国の採録期間、特に中近世の時代区分は各自治体史の判断を尊重することから、採録期間の終わりには差が生じる。本稿では五カ国全体を比較することを目的とするため、中世の終わりは『静岡県史』の基準に従った。『静岡県史』の基準に依る理由として、第一に他の自治体史より近世の始まりが早いこと、第二に尾張・参河国では徳川氏の時期まで所領の基本単位は「郷」であるのに対して豊臣系大名が入る一五九〇年代から「村」が基本単位となり、十六世紀の「村」の初出は一五九〇年代以降に集中していること、つまり古代から中世にかけての「郷」「村」の特徴を把握するためにはそのような特異な状況を除いて考察する必要があることがあげられる。十六世紀の尾張、参河国の「郷」「村」については上村喜久子「中世尾張国の「郷」「村」と荘園・国衙領」（同『尾張の荘園・国衙領と熱田社』岩田書院、二〇一二年）、服部光真「中世三河の寺社境内と村落」（大山喬平・三枝暁子編『古代・中世の地域社会――「ムラの戸籍簿」の可能性――』思文閣出版、二〇一八年）を参照。

6　古代中世の「郷」「村」の名称が近世村にみられることから直ちに近世村への継承とすることはできず個別史料の検討を要するが、大山氏は「こうした郷や村は確実に近世村落の母体として歴史的生成をとげつつあった」（大山喬平「鎌倉初期の郷と村」『日本中世のムラと神々』岩波書店、二〇一二年、初出一九九九、二〇〇〇年、三九三頁）と述べたように、分裂や変容を経ながらも名称が継承された「郷」「村」は、近世村への連続の可能性を示すものとした。

7　「ムラの戸籍簿」研究会事務局「序章」（前掲注5大山喬平・三枝暁子編書）八～九頁。

8　網野善彦『東と西の語る日本の歴史』（講談社学術文庫、一九九八年）。

9　前掲注6大山論文。

10　遠江国では、北部に位置する山香郡は中世では山香荘として史料上にあらわれ、近世には豊田郡の一部となる。また駿河国では、和名抄では駿河郡と呼ばれていた駿河国東部地域が、戦国期以降駿東郡と呼ばれるようになる。

11　上川通夫「中世仏教と「日本国」」（同『日本中世仏教形成史論』校倉書房、二〇〇七年、初出二〇〇一年）二七三頁、本書第Ⅳ部第四章上川通夫「民衆の生活世界と世界認識」。

12　下野国における中世の広域地名については、花田卓司「中近世における下野国の郡域変動」（前掲注7大山・三枝編書）、甲斐国は本書第Ⅱ部第四章貝塚啓希「甲斐国の「ムラの戸籍簿」」、関東地域全体の郡については本書第Ⅱ部第五章吉竹智加「関東地域の「ムラの戸籍簿」」、を参照。

13　前掲注5上村論文、二二七～二五〇頁。

14 前掲注5服部論文、三三五~三三六頁。
15 榎原雅治『中世の東海道をゆく』(中央公論新社、二〇〇八年)一七五~一九二頁。
16 前掲注7論文、八~九頁。
17 前掲注5上村論文。
18 熊谷隆之「鎌倉幕府支配の西国と東国」(川岡勉編『中世の西国と東国――権力から探る地域的特性――』戎光祥出版、二〇一四年)。
19 高木純一「中近世移行期村落論の課題」(『日本史研究』六九六号、二〇二〇年)三六~四〇頁。
20 湯浅治久氏は、荘園制は惣村と土豪の政治的自立を担保する社会的基盤であり、こうした惣荘の東限は遠江国であると指摘している(「惣村と土豪」『岩波講座日本歴史 第九巻』岩波書店、二〇一五年、一五〇~一五二頁)。

第七章　中世瀬戸内におけるムラ＝郷・村としての港津

松井直人

はじめに

本章は、中世の瀬戸内地域における郷・村を、当該地域の港津との関係を踏まえて検討するものである。

二〇二四年二月現在、「ムラの戸籍簿」（以下、「戸籍簿」）研究会では、瀬戸内海に面する国の「郷村表」として播磨国・周防国・淡路国・阿波国のデータベースを公開し、古代・中世段階における多数の郷・村を検出している。しかしこれらのうち、特に瀬戸内海沿岸の郷・村については、その内部構造を詳細に伝える文献史料が限定的なこともあり、中世の村落・在地社会の研究で取り上げられにくい傾向にある。[1]この点で「戸籍簿」研究会で作成している「郷村表」は、前回論集（大山喬平・三枝暁子編『古代・中世の地域社会――「ムラの戸籍簿」の可能性――』思文閣出版、二〇一八年）の拙稿でも指摘したように、村落史研究の蓄積が薄い地方・地域のムラを平等に議論の俎上に載せ、各地域の史料状況に即した研究手法を模索するための取り組みとして重要と思われる。[2]本章ではそのような観点から、「生活のユニット」としてのムラ＝郷・村が、瀬戸内地域という一国規模を超えた広域的枠組みのなかでどのような特徴を伴って所見し、またその分析からどのような展望を見いだしうるのか、「郷村表」を活用しつつ考えたい。

瀬戸内地域の大きな特徴が、活発な海運、及び海運と不可分な諸港津の存在にあることは衆目の一致するところであろう。当該地域を含む中世の港津については膨大な研究蓄積があるが、特に網野善彦氏が、「無縁・公界・楽」の論理に基づく「自由都市」が登場する過程を描き出す方法として、いわゆる自治都市（和泉国の堺など）や城下町・門前町ないし京都といったそれまで関心が集中してきた対象のみならず、「関渡津泊、市、宿、寺社の門前」を含む「都市ないし都市的な場」を中世都市論の範疇に組み込む必要があると提言して以降、考古学などの隣接分野との積極的な協業も手伝い、全国規模で研究の進展がみられた(3)。

一方で、網野氏の提起した「都市的な場」なる概念(4)については、市村高男氏が「都市概念がひたすら肥大化して「都市的な場」という言葉の多用と拡大解釈と相俟って、すべてが都市になってしまう」危険性を指摘している(5)。また、石井進氏も、柳田国男氏による「元来都市といふものの範囲は、実はまだ明瞭には定義せられて居ないが、若し農村と呼んで承知せぬものの全部が都市だとすれば、其中には幾つかの種類と階段を認めなければならぬ」という発言を引用しつつ、改めて中世都市のメルクマールを見極めてゆく必要性を喚起するなど(6)、その扱いに慎重さを求める見解が相次いで提起されている。また、網野氏の都市論に関しては、村落史の立場から、大山喬平氏も「村落自体の中に都市的要素が現代・近世よりもより多く混有されて居り（中略）中世に於いては近世以後程都市・農村の分離は見られなかった」とする清水三男氏の指摘(7)を踏まえ、網野説は「非農業民や都市的要素を中世村落から峻別させすぎており、もともと豊かであった中世村落の概念をひどく貧しいものにしてしまった」と批判している(8)。

ただし、こと港津については、網野氏自身も若狭国御賀尾浦の刀禰大音家の事例をもとに「日本の中世都市のかなりの部分、とくにいわゆる港町が、海民の根拠地に出発点をもっている。いわば海村的な性格をそなえていると思うのですが、また逆に漁村は、本来、都市的な性格をもっているということも言えるかもしれない」と、一律的な性格規定に困難な面があると認識していたことは注意される。[9] また、このような小規模な海村に関しては、生活共同体としての「浦」の検出・分析や都市的に捉えられてきた港湾集落の再検討といった作業も近年精力的に進められている。[10] 中世の港津を都市的空間とみるか、あるいは村落的空間とみるかという問題が、都市史・村落史研究双方の焦点となってきたことがわかる。

このような点を踏まえ、以下では、瀬戸内海沿岸地域を対象に、「郷村表」を援用しつつ中世の港津と郷・村との関係を検討し、右の研究段階をわずかでも進展させるための手がかりを提供できればと思う。

一　瀬戸内港津の複合的性質

一九九〇年代以降、中世段階の全国の港津の成り立ちについて最も広範な分析を行っている論者の一人が市村高男氏である。まずは氏の研究から、瀬戸内沿岸の港津に関する主要な成果を三例取り上げ、各港津の様相を、現地ないし近隣の地郷・村との関係とあわせて確認したい。

・讃岐国野原

古代山田郡高松郷の遺称地で、近世以降の城下町高松に該当する地域である。中世には野原郷（非和名抄郷）として史料に所見する。この地域については、永禄八年（一五六五）に伊勢御師が東讃岐での初穂料徴収のかわりに伊勢土産を配布した際の帳簿である「さぬきの道者一円日記」が現高松市内の冠纓神社に伝来しており、ここから当時の野原の領域構成を知ることができる。[11] 市村氏は、本史料の詳細な分析と考古学の成果をもとに、野原は、寺院群や商人宿、武装有力商人の営む船宿などが立ち並ぶ港町（野原中黒里）、職人などが集住する汝漁川（播鉢谷川）河口部の港町（野原浜・野原西浜）、領主城館や寺庵などが存在する野原中村、及びそれと密接な関係が予想される野原天満里などから構成されていたことを明らかにしている。[12] 中世野原の実態はこのような性格の異なる複数集落の集合体であった。

・讃岐国仁尾浦

現在の香川県三豊市仁尾町にあたる。平安期以来この地域では、「内海御厨」に由来する賀茂御祖社領「内海津多島供祭所」の海民集団が活発な活動を展開していた。当該地には九条家領詫間荘仁尾村も存在したが、上賀茂社神人の営業活動が拡大するなかで、仁尾浦と呼ばれる領域が荘域を超えて拡大した。神人の活動最盛期には、仁尾浦は家数五百～六百といわれる規模を有したとされる。また、住人たちは近隣の海浜・内陸の集落のみならず、四国山地を越えた土佐の山間地域とも盛んに交流していた。十五世紀半ば以降、神人らは細川氏とのつながりを背景に上賀茂社との関係を次第に清算して活動領域を制限し、より地域に根ざした交易活動を重視するようになったが、近世には製茶業や醸造業が栄え、商人町として「復興」した。[13]

・備後国尾道

港津としての尾道のルーツは仁安三年（一一六八）、「尾道村田畠伍町」が後白河院領備後国大田荘の「船津之倉敷」に認定されたことに遡る。文治二年（一一八六）に、同荘は高野山に寄進され、尾道村の倉敷も高野山領に編入された。その後、大田荘の政所が置かれていた浄土寺の造営に活躍した「邑老」光阿や、借上・海運によって巨富を蓄えた預所淵信らの活動に代表されるように、尾道は大きく経済的発展を遂げる。当時の尾道は、尾道村の倉敷から発展した堂崎・土堂と、大炊寮領栗原保に属した御所崎という三つの集落から構成されており、それぞれに多数の船主・船頭が定着し、活発な営業活動を展開していた(14)。

いずれも有名な港津の事例であるが、これらからは以下の特徴を見いだせる。第一に、当時の瀬戸内港津が、時として性格の異なる複数の集落の集合体という性質を帯びていたこと、第二に、各港津の発展の起点には村、ないし集落があり、場合によっては近隣の村々、ないし荘園の枠組みを包含してゆく形で面的に拡大したこと、以上の二点である。市村氏はこのような中世港津における領域構成の複合性を「パーツとしての海浜集落」論として総括するとともに、全国的に一定程度共通する特徴であったとしている(15)。そうであるならば、港津の構成要素や発展の起点という側面において、港津と郷・村＝ムラとは相互に深く関係していたことが指摘できる。では、右で挙げた事例を含む瀬戸内地域全体において、港津と郷・村の関係はどのように検出されるのか、次節で考察したい。

二　郷・村＝ムラとしてみえる「兵庫北関入船納帳」（付「兵庫関雑船納帳」）中の港津

中世において特定地域・地方の港津を面的に検討することは、史料的制約もあるなかで多大な労力を伴うと予想される。そこで今回は、瀬戸内地域を中心とする多数の港津が船籍地という形で記載され、中世の瀬戸内海運にかかる基本史料の一つである「兵庫北関入船納帳」（以下、「入船納帳」）、及び「兵庫関雑船納帳」（以下、「雑船納帳」）に着目したい。改めて紹介するまでもないが、「入船納帳」は東大寺領摂津国兵庫北関を通過した船舶に賦課された関料の帳簿である。文安二年（一四四五）正月二日から二月九日までの分（東京大学文学部所蔵）と、同年三月三日から十二月二十九日までの分（燈心文庫所蔵）からなり、入港船舶の船籍地、積載品目・数量・関料・納入月日・船頭・船主（問丸）が記される。限定された期間の記録ではあるものの、室町期における瀬戸内海運の様相を知るうえで極めて重要な史料である。[16]また、「雑船納帳」（東大寺図書館所蔵）は、文安元年十一月〜同二年十一月に入港した年貢船以外の枝船（雑船）の帳簿で、「入船納帳」の内容を補完しうる史料とされている。[17]

特に本章で注目したいのは、これらの史料に登場する船舶の船籍地である。例えば「入船納帳」には阿波南部沿岸や大阪湾岸から瀬戸内海沿岸に分布する大小の港津が記載されているが、そのなかには、先にみた「野原郷」や「尾道村」のように他の文献史料で郷名・村名として登場する地名が少なからず確認される。これらは、例えば「戸籍簿」研究会ではムラとして把握されることになるが、一方で港町研究では、流通経済の拠点として都市的要素を含む空間として扱われることが多い。では、港津的機能を有し、かつ郷・村として認識されていたこれらの船籍地には、実際にどのような領域構成や景観がみられたのか、史料を組み合わせて検討することで、より実態に即した把握を目指す手がかりが得られるのではないか。地名のみで現れる港津の評価、先述した記録期間の限定性、あくまで兵庫北関を通過した船舶のみが記載されている点などの問題は念頭に置きつつも、以下では、作成済の「郷村表」データベース及び『日本歴史地名大系』（平凡社）を利用して右に述べた分析を行いたい。

次の表は、「入船納帳」「雑船納帳」に船籍地として所見する地名のうち、他の文献史料で郷・村・里として所見する港津を国別に一覧化したものである。また、「郷村表」の方法論にならい、〇〇郷・△△村（里）と表記される史料の初出事例をあわせて掲示している。これらを概観すると、「郷村表」は、港津の機能を持つ集落、つまり何らかの都市的要素を内包するムラをも数多く検出していることがわかる。「郷村表」は、村落史研究のみならず、都市史研究にも有意な素材を提供するものであるといえよう。

第七章　中世瀬戸内におけるムラ＝郷・村としての港津

松井直人

1　複数集落の集合としての港津——郷としての港津を中心に——

以下、表に掲げた個々の港津からいくつかをピックアップし、その様相を概観したい。まずは市村氏がすでに詳説している野原郷（讃岐国①）のように郷名として現れる港津をいくつか取り上げる。

播磨国①の坂越は、飛鳥藤原宮出土木簡に「坂越里」とあることを初見とするムラである。和名抄郷には坂越郷と記載され、郷名で登場することが多い。一方で、院政期以降、摂関家領（近衛家領）坂越荘としても所見する。正和二年（一三一三）、「悪党」として著名な播磨国矢野荘重藤名地頭寺田範兼は「坂越庄内浦分堤木津村畠弐町地頭職」を子息の範長に譲っており、荘内に村が存在したことが知られる。[18]また、矢野荘是藤名名主職の相論において、一方の当事者である真殿慶若丸の祖父城三郎重末は、「坂越浦海賊人」として嘉元二年（一三〇四）同浦地頭に捕らえられ、守護方に送られて誅伐されたという。[19]坂越郷が「坂越浦」とも呼称され、「海賊人」と呼ばれる人々の活動拠点であったことがわかる。[20]

播磨国⑧に挙げた網干は、網干郷・網干村の両方の呼称で登場する。長享元年（一四八七）成立と推定される「播磨国福井荘村名注文」には、神護寺領播磨国福井荘を構成する「廿八个村」の一つとして「あほし村」が登場する。[21]網干には福井荘の倉敷地が存在した可能性も指摘されている。一方、郷名の初出は、天正五年（一五七七）に発給された羽柴秀吉の禁制まで下る。[22]このような禁制は関ヶ原合戦直後に徳川家康も発給しているが、そこでは「網干三ヵ村」との記載がみえる。[23]慶長国絵図には「あほし」と肩書された新在家・沖ノ浜（興浜）・小浜（余子浜）の三ヵ村が確認され、郷ないし村内には戦国期段階で、これらの三つの村落が成立していた蓋然性が高い。[24]

これらの事例を踏まえるに、郷名を伴って登場する港津は、領域内部に村落を包含し、複数の集落の集合領域として存在しているケースが多かったと推測される。またその領域内には、野原郷や坂越郷で

出典	備考
『摂津国八部郡福祥寺古記録須磨寺「当山歴代」』p.118	近世初期に東西分割
「壬生家文書壬生家所領」(『鎌倉遺文』13306)	
「高井文書」1(『兵庫県史』史料編中世1、p.154)	山路荘に包含
「藤原宮出土木簡」(『兵庫県史』史料編中世9古代補遺、p.781)	坂越荘内に「堤木津村」あり(「寺田範兼譲状」『東寺百合文書』せ函武家御教書並達8)
「東大寺要録」(『兵庫県史』史料編古代1、p.133)	中世段階で東西に分割(時期不明)
「東南院文書」(『兵庫県史』史料編古代2、p.98)	近世初期に福田川を挟んで東西に分割
『兵庫県史』史料編古代1、p.523	
『兵庫県史』史料編古代1、p.581	
「真珠庵文書」8(『兵庫県史』史料編中世7、p.695)	
「住吉松葉大記」(『新修大阪市史』史料編3、p.575)	周辺の集落とともに魚住庄を構成(『幻雲文集』)
「海老名文書」10(『兵庫県史』史料編中世3、p.126)	佐方浦と一体的に把握(「那波浦領家方公畠名寄帳」『東寺百合文書』テ函20)
「網干郷文書(大覚寺保管)」2(『兵庫県史』史料編中世3、p.12)	三ヵ村から構成(16世紀末)
「吉川家文書」41(『兵庫県史』史料編中世9古代補遺、p.169)	
「曽根文書」3(『兵庫県史』史料編中世2、p.444)	「いほさき村」他六か村で伊保庄を形成
「金井文書」(『兵庫県史』史料編近世1、p.37~39)	
「木下家文書」(『兵庫県史』史料編近世1、p.42, 43)	

表　郷・村・里として所見する「兵庫北関入船納帳」（付「兵庫関雑船納帳」）中の港津（船籍地）

国名	No.	船籍地名	船籍地所属船の通関延件数	郷・村・里名	初見年代	史料本文
摂津	①	須磨	1	須磨村	貞応元（1222）	〔当山歴代〕貞応元年〈壬/午〉‖同年、薬師像、須磨村宿人依有所望、寺家僧侶即付与之、仍年中行事修正勤行等、如本寺被修之、其後脇士造立、
	②	杭瀬	42	杭瀬村	弘安元（1278）	〔某譲状案〕宛行処分事/摂津国杭瀬村/自余略之、
	③	魚崎	15	魚崎村	永禄12（1569）.12	〔山路庄公事銭取納帳案〕南郷春日社御神供料摂州卯（菟）原郡山路庄公事銭取帳事‖一　魚崎村分
播磨※	①	坂越	4	坂越里	持統天皇8（694）～和銅3（710）	〔藤原宮出土木簡〕坂越里□マ□□
	②	垂水	1	垂水郷	天平20（748）.11.23	〔巻六封戸水田章第八〕雑格中巻云/太政官符 播磨国守正五位下、多治比真人国人等、/明石郡垂水郷塩山地三百六十町、〈東寒河、南海辺路/西垂水河/北太山/堺〉/右奉十一月廿日勅旨偁、件地入東大寺者、国宜承/知、准勅施行、以状下、符到奉行、
				垂水村	天暦4（950）.11.20	〔東大寺封戸荘園并寺用雑物目録〕播磨国五十戸〈餝磨西郡〉‖塩山五百六十町〈三百六十町播麻（磨）国明石郡垂水村、二百町紀伊/国海部郡賀田村
	③	英賀・阿賀	12	英賀里	8世紀	〔播磨国風土記〕右称英賀者、伊和大神之子阿賀比古/阿賀比賣二神、在於此処、故処故因神名、以/為里名、
	④	船上	1	船木村	9世紀	〔住吉大社神代記〕一、御封奉寄初/明石郡封元所寄進、/船木村、為頭船木連宇麻呂戸五烟進依、又田二/百代/黒田村、為頭船木連鼠緒戸十烟進依、田百代/辟田村、為頭船木連弓手戸十烟進依、田四百代、
	⑤	飾万津	2	飾万津郷	永徳2（1382）.①.5	〔播磨国穴無郷内海珠寺領寄進田畠目録〕寄進/播磨国穴無郷内海珠寺々領事/合/一、元利名〈在所飾万津郷内河西〈為長阿/光一〉/并穴無郷内荒牧殿南〈宗政菩提也〉〉/一、友重名〈在所津田御牧内公田三町三段/卅五代并屋敷畠卌代〉
	⑥	営嶋	7	江井村	永享6（1434）.8	〔住吉社造営金剛金物用途支配注進状写〕注進造営金剛金物用途支配事/合　建長五・文永十・永仁元・正和二・建武元・文/和三・応安七・応永元・永享六‖一、江井村　預所六貫文　下司三貫二百文　公文八百文/納使七百五十文　庄役十二貫八百文
	⑦	那波	7	那波村	元亀2（1571）.6.19	〔明石行雅等連署書状写〕室・那波傍尓（牓示）相論候事、於在様者、追而被相究可被申/付分候条、被成其御心得、那波村儀も無異儀様可被仰/付候、龍野へも右之趣申上候、室へも使者差上、手前/致無事候へと申聞候之間、定不可有別候、
	⑧	網干	7	網干郷	天正5（1577）.12.6	〔羽柴秀吉禁制〕禁制 網干郷/一、当手軍勢乱妨狼藉事/一、放火事/一、非分不謂族事/右条々堅令停止訖、若於違犯者、速可処厳科者也、仍如件、
				あほし村	長享元（1487）	〔播磨国福井荘村名注文〕福井庄廿八个村‖一、あほし村
	⑨	伊保角	1	いほさき村	天正16（1588）.12.25	〔伊保庄指出案〕いほの庄指出之うつし/一、□百五十八石八斗者 本庄村分/一、五百十九石一斗四升者いほさき村分
	⑩	伊津	6	伊津村	文禄3（1594）.6.5	〔豊臣秀吉安堵状〕知行方目録/一、百三拾七石六斗三升 播州揖西郡‖一、六百拾弐石四斗一升〈かた村黒崎村/井津村 庄内村〉
	⑪	別所	8	別所村	文禄4（1595）.8.17	〔豊臣秀吉安堵状〕一、弐百四拾弐石二斗五升 印南郡‖別所村/一、五拾壱石五斗三升 同

『平城宮発掘調査出土木簡概報』38、p.22	
『平城宮発掘調査出土木簡概報』24、p.30	
「皆川文書」3（『兵庫県史』史料編中世9、p.447）	
来田文書200（『三重県史』資料編中世3中、p.171）	複数集落により構成
「平城宮出土木簡概報」16（『岡山県史』19（編年史料）、p.62）	
「平城宮出土木簡概報」19（『岡山県史』19（編年史料）、p.1288）	
「長法寺文書」（『岡山県古文書集 第2輯』p.102）	典拠年代ママ。八条院領香登荘に包含
「和鋼記念館所蔵文書」（『岡山県史』19（編年史料）、p.961）	新田新荘に包含。中日生村が所見（「和鋼記念館所蔵文書」）
『高野山文書』37	
「小早川家証文」259（『小早川家文書』）	
「大和尊勝院文書」（『鎌倉遺文』18673）	「富田上村」「富田中村」などに分割
『九条家文書』6、p.4	
『九条家文書』6、p.4	
「古今消息集四」（『南北朝遺文中国四国編』3534）	
「安楽寿院古文書」（『平安遺文』2519）	郷内に多数の里を含む（本章注11田中・藤井論文）
「香川縣木田郡庵治町庵治」（『南北朝遺文中国四国編』4922）	
「『徴古雑抄』所収文書」（『香川県史』8資料編 古代・中世史料、p.372）	志度荘に包含
「豊前甲佐神社文書」（『鎌倉遺文』11117）	

Ⅲ：本表の作成にあたっては武藤直「中世の兵庫津と瀬戸内海水運」（燈心文庫編『兵庫北関入船納帳』中央公論美術出版、1981年）を参照した。船舶の通関件数には大きな差があるが、船舶の積載量の違いもあるため、この数字が各船籍地の規模を直接的に表していない点には注意が必要である。また、備後②三原については、淡路国三原船籍の船舶との混在を指摘する今谷明「兵庫関納帳に見える“三原”について」（『日本歴史』401、1981年）・森本繁「兵庫北関入船納帳に見る比定地の問題点」（『地方史研究』207、1987年）を踏まえ、通関件数を改めている。

淡路※	①	阿万▲	—	阿麻郷	□平宝字5(761).10	〔平城宮跡出土木簡〕淡路国三原郡阿麻郷戸主海部□麻呂戸口同姓嶋万呂調塩三斗
	②	育波▲	—	育播郷	8世紀	〔平城京跡出土木簡〕淡路国津名郡育播郷二見里人大戸主海
	③	都志	1	都志郷	貞応2(1223).4.30	〔淡路国大田文〕淡路国　二郡/注進　国領并庄薗田畠地頭注文事/合/津名郡/国領/都志郷田二十一町八反百五十歩
	④	机浦▲	—	つくえ七村	永正16(1519).8.3	〔淡路屋兵衛大夫売券〕永代売渡申道者の事あわちの国/合つくへ七村/にいのさと一ゑん/くのゝさと一ゑん/いの内之さと/なつやけ一ゑん/いした一ゑん/はま一ゑん/南かうちの村　一ゑん
備前※	①	片上	1	方上郷	8世紀	〔平城宮跡出土木簡〕備前国邑久郡方上郷寒川里
	②	八浜	7	八浜郷	8世紀	〔平城宮跡出土木簡〕備前国邑久郡八浜郷戸主□□
	③	伊部	25	伊部村	正中元(1324).7.7	〔香登庄地頭代免状〕香登庄内伊部村小幡□/免田加徴米事/右、可懸彼加徴米之由申処、先規不懸之由百姓等歎申之間、依有其謂、令免除畢
	④	日成	1	日生村	文安元(1444).3.23	〔備前国新田新庄熊野参詣者交名願文〕備前国新田新庄熊野参詣之願文事/鹿野村　次郎左衛門(花押)　山田原　左衛門二郎(花押)　木生村　道智(花押)/日生村　長福寺(花押)　勝楽寺宝蔵坊(花押)　中日生村　治郎(花押)
備後	①	尾道	62	尾道村	仁安3(1168).10	〔太田庄下司幷沙汰人等愁状〕備後国大田御庄下司幷沙汰人等解　申請　国裁事/請被殊蒙　鴻恩裁免給御調郡内尾道村内田畠伍町内〈田二丁/畠三丁〉子細愁状
	②	三原	3	三原郷	永正元(1504).6	〔大楽寺尊慶契状写〕此一行ハ備後国三原郷〈三百五十貫〉〈高野領也、山名政豊寄進地也〉之事、尊慶〈大楽寺〉一期之後者、可契約扶平息云々、
周防※	①	富田	3	富田村	永仁2(1294).10.10	〔北条実政施行状案〕造東大寺大勧進良観上人申、周防国諸郷保所務事、今年七月廿七日関東御教書〈副訴状具書、〉如此、早可被存知其旨也、仍執達如件、‖御施行被成下周防国諸郷保地頭　次第不同‖富田村伊賀失地戸田地頭御代官
阿波※	①	牟岐・麦井	14	牟岐郷	嘉禎3(1237).5.4	〔官宣旨〕当院領阿波国管那賀郡海部幷浅河牟岐参箇郷事
	②	海部	56	海部郷	嘉禎3(1237).5.4	〔官宣旨〕当院領阿波国管那賀郡海部幷浅河牟岐参箇郷事
	③	平島	20	平島郷	貞治6(1367).5.13	〔判官周暢・修造坊菅昌能連署寄進状写〕那賀山庄領家方平島・大田両郷自仙洞御寄進事
讃岐	①	野原	13	野原郷	康治2(1143)8.19	〔太政官牒案〕太政官牒　安楽寿院　応停止官使検非違使院宮諸司国使等闌入院領庄園末寺末社四至内幷大小国役事‖一庄園拾肆箇処‖壱処〈字野原庄〉/在讃岐国香東條内/四至〈東限香東野原郷二條廿里一坪　西限香東同郷五條廿里三坪/〉
	②	菴治・阿治	10	庵治郷	至徳2(1385).5.10	〔願成寺大般若経奥書〕讃州山田郡庵治郷櫻尾八幡宮御経也、
	③	志度	3	(天野村)	永仁4(1296).5.4	〔慈空譲状写〕ゆつりわたすさぬきの国しとの庄のうち　あまのむらの事
豊前	①	門司・文字	6	門司関六ヶ郷	文永9(1272).10.9	〔豊前門司六ヶ郷惣田数注文写〕門司関六ヶ郷名々図田注文

注 Ⅰ：※は「戸籍簿」データベースを利用したことを示す。ただし、備前国については2024年2月現在は公開に至っていない。
Ⅱ：▲は「兵庫関雑船納帳」にのみ所見する港津を指す。

みられるような、名字を持つとともに海運に関与する地域の有力者の拠点も存在した。このように複数集落が全体として一つの港津領域を形成していた例は他にも確認される。

淡路国④の机浦は、郷ではないものの、鎌倉初期に源有雅を領家とする机荘として史料に現れる。その後、永正十六年(一五一九)に、淡路屋兵衛大夫満近が曽祢又三郎に「つくへ七村」の道者株を売却しており、本史料からその七村が「にいのさと」以下七箇所の在所により構成されていたことがわかる。(25) これらの在所はいずれも近世村落に連続しているが、特に、近世の南机村とみられ、唯一「村」を冠して表記される「南かうち村」は、他村に比して六百八十五石と石高が突出していることから、当該地域の政治的・経済的中心であったと推測されている。(26)

豊前①の門司は、古代に設置された海関のなかでも政治・軍事的に最も重視された門司関に由来する。鎌倉期には下総氏(門司氏)が地頭代として下向し、門司関と関領田を管理した。彼らが崇敬した甲宗八幡宮に伝来する「門司関六ヶ郷名々図田注文」によれば、現地には伊川・大積・柳・片野・吉志・楠原の「門司六ヶ郷」が存在し、下総氏が内部に所領を集積していたことが知られる。(27) 史料的制約から各郷の内部構造には不詳な点が多いが、複数集落によって港津が構成される事例の一つといえよう。

このように郷名で認識される港津は、ある程度の面的拡がりをもつ領域と複数の内部集落を伴う場合に多く確認される。また、港津名が荘園名と一致する机浦のようなケースもあり、荘園領主や武家による支配の枠組みとして利用されることもあった。

2 発展する中世港津の様相――村としての港津を中心に――

本項では他の文献史料で、主に村として現れる「入船納帳」の港津を確認したい。

播磨⑥の営嶋は、永享六年（一四三四）、摂津住吉社の造営用途注進状に「江井村」とあるのが同時代における初出史料である。[28]また、後世の史料になるが、「幻雲文集」[29]には治暦二年（一〇六六）に播磨国に入部した因幡国の在庁官人船木範保が住吉太神宮下司職に任じられ、「魚住庄江井・八木・末光三邑」を賜ったとあり、江井村が摂津住吉社領魚住荘を構成する村落の一つであったことがわかる。魚住荘には、応永二十八年（一四二一）に広峯社の檀那の居住地として「にしのむら　やき谷　中むら」が確認され、[30]文安三年（一四四六）には、如意寺大泉坊が「魚住庄内加良村」の大般若経田を知行していることなどから、[31]営嶋のほかにも複数のムラを内包していたことが知られる。[32]

播磨の⑨伊保角も、天正十六年（一五八八）の伊保庄指出案に、伊保角にあたる「いほさき村」のほか中筋村など六ヵ村が書き上げられていることから、もともと殿下渡領であった伊保荘の一部を構成する集落であったことがわかる。[33]

詳細については個別に検討が必要だが、これらの事例は、荘園の倉敷などが設定されていたムラが、ある程度独立した港津として成長した例として位置づけうるかもしれない。

また、村であってもその内部に複数の集落を抱える場合があった。摂津①の須磨は、古代に関が設置された摂津・播磨の国境にあたり、歌枕としてもよく知られる。村名の初見としては、貞応元年（一二二二）にもともと福祥寺（須磨寺）本尊の一つであった薬師像を須磨村に下付したことが、同寺の住持が書き継いだ記録である「当山歴代」にみえる。その要請は須磨村の「宿人」によるといい、宿を経営する現地有力者からの働きかけがあったことがわかる。同じ「当山歴代」には、慶長元年（一五九六）に東須磨村に住む大工の与右衛門が福祥寺本堂の再建に関わったとの記録があり、近世初期の須磨村はすでに東西に分かれていたことが知られる。[34]

播磨②の垂水は現在の神戸市垂水区付近にあたり、古代の段階から郷・村双方で検出される港津である。東大寺領であり、垂水荘としても史料にみえる。特に村名については、垂水村も、文禄三年（一五九四）段階で「東たるミ」「西たるミ」という地名がみられ[35]、近世初期の段階で村の中央を流れる福田川を挟んで東垂水村と西垂水村に分割されていたことがわかる[36]。

周防①の富田は、元来は「和名抄」記載の富田郷の郷域に属した村である。中世には国衙領富田保・平野保が存在し、東大寺領となっていたが、地頭職を大内氏一族の陶氏が世襲し、実質的な支配を行った。永仁二年（一二九四）に富田村として登場するのが村名の初見であるが、その後延徳二年（一四九〇）には「富田上村」、天文二十四年（一五五五）には「富田中村」がみえ、室町～戦国期にかけて集落の分割が進んだことがわかる[37]。「富田市」とも称されたように[38]、中世を通じて富田が物資集散地として経済的に発展したことが、この点と関係しているとみられる[39]。

改めてのべるまでもなく、村は中世の領域単位として最小の部類に属す。したがって右のような村名を伴って登場する港津が何らかの理由で分割される場合、東村・西村や上村・中村・下村のように既存の村名を残したまま領域を分割する方法がとられた。そのなかには摂津①須磨や播磨②垂水のように、その単位が近世村となるケースもあった。むろん程度や事情は様々で一概にはいえないが、一定程度の経済的発展を背景に、一つの村としての規模を越えて集落の領域が拡大したことによる現象と評価しうるかもしれない。

「入船納帳」中の港津としてのムラのうち、備後①尾道（先述）のように、中世を通じた経済的な進展を具体的に検討できる事例は少ない。そのなかで注目したいのは、ともに郷として所見するムラではあるが、阿波①牟岐（麦井）・②海部の事例である。嘉禎三年（一二三七）、これら両郷に浅河郷を加えた三郷が、地頭の藤原定員（九条頼経に仕えた御家人。もと九条家家司）によって最勝金剛院に寄進された。そのことをうけ、三郷が不輸荘として官物・国役を免除された官宣旨が郷名の初見である。[40] 免除を請う理由は「後得峨峨之深山、前望漫漫之蒼海、田畠狭小、人民如無、今寄進彼院領、永停止向後之煩、試欲廻農治之業」というものであり、寄進段階では人家もまばらな閑散とした状況であったとされる。しかし、表に示したように、「入船納帳」では牟岐が十四件、海部が五十六件と相当数の船舶を保有している。大村拓生氏が詳細に検討しているように、室町期以降、土佐・阿波産材木の需要が高まりをみせ、それらは紀淡海峡を経由して大坂湾、特に堺に大量に搬入された。[41] 実際に牟岐・海部船籍の船舶は榑を大量に輸送しており、両港津は材木の積出港として相応の発展を遂げていたと推測される。

以上、「入船納帳」の港津のうち村（一部は郷）としてみえる事例について検討した。前節の内容もあわせて考えると、これらの事例でも、郷（荘）―村という系列が中世を通じて維持されることが多い様子がうかがえる。ただし、その内部では領域の分割が生じる場合もあり、政治権力や流通経済との関係に規定されるなかで、経済発展や領域拡大を遂げたケースも少なくなかったと想定される。これらの場所は、従来の研究では港津として扱われることが主流であったと思われる。そのような視点に基づく研究が数々の重要な成果を生んできたことは否定すべくもないが、本研究会の視点に立つならば、これらの事例も「生活のユニット」としてのムラの一様態、すなわち古代・中世におけるムラの多様性を表す事例として捉えうることを指摘しておきたい。

おわりに

表層的な分析に終始してしまったが、本章では瀬戸内地域の郷・村を「入船納帳」にみえる港津という視点から検討した。最後に特筆すべき点を二、三改めて指摘して稿を終えたい。

郷としてみえる港津については、複数の集落の集合体として所見する事例が多く確認される。「地域社会の骨格」としての国―郡―郷―村系列の重要性は本研究会でも共有されるところであるが[42]、郷としての港津の複合的な領域構成はこの構造と基本的に同じものと考えてよいと思われる。ただし、荘園の名称が港津として認識され、あるいは港津が荘園の一部を構成しているケースもあるように、地域における港津の位置づけや規模は政治権力との関係などにも左右されたため、一様に捉えることは難しい。

一方、村としてみえる港津についてみると、もともと荘園の構成要素であった港津として出発しているケースが多い。相応の経済的発展を遂げる場合もあるが、そもそも村がそれ以上分割されにくい極小の領域単位であることから、その領域は村自体を東村・西村のように分割する形で拡大した。むろん様々な背景による淘汰などもありえたと思われるが、発展の基礎となった村名が中世を通じて継続的に用いられる場合が多いことは、領域単位としての村の継続性と強固さを物語るものといえるだろう。

すでに諸先学が長年議論を重ねてきたように、中世段階において都市と村落の境界に基準を設けることには困難な面がある。しかし一方で、都市論・村落論がそれぞれの立場で扱う地域・対象を選別してきた印象も拭えず、中世における都市と村落を異質なものとして別個に整理するケースは現在でも見受けられる[43]。はじめに、でも触れた中世段階の海村の様相に迫る近年の成果などを改めて想起するならば、例えば本章で扱った港津に関しては、ムラ自体に都市性が備わっている点や、港津がムラの集合体である点を前提に、村落的な特質と都市的な特質の階調《グラデーション》に留意しつつ、個々の性質を見定めてゆく必要があると思われる。

高橋慎一朗氏は、都市と農村の曖昧さを踏まえつつも、『日葡辞書』の「町」についての説明や門前の様子を描いた絵画資料をもとに、町屋が立ち並ぶ景観や交易都市としての町が存在することを、中世都市の基本的な形態としている。[44]それらの要素に都市性を見いだすことは至極妥当な指摘と考えるが、一方でそのような景観を持つ空間が当時の人々に郷や村としても認識されていたとすれば、流通・交通との関わりを前提としたうえで、本稿で注目してきた複合的な集落構成や領域面積の〈広さ〉を中世段階における都市の指標の一つとみることも可能であると思われる。実際に高橋氏は、考古学においては発掘された集落を都市か村落か区別する客観的指標が存在しないことを踏まえ、「中世の集落を都市と村落に分別せずに一括して捉え、地域と集落の関係を明らかにする」必要があるとも指摘している。[45]今後の村落論・都市論は、相互参照をよりいっそう活性化すべき段階にあるといえよう。その点で「ムラの戸籍簿」は、ムラの都市性の再発見、あるいは見直しを全国的な視野で行うための切り口の一つとなるはずである。

注

1　瀬戸内地域の自治体史、特に県史通史編を参照すると、中世段階の社会経済分野の記述が瀬戸内海運にかかわる交通・流通（及び荘園史）中心で、郷・村関係の内容が相対的に少ないケースが認められる。愛媛県史編さん委員

会編『愛媛県史』(古代Ⅱ・中世、一九八四年)、香川県編『香川県史』(第二巻通史編中世、一九八九年)など。

2 拙稿「神社膝下の「ムラ」とその歴史的展開」(大山喬平・三枝暁子編『古代・中世の地域社会――「ムラの戸籍簿」の可能性――』思文閣出版、二〇一八年)三九四頁。本稿で扱う瀬戸内に関しては、伊予国の「郷村表」をもとに古代・中世のムラの展開を論じた山内譲氏の研究などは貴重な成果といえる(山内譲「伊予国の郷と村」同書所収)。

3 網野善彦「中世都市論」(『網野善彦著作集』第一三巻、岩波書店、二〇〇七年、初出一九七六年)一四頁、同「瀬戸内海交通の担い手」(『同』第一〇巻、岩波書店、二〇〇七年、初出一九九一年)。中世都市研究会編『津・泊・宿　中世都市研究三』(新人物往来社、一九九六年)など。

4 概念としての「都市的な場」については、桜井英治「「場」の発想」(中世都市研究会編『都市的な場　中世都市研究一七』山川出版社、二〇一二年)参照。氏によれば、網野氏はこの概念を「道の交わるところ、道の傍」から「墓や山林、河海」を含めた、市や町になるポテンシャルを備える空間として幅広く捉え、これらの場所に遍歴民が定住することで「小都市」が生まれると認識していたという(四二～四三頁)。

5 市村高男「中世後期の津・湊と地域社会」(前掲注3中世都市研究会編書所収)一一三頁。

6 柳田国男『都市と農村』(岩波書店、二〇一七年、初出一九二九年)九一頁、石井進「中世都市論の課題」(『石井進著作集』第九巻、岩波書店、二〇〇五年、初出二〇〇〇年)五九～六〇頁。

7 清水三男『日本中世の村落』(清水三男著作集第二巻、校倉書房、一九七四年、初出一九四二年)一一頁。

8 大山喬平「解説・清水三男『日本中世の村落』」(『ゆるやかなカースト社会・中世日本』校倉書房、二〇〇三年、初出一九九六年)三一九～三二〇頁。中世における都市と農村の関係をめぐる問題については、三枝暁子「都市の輪郭について考える」(秋山哲雄他編『増補改訂新版　日本中世史入門』勉誠出版、二〇二一年)も参照のこと。

9 網野善彦「中世民衆生活の様相」(『網野善彦著作集』第一三巻、岩波書店、二〇〇七年、初出一九八五年)四〇三頁。

10 春田直紀「中世肥後国における「村」と「浦」」(工藤敬一編『中世熊本の地域権力と社会』高志書院、二〇一五年)、同「浦から見た中世の地域社会」(前掲注2大山喬平・三枝暁子編書所収)、貴田潔「遠江国笠原荘の「浦」にみる中世の港湾と海村」(田中大喜編『中世武家領主の世界』勉誠出版、二〇二一年)。

11 田中健二・藤井洋一「冠纓神社所蔵永禄八年『さぬきの道者一円日記』(写本)について」(『香川大学教育学部研

究報告第Ⅰ部』九七、一九九六年）。

12 市村高男「中世讃岐の港町と瀬戸内海海運」（香川県歴史博物館編『特別展 海に開かれた都市』、二〇〇七年）。

13 市村高男「中世港町仁尾の実像と瀬戸内海海運」（市村高男・上野進他編『中世讃岐と瀬戸内世界 港町の原像：上』岩田書院、二〇〇九年）、大田壮一郎「覚城院と近世仁尾浦の宗教秩序（前）」（中山一麿編『寺院文献資料学の新展開』第二巻、覚城院資料の調査と研究Ⅱ、臨川書店、二〇二四年）。

14 市村高男「中世瀬戸内の港町と船主・問のネットワーク」（川岡勉・古賀信幸編『西国における生産と流通』清文堂出版、二〇一一年）。

15 市村高男「中世港町の成立と展開」（市村高男・上野進他編『中世港町論の射程 港町の原像：下』岩田書院、二〇一六年）。

16 燈心文庫編『兵庫北関入舩納帳』（中央公論美術出版、一九八一年）、「東大寺文書」摂津国兵庫関、二三四号（『兵庫県史』史料編中世五）。

17 今谷明「兵庫関雑船納帳」（『兵庫史学』七〇、一九八四年）、「東大寺文書」摂津国兵庫関、二三五号（『兵庫県史』史料編中世五）。

18 「播磨国矢野庄重藤名地頭寺田範兼譲状」（『東寺百合文書』せ函武家御教書並達八号）。

19 「矢野庄例名内是藤名名主僧実円陳状并具書案」（『同右』ほ函三五号）。

20 「坂越郷」「坂越庄」（『日本歴史地名大系兵庫県の地名』平凡社、以下『地名大系〇〇県』と略記）。

21 「吉川家文書」四一号（『兵庫県史』史料編中世九）。

22 「網干郷文書（大覚寺保管）」二号（『兵庫県史』史料編中世三）。

23 「同右」五号。

24 「網干」（『地名大系兵庫県』）。

25 「来田文書」二〇〇号（『三重県史』資料編中世3中）。

26 「机・机庄」（『地名大系兵庫県』）、工藤祥子「中世淡路国の伊勢道者の存在形態からみる在地社会」（『大谷大学史学論究』二二、二〇一七年）。

27 『鎌倉遺文』一一一一七号。本史料は文永九年（一二七二）に作成されており、文永の役の警固役調達との関連が指摘されている（北九州市史編さん委員会編『北九州市史』古代・中世、北九州市、一九九二年、三九〇頁）。

28 「住吉松葉大記」(『新修大阪市史』史料編三)。
29 『続群書類従』文筆部所収。
30 「肥塚文書」一三号(『兵庫県史』史料編中世二)。
31 「如意寺文書」一四号(『兵庫県史』史料編中世二)。
32 「魚住」(『地名大系兵庫県』)。
33 「曽根文書」三号(『兵庫県史』史料編中世二)。「伊保庄」(『地名大系兵庫県』)。
34 『摂津国八部郡福祥寺古記録　須磨寺「当山歴代」』(校倉書房、一九八九年)、「西須磨村」「東須磨村」(『地名大系兵庫県』)。
35 「多井畑八幡神社文書」一号(『兵庫県史』史料編中世一)。
36 「東垂水村」「西垂水村」(『地名大系兵庫県』)。
37 「大和尊勝院文書」(『鎌倉遺文』一八六七三号)、「防長風土注進案神上宮坊」(『戦国遺文大内氏編』七〇二号)、「粟屋権兵衛」四号(『萩藩閥閲録』第二巻)。
38 『鎌倉遺文』二七〇三七号。
39 「富田村」(『地名大系山口県』)。
40 「官宣旨」『九条家文書』一六〇九号。
41 大村拓生「中世畿内における材木流通の展開」(仁木宏編『日本古代・中世都市論』吉川弘文館、二〇一六年)。
42 大山喬平「鎌倉初期の郷と村」(『日本中世のムラと神々』岩波書店、二〇一二年、初出一九九九・二〇〇〇年)。
43 「領域と地域」(池享・桜井良樹他編『みる・よむ・あるく東京の歴史通史編1先史時代~戦国時代』吉川弘文館、二〇一七年)。
44 高橋慎一朗「中世都市論」(『岩波講座日本歴史第七巻中世2』岩波書店、二〇一四年)。
45 高橋慎一朗「中世の都市」(岩城卓二・上島享他編『論点・日本史学』ミネルヴァ書房、二〇二二年)。前掲注8三枝論文でも同様の指摘がなされている。

第八章　畿内近国の郷と村

村上絢一

はじめに

中世村落史研究において、畿内近国というフィールド（研究の対象地域）はどのような位置を占めるのであろうか。「畿内近国」という地域認識は、その「周縁」にある地域との対比を前提とする。次の叙述はその要点を簡明に示している。

畿内・近国で典型的といわれる惣村・惣郷が発展したのに対して、中世の東国・九州地方には概して百姓の惣的結合や宮座は未発達であり、大小の領主が家父長的に支配するタテ型の村落が大勢を占めると想定されてきた。もとよりこのような「領主型村落」は畿内近国にも広く分布するわけで、けっして地域的な問題に還元されてしまうわけではないが、巨視的にみて列島社会の南北両端域に類似した在地領主主導型の村落が優勢であったのは事実であり、その形成要因を畿内近国との構造的連関の上に歴史的に明らかにしておく必要があるだろう(1)。

ここでは、村落をめぐる人びとの結合や支配のあり方に注目して、畿内近国の惣村・惣郷と東国・九州の「領主型村落」とが対比されている。

惣村とは「鎌倉時代末期から安土桃山時代にかけて主として畿内およびその周辺地域においてみられた自治的村落」と説明される。[2] 近江国の菅浦《すがうら》（滋賀県長浜市西浅井町菅浦）、今堀郷《いまぼりごう》（滋賀県東近江市今堀町）、奥島庄《おくしまのしょう》・津田庄《つだのしょう》（滋賀県近江八幡市島町・北津田町とその周辺の各町）、和泉国の入山田村《いりやまだむら》・日根野村《ひねのむら》（大阪府泉佐野市大木）、紀伊国の柏原村《かせばらむら》（和歌山県橋本市柏原）、鞆淵庄《ともぶちのしょう》（和歌山県紀の川市中鞆渕とその周辺）は、その代表的なものである。

戦前において、牧野信之助は「今堀日吉神社文書」をもとに、文安五年（一四四八）から寛永年間（一六二四～四四）までの、約二百年間に定められた掟書の内容が「始終前後を転回し繰り返してゐる」ことに「根強い自治の萌芽」を見出し、これら「平時常態としての村規約」と甲賀郡中惣にみる「非常の誓約置目」とを「表裏の関係に立つもの」と論じた。[3]

牧健二は、牧野の研究を受けて、荘園の規制を越えて「守護や大名」に「担税義務」を負う「百姓の団体生活」に「近世の村」の「起源」を探り、人びとの「自覚」「意識」「心理状態」から「惣百姓」「村人」「惣」といった観念の系譜をたどり、戦国時代における「惣村の観念」の成立を論じた。[4]

清水三男は鎌倉時代の東大寺領大和国添上郡松本庄《まつもとのしょう》（奈良県東北部）に「百姓全部で誰の物といふわけでなしに所有した田」「百姓全体の協力会議」が存在したこと、室町時代の近江国奥島庄に「宮座による村人の結合」「荘全般の土地所有（領有ではない）に対する惣村人の支配」があったこと、座衆村人による「徳政発布」が行われたこと、戦国時代の洛北松ヶ崎村《まつがさきむら》（京都府京都市左京区松ヶ崎地域）に「集会衆なる代表機関」があったこと、加賀国金津庄《かなつのしょう》（石川県かほく市域）に「各村の代表機関としての金津庄の惣

第八章　畿内近国の郷と村

村上絢一

に当るもの」があったこと、戦国時代の近江国針畑《はりはた》惣庄（滋賀県高島市針畑川上流部）が「他村の争論」を「仲裁」したことを列挙して、中世村落における自治制の発達を論じている。[5]

戦後において石田善人は、近江国菅浦などを事例として、荘園領主・地頭・荘官・名主・小農民の各自の利害関心が均衡して荘園の中に成立した鎌倉時代の「惣庄」から、共有地・検断権（自検断）・地下請の三つを指標とする封建的村落共同体としての室町時代の「惣村」への展開を論じている。[6]

その後、惣村における身分編成の構造を論じた三浦圭一、[7]伝来文書の精緻な分析により惣村の機能を明らかにした仲村研[8]や田中克行、[9]戦国時代における惣村（村）と町の成立を荘園制社会からの転換の過程と位置付けた勝俣鎮夫、[10]惣村の成立契機に戦乱などの危機の到来を重視した蔵持重裕、[11]「惣村」成立の指標について根底的な見直しを迫る似鳥雄一[12]をはじめ、多くの研究者により議論が重ねられている。

最近の研究状況では、石田善人が提示した惣村成立の三指標は、中世後期（室町時代から戦国時代）に特有の現象といえるのかといった疑問も提起されており、[13]「惣村」の定義は流動的となりつつあるかに見える。[14]他方で百姓におけるイエの成立と村落における家格制的な秩序の形成、[15]領主権力に回収されない村落の政治的自治の達成[16]は、前代には見られないものであり、これらの特質を帯びた村落の成立が、近世社会の前提となることはおおむね了承されているところであろう。

さて、如上にあげた惣村の研究史を今一度顧みると、総じて村落で作成された文書を史料として活用し、村落内部の身分編成や村落が内外に果たした機能に着目した研究が多いことに気づかされる。

このような惣村の研究史に、人びとの生活のユニットである郷や村の初出史料を一国ごとに集計する郷村表の方法を対置するには、どのような視角が必要なのであろうか。本稿では、このような関心をもとに、畿内近国の地域性を考える上での試論を提起したい。なお以下において、惣村とは住民による自治的な運営が行われた村落として、緩やかに定義する。

一　畿内近国の郷村表にみる村落の動態

畿内近国の中世村落を考えるために、ここで景観論の立場から研究を進めてきた水野章二の見解を参照したい。水野は、近畿地方の平地部の村落景観は、奈良時代から平安時代前期に小村・疎塊村が一般的であったが、十三世紀から十四世紀にかけては屋敷地が集約され、耕地や水利施設を含めた領域全体の土地利用が高度に編成される集村化の進行したことを指摘し、このような動向が共同体規制の強化を必然化するとの見通しから、惣村の成立を展望している[17]。

この展望からは、集村化の進展する十三世紀から十四世紀に出現[18]した村落のうちに、惣村が存在したとの仮説を導き出すことができる。もっとも、村落の実態が断絶しながらも、村名が継承された場合や、十二世紀以前に出現が確認される村落が、断絶することなく集村化を遂げた場合も想定されるため、慎重な判断が求められる。これを踏まえて、令和六年(二〇二四)五月現在、「ムラの戸籍簿」研究会事務局がウェブ上に公開した郷村表をもとに、村落出現の動態を検討する。

図1は畿内近国(五畿とその周辺)の各国における世紀別の郷(里)初出数の推移を示したものである。図2は同様にして、村初出数の推移を示したものである。

図1からは、十四世紀から十五世紀の近江国で、郷の出現が顕著であることがわかる[19]。山門領荘園の得珍保《とくちんほ》では、十四世紀に今堀郷・柴原郷《しばはらごう》・中村郷《なかむらごう》、十五世紀に蛇溝郷《へびみぞごう》・今在家郷《いまざいけごう》が出現している。これらはおおよそ、近世の今堀村・芝原村・尻無村《しなしむら》(中村郷)・蛇溝村・今在家村を経て、現

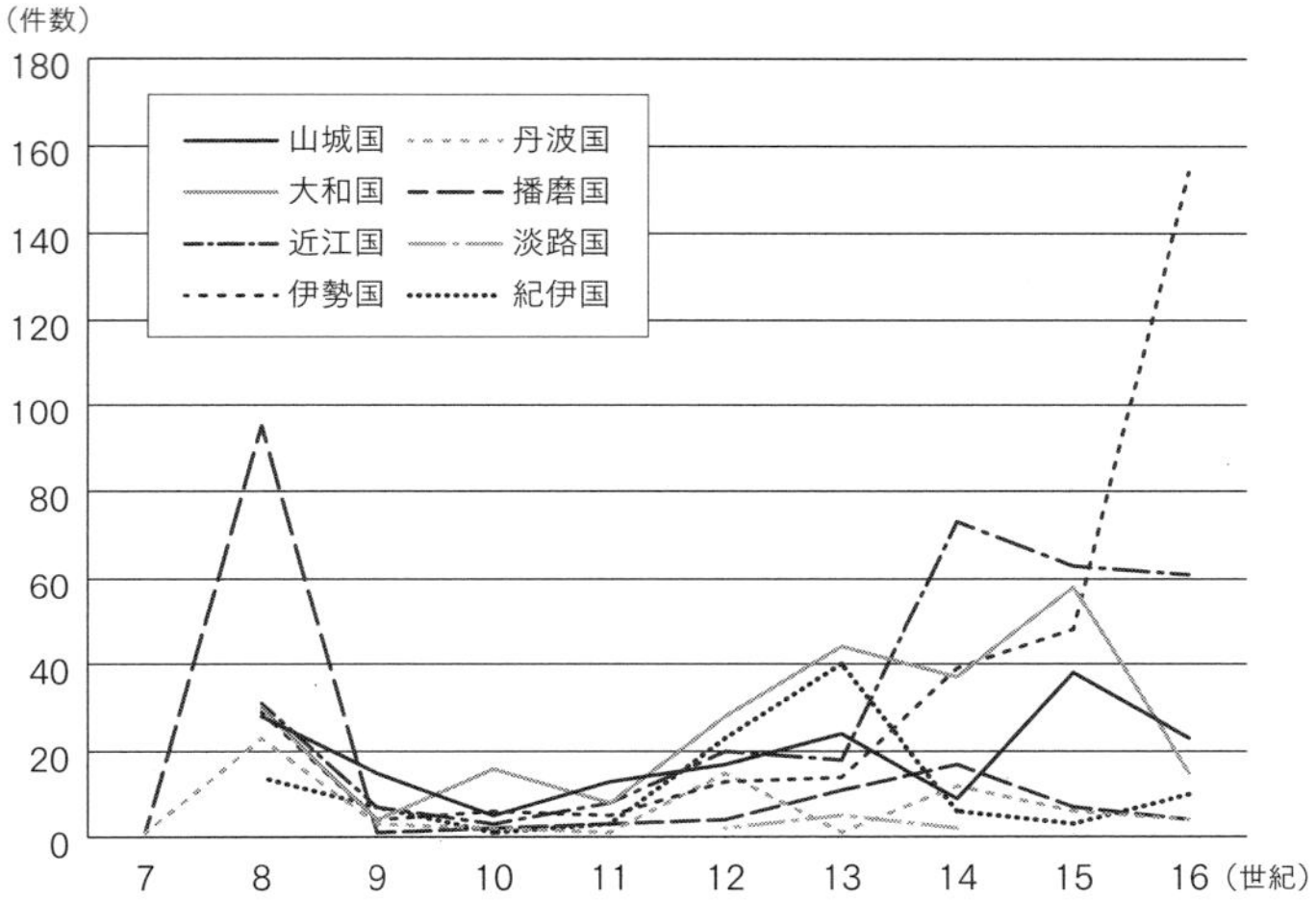

図1　国別世紀別の郷（里）初出数

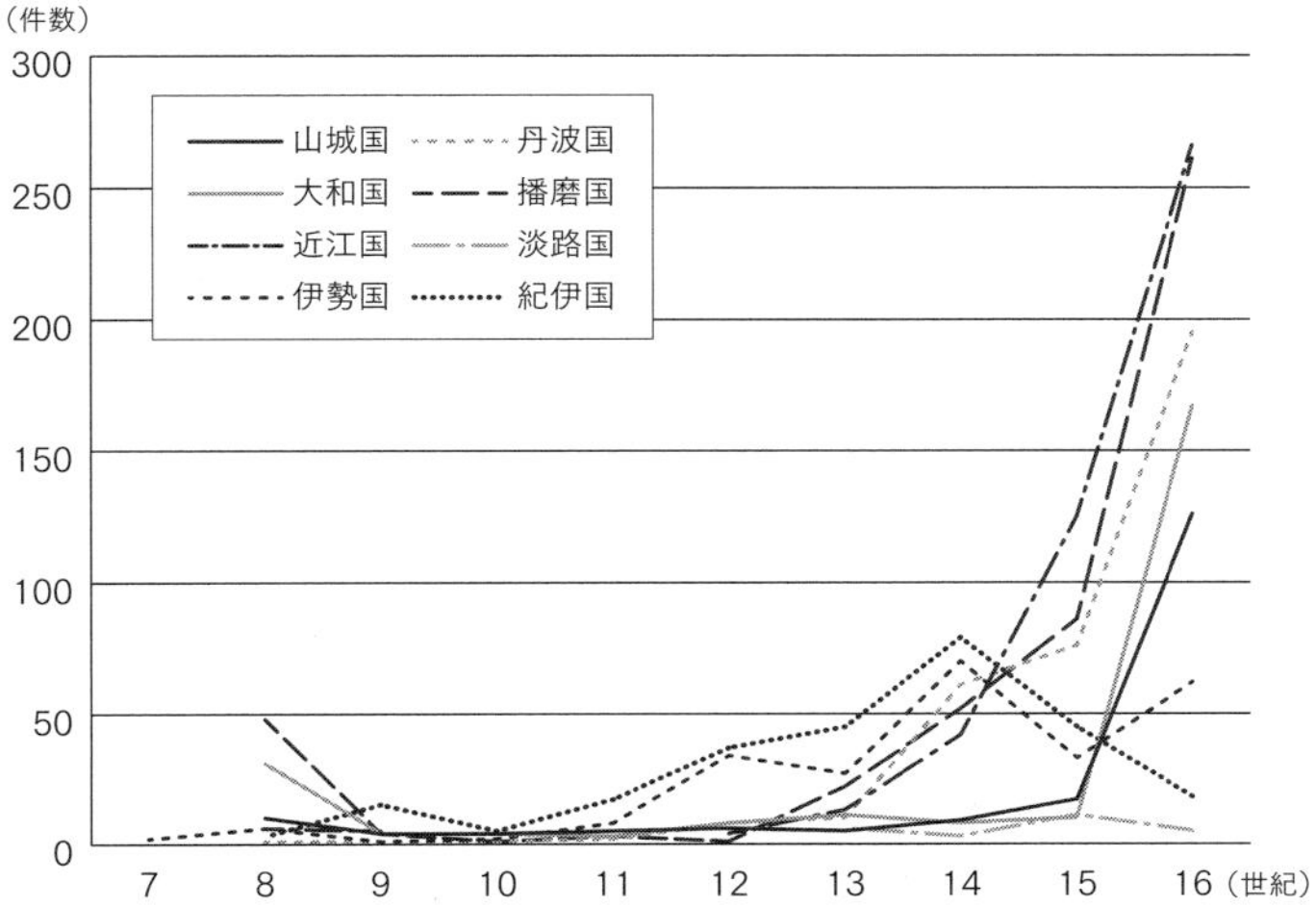

図2　国別世紀別の村初出数

在の滋賀県東近江市今堀町・芝原町・尻無町・蛇溝町・今崎町《いまざき》に対応する。郷として出現するが、規模としては近世の一か村に相当し、今堀郷が保内商人の中心であったことは特異な例に属するものの、いずれも惣村として、ほぼ同質の実態を持つ村落であったとみてよい。

得珍保と同じく山門領荘園として支配を受けた富永庄《とみながのしょう》では、現地の日吉神社（滋賀県長浜市高月町井口）に中世文書「井口日吉神社文書」が残されている。[20] それによると、十五世紀に宇禰郷《うねごう》・高月郷《たかつきごう》・尾山郷《おやまごう》・雨森郷《あめのもりごう》・上郷が出現している。これらは近世の宇根村・高月村・尾山村・雨森村に対応する（上郷に対応する近世村は不明）。

応永二十八年（一四二一）には、宇禰郷の善道なる者が刃傷事件を起こし、「西宇禰郷名主百姓等」が「五院大郎方」へ押しかけて「合戦」に及んだ。そこで、荘園領主に連なる預所の奉者である法橋兼全は、「西宇禰者共」の行動を罪科として山門公人を派遣すると寺官の中司に下達している。[21] ここからは、郷の規模で住民がみずからを組織していたことが窺われる。同年九月二日には円通寺領の下地に「宇禰村人」が強引に「立屋」を建設することについて、山門使節はこれが事実であれば「立屋」を破壊するよう中司に命じている。[22] ここからは、宇禰郷の人物が「宇禰村人」とも称されており、「郷」と「村」とが互換的に用いられていたことがわかる。

応永三十年（一四二三）には、富永庄内の野村郷《のむらごう》の者が余呉庄中郷《よごのしょうなかごう》の者を殺害したことについて、山門使節乗蓮坊兼宗は「下手人」の糾明と「惣村」の「老二三人」の処罰を富永庄預所に命じており、[23] これを受けて預所の意を奉じた法橋兼全は「彼郷内老二三人家」を検封（差し押さえ）するよう中司に下達している。[24] この頃、郷内の検断権は依然として山門の掌中にあったが、[25] 郷は荘園領主から「惣村」とも呼ばれ、そこには「老」と呼ばれる指導者（おとな）の存在したことがわかる。十五世紀の富永庄に出現した郷も、惣村として理解することができるであろう。

なお、得珍保や富永庄と同様に、山門領荘園として支配を受けた木津庄《こうつのしょう》（滋賀県高島市新旭町付近）の現地では、応永二十九年（一四二二）に作成された六冊の検注帳と無年紀の三冊の帳簿などが残されており、そこには岡《おか》・五十川《いかがわ》・米井《よない》・田井《たい》・森《もり》・白雲などの郷が記載されており、白雲を除くすべての郷は、近世・近代の村と、現在の地区名とに対応するという。[26] 本稿の執筆時点において、これらの郷は郷村表に登録されていないが、得珍保や富永庄における郷の出現とも照応する事例といえよう。

したがって、十四世紀から十五世紀の近江国において、郷の出現が増加をみることは、集村化による惣村の成立との連関を想定するに足る有意な傾向であると言える。

図1によると、十三世紀には、大和国と紀伊国において郷の出現が増加する。図2によると、十四世紀には、紀伊国・伊勢国・丹波国・播磨国・近江国において村の出現が増加する。これらの事例は、集村化の動向と惣村の成立とを併せて考えるとき、無視することのできない現象であると思われる。

図3・図4では、図1・図2による畿内近国内部での比較を推し進めて、畿内近国と、東国（参河・安房・上総・下総・下野・越前・加賀・能登）・西国（若狭・丹後・但馬・美作・周防・阿波・筑後）との郷・村の初出数の推移を比較した。

もとより、郷や村の規模や領域単位としての用例は異なるものの、図3からは、郷と呼ばれた領域の出現数が十四世紀の東国において顕著に増加し、西国において低調であることが分かる。図4からは、村と呼ばれた領域の出現数が十四世紀の東国と西国において増加し、ともに十五世紀には減少の傾向にあり、畿内近国においても増加率が低減していることが分かる。

これらの推移の要因については、史料の残存状況をも含めた検討を要する。現段階では巨視的な比較

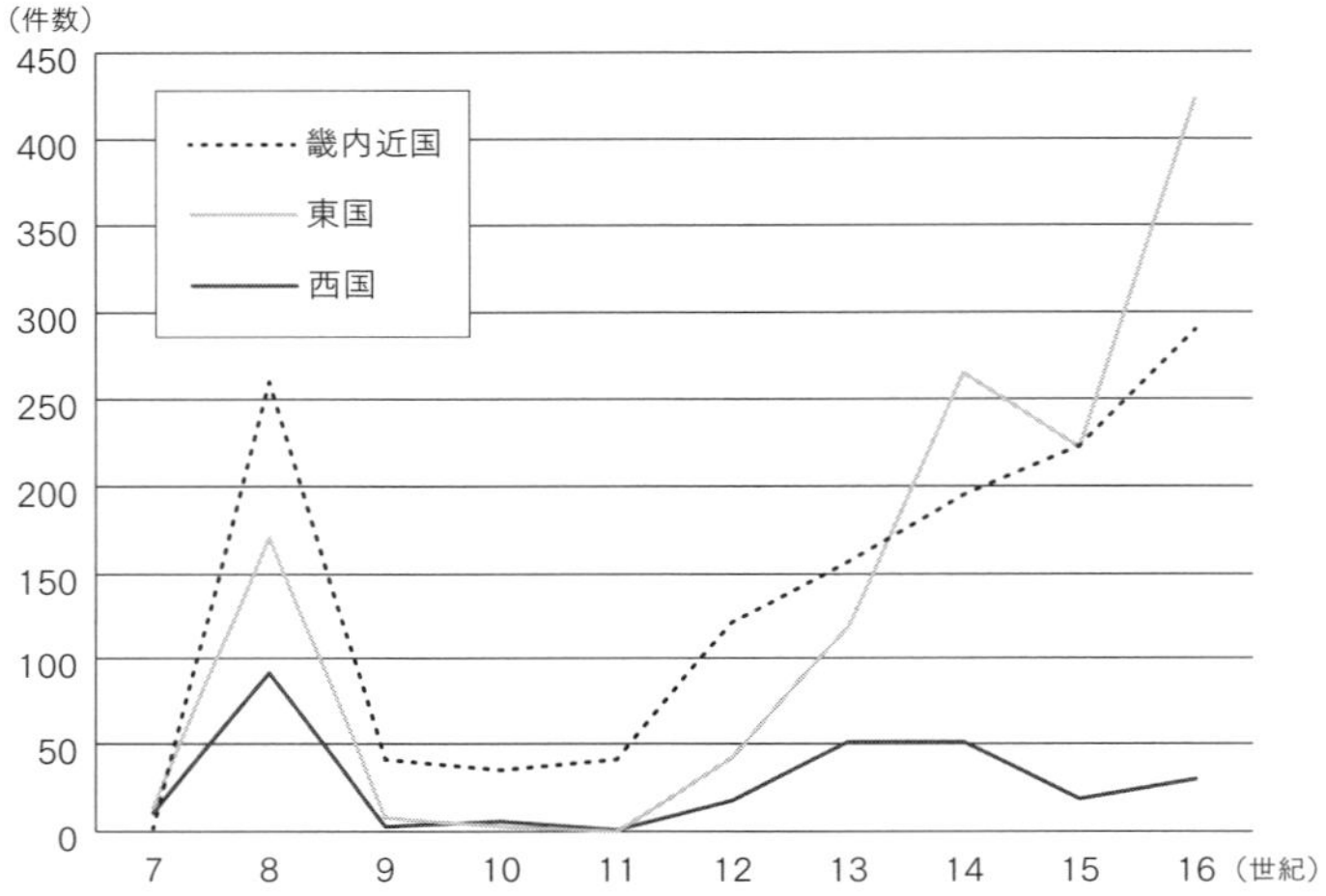

図3　地域別世紀別の郷（里）初出数

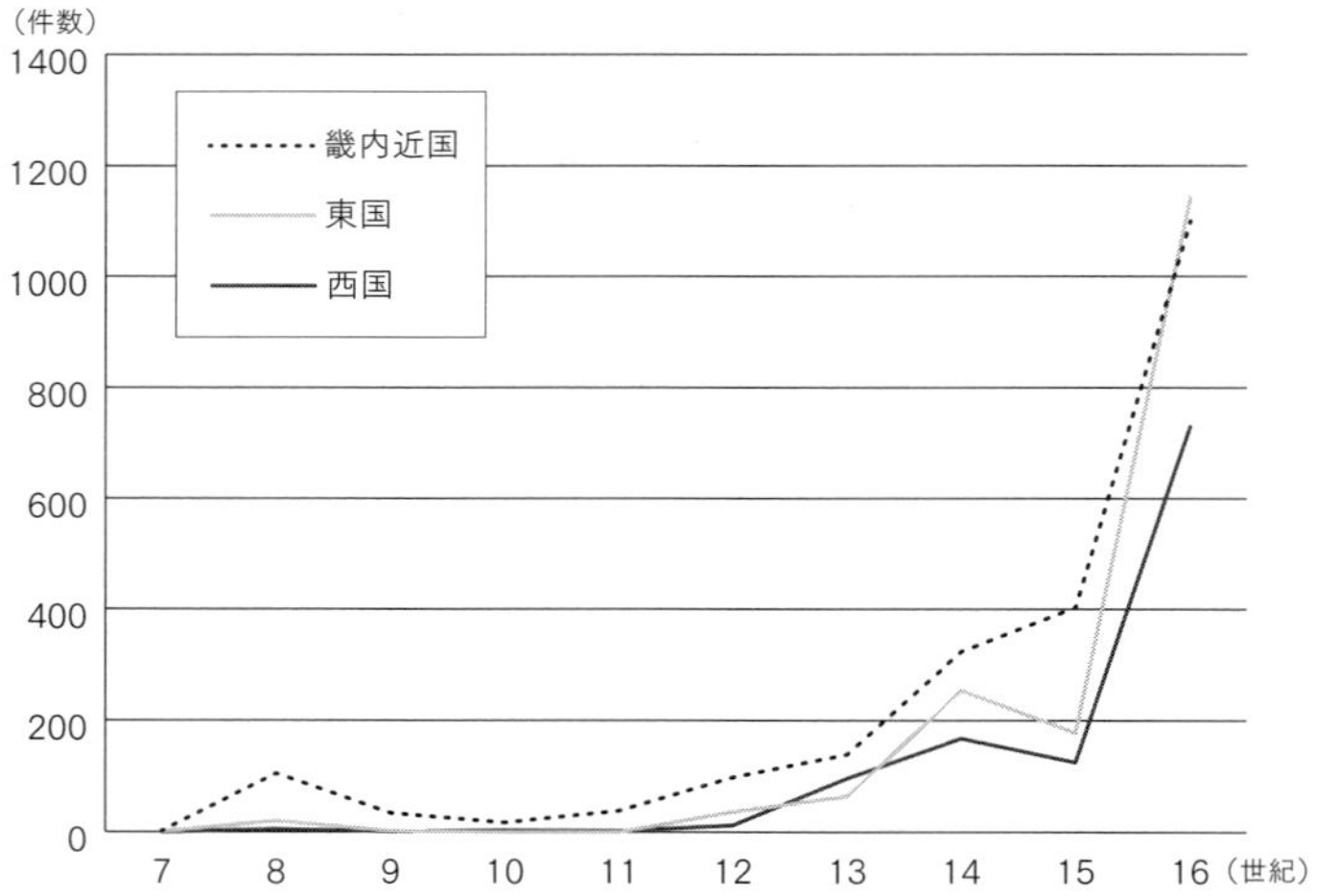

図4　地域別世紀別の村初出数

を試みるほかないが、今後は郷村表の蓄積による、より細やかな検討が期待される。

二　村落自治の諸形態

ここからは、和泉国をフィールドとして、個別の村落研究と郷村表による村落研究とを対比して、双方の手法から畿内村落の様態を考えたい。

和泉国は、現在の大阪府南部に位置した令制国である。五畿に含まれるが、都が置かれたことはない。ただし、奈良時代には天皇の離宮が営まれ、霊亀二年（七一六）から天平十二年（七四〇）までは、この離宮を管理するために、河内国を割いて和泉監が設置された。天平宝字元年（七五七）には、もと和泉監であった領域をもって和泉国が設置された。和泉国は北から順に、大鳥郡・和泉郡・日根郡の三郡からなる。

次に和泉郡の唐国村《からくにむら》（大阪府和泉市唐国町）と池田庄下村《いけだのしょうしもむら》（和泉市池田下町）を事例として、個別の村落研究を手法とする分析を試み、それぞれの特質を明らかにする。

1　唐国村

唐国村では、建長四年（一二五二）五月十一日に、刀禰と百姓が十一か条からなる置文を制定した。[27] これは、唐国村の初出史料である。

すなわち、①八月神事の時と（刀禰の）客人がやって来た時の「入草」（秣のことか）は、百姓の在家を単位として徴収すること。②五月の（田植えに要する）牛と人夫を三日間徴発することと（秋の）「田苅」（稲刈り）に一日徴発することは、百姓の在家を単位とすること。③麦蒔きに要する牛と人を三日間徴発することと「土シチ」（不詳）で一日徴発することは百姓の在家を単位とすること。④商いで得られる「上分」（利益）と畠の「上分」（収穫）も、それぞれ（在家を単位として）徴収すること。⑤歳末に「番頭」の役職にある者からは、白米七升・黒米一升を徴収し、その他は在家を単位として白米三升を徴収すること。⑥雑役の免除は、一反あたり三升の米穀と歳末の負担とすること。⑦「公方」（荘園領主を指すか）にとって「御大事」（重大な事件）の時は、百姓から人夫と伝馬を徴収すること。それ以外で「急用」の時は、百姓に食料を支給するが、「細々に」（頻繁の意味か）徴発してはならないこと。⑧定期的な使節の役と夜の宿直は、今後廃止すること。⑨公事を負担する「番田」は、番ごとに一町二反とすること。⑩公事を負担する田は、類縁関係に依らず、平等に定めること。⑪代官と下人等が、何かにかこつけて非道なことを起こした時は、これを制止すべきこと、以上の内容である。

その後の展開を勘案すると、この置文は、村落領主である刀禰が百姓等から徴収する負担の内容について、刀禰と百姓等との合意のもとに制定されたものと考えられる。

さて唐国村の刀禰職は、鎌倉時代から室町時代までの約二百年にわたって交代が繰り返された。前述のように建長四年（一二五二）には、刀禰と百姓等との間で置文が定められた。同年六月五日には、安則なる者が資保なる者との間で、「唐国刀称」について「和平」したことを折紙に記している。[28]置文制定の背景には、後掲の史料1にみる百姓等による「諸御公事」の「難渋」だけでなく、刀禰職の継承をめぐる村落領主層の紛争があったことが推察される。

文永十年（一二七三）藤原友保なる者は、その親父が「唐国刀称職」を刑部入道なる者に譲渡した際に「不㆑可㆑存㆓不忠㆒」旨の書状を作成したと述べ、関連する文書とともに「在地」へ手放している。[29]村落領主である刀禰職の継承にあたっても、村落住民による規制が働いたのである。弘安六年（一二八三）には道海なる僧侶が、「唐国村刀禰相伝証文」二通を左衛門尉平資貞に譲渡している。[30]この二通とは、安則と友保の文書を指すのであろうか。

正慶元年（一三三二）には刀禰亀王丸が申状（目安）を記して、百姓等が先例に背いて諸公事の負担を滞納していることを、唐国村の属する春木庄《はるきのしょう》の荘園領主である南都の興福寺に訴えた。

【史料1】[31]

目安　　在判

和泉国春木庄内唐国村刀祢亀王丸謹申

右当村刀祢職者、亀王丸重代相伝所職也、随而知行無二相違一者哉、爰百姓等背二先例一於二諸御公事一令レ難渋一之間、去建長年中定二当村公事足一認二置文一、刀祢・百姓等相共加二判形一、納二妙楽寺々庫一同付二封判一訖、而要用之時者両方相共可レ開二寺庫一之由定訖、爰寺僧・百姓等奸背二置文一令二公事対捍一之間、就二訴申一、如二正中二年三月十一日御教書一者、任二建長四年五月十一日置文之旨一、可レ致二所務一之由理文分明也、雖レ然猶以不二承引一、結句切二解封判一開二寺庫一令レ用二隠置文一之条、罪科難レ遁、争無二御炳誡一哉、以レ是思レ彼為二公事対捍一置文用隠之条、可レ足二御高察一者也、不レ可レ不レ誡、仍為二御不審一彼案文両通備二進之一、所詮被レ封

備二進文書一案文裏下二給之一、為レ備二向後亀鏡一、仍粗目安状如レ件、

正慶元年十一月十三日

（継目裏）「在判」

史料1によると、建長四年（一二五二）の「置文」は、刀禰と百姓等がともに判形を据えて「妙楽寺」の「寺庫」に納め、必要があれば両者立ち合いのもとに「寺庫」の封判を解き、「置文」の内容を確かめたという。しかし亀王丸は「結句切二解封判一開二寺庫一令レ用二隠置文一之条、罪科難レ遁」「為二公事対捍一置文用隠之条、可レ足二御高察一者也」と述べて、百姓等が一方的に寺庫を開き建長四年（一二五二）の置文を隠したことを、公事の支払いを拒否するための行動であったと非難している。刀禰と百姓等とは、ともに文書によってその恣意的な行動を規制され、かつその権利が保障されたのである。亀王丸はそれ以前にも、百姓等が「建長四年置文」に背いて「夫・伝馬」を勤めないことを荘園領主である興福寺三蔵院に訴えて、正中二年（一三二五）三月十一日付けの「唐国村刀祢殿」を宛所とする直状を得ている。[32]

南北朝時代になると「春木庄内唐国刀祢職」は、「横山庄内福岡名弁久行名」など近隣の荘園所職とともに、山間部の横山地域を拠点とする武士横山観心に知行された。[33] 延元元年（一三三六）と同三年には、南朝がその跡職を天野山金剛寺の実弁という僧侶に与えている。[34] この時、唐国村の「刀禰職」は、まさに在地を遊離した職として、南朝により宛行われていたのである。興国二年（暦応四年・一三四一）南朝は「春木庄唐国方刀祢職」と「岡太郎資孝跡」を、祈祷料所として松尾寺に寄進した。[35]

他方で北朝年号の康永三年（興国五年・一三四四）には、源邦房なる者が、「建長四年五月十一日置文」と亀王丸の得た「正中二年三月十一日領家三蔵院御下知」の内容を保証する直状を「唐国村刀祢殿」に

発給している。[36] 正中二年から十九年後のことであれば、この直状の宛所である「唐国村刀祢殿」は、亀王丸やその後継者を指すのかも知れない。唐国村の刀禰職は、南朝から宛行われた松尾寺と、北朝年号を以て宛行われた、恐らくは在地の住民の一人である「唐国村刀祢殿」との間で、別に相伝される事態が発生していたのである。

　康正元年（一四五五）八月二十八日、比叡山西谷の衆徒等は、松尾寺三綱に宛てて、「春木庄内唐国保刀祢職」は「本主」横山岡助次郎資頼が松尾寺に寄進したものと認定し、歴代の将軍による安堵をもって、松尾寺の「領知」であると衆議した。[37] 衆徒は「或号二資頼由緒一、或寄二於事惣庄之知行一」ことにより、松尾寺の「領知」を侵害する者があれば、山門として松尾寺を扶助すると宣言している。ここで「事を惣庄の知行に寄せる」とは、亀王丸のように、唐国村の現地に臨んだ村落領主による当知行を指しているのではないだろうか。

　これ以後、唐国村の現地の様相を伝える中世文書は伝来していない。もとより、以上に掲出した文書のほとんどは「松尾寺文書」として伝来したものである。康正元年（一四五五）を境に、唐国村の刀禰職は松尾寺の相伝する職として一本化され、唐国村やその刀禰に関する文書は、一部を除いて松尾寺の許に集められたのである。[38]

　ここまで見たように、唐国村の刀禰は、村落領主の範疇として位置づけられる一方で、村落住民による掣肘を受ける存在であったと言える。住民は、刀禰の継承に関する文書を確認し、置文を制定して刀禰への負担を明文化し、時には置文の約諾を反故にして刀禰への負担を拒否するほどの行動を示した。唐国村は、自治的な村落であり、かつ村落領主との緊張関係を内蔵したムラであったといえよう。

2　池田庄下村

現在の和泉市唐国町から北東方向に和泉中央丘陵と槇尾川を越えた地点に位置する和泉市池田下町は、中世の池田庄下村の故地と推定される。後述するように、十四世紀には池田庄に「上村」が出現していたが、十三世紀にもその兆候がある。[39]この「上村」に対する「下村」は、正平九年（一三五四）の田地売券に「在池田庄下村　窪村内」としてみえている。[40]この売券と次に掲出する史料2の伝来した高橋家は、近世を通じて池田下村の庄屋をつとめた家である。

【史料2】[41]

(端裏書)「蓮花寺分」
売渡進申田地新立放券文事
　合雑免壱段者弁出四十歩之内　半弁出廿者窪内方　半弁出廿者図師方
□和泉国泉郡池田庄下村内山深木堂下在之
　限四至　東香積坊地　南俊長房池
　　　　　西口無溝　北木堂山
□(右カ)件田地、元者池田庄下村名衆番頭中之
□(相カ)伝之私領也、而今依㆑有㆓要用㆒、宛㆓直米陸石㆒、
窪内方・図師方両人御方へ売渡進申事
□(実カ)正明白也、於㆓本券文㆒者、引失候之間、不㆑及㆓付
渡㆒候、若号㆓本証文㆒而有㆓出来之輩㆒者、名主(ママ)
番頭中而可㆓扱申㆒候也、縦雖㆑為㆓天下一同之徳政

動乱一、於二此下地一者不レ可レ有二違乱妨一者也、仍為二後日一
証文亀鏡之状如レ件、
延徳元年己酉十一月十五日
林 国資（花押）　成就院（花押）　窪内 経資（花押）
三井 孫四郎（花押）　窪 彦六（花押）　等阿ミ（略押）
五郎三郎衛門（略押）　六郎四郎左衛門（花押）
太郎三郎衛門（略押）　良泉上座（略押）

池田庄の「上村」は近世初頭の村切りを受けて消滅したが、「下村」は池田下村として内部に五つの集落を抱える近世村として残された。[42] 近世の池田下村は、久保《くぼ》・泉財《せんざい》・中村《なかむら》・願成《がんじょう》・山深《やまぶけ》の五つの集落から構成され、いずれも現代の和泉市池田下町に継承されている。正平九年（一三五四）の田地売券や延徳元年（一四八九）の史料2にみる「窪」や「山深」は、このうち久保と山深の集落に対応する。[43] 十四世紀には、近世以後につながる集落が成立していたのである。

近世の池田下村では、庄屋高橋家の屋敷地が用水路の分散する重要な地点に位置しており、伝来した中世文書の内容に鑑みても、同家が中世以来の在地領主の系譜を引くことが指摘されている。

他方で史料2では、「池田庄下村」の「名衆番頭中」の活動が窺える。「名衆番頭中」は、彼らが「私領」として保有した共有地四十歩を荘官とみられる「窪内方・図師方両人御方」へ二十歩ずつ売却し、もし失われたはずの本証文が出現した際には、「名衆番頭中」として対応すると宣言している。彼らは、共有地をもつ組織であり、文書の効力を保証する存在であった。「名衆番頭中」として署名する林・窪内・

三井・窪は姓（名字）を名乗り、花押を据えることから、村落内において上層の身分にあったことが窺い知れる。

高橋家に伝来した系図からは、かつて高橋氏が「窪」を姓（名字）としていたとみられることから、「名衆番頭中」は「窪内方」高橋氏の一族を含み、「図師方」や各集落の指導者層から構成される「集団指導的な体制」であったと指摘されている。(44)

しかし、史料2からは、「窪内方・図師方両人御方」が「名衆番頭中」と成員において排反の関係にあることが推定され、史料2の端裏書にみる蓮花寺は、高橋氏の菩提寺として、近世以降には高橋氏の屋敷に隣接して存在していたことから、史料2は「窪内方・図師方両人御方」の少なくとも一方である高橋氏に宛てた売券であり、高橋氏は在地領主として同族の他家とも隔絶した地位にあったことが想定される。池田庄下村は、「名衆番頭中」が共有地を管理し、その合議によって運営される自治的な村落であり、かつ在地領主の存在したムラであったといえよう。

3 小括

唐国村や池田庄下村において、住民の自治は、村落領主や在地領主の存在と必ずしも矛盾するものではなく、緊張関係をもって併存し得るものであった。土豪によって主導される惣村の存在は、つとに指摘されるところであるが、(45)惣村を問題とする本稿においても、在地領主主導型や惣村型といった村落の類型的理解にとどまらず、ムラの内部における重層的な社会関係に注目することを表明しておく。

表　和泉国 郷・村名郡別世紀別初出数　　令和4年（2022）5月14日現在

郷村／世紀	郷												村											
	7	8	9	10	11	12	13	14	15	16	未詳	合計	7	8	9	10	11	12	13	14	15	16	未詳	合計
合計		7			2	10	3	2	4			28		1	1			11	15	10	23	42	1	104
大鳥郡		3				7			1			11						7	3	4	9	1	1	25
和泉郡		2			2	2	3	2	3			14		1	1			4	6	5	2	15		34
日根郡		2				1						3							6	1	12	26		45

三　村落の性格と持続性

次に本節では、郷村表から和泉国の村落を概観した上で、唐国村や池田庄下村を地域社会に位置付けることを試みたい。

表は令和四年（二〇二二）五月十四日現在の、和泉国の郷・村郡別世紀別初出数である。図5では、これをもとに、郡別世紀別に村の初出数の推移をグラフに示した。郷については、数値が十分でないため、図示できなかった。

十二世紀には、大鳥郡において村の出現が顕著である。これは、一宮大鳥神社（堺市西区鳳北町）に関する建久七年（一一九六）大鳥社神人等解状案に上村《かみむら》・野田村《のだむら》・中村《なかむら》・高石村《たかいしむら》が記載され、[46] 安元元年（一一七五）に成立した『行基年譜』に記載される深井村《ふかいむら》・山田村《やまだむら》・大庭村を加算したためである。[47]

十三世紀には、和泉郡において村の出現が顕著である。前述の唐国村や後述する黒鳥村《くろとりむら》・桑原村《くわばらむら》・寺門村《てらかどむら》が出現するほか、天野山金剛寺（河内長野市天野）の聖教奥書に豊中村《とよなかむら》、[48] 久米田寺（岸和田市池尻町）の伝来文書に埴生村《はぶむら》（土生村）[49]が出現したことなどがその要因である。

十五世紀には、大鳥郡において村の出現が顕著である。大鳥郷地頭の田代氏の文書に王子村《おうじむら》・北条村・浜田村などが出現し、[50] 開口神社（堺市堺区甲斐町）の伝来文書に向井村《むかいむら》などが出現したためである。[51]

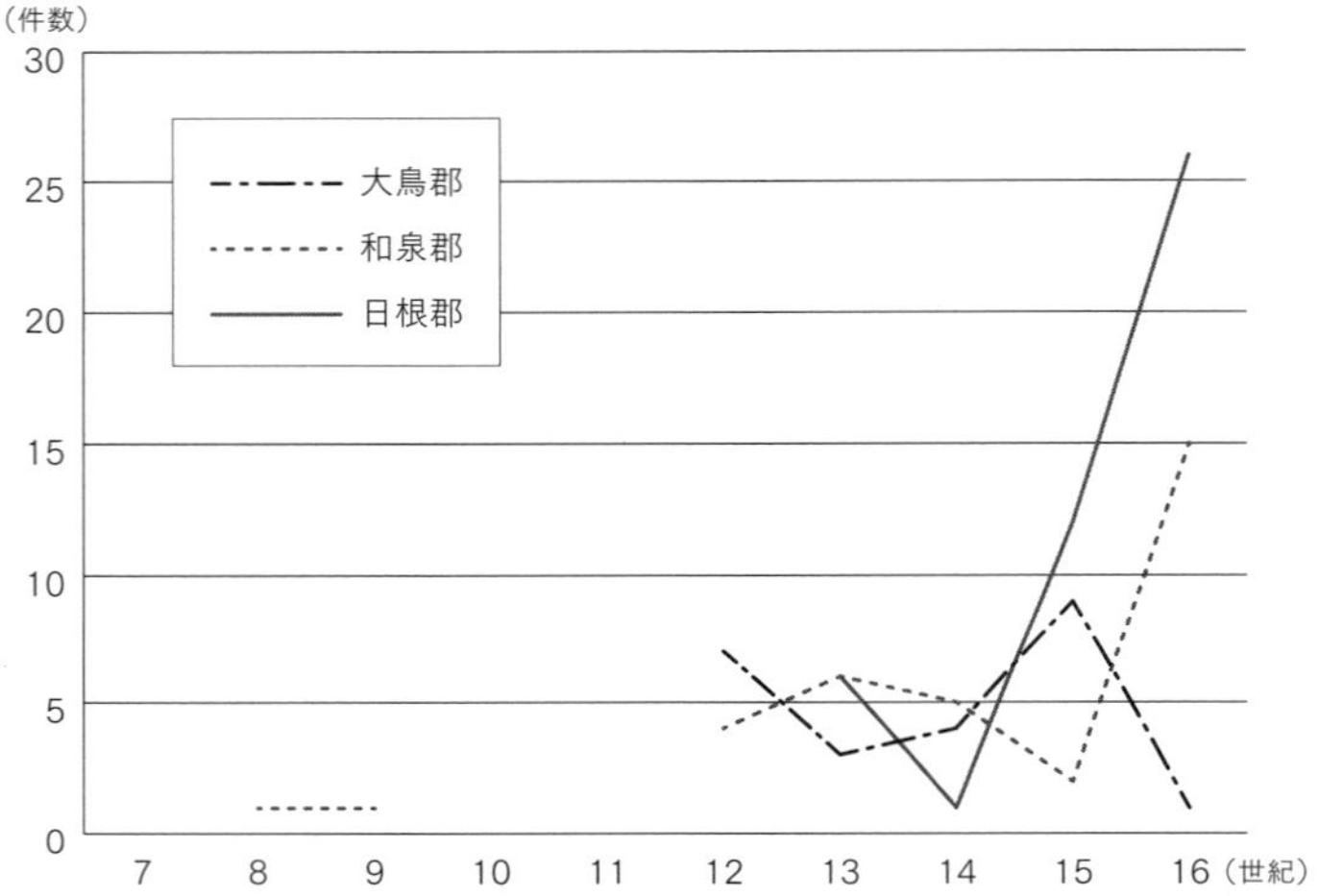

図5　和泉国郡別世紀別の村初出数

十五世紀から十六世紀には、日根郡において村の出現が顕著である。これは土豪中家（泉南郡熊取町）が集積した土地売券に多くの村名が記載されたためである。日根庄域では、荘官家にまつわる「日根文書」や荘園領主にまつわる「九条家文書」に村が出現している。

このように史料の残存による偏差は避けがたいものの、和泉国では、十三世紀に村の出現について、最初の画期が訪れる。それでは、この時期に出現した村は、どのような内実を持っていたのであろうか。

かつて中世史家の三浦圭一が中世和泉国の地域史を代表する人物として注目した[52]刀禰僧頼弁は、比叡山で剃髪した後、唐国村から南東に約三キロメートルの地点にある松尾寺に「幼童の時」より止住したという、鎌倉時代の僧侶である[53]。

頼弁は永仁二年（一二九四）に、松尾寺領の山林荒地を開発して、ため池の築造を指揮した[54]。承元年中（一二〇七〜一一）に築造された梨子本池の池水を引く川より西側では、池水が不足して干損に悩まされていたためである。頼弁は新たに開発した田地三町を松尾寺に寄進して、その収穫を以て比叡山東塔北谷で行われる荘厳講という儀式を松尾寺にもたらして、天長地久の御願を祈ると定め、この三町の寄進田については「変改之儀」があってはならないことを、松尾寺と池田庄上方「箕田村《みのだむら》」沙汰人名主百姓等との両者に誓わせた。

　この箕田村の初出史料は、建治二年（一二七六）に守護代法橋某が、公員なる者の後継者（公員跡）と「箕田村人等」とによる梨本山の資源をめぐる紛争を裁決した書下である。[55]この書下は「村人等」が「凡下之輩」であるにも関わらず、「御家人所領」を押妨したと非難している。公員は、文永十二年（一二七五）に、池田郷宮里庄内の山林一所を松尾寺に売却した中原公員と同一人物であろう。[56]箕田村の終見史料は、前の段落で内容に触れた永仁二年（一二九四）の刀禰僧頼弁の署名を持つ松尾寺と箕田村沙汰人名主百姓等との契状であるから、[57]箕田村が史料の上に確認できるのは、十三世紀後半のわずか二十年に満たない。

　その後、正平十七年（一三六二）には、池田左衛門入道阿法なる者と松尾寺の寺僧等とが「後山池堤」をめぐる相論を起こした。[58]次いで、永和四年（一三七八）には、「池田庄上村」地頭和田下野守正光の代理人顕尊と松尾寺の寺僧等とが「松尾之後山池再興」をめぐる相論を起こしている。[59]ここで争われる「後山」はいずれも松尾寺の背後をなす丘陵地帯とみられる。相論の主体として箕田村は現れておらず、代わって現れたのは、松尾寺からは和泉中央丘陵を越えた地点にある池田庄の地頭である。これ以前にも、元徳二年（一三三〇）には「池田庄上村」地頭代が、関東御祈祷所たる松尾寺の住侶等による訴えを受けて、六波羅探題より名主等を召し具して上洛するよう命じられている。[60]この事件の背景にも、「後山」をめぐる相論があったのかも知れない。

　ところで、箕田村は和泉中央丘陵の東側にある現在の和泉市万町《まんちょう》・鍛治屋町《かじやちょう》・浦田町《うらだちょう》に比定されている。[61] 天文二十二年（一五五三）には、万丁（町）村・かちや村・ウラタ村・室堂村《むろどうむら》の代表者が、「池役水入義」について、「以後之義者、先年之筋目次第ニあるへし」（今後のことは、これまでのやり方を踏襲するものである）とのことを確認している。[62] これは近世を経て現代の町会に受け継がれる浦田村・鍛冶屋村・室堂村の初出史料である。万町村は、これ以前の天文二十年（一五五一）において、松尾寺公文所が発給した請取状に、池料三石を松尾寺に納めた池田庄万町村として出現している。[63]

箕田村は、おそらくは後の近世村を複数個包摂する領域をもつ村落（研究史的には惣村を包摂する惣荘にあたるもの）であり、梨子本池の水利や丘陵の資源を共有する地域のまとまりとして存在したものの、池田庄の地頭勢力がそれらの資源管理に介入したため、在地の秩序に変動をきたし、ついには解体を迎えたのかも知れない。

その一方で、箕田村と同じ十三世紀に出現した唐国村は、近世の唐国村を経て、現在の和泉市唐国町にその村名を伝えている。「唐国」という村名は、古代豪族の韓国連に関連するとも説かれる。[64] 和泉中央丘陵の南西側に位置する現在の唐国町では、一九八〇年代に始まる丘陵の開発によって、近世以来の村落域と新興住宅地とがほとんど切れ目なく続いているが、かつてここにあったムラの住民は、丘陵から得られる山野の資源を糧として生活を続けていたのである。

現在の唐国町には、真言宗妙楽寺がムラの鎮守菅原神社に隣接して立地している。今ある妙楽寺の歴史が史料1にみる「妙楽寺」と直結することを示す確証はないが、その蓋然性は高いものと思われる。

唐国村が出現したころ、唐国村から北西へ約三キロメートルの地点では、ある出家者が安明寺という寺院に山林荒地を寄進して、売券を作成した。建長八年（一二五六）に作成されたその売券こそは、黒鳥村の初出史料である。[65]

黒鳥村では、鎌倉時代から室町時代を通じて、安明寺という寺院が存在した。[66] 黒鳥村と安明寺の歴史を伝える中世文書は、文明十六年（一四八四）を最後とするため、[67] その消長は定かでないものの、近世には、中世末に断絶したという安明寺が再興されている。[68] 再興された安明寺の敷地は、ムラの鎮守菅原神社に隣接した。中世文書にみる安明寺の鎮守は天満天神であるから、近世の菅原神社は、中世のそれを引き継いだものであろう。

これらのことから、唐国村と黒鳥村では、ムラの名称のみならず、ムラの中心となる鎮守や寺院もまた、中世以来の名称とともに存在し、おそらくは所在地も大きくは変動しなかったことが窺える。村落の連続性はより確かなものといえよう。

唐国村や黒鳥村に続いて、和泉郡では、正元二年（一二六〇）に黒鳥村に隣接する桑原村で大般若経の校合が行われ、[69] 弘安六年（一二八三）には寺門村で大般若経の修補が行われたことが、[70] 経典の奥書や修補部分に記されており、それぞれの村の初出史料となっている。十三世紀に初出史料をもつ唐国村・黒鳥村・桑原村・寺門村の村名は、いずれも近世の唐国村・黒鳥村・桑原村・寺門村を経て、現在の和泉市唐国町・黒鳥町・桑原町・寺門町の町名へと受け継がれている。同じ和泉郡において同じ時期に出現し、同様の歴史をたどったこれらのムラにおいて、唐国村と同様に、住民による自治的な運営がなされていたことは、大いに想定できるであろう。

以上に論じた村が史料の上に現れる期間を、図6に示した。名称や領域がほとんど変わらずに、近世村へと継承されたとみられるムラがある一方で、ある限られた時期にのみ存在が確認できるムラ、近世初頭に消滅したムラもあった。ここでは史料の上に姿を現したムラのみを取り上げたが、そうではない「生活のユニット」も、確かに存在したはずである。[71]

図6　村落の出現期間

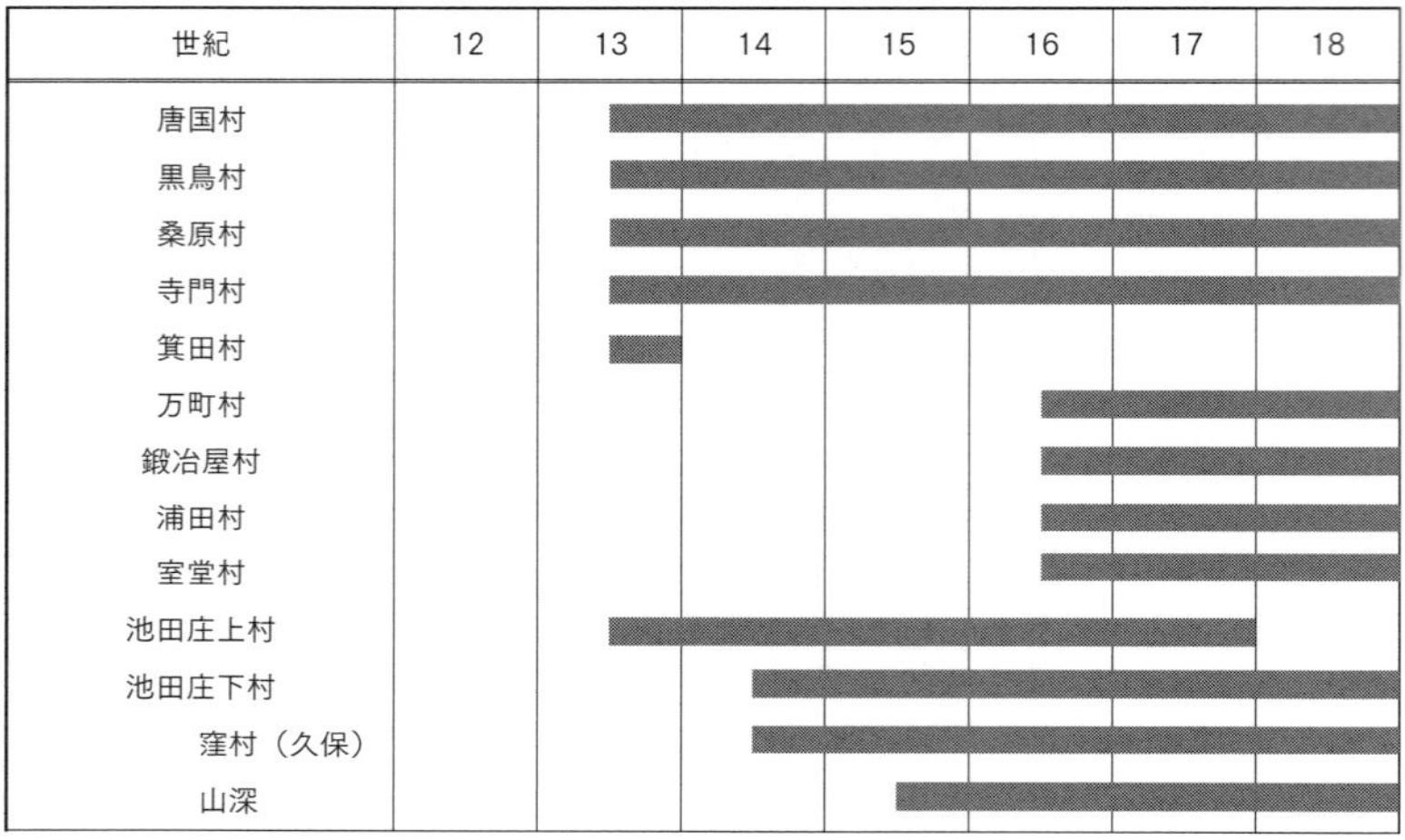

※実線は史料において存在が確かめられる期間を示す。

むすびにかえて

郷や村の初出史料を集計する郷村表については、すでにある一国をフィールドに定めて、時代ごとの変化や地域差を探る方法として、活用の試みがなされている(72)。

本稿では、郷村表にみる村落の動態を国別の比較において浮かび上がらせ、かつ集村化による村落の成立を補助線とすることで、畿内近国における惣村の成立を統計的に追跡し得る可能性を示した。

しかし、郷村表は初出史料を集計する以上、個別のムラの内部構造を明らかにすることには適していない。そこで、和泉国をフィールドとして、村落において一定の社会的均質性を備えた住民の自治と多様な社会的権力とが併存する場合のあることを示した。

ところで、第二節の劈頭では、唐国村の初出史料である建長四年（一二五二）五月十一日の置文を紹介した。全国的な視野で「村落集団の意思決定事項を記した文書や木札など」の「村落定書」三〇二通を通覧した薗部寿樹は、実にこの置文をその初例としている。(73)

しかし、置文のような惣村の機能を端的に示す史料にのみ注目する限り、置文を生み出したムラが、どのような地域社会のなかに存立していたのか、といった点は見落とされてしまいかねない。ムラの初出史料を集計する郷村表によって、例えば唐国村の周辺には、村落の性質を異にして短期間のうちに消滅した箕田村のようなムラもあれば、唐国村と同様に近世を経て現代にまで村名を伝えた黒鳥村・桑原村・寺門村のようなムラもあった。郷村表の方法とは、特異な史料を残した惣村の存在を、広く地域社会のなかに位置付け、また相対化する方法と言えるのではないだろうか。

近年、湯浅治久は「土豪のいる惣村・「自力の村」と土豪のいない惣村・「非力の村」により構成される地域社会の近世への展開こそが問題とされなければならない」と発言している。(74)郷村表によって一覧にされた、個別のムラの盛衰や性格を問うことは、一国ごとの巨視的な分析にも投影されるはずである。筆者は、そのような地道な積み重ねの先に、列島社会における変動を把持できるのではないかと希望を懐いている。

注

1　海津一朗「東国・九州の郷と村」（日本村落史講座編集委員会編『日本村落史講座第2巻景観1〔原始・古代・中世〕』雄山閣出版、一九九〇年）。なお、同論者は「畿内・近国」において「惣的結合」が形成された要因として、東国武士（西遷御家人）による村落編成に対する百姓の「抵抗」を挙げており、その画期は東国武士の輩出する十四世紀以後と論じている。

2 『国史大辞典』第八巻（一九八七年）「惣村」の項（三浦圭一）。

3 牧野信之助「中世末期に於ける村落結合」（同『新版　武家時代社会の研究』刀江書院、一九四三年、初出一九二三年）。

4 牧健二「我国近世の村落団体の起源」（『法学論叢』三四（六）、一九三六年）、「中世末期に於ける惣村観念の成立」（『経済史研究』一六（一）、一九三六年）。

5 清水三男『清水三男著作集第二巻　日本中世の村落』（校倉書房、一九七四年、初出一九四二年）第一部第三章第四節。

6 石田善人①「惣について」（同『中世村落と仏教』思文閣出版、一九九六年、初出一九五五年）、②「郷村制の成立」（同書、初出一九六三年）。

7 三浦圭一①「惣村の起源とその役割」（同『中世民衆生活史の研究』思文閣出版、一九八一年、初出一九六七年）。②「惣村の構造」（同『日本中世の地域と社会』思文閣出版、一九九三年、初出一九八五年）。

8 仲村研『中世惣村史の研究　近江国得珍保今堀郷』（法政大学出版局、一九八四年）。

9 田中克行『中世の惣村と文書』（山川出版社、一九九八年）。

10 勝俣鎮夫「戦国時代の村落――和泉国入山田村・日根野村を中心に――」（同『戦国時代論』岩波書店、一九九六年、初出一九八五年）、「惣村菅浦の成立」（同書、初出一九八九・九四・九六年）。

11 蔵持重裕『日本中世村落社会史の研究』（校倉書房、一九九六年）など。

12 似鳥雄一『中世の荘園経営と惣村』（吉川弘文館、二〇一八年）。

13 前掲注12似鳥書、終章。なおこれ以前にも、榎原雅治は「典型的惣村」の特殊性や地侍層の役割の追究といった諸研究の動向、そして文献史学における集落論の不足を挙げ、研究史における「惣村概念の拡散」を指摘している（尾形勇ほか編『歴史学事典 第一〇巻 身分と共同体』弘文堂、二〇〇三年、「惣村」の項）。

14 石田を含む世代の研究者が社会構成体史を共有したことを踏まえなければ、何ゆえにかかる指標が共同体理解のために提示されたのかも理解できなくなるだろう。

15 坂田聡「百姓の家と村」（坂田聡・榎原雅治・稲葉継陽『日本の中世12　村の戦争と平和』中央公論新社、二〇〇二年）。
16　稲葉継陽「戦国から泰平の世へ」（前掲注15坂田・榎原・稲葉書）。
17　水野章二①「中世村落と村境」（同『日本中世の村落と荘園制』校倉書房、二〇〇〇年、初出一九九〇年）、②「中世の開発と村落――近江湖東の一地域から」（同書、初出一九九四年）、③「近江の荘園と村・惣」（『滋賀大学経済学部附属史料館研究紀要』五七、二〇二四年）。
18　以下の行論で出現とは、史料の上に郷や村の名称が記録されたことを意味する。
19　以下の近江国に関する叙述には、前掲注17③水野論文と、引用史料及び解釈において、やや重複する箇所のある旨を明記しておく。なお、八世紀の播磨国で、突出した値となっているのは、『播磨国風土記』に多くの里が記載されたことによる。
20　福田榮次郎①「山門領近江国富永荘の研究――中世後期における荘園の支配とその様相――」（『駿台史学』三六、一九七五年）。以下、「井口日吉神社文書」の引用は、福田榮次郎②「山門領近江国富永荘史料――『近江井口日吉神社文書』について――」（『駿台史学』五八、一九八三年）による。
21　「井口日吉神社文書」一五。史料にみる人物の理解は、下坂守「延暦寺千僧供領の研究」（同『中世寺院社会の研究』思文閣出版、二〇〇一年、初出一九九三年）に依拠する。
22　「井口日吉神社文書」一〇。
23　「井口日吉神社文書」三七。
24　「井口日吉神社文書」三六。
25　前掲注20①福田論文。
26　前掲注17③水野論文。
27　和泉市史編さん委員会編『和泉市史紀要第３集　松尾寺所蔵史料調査報告書』（一九九九年）「松尾寺文書」六三。
28　和泉市史編さん委員会編『和泉市史紀要第13集　松尾谷史料群の調査研究――中世から近現代まで――』（二〇〇七年）「岡紘一氏所蔵中世文書」六。
29　「岡紘一氏所蔵中世文書」五。
30　「岡紘一氏所蔵中世文書」七。
31　「松尾寺文書」六二。

32 「松尾寺文書」六三。
33 「松尾寺文書」四九。
34 前注。
35 「松尾寺文書」三。
36 「松尾寺文書」五九。
37 「松尾寺文書」五六。
38 中世の刀禰に関する文書の一部は、近世唐国村の庄屋岡氏の文書として伝えられた。前掲注28和泉市史編さん委員会編書。
39 文永九年（一二七二）和泉国上郡の御家人大番役支配状案（和田家文書）に見る御家人の一人として「池田上村左兵衛尉」がある。『堺市博物館研究報告』（三七、二〇一八年）「和田文書（巻三）の翻刻」二。
40 和泉市史編さん委員会編『和泉市史紀要第9集　高橋家と池田下村の調査研究』（二〇〇四年）第三次調査中世史料「高橋家文書」六。
41 「高橋家文書」九。
42 山下有美「調査概要と史料の現状」（前掲注40和泉市史編さん委員会編書）、和泉市史編さん委員会編『和泉市の歴史3　池田谷の歴史と開発』（ぎょうせい、二〇一一年）第3部第2章（町田哲）。以下、近世の池田下村及び高橋家に関する叙述はこれに依拠する。
43 前掲注42和泉市史編さん委員会編書、第2部第2章（仁木宏・大澤研一）。
44 前注。
45 池上裕子「戦国の村落」（同『戦国時代社会構造の研究』校倉書房、一九九九年、初出一九九四年）など。
46 高石市史編纂会編『高石市史　第2巻　史料編I』（一九八六年）中世編三〇。
47 鈴木景二校訂「行基年譜」（井上薫編『行基事典』国書刊行会、一九九七年）。
48 堀川亜由美「天野山金剛寺一切経奥書からみる和泉、河内地域の寺院、人物」（『堺市博物館研究報告』三八、二〇一九年）。
49 岸和田市史編さん委員会編『岸和田市史　第6巻　史料編I』（一九七六年）四六。
50 高石市史編纂会編『高石市史　第2巻　史料編I』（一九八六年）中世編三二一。

51　開口神社社務所編『開口神社史料』（一九七五年）古文書〔第一巻〕一七。
52　三浦圭一「日本中世における地域社会——和泉国を素材として——」（前掲注7②書、初出一九八一年）。
53　「松尾寺文書」三六。
54　「松尾寺文書」三三。
55　「松尾寺文書」五〇。
56　「松尾寺文書」三一。
57　前掲注54。
58　「松尾寺文書」四一。
59　「松尾寺文書」二二。
60　「松尾寺文書」五八。
61　和泉市史編さん委員会編『和泉市の歴史2　松尾谷の歴史と生活』（ぎょうせい、二〇〇八年）第1部第2章（仁木宏・大澤研一）。
62　和泉市史編さん委員会編『和泉市史紀要第15集　泉郡万町村旧記『俗邑録』』（二〇〇八年）「俗邑録」〔Ⅰ—5—4〕。
63　「俗邑録」〔Ⅰ—5—3〕。
64　前掲注61和泉市史編さん委員会編書第1部第1章（石部正志・仁木宏・大澤研一）。
65　和泉市史編さん委員会編『中世「黒鳥村文書」「泉井上神社文書」の研究』（二〇一三年）「河野家文書」五。なお、「黒鳥」の地名はこれ以前の長和三年（一〇一四）の文書に見えている（「河野家文書」一）。
66　三浦圭一「ある中世村落寺院と置文」（前掲注7①書、初出一九八一年）。本書第Ⅳ部第四章上川通夫「民衆の生活世界と世界認識」。
67　熊取町史編さん委員会編『熊取町史　史料編Ⅰ』（一九九〇年）「中家文書」三一。
68　黒鳥郷土誌編集委員会編『黒鳥郷土誌』（一九八四年）。中世・近世の執筆は三浦圭一。
69　和泉市史編纂委員会編『和泉市史 第一巻』（一九六五年）六〇〇頁、三重県伊賀市常楽寺所蔵大般若経。
70　和歌山県立博物館編『特別展 きのくに大般若経——わざわいをはらう経典——』（二〇二二年）四五頁及び八五頁、和歌山県橋本市観音寺所蔵大般若経。

71　例えば小島道裕が『城と城下　近江戦国誌』（吉川弘文館、二〇一八年、原本一九九七年）第一章で論じた城館を核とする村落については、本稿において議論を進めることができなかった。

72　山内譲「伊予国の郷と村」（大山喬平・三枝暁子編『古代・中世の地域社会――「ムラの戸籍簿」の可能性――』思文閣出版、二〇一八年）。

73　薗部寿樹「村落定書の世界」（同『日本中世村落文書の研究――村落定書と署判――』小さ子社、二〇一八年、初出二〇〇四年・二〇一七年）。

74　湯浅治久「惣村と土豪」（『岩波講座日本歴史第9巻　中世4』岩波書店、二〇一五年）。

第九章　東北地域のムラをさぐる——陸奥国を中心に——

荒木舜平

はじめに

本稿では、「ムラの戸籍簿」研究会で現在作成中の「郷村表」に基づき、東北地域の郷・村の特徴について論じる。東北地域は、律令国家が郡・郷を置かなかった地域を含んでいるという点で、他の地域とは異質であり、郷・村の現れ方も異なっている。

はじめに、これまでの「ムラの戸籍簿」の研究において、列島の郷・村について、どのような指摘がなされてきたかを確認しよう。「ムラの戸籍簿」の作成が始まった当初、全国に共通する郷・村の特徴について、大山喬平氏は次の二点の指摘をした(1)。

①ムラは、国制としての政治の世界から疎外されており、近世においてのみ、例外的に国制の中に位置づけられている。

②中世においては〈国—郡—郷—村〉のタテの序列が「社会の骨格」を形作っており、荘・保は、所有を契機としてこの系列を任意に切り取ったものにすぎない。そして、郷が基軸になって内部に村を生み出し、やがて郷が分裂してたえず郷と村の数が増加していくというのが、中世を通じての郷・

村の歴史的動態である。

しかしながら、実際に「ムラの戸籍簿」(「郷村表」)の作成の範囲を拡大していくと、必ずしも大山氏の指摘とは一致しない地域があることが分かってきた。例えば②について、下野国では律令制下で形成された〈国―郡―郷―村〉という「社会の骨格」が、十二世紀の浅間山噴火を契機に大きく変動した、という花田卓司氏の指摘がある。[2] また大山氏自身も、入間田宣夫氏を始めとした東北史の研究者の業績に学びつつ、東北地域においては「伝統的に、村が優越しており、ここへ後になって郷が割り込んできている」[3]という見通しを示している。これは、東北地域の「社会の骨格」が、当初は〈国―郡―郷―村〉ではなく、〈国―郡―村〉であったこと、そしてある時期を境に「社会の骨格」が日本標準型である〈国―郡―郷―村〉へと変化したことを示唆していると言えよう。

こうした大山氏の見通しと関わって、入間田氏は東北地域の郷・村、特に陸奥国奥六郡・出羽国山北三郡以北について、次のような二つの指摘をしている。[4]

(ア)清原氏・奥州藤原氏の時代においては、「郷にはあらず、村を単位とする統治のありかたが卓越して」おり、「国―郡―村という統治形態」をとっていた。

(イ)鎌倉期になると、地頭の支配が〈郡・保・荘―村―郷〉という系列で行われるようになった。さらに鎌倉中期になると、〈郡―郷―村〉という、郷が介在する系列に変化した。

このうち(ア)は、大山氏の①の指摘とは異なり、東北地域北部については、近世を待たずして一時的にせよ村が国制の中に位置づけられていたことを意味していよう。また、(ア)・(イ)は共通して、東北地域、特に鎌倉中期までの奥六郡・山北三郡以北の地域では、大山氏が②で指摘している日本標準型の〈国―郡―郷―村〉の系列ではなく、〈国―郡―村〉という系列が優位であったことを指摘している。

第九章　東北地域のムラをさぐる—陸奥国を中心に—

荒木舜平

以上を踏まえ、本稿では、作成中の「郷村表」に基づき、東北地域の郷・村の特徴を把握するとともに、系列の観点から東北地域の独自性について明らかにすることにしたい。東北地域の「郷村表」は作成途中の段階にあり、現在陸奥国の作成作業を進めているものの、出羽国は未着手である。陸奥国の「郷村表」の作成にあたっては、『鎌倉遺文』・『南北朝遺文』に加えて、『青森県史』・『宮城県史』・『福島県史』・『岩手県中世文書』・『奥州平泉文書』を確認して、郷村名を採録する作業を進めている。一九六〇年代発行の県史が多いため、その後発刊された市町村史などで情報を補っている。現在採録した市町村史は『原町市史』・『相馬市史』（以上、福島県）、『多賀城跡木簡』・『石巻の歴史』・『岩沼市史』・『仙台市史』（以上、宮城県）である。未だ作業途中の段階にあるデータをもとに、以下の考察を行っていることをあらかじめお断りしておく。

一　村の時代別初出表から見える陸奥国の特徴

本節では、陸奥国の村名の初出時期をまとめた表1をもとに、陸奥国の特徴について述べていく。(5)

表1　村名時代別初出表

年	初出数
700〜749	3
750〜799	6
800〜849	5
850〜899	0
900〜949	0
950〜999	0
1000〜1049	0
1050〜1099	1
1100〜1149	1
1150〜1199	2
1200〜1249	11
1250〜1299	46
1300〜1349	86
1350〜1399	100
1400〜1449	17
1450〜1499	10
1500〜1549	51
1550〜1599	47
1550〜1599	47

表1を見ると、陸奥国においては、八~九世紀にかけて、村の初出事例が多いことが分かる。全国的に、この時期は「郷」が検出される一方、「村」はほとんど検出されない傾向にあることを踏まえると、[6]村の初出事例が多いのは陸奥国の重要な特徴である。こうした特徴は、律令国家が東北地域の公民を「郷」ごとに編成した一方で、蝦夷に関しては「村」を単位として把握していたことによる。[7]古代東北の北部には、郡や郷によって編成されていない地域があり、そこは蝦夷の村の世界であった。すなわち、律令制郡や郷の存在しなかった地域を含んでいるということが、東北地域最大の特徴と言える。

一方、十世紀~十二世紀になると、村の初出事例はほとんどなくなる。これは文献史料の減少によるものと考えられる。全国的にも史料の陥没期であり、同様の傾向を示している。十三世紀になると初出事例は増加し始める。これは鎌倉幕府が奥州藤原氏を滅亡させた後に、相馬氏などの御家人が陸奥国に所領を持つようになったことで、御家人の家の史料に「村」が出てくるためである。十四世紀に村の初出事例数はピークを迎える。これは南北朝の動乱によって所領安堵や恩賞の給与の文書が盛んに発給され、その中に「村」が出現するためである。ただし十五世紀には初出事例は減少する。これは南北朝内乱が収束し、十四世紀のような動乱に伴う所領安堵などが減少したためであろう。しかしその後十六世紀になると、再び増加に転じる。これは伊達氏の買地安堵を始めとして、戦国大名が積極的に所領の把握に努めたことが原因であると考えられる。

二　和名抄郷と中世の郷・村

次に、古代から中世への転換期の陸奥国の郷・村の動態を、和名抄郷の存続状況を見ることで検討したい。第一節で見たように、十〜十一世紀は史料の陥没期に当たる。しかしながら、この時期は古代から中世への転換期であることを考えると、この時期に郷・村のありようも変化した可能性が高い。そこで本稿では、大山氏の方法[8]に倣い、古代の郷名を網羅的に把握できる和名抄を利用して、古代の郷が中世にどのように変化したかを考えたい。

　和名抄郷についての検討は、既に入間田氏が鎌倉期の陸奥国における郡・保・荘を検討する中で行っている。そこで氏は、「和名抄の郷は消滅し、より小規模な村・郷が広汎に出現している」と結論している[9]。こうした氏の指摘も念頭に、分析していきたい。

　さて、「郷村表」の作成を通じて、陸奥国においては和名抄郷が中世に存続するに際し、概ね三つのパターンが存在することがわかった。一つは和名抄郷が郡・荘・保といった「所有のユニット」[10]になるパターンである（A）。この他、中世においても同名の郷のままであったり（B）、同名の村名を帯びたりするパターン（C）がある。

　まずはパターンAについて見ていこう。

【A　和名抄郷→中世郡・荘・保】

白河郡—石川郷→石川荘・石川郡
　　　　小野郷→小野保
　　　　高野郷→高野郡
　　　　依上郷→依上保
会津郡—長江郷→長江荘

信夫郡—伊達郷→伊達郡
磐城郡—楢葉郷→楢葉郡

パターンAの見られる地域は、陸奥国の南端部に集中している。一番北のものでも信夫郡伊達郷→伊達郡の事例であり、これより北には見出されない。したがって陸奥国南端部においては、律令制によって形作られた郡・郷の枠組みが、一定の意味を持っていたと言うことはできそうである。とはいえ、これらの郷は郡・荘・保という所有の単位になっていることから、こうした郷に、「生活のユニット」としての性格を見出すことは難しい。

次に、パターンBについて見ていこう。

【B　和名抄郷→中世郷】

白河郡—入野郷→いのゝかう
大村郷→大村郷・下大村郷
高野郷→高野郷
信夫郡—小倉郷→小蔵郷
菊田郡—山田郷→上山田郷
名取郡—指賀郷→しかのい郷
磐城郡—飯野郷→飯野郷
行方郡—真野郷→真野郷

亘理郡―坂本郷→坂本郷
栗原郡―栗原郷→栗原郷

パターンBの事例は数としては十例あり、一見すると、入間田氏の和名抄郷は消滅したという結論の反証となり得そうである。しかしながら、和名抄郷と同名の中世郷の初出は、磐城郡飯野郷のみが鎌倉期であり、その他の事例は南北朝期以降の事例であるという問題を抱えている。和名抄郷とここに見える中世郷に系譜関係があるかについては、検討の余地がある。

ところで磐城郡飯野郷に関しては、大石直正氏による検討がある。(11)大石氏によれば、陸奥国では、十二世紀半ばまで和名抄郷が機能しており、この地域に好嶋荘が形成された際に、和名抄郷の飯野郷・片依郷・玉造郷が母胎として利用されたという。しかしながら、十二世紀末から十三世紀には、これらの和名抄郷は解体し、好嶋荘は新たに生まれた村を構成単位とするようになり、わずかに岩城郡八幡宮縁起注進状案に「東二郷」・「西一郷」と記されるにすぎなかったという。大石氏の指摘に従えば、飯野郷は所有のユニットである荘園を編成するために利用された単位ということになり、むしろパターンAに近いと考えるべきかもしれない。

最後に、パターンCの事例を見よう。

【C　和名抄郷→中世村】
岩井郡仲村郷→仲村
胆沢郡白鳥郷→白鳥村

岩城郡荒川郷→上荒川村
磐城郡片依郷→片寄村
黒河郡新田郷→新田村
白河郡屋代郷→社村・前社村
行方郡吉名郷→吉名村

パターンCのうち、仲村・白鳥村は、「陸奥話記」の康平五年（一〇六二）の記事に登場するのみで以降は断絶してしまうため、中世に存続しなかった事例と見做すべきかもしれない。他の事例は黒河郡新田村を除き、陸奥国南端地域に集中している。したがって、陸奥国南端地域では、和名抄郷が中世村に連続することもあったと言えよう。逆に言えば、陸奥国南端地域以外では和名抄郷は中世村に連続しなかったと言える。

本節の検討をまとめよう。陸奥国南端部においては、一部の和名抄郷が郡・荘といった「所有のユニット」に変化したり、中世の郷・村として存続したりすることもあった。しかしそれ以外の地域では和名抄郷は断絶し、中世に入ってから新たに和名抄郷とは別の郷・村が形成された。

三 〈国―郡―村〉の系列に見る陸奥国の郷・村

次に、〈国―郡―村〉の系列に注目して、陸奥国の特徴を述べる。
まずは、「はじめに」でも触れた入間田説（ア）・（イ）について、東北地域を①郡制未施行地域、②陸

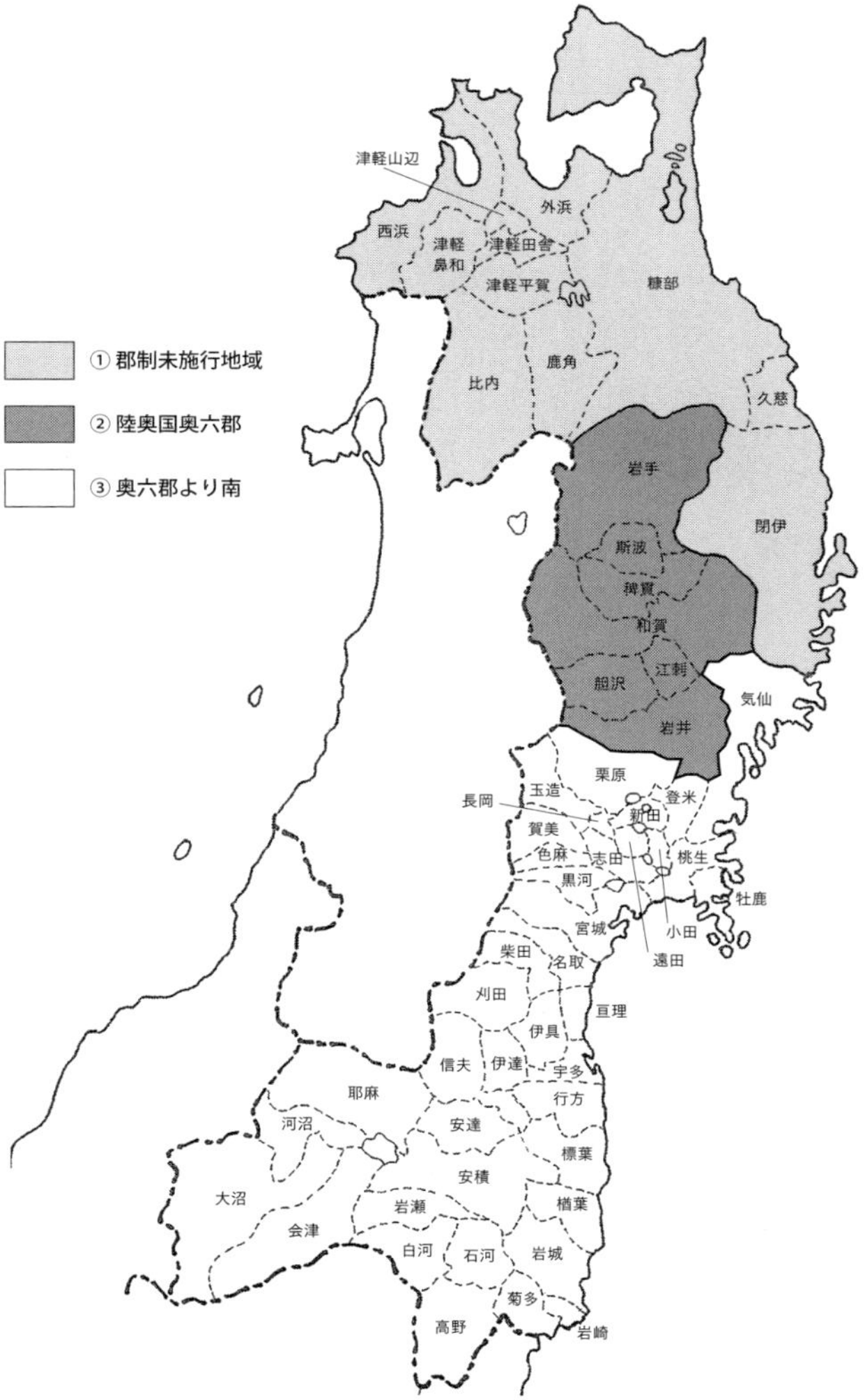

図　陸奥国の郡（注18大石論文より作図）

奥国奥六郡・出羽国山北三郡、③奥六郡より南、の三つの地域に区分して整理したい。[12] ①郡制未施行地域は、律令制下では郡が置かれなかった地域であり、具体的には閉伊・糠部・津軽などの東北地域の北端にあたる。この地域では、延久二年（一〇七〇）の北奥合戦[13]から奥州藤原氏の時代にかけて、郡・郷が置かれるようになった。しかしながら、律令国家が蝦夷を把握する際に、郷ではなく村を単位としたという伝統を引き継いで、奥州藤原氏時代には村を単位とする統治が行われた。

一方、②陸奥国奥六郡・出羽国山北三郡は、九世紀に律令制的郡郷制が導入され、郡と郷が置かれた。しかしながら、①郡制未施行地域と同様に、奥州藤原氏の時代には、郷ではなく村を単位とする統治のありかたが卓越するようになった。そして、鎌倉期には郷制は解体し、地頭は〈国―郡―村〉という枠組みで支配を行った。

③の奥六郡より南の地域は、早い段階から律令国家により郡郷制が導入された地域である。この地域では奥州藤原氏の時代にあっても、藤原氏の支配は比較的弱く、村を単位とする統治形態は導入されなかったと考えられる。しかしながら、鎌倉期になると地頭は郷の介在しない〈郡・保・荘―村・郷〉という体制で支配するようになった。

以上の入間田説をまとめると、東北地域、特に奥六郡以北では郷の介在しない〈国―郡―村〉の系列が優位であった。そして、鎌倉期半ばから、〈国―郡―郷―村〉という日本標準型の系列に変化していくという見通しが示されている。

そこでこのような見通しを検証するために、本節では系列から読み取れる特徴を述べるだけでなく、a陸奥国は、〈国―郡―村〉の系列が優位であったと言えるか、b〈国―郡―村〉の系列から〈国―郡―郷―村〉という日本標準型の系列に変化したと言えるか、という二点の課題についても検討することにしたい。

以下で示す類型は、花田卓司氏が下野国の郷村表を分析する際に、系列を分類したものを元にしている。但し本稿では、課題a・bを分析するために、花田氏が〈国―郡―郷―村〉を「基本型」とし、その「基本型」のなかに「郡―村」型を位置づけていたのを、「郡―村」型については別個の類型として独立させている。[14]

まず、系列の類型について、整理して述べていく。

【Ⅰ　日本標準型】（〈国―郡―郷―村〉の系列の範囲内のもの）

Ⅰ―①　郷―村　　七例

Ⅰ―②　村―村　　〇例

Ⅰ―③　郡―郷　　四十五例

Ⅰ―④　郡―郷―村　　十七例

【Ⅱ　郡―村直結型】（郷が介在しないもの）

Ⅱ―①　郡―村　　百二十七例

Ⅱ―②　郡―村―村　　六例

Ⅱ―③　郡―郷・村　　三十四例

【Ⅲ　新郡―郷―村型】（新郡の下に郷・村が存在するもの。ここでいう新郡は、奥六郡を除いた和名抄にない郡を言う[15]）

Ⅲ―①　新郡―郷　　三十三例

Ⅲ―②　新郡―郷―村　　三例

【Ⅳ　新郡―村型直結型】

Ⅳ―①　新郡―村　　四十一例
Ⅳ―②　新郡―村―村　　一例
Ⅳ―③　新郡―郷・村　　一例

【Ⅴ　荘による切り取り型】（所有のユニットである荘がⅠ型やⅡ型を切り取ったもの）

Ⅴ―①　荘―郷　　五十例
Ⅴ―②　荘―郷―村　　四例
Ⅴ―③　荘―村　　六十七例
Ⅴ―④　荘―村―村　　一例
Ⅴ―⑤　荘―郷・村　　二例

【Ⅵ　保による切り取り型】（所有のユニットである保がⅠ型やⅡ型を切り取ったもの）

Ⅵ―①　保―郷　　九例
Ⅵ―②　保―郷―村　　〇例
Ⅵ―③　保―村　　二十例
Ⅵ―④　保―村―村　　〇例
Ⅵ―⑤　保―郷・村　　〇例

次に系列の区分から分かる四点の特徴について述べていこう。

第一の特徴は、律令制下の郡名を冠する郷村名が多いということである。下野国の郷村表を作成・分析した花田卓司氏は、中世の下野国では、律令制下の郡名を冠する郷村名はほとんど現れないことを指摘し、「(律令制的郡郷の)解体の度合いには畿内周辺と下野国のような遠国とでは差があったのではないだろうか」との見通しを示している。[16]花田氏の提起は、畿内から遠い東北地域では律令制的郡郷の解体が進んでいた可能性を示唆していると言える。しかし、陸奥国においては律令制郡を冠する郷村の事例であるⅠ―③・④とⅡ―①～③の合計数は二百二十九例である。したがって、律令制郡が中世においても「社会の骨格」の一部として機能していたと考えられる。

その原因は、次の点に求められるのではないだろうか。すなわち東北地域においては、鎌倉期に国衙行政権を部分的に行使した郡地頭職が存在し、南北朝期にも郡検断職などが存在した。[17]そのため、郡は単なる地域名称や所領単位ではなく、行政・検断など統治の単位としても機能することとなった。それがゆえに、郡名を冠する郷・村の事例が多かったのではないだろうか。

第二の特徴は、【Ⅴ】・【Ⅵ】が、奥六郡以北には存在しないということである。このことは、大石氏が既に指摘しているように、奥六郡以北に荘・保が存在しないことと対応していよう。[18]

第三の特徴は、〈国―郡―郷―村〉の系列よりも、〈国―郡―村〉の系列の事例数の方が多いということである。【Ⅰ】が六十九例であるのに比べて、【Ⅱ】の事例は百六十七例と二倍以上ある。新郡についてみても、【Ⅰ】に近い【Ⅲ】の事例は三十六例、一方で【Ⅱ】に近い【Ⅳ】の事例は四十三例であり、郷の介在しない系列が優位にあることが分かる。したがって、先に提起した課題ａについては、〈国―郡―村〉の系列が優位であると言える。

この第三の特徴の原因を、東北地域の北部が古代において日本の外側にあったことで、日本標準型の〈国―郡―郷―村〉の系列にならなかった、ということに求めることも可能なように見える。しかしながら、この仮説の論証は簡単ではない。この仮説が成り立つためには、第三の特徴が陸奥国北部だけ（①郡制未施行地域と②陸奥国奥六郡・出羽国山北三郡）に現れることが必要である。しかしながら、郡ごとの類型の比率を示した表2を見るに、【Ⅱ】や【Ⅳ】は南部地域にも見られることから、この仮説は成り立ち難い。第三の特徴の原因については、今後の課題としたい。

表2　郡ごとの類型の比率

郡＼型	地域	Ⅰ型	Ⅱ型	Ⅲ型	Ⅳ型	Ⅴ・Ⅵ型
白河	③	4%	50%	0%	0%	46%
石河	③	0%	0%	6%	0%	94%
高野	③	14%	0%	43%	14%	29%
磐瀬	③	40%	60%	0%	0%	0%
会津	③	11%	41%	0%	7%	41%
会津河沼	③	0%	0%	0%	75%	25%
耶麻	③	0%	100%	0%	0%	0%
安積	③	0%	0%	0%	0%	0%
安達	③	0%	0%	0%	0%	0%
信夫	③	42%	0%	0%	0%	58%
伊達	③	0%	0%	89%	11%	0%
刈田	③	75%	0%	0%	0%	25%
柴田	③	0%	0%	0%	0%	100%
名取	③	85%	0%	0%	0%	15%
菊多	③	0%	13%	0%	0%	88%
磐城	③	9%	62%	0%	0%	29%
岩崎	③	0%	0%	7%	93%	0%
標葉	③	0%	50%	0%	0%	50%
行方	③	2%	80%	0%	0%	18%
宇多	③	100%	0%	0%	0%	0%
伊具	③	0%	0%	0%	0%	100%
亘理	③	75%	25%	0%	0%	0%
宮城	③	16%	35%	0%	0%	48%
黒川	③	14%	43%	0%	0%	43%
賀美	③	88%	13%	0%	0%	0%
色麻	③	0%	0%	0%	0%	0%
玉造	③	100%	0%	0%	0%	0%
志太	③	0%	0%	0%	0%	100%
栗原	③	0%	0%	0%	0%	100%
磐井	③	10%	90%	0%	0%	0%
長岡	③	100%	0%	0%	0%	0%
新田	③	0%	0%	0%	0%	0%
小田	③	0%	0%	0%	0%	100%
遠田	③	33%	0%	0%	0%	67%
気仙	③	100%	0%	0%	0%	0%
牡鹿	③	0%	0%	0%	0%	0%
登米	③	0%	0%	0%	0%	0%
桃生	③	0%	100%	0%	0%	0%
大沼	③	0%	7%	7%	80%	7%
江刺	②	25%	75%	0%	0%	0%
膽沢	②	8%	92%	0%	0%	0%
斯波	②	50%	50%	0%	0%	0%
和賀	②	33%	67%	0%	0%	0%
岩手	②	100%	0%	0%	0%	0%
津軽平賀	①	10%	0%	60%	30%	0%
津軽鼻輪	①	0%	0%	100%	0%	0%
津軽田舎	①	0%	0%	100%	0%	0%

表3　【Ⅰ】〜【Ⅵ】の時代的変遷

型＼年	〜1200	1201〜1250	1251〜1300	1301〜1350	1351〜1400	1401〜1450	1451〜1500	1501〜1550	1551〜1600	合計
Ⅰ型	0	3	6	16	21	2	3	9	2	69
Ⅱ型	4	2	17	48	52	8	1	9	11	167
Ⅲ型	0	4	2	8	0	3	0	9	8	36
Ⅳ型	0	2	2	5	8	4	2	3	4	43
Ⅴ型	2	2	7	24	29	8	6	15	9	124
Ⅵ型	0	7	6	6	5	1	0	2	0	29

第四の特徴は、【Ⅰ】〜【Ⅵ】の時代的変遷を示した表3も踏まえると、【Ⅱ】が多いという陸奥国の特徴は、中世を通じて変わらないということである。一二〇〇年まで【Ⅱ】が多く、サンプル数の増加する一二五〇年からは、【Ⅱ】の件数は【Ⅰ】の二〜三倍で推移し、〈国―郡―村〉系列が優位である傾向は、少なくとも十四世紀まで継続している。十五世紀については、サンプル数が大幅に減少するため、確言はできないものの、【Ⅰ】と【Ⅲ】の合計は八例、一方で【Ⅱ】と【Ⅳ】の合計は十五例であり、〈国―郡―村〉系列の優位は崩れていないと考えられる。したがって、課題bについては、〈国―郡―村〉の系列から〈国―郡―郷―村〉の系列に変化するとは言えないということになる。

個別に見れば、【Ⅱ】の系列から【Ⅰ】の系列へ変化する郷・村は存在する。そのような事例が存在するにもかかわらず、【Ⅱ】の系列の優位が維持されるのは、新たに出現する郷・村の多くが【Ⅱ】の系列であるからである。このことは、陸奥国の郷・村の成立過程を考える上でも意味を持っている。「はじめに」で言及した中世日本の郷・村の成立過程は、郷が基軸になって内部に村を生み出し、やがて郷が分裂して郷と村の数が増加していくというものだった。この成立過程を辿る郷・村の系列における現れ方は、次のようになる。当初は、「〇〇郡―X郷」というシンプルな系列がある。X郷が成長する中でX郷内にY村が成立すると、系列が「〇〇郡―X

郷―Y村」に変化する。Y村の成長が続くと、Y村はY郷と呼ばれるようになり、X郷から自立し、系列が「〇〇郡―X郷・Y郷」に変化する。以上の系列は全て【Ⅰ】で説明できる。しかしながら、陸奥国において郷・村が【Ⅱ】の系列として出現するということは、陸奥国における郷・村の形成が、郷を基軸としていなかった可能性を示している。その理由については、今後の検討課題としたい(19)。

おわりに

本稿では、陸奥国の郷村表の分析を行った。今後、特に出羽国の郷村表の作成が進むことで結論は変わる可能性は大いにあるが、本稿では東北地域の郷・村の特徴として以下の三点を挙げたい。

第一に、他地域では、古代において郷の検出数が多いのに対し、東北地域では村の検出数が多い。この特徴は、古代東北地域の北部において、蝦夷の村が多く存在していたことによる。第二に、和名抄郷は、東北地域南部で一部存続したほか、所有のユニットに転化するケースもあった。第三に、他地域では〈国―郡―郷―村〉の系列が「社会の骨格」をなしていたのに対し、東北地域では〈国―郡―村〉系列が優位であり、他地域とは異質な「社会の骨格」を持っていた。あわせて、現段階では、〈国―郡―郷―村〉の系列に変化していくという傾向は確認できなかった。この点については、今後郷村表の作成作業を進める過程で、村が郷になるパターンが検出されていく可能性もあり、より精緻に検討していく必要がある。東北地域で〈国―郡―村〉系列の「社会の骨格」が強靭さを持っていた可能性を含めて、今後の検討課題としたい。

注

1　①については、大山喬平「ムラの新たな研究のために」（『日本中世のムラと神々』岩波書店、二〇一二年、初出二〇一〇年）、②については、「鎌倉初期の郷と村」（同書、初出一九九九・二〇〇〇年）。
2　花田卓司「中近世における下野国の郡域変動」（大山喬平・三枝暁子編『古代・中世の地域社会――「ムラの戸籍簿」の可能性――』思文閣出版、二〇一八年）。
3　大山喬平「あとがきにかえて」（前掲注2大山・三枝編書）。
4　入間田宣夫「平泉柳之御所出土の「磐前村印」をめぐって」（同『平泉の政治と仏教』高志書院、二〇一三年）
5　今回は、作業途中のため、郷名の初出表については掲載せず、村名に限定した。
6　「ムラの戸籍簿」研究会事務局「序章」（前掲注2大山・三枝編書）。
7　熊谷公男「秋田城下の蝦夷と津軽・渡嶋の蝦夷」（小口雅史編『海峡と古代蝦夷』高志書院、二〇一一年）。
8　前掲注1大山「鎌倉初期の郷と村」。
9　入間田宣夫「郡地頭職と公田支配」（『日本文化研究所研究報告　別巻』第六集、一九六八年）。入間田氏の作業と重複するところも多いが、改めてこの点について確認してみたい。
10　前掲注1大山「鎌倉初期の郷と村」。
11　大石直正「治承・寿永内乱期南奥の政治的情勢」（同『奥州藤原氏の時代』吉川弘文館、二〇〇一年、初出一九八〇年）。
12　①・②の地域については、前掲注4入間田論文による。③の地域については、前掲注9入間田論文による。
13　入間田宣夫「延久二年北奥合戦と諸郡の建置」（同『北日本中世社会史論』吉川弘文館、二〇〇五年、初出一九九七年）。
14　前掲注2花田論文。
15　新郡型の系列については、【Ⅰ】と【Ⅱ】を区別した考え方に同じく、〈国―郡―郷―村〉の系列で説明できるものを【Ⅲ】、一方で新郡と村の間に郷が介在しない系列を【Ⅳ】と分類した。但し、九世紀に置かれたとみられる奥六郡については、和名抄に記載がない郡もあるものの、新郡として扱わなかった。
16　前掲注2花田論文。
17　柳原敏昭「解説」（小林清治・大石直正編『中世奥羽の世界　新装版』吉川弘文館、二〇二二年）。

18　大石直正「陸奥国の荘園と公領」(『東北学院大学東北文化研究所紀要』二二号、一九九〇年)。

19　前掲注9入間田論文が紹介している留守氏による荒居村の開発の事例が参考になるだろう。荒居村は、文暦元年(一二三四)に「南宮庄内荒野七町」として登場し、当初は荒地であった。しかしながら、留守氏のイニシアティブの下で開発が進行し、元亨四年(一三二四)以後は「荒居村」と呼ばれるようになった。このように広大な荒野を領主が大規模に開発するというようなことが起きると、郷の中に村が存在するという過程を経ずに、〈郡―村〉系列が発生するのかもしれない。

第十章 「ムラの戸籍簿」からみた地域差

花田卓司

はじめに

「ムラの戸籍簿」研究会の取り組みは、次の三つの段階からなる。(1)

第一段階：古代・中世史料上に「某郷（里）」または「某村」と明記されるものの初出事例を収集し、律令制下の国・郡別にまとめた「郷村表」と、初出数を世紀別・郡別に整理した「郷村名郡別世紀別初出表」を作成する（二つの表を合わせて「ムラの戸籍簿」という）。

第二段階：「ムラの戸籍簿」作成を通じて国別・地域別・時代別の特徴を把握し、初出事例以外の史料と合わせて各国・各地域の郷・村に関する個別研究を深化させる。

第三段階：非文字史料や隣接分野の成果を取り入れ、郷・村の総合的考察を行う。

研究会にとって「ムラの戸籍簿」作成は基礎作業として重要な位置を占めているが、より重きを置いているのは「ムラの戸籍簿」を踏まえた第二段階・第三段階の研究である。本書第Ⅱ部に収められた論考は、おもにこの六〜七年ほどの間に新たに作成された「ムラの戸籍簿」を利用しながら、各国・各地域の郷や村がどう現れ、いかなる特徴が見出せるのかを論じたもので、これらの国・地域における郷・村の実態、さらには人びとの生活の場であるムラに迫っていく第二段階・第三段階に向けた予備的な考察と位置づけられる。各論考で示された課題や展望は、それぞれの国・地域の具体的な場にそくして今後考究していかなければならないが、本章では各論考を通じて浮かび上がる地域差を整理しておきたい。

一　郷・村初出数の全国的傾向

まずは現段階における「ムラの戸籍簿」に基づき、全国の郷・村初出傾向を確認しておく。表は二〇二四年五月時点でＷＥＢ上に公開している二十三ヵ国に、作業が完了して公開準備中のものと、作業継続中だがある程度参照可能なもの、二十六ヵ国の暫定データを加えた合計四十九ヵ国分の「郷村名国別世紀別初出表」である。[2]

郷・村の初出数は八世紀に最初のピークがあり、九〜十一世紀に激減したのち十二世紀から増加に転じ、十四世紀に二度目の、十六世紀に三度目のピークを迎えるのが全国的にほぼ共通する傾向である。[3]こうした傾向は、当然ながら各時期における史料残存状況に影響された側面がある。各国「郷村表」をみると、国ごとに差はあるにせよ、八世紀は「正倉院文書」・平城宮跡出土木簡・『風土記』など郷・村名を記す文献史料に比較的恵まれており、十四世紀には全体的な史料残存数の増大、とくに内乱状況下で宛行状・寄進状・譲状や訴訟・遵行関係の文書などが増加する。十六世紀は戦国大名や豊臣秀吉による検地関係史料や、知行目録などの存在が大きい。

表　49ヵ国「郷村名国別世紀別初出表」

郷・村／世紀	郷												村											
	7	8	9	10	11	12	13	14	15	16	未詳	合計	7	8	9	10	11	12	13	14	15	16	未詳	合計
合計	95	1050	66	60	72	424	687	1395	981	1878	133	6841	3	192	43	29	72	243	574	1561	1196	4378	195	8486
山城国		30	17	7	10	15	23	9	40	29		180		10	4	4	5	6	5	9	17	128		188
大和国		30	4	16	8	26	41	37	56	15		233		31	4	4	3	8	11	8	10	165		244
摂津国		27	3	2	4	5	13	16	10	7		87		11	3		2	19	48	100	69	101		353
和泉国		7			2	10	3	2	4			28		1	1			11	15	10	23	42	1	104
伊賀国		6			9	2	3	4				24		1		4	28	8	6	2	9	2	1	61
伊勢国		29	4	6	5	13	14	39	48	154	10	322	2	6	1	2	8	34	27	70	33	62	7	252
志摩国	2	12				1				1	3	19			1	1			1	4				7
尾張国	6	38				27	35	152	89	331	15	693		2				1	15	77	38	215	14	362
参河国	13	24				4	27	53	69	183	1	374						1	2	42	29	256		330
遠江国	4	13		1	1	18	17	88	37	107	6	292						20	2	45	25	132	4	228
駿河国	1	10					11	56	21	110	2	211							1	11	12	68		92
甲斐国		3	1	1			4	31	23	185	1	249		1				3	5	11	13	64		97
伊豆国		9			3	10	5	36	14	37		114								19	20	36		75
相模国		17			1	17	25	54	18	110	5	247							5	22	15	62	4	108
武蔵国		6	2			9	32	114	62	55	1	281						1	14	46	28	52	1	142
安房国	1	38					4	3	4	22		72							2	7	6	73		88
上総国		16	3	1		2	12	48	25	45		152			1			4	1	41	17	24		88
下総国		14	3	1		17	23	58	10	58		184		1				11	15	61	28	36		152
常陸国		48	2			10	50	102	76	29		317		14		1			20	90	37	31	2	195
近江国		31	7	3	8	20	18	73	63	61	17	301		6	5			4	13	42	125	266	21	482
美濃国	16	32		2	3	11	23	84	68	37	2	278				1		2	5	26	34	183	3	254
飛騨国						8	1	4	7	3		23						1	3	3	3	10		20
上野国	1	16			4	66	15	43	28	39		212						2	8	43	20	45		118
下野国		7				4	41	55	74	90	10	281						1	20	18	9	24		72
若狭国	9	18				4	6	1			1	39						1	7	12	22	74	1	117
越前国		57	2			6	4	29	30	17	5	150	1	15	1			16		8	17	386	22	466
加賀国		11				8	4	14	6	4		47		3				2	5	50	51	199		310
能登国		4		1		1	4	5	4	4		23		1				1	19	27	21	145		214
越後国		5	1	1		1	1	8	8	6		31						2	9	25	5	83		126
丹波国	1	23	3	2	1	15	1	12	6	4	4	72		1	1	1	2	8	10	61	76	195	1	356
丹後国		21				4	1	5	7	1	1	40		4	1		1	3	7	5	9	11		41

但馬国	1	18	2	1	1	4	14	1	1			43						2	21	17	16	104		160
因幡国	1	13		2			2	15	2	7		42							2	11	6	21	4	44
伯耆国	1	4				1	2	7	2	6	4	27						1	1	5	8	21	1	37
出雲国		93				9	37	9		5		153		15				4	19	36	3	26	5	108
石見国			1		1	7	18	5		4		36							1	2	1	7		11
隠岐国	20	33						1				54										3		3
播磨国	1	95	1	2	3	4	11	17	7	4		145		48	4	1	3	1	22	52	86	261		478
美作国	1	20	1			3	13	5	3	2		48		1				1	9	21	42	114		188
備前国	3	28				8	10	7	9	1		66		1				3	18	36	39	12		109
備中国	4	48			1	3	6	8	16	2		88				1	1		12	10	24	24		72
周防国		5		3		1	3	14	2	24		52				3		2	9	7	19	54		94
紀伊国		14	7	1	3	23	40	6	3	10		107		3	15	5	17	37	45	79	45	18		264
淡路国		10				2	5	2		19		38							6	3	11	5		25
阿波国		7					6	17	3		32	65								6	5	16	1	28
伊予国	9	41	1			2	12	22	13	9		109		3	1				1	17	19	13		54
筑前国		1		4	4	1	16	2	7	30	11	76		1		1	1		14	24	21	74	68	204
筑後国		2		2		2	8	8	3	3	1	29					1	3	43	100	12	357	34	550
肥前国		16	1	1		20	23	14	3	8	1	87		12				19	50	140	18	78		317

しかし、史料残存状況との関係以上に注目しておきたいのが、本書第Ⅰ部第二章の吉永隆記論文でも触れられているように、中世村落史研究が明らかにしてきた村落の成立・展開の画期——中世初期村落の成立（十一～十二世紀）、近世村や現在の集落への連続が顕著となる村落の成立（十四世紀）、権力による支配単位としての村把握の進展（十六世紀）——と「ムラの戸籍簿」にみる郷・村の初出数増加時期とが重なる点である。もちろん、これをもって両者を短絡的に結びつけようというわけではなく、初出数の推移をどう評価するかは現在未着手の国々の「ムラの戸籍簿」を作成した上で今後検討すべき課題である。だが、中世村落史研究の成果とも親和的なデータが蓄積されつつある事実は、「ムラの戸籍簿」が「郷・村初出事例の単なる集積」ではない、史料の乏しい地域も含めて全国的視野から郷・村の歴史的動態や地域差を考えていくための有効な手がかりとなることを示している。

つづいて、表から郷と村とを比較すると、十三世紀までは郷の初出数が村の初出数を上回るが、十四世紀以降は村の初出数が郷の初出数を上回るようになる。これをもう少し詳しくみるために、表では各国単位で世紀別に郷と村との初出数を比較し、多い方に網掛けを施した（同数の場合はいずれにも網掛けをしていない）。たとえば山城国の場合、八世紀に郷が三十郷、村が十村なので、郷の方に網掛けをしている。これによると、十三世紀以降の郷・村初出数が地域ごとに異なった様相をみせることが明らかで、畿内のうち山城・大和両国は十五世紀まで、東海道・東山道諸国では一部を除いて十六世紀に至るまで郷の初出数が村の初出数を上回っており、対照的に北陸道・山陰道・山陽道・南海道・西海道諸国では村の初出数の方が多い[4]。

東国に郷が多く西国には村が多い傾向は、「ムラの戸籍簿」作成担当者間ではある程度共有されており[5]、また、多くの中世史研究者が抱いてきたイメージでもあったろう[6]。「ムラの戸籍簿」によってこのイメージが明確な地域差として具体的に数値化されたのは、成果の一つとしてよいと思われる。

二　「ムラの戸籍簿」からみた地域差

前節で確認した全国的傾向を念頭に置きつつ、本節では第Ⅱ部各論考から浮かび上がる地域差をめぐる成果と課題をまとめておく。

第一に、「ムラの戸籍簿」を根本で規定する史料面での地域差について。

第二章大欠哲論文が取り上げた山城国は、八世紀から十六世紀まですべての時期で郷・村の初出事例が確認できる。八世紀以降継続して郷・村の初出事例があるのは、山城国以外では大和・伊勢・丹波・

播磨・紀伊の五ヵ国のみで、十世紀の村が所見しない摂津、十・十一世紀の村が所見しない近江の二ヵ国がこれにつづく。大欠論文によると山城国の場合は六国史や『延喜式』などに郷・村が確認できるといい、各国「郷村表」を参照すると、大和・伊勢・丹波・播磨・紀伊・近江の各国でも六国史や『古事記』・『風土記』・『新撰姓氏録』などから郷・村が採録されている。(7) 古代、とくに九・十世紀は全国的に郷・村の初出数が少ない時期だが、他地域ではあまりみられない国家による編纂史料に郷・村が記される点に、古代以来政治・文化の中心地であった畿内近国地域の特異性がある。また、十五世紀には『山科家礼記』によって宇治郡山科地域の郷が多く検出できるのに象徴されるように、山城国をはじめとする畿内近国地域では、文書だけではなく日記・記録類からも初出事例を拾える場合が多い。これも史料面での畿内近国地域と他地域との相違である。

畿内近国地域は右に述べたような古代以来の史料の豊富さとともに、惣村文書が多く残っており、惣村研究の中心的フィールドとなってきた。第八章村上絢一論文は、近年の惣村研究で重視されている十三世紀から十四世紀にかけての集村化の進行と畿内近国地域の「ムラの戸籍簿」による郷・村初出状況との対照を起点に、十三世紀から十四世紀の和泉国内で現れる自治的な村落を捉え、これを同じ時期に初出する近隣の村落と比較しながら地域社会のなかに位置づけている。惣村研究と「ムラの戸籍簿」とを接続させる際の指針となる試みといえよう。

畿内近国地域とは対照的に、中世村落関係史料、とくに在地側・村落側の史料に乏しいのが関東地域である。第四章貝塚啓希論文が扱った甲斐国は、十二世紀以前には郷・村とも史料上ではほとんど確認できない。十二世紀以前の郷・村初出事例の少なさ、とりわけ村の現れにくさは東海道・東山道諸国の大部分に共通するが、そうしたなかでも甲斐国の少なさは際立っており、(8) これは同国では応仁・文明の乱以前の文献史料が僅少であるという史料的制約に起因する。

このような史料的制約を乗り越えるべく、関東地域の中世村落史研究はさまざまな視点から村落へのアプローチを重ねてきた。こうした成果を踏まえながら、第五章吉竹智加論文ではあらためて寺社史料の重要性を確認するとともに、制札・掟書などへの注目を促している。棟札や金石文も含む宗教関係史料に郷・村が現れやすいというのは「ムラの戸籍簿」研究会でも意識されてきた全国に共通する特徴であり、貝塚論文や第六章杉江綾乃論文でも言及されている。制札類は関東地域のみの史料ではないが、吉竹論文がいうように豊臣秀吉の小田原征伐後に広範囲に一斉発給されたところに関東固有の事情が認められる。関東地域の郷・村は領主側にとっての支配単位・所領単位として史料上に現れる場合が多いが、在地側・村落側の要求により発給される制札類に記された「郷」・「村」（以下、史料表記を意味する場合は「」を付す）は、在地側の人びとの認識を知り得る史料とみることができ、郷・村の内実に迫るための糸口となる可能性がある。郷・村関係史料が全国で同じように残されているわけではない以上、それぞれの国・地域を特徴づける史料をどう活用しながら郷・村の実態に迫っていくか、「ムラの戸籍簿」を読み解く上での工夫が今後も求められる。

第二に、〈国―郡―郷―村〉の系列をめぐる地域差について。

大山喬平氏は〈国―郡―郷―村〉の系列こそが在地社会の骨格をなしており、これを所有の一点において任意に切り取ったのが荘園（〈荘―名〉の系列）であるとして、中世荘園制社会を理解する上で〈国―郡―郷―村〉の系列に注意する必要を説く。そして、荘園制の成立によって〈国―郡―郷―村〉の系列がいかなる変容を遂げるのかをみるべく、越中国を素材に地名の重層表記のあり方を三類型――基本型（すべての地名表記が「国―郡―郷―村」の範囲に収まる形式）・派生型（地名表記に荘・保・御厨など荘園的所領表記を介在させる形式)・展開型(基本型・派生型に入らない特殊な地名表記)——に分類した。[9] これにならって下野国を分析してみると、そもそも律令制下の郡名が中世史料上に記載されることがほとんどなく、郷・村の上位の広域地名としては荘園・新郡(中世的郡)の名称が記載されること、しかもそれら荘園・新郡は必ずしも律令制下の郡の枠組みに収まらず、郡域を超えた領域を持つ場合があることなどが明らかとなった。[10] このことは、律令制的郡郷の解体と荘園の成立にともなって、〈国—郡—郷—村〉という在地社会の骨格が大きく変容したことを意味する。

同様の傾向は甲斐国でもみられる。第四章貝塚啓希論文によると、甲斐国には律令制下で山梨・八代・巨摩・都留の四郡が設置されたが、都留郡以外は中世史料上にほとんど記載されず、荘園名や「九筋二領」といった新たな領域の名称が広域地名として用いられるという。この「九筋二領」は、山梨・八代・巨摩の三郡が郡域とは無関係に甲府盆地を中心とする「国中」と富士川沿岸の「河内」とに再編され、さらに「国中」が九つの「筋」に細分されて成立した領域である。

第五章吉竹智加論文は、律令制下の郡名ではなく荘園や新郡など新たに創出された領域の名称を冠して郷・村が現れるのは、関東地域全体に共通する特徴であると指摘している。これに対し、各国「郷村表」や大山氏作成の「諸国郷・村一覧(文治元年(一一八五)から建暦元年(一二一一)まで)」・「越中国の郷と村」[11] などをみると、畿内近国地域では「某郡某郷(村)」のような律令制下の郡名と郷・村との重層表記が少なからず確認できる。むろん律令制下の郡名・郡域が全面的に存続するわけではなく、荘園化の度合いによって一国内の郡ごとにも差はあるが、関東地域に比べて維持されやすい傾向にあるとみてよい。

では、畿内近国と関東地域との中間に位置する東海地域はどうか。第六章杉江綾乃論文によると、尾張・三河両国では史料上に律令制下の郡名が記載されて〈国—郡—郷—村〉の系列がみえやすいのに対し、遠江・駿河・伊豆の三ヵ国は東に向かうにつれて郡名が記載されなくなり、かつ戦国期には律令制下の郡名・郡域とは異なる新郡も現れるという。〈国—郡—郷—村〉の系列の面から「畿内と東国の特徴が錯綜する場」としての東海地域の性格があらためて浮き彫りになったと同時に、東海地域全体のなかの地域差も見出された。

杉江論文で「東国の特徴」（傍点は引用者）という言葉が用いられているように、律令制下の郡名の不記載や〈国—郡—郷—村〉の系列のみえにくさは、これまで「ムラの戸籍簿」作成が比較的進んでいた関東地域と、未着手であった陸奥・出羽両国も含む「東国」、畿内近国から離れた遠国に共通する傾向なのではないかと予想していた。ところが、東北地域（陸奥国）を取り上げた第九章荒木舜平論文では、陸奥国の場合は「某郡某郷（村）」の重層表記が多くみられ、郡の枠組みが維持されていること、〈国—郡—郷—村〉の系列よりも〈国—郡—村〉の系列の方が優位であることなど、独特な地域性が示された。陸奥国で史料上に「郡」記載が多くみえるのは、国衙行政権を一部継承した鎌倉期の郡地頭職や、南北朝期の郡検断職など、行政・検断の単位として郡が機能し続けたためとされる。

以上から、〈国—郡—郷—村〉の系列からみた場合、現時点で【郡の枠組みが比較的維持されやすい畿内近国地域から東海地域西部】・【郡の枠組みの解体が顕著な関東地域と東海地域東部】・【郡の枠組みは維持されるが、古代以来〈国—郡—村〉の系列が骨格となっている陸奥国】という地域差を指摘できる。今後は中国・四国・九州地域の検討を進め、右のような各地域の特徴をあらためて全国的視野から位置づけていく必要がある。

あわせて、律令制下の郡に代わる新たな領域が何によって創出され、在地社会に根付いていくのかを追究することも重要である。たとえば下野国の場合、天仁元年(一一〇八)の浅間山大噴火後の再開発を担った武士団による私領形成が律令制下の郡域とは無関係な荘園・新郡を生み、所領支配や祭礼を通じて一体性が保たれ近世の郡域へと連続していく。甲斐国の場合は、古代豪族の勢力圏に基づき恣意的に設定された律令制下の郡域が在地社会の実態になじまなかったために、自然地形などによる新たな地域区分を在地社会側が創出して用いたと貝塚論文は指摘する。下野・甲斐両国は、律令制下の郡とは異なる新たな領域の枠組みが作られる点では共通するが、その契機は異なっているのである。これは、そうして出来上がった新たな領域的枠組みのもとで史料上に現れる郷・村のあり方とも無関係ではないはずである。

第三に、「郷」と「村」とが史料上、あるいは人びとの認識上どのように区別されていたのかについて。これは前節で述べた東国と西国との郷・村初出数の地域差と関連する問題でもある。

第五章吉竹智加論文は、関東地域では同じ対象であっても「郷」・「村」両様の表記がされる場合があり、両者の使い分けに有意な傾向が見出しにくいと指摘する。同様に第六章杉江綾乃論文も「郷」・「村」・「名」の違いが明確ではない点を東海地域全体の特徴に挙げる。ほかにも、山城国綴喜郡で内村・内(有智)郷がともに八世紀に確認できること(第二章大欠哲論文)、十五世紀に近江国富永荘の宇根郷と宇根村とが互換的に用いられていたこと(第八章村上絢一論文)などが示されている。

ただ、別の言葉があてられているからには、人びとの認識上で両者を区別する何らかの基準が存在したはずである。たとえば、中世前期の東国における「郷」と「村」について、福田豊彦氏は「必ずしも一率ではないが」と断りつつ、下総国香取社領では「「村」というのも「郷」というのも、まったく同一の対象を指している」が、「国役の賦課対象として呼ぶ場合には「郷」を用い、神社や在地領主が自己の所領を記す場合には「村」の用語を使っている場合が多」く、これは「「郷」と「村」の本来的な性格の相異を反映している」と述べている。[12] また、第三章井戸裕貴論文では尾張国葉栗郡の破田郷・破田村について、領家年貢収取単位としては「破田郷」、村請の場合は「破田村」と使い分けられていたとする説[13]を踏まえつつ、在京している領主・守護らが「破田郷」を、地域住民側が「破田村」を用いた可能性を提示している。このように、「郷」・「村」両様の表記がされるものについて、史料の性格や作成主体・目的・機能、そして時期的変遷や地域性も踏まえた分析を積み重ねながら、人びとが何をもって「郷」と呼び、「村」と呼んだのかの認識に近づいていく必要がある。

人びとの認識に近づくという意味では、現地と所縁のない、他所から来た者が作成した史料上での「郷」・「村」表記が注目される。一例として、南北朝期に備後国から九州に遠征した山内通忠の軍忠状には、「筑後河小田瀬渡、打二入生葉之村一、散在村令二放火一時、終日致二合戦一」との記述がある。[14] ここにいう「生葉之村」は内部に「散在村」を含んでいるので、実質的には生葉荘を指すとみられる。[15] 山内通忠が遠征軍の一員であり、筑後国内の地名情報に不案内であったろうことを踏まえると、生葉荘を「生葉之村」と記したのは現地での呼称をそのまま記載したか、彼自身が「村である」と認識したかのいずれかと考えられる。

現地での呼称にせよ、他所から来た者の判断にせよ、「村である」との認識は「村ではない何か」との比較に基づくはずで、それは道路に沿って家(町屋)が連なる町の景観であろう。[16] 戦国期の史料ではあるが、著名な『中務大輔家久公御上京日記』は、「今藤といへる村」や「三原といへる村」をはじめ多くの「村」を記すとともに、「鹿子木といへる町」や「山賀といへる町」、そして「しやくし(坂越)とて郷有」や「せ(瀬)川といへる郷」などと、「郷」・「村」・「町」を書き分けている。[17] 現地に所縁のない旅行者である島津家久がこれらを「郷」・「村」・「町」と区別して認識したのは、彼が目にしたそれぞれの景観や空間的な規模が異なっていたためと考えられる。このうち坂越郷については、瀬戸内の港津を「ムラの戸籍簿」とのかかわりで分析した第七章松井直人論文において、領域内に「村」を包含し、複数の集落の集合領域として存在していた港津の例として紹介されている。単独の村や町に比べて規模の大きい空間であったことが、家久がこれを坂越村ではなく坂越郷と認識した背景にあったのではないだろうか。

ただし、こうした景観の相違があるにしても、「郷」のなかの「宿」や「郷」のなかの「町」の存在が知られている通り(18)、中世においては「郷」・「村」と「町」とは完全に切り分けられていたわけではない。松井論文で何より重要なのは、これまで都市的要素を含む空間として取り上げられることの多かった港津が、一方では「郷」・「村」とも認識されて史料上に現れることを指摘した点である。中世村落が都市的要素を内包していたとする清水三男氏の村落論(19)にあらためて立ち返り、いま一度「郷」・「村」が指し示すものの内実を検討していく必要があるだろう。

おわりに

以上、本章では地域差に焦点をあてて第II部各論考の成果をあらためて確認しつつ、今後の課題と展望を整理した。最後に、九州地域について若干触れておきたい。

第一節で挙げた表に明らかなように、九州地域の「ムラの戸籍簿」作成は他地域に比べて遅れており、豊前・豊後・肥後・日向・大隅・薩摩・対馬・壱岐の八ヵ国が未着手の状態である。当面はこれらの国々の「ムラの戸籍簿」作成を進めることが課題となるが、その際に留意しておくべき点を二、三挙げておく。

まず、律令国家による支配の展開が遅れた「辺境」としての南九州の地域性である。同じ「辺境」の陸奥国は、八～九世紀に村の初出事例が多いことが第九章荒木舜平論文で指摘され、それは郡や郷に編成されていない蝦夷の村が広がっていたためであるという。大隅・薩摩両国における古代の郷・村は検出しにくいが、『続日本紀』天平勝宝七年（七五五）五月丁丑条の「大隅国菱刈村」、『同』天平宝字八年（七六四）十二月条の「麑嶋信爾村」の事例が知られており、[20]前者の「菱刈村浮浪九百卅余人」の申請によって菱刈郡が新設されたという記事は、郡成立の契機が在地社会の人びとの側にあった点が特筆される。[21]律令国家による領域の編成〈国―郡―郷―村〉の系列〉がどのように進展していくのか、陸奥・出羽両国との比較検討が重要である。

また、律令制的郡郷の解体と荘園の成立にともなって、九州地域では島津荘をはじめ怡土荘・秋月荘・山鹿荘・大野井荘・国富荘のような、複数の郡をまたぐ大規模荘園が成立し、「院」[22]や「別符」といった新たな領域の単位が南九州でとくに集中的に現れるなど、〈国―郡―郷―村〉の系列が史料上見出しにくい点で関東地域との共通性がある。日向・大隅・薩摩三ヵ国は建久図田帳[23]によって鎌倉初期の所領構成がうかがえるが、図田帳の記載形態にはそれぞれの国の状況を反映した差異があることも指摘されている。[24]これらを念頭に置きながら、新たな領域の枠組みがどのように作られていくのか、郡・荘・院・別符などと郷・村との関係はどのようであるかを整理し、九州内部での地域差、全国のなかでの九州の位置づけを明らかにしていかなければならない。

「ムラの戸籍簿」作成上の原則は、史料上で明確に「某郷（里）」・「某村」と記されている初出事例を律令制下の郡別に集積することである。これは機械的な作業であるため各国「ムラの戸籍簿」作成担当者の予断や独自の史料解釈が入る余地がないぶん、さまざまなレベルの「郷」や「村」が一律に「ムラの戸籍簿」に拾い上げられていくことになる。こうした手法・原則についてはすでに批判もあるが[25]、一方で、この原則にこだわったがゆえにみえてきた全国的傾向や地域差や数々の論点があることは、本章で整理してきた通りである。「ムラの戸籍簿」は、古代・中世の人びとが何を「郷（里）」・「村」と認識したのか、全国規模での初出事例の集積――前述の通り、これは解釈を排除した史料上の事実の集積に終始する――を通じてまず探り、国・地域ごとの郷・村の実態や地域差などを具体的に議論していくための土台であって、「ムラの戸籍簿」の作成自体が目的ではない。これを出発点に、郷・村が記される史料の性格（本書第III部の史料論を参照）を踏まえた検討を積み重ねていくことで、荘園制の外皮に覆われた人びとの〈生活のユニット〉であるムラがみえてくるはずである。

注

1　大山喬平「ムラの新たな研究のために――ムラの戸籍簿を作ろう――」（同『日本中世のムラと神々』岩波書店、二〇一二年、初出二〇一〇年）五一八～五二〇頁。以下、再掲の場合は副題を省略する。

2　「ムラの戸籍簿」データベース（https://www.drfh.jp/mura）。

3　これについては「ムラの戸籍簿」研究会事務局「序章」（大山喬平・三枝暁子編『古代・中世の地域社会――「ムラの戸籍簿」の可能性――』思文閣出版、二〇一八年）の門井慶介氏執筆部分でも触れられている。

4　ただし、西海道については筑前・筑後・肥前三ヵ国のデータに限られているため、今後残り八ヵ国の「ムラの戸籍簿」作成が進むことで若干の変動があるかもしれない。

5　前掲注3「ムラの戸籍簿」研究会事務局「序章」（門井慶介氏執筆部分）。本書第II部第二章大欠哲論文では畿内近国の「ムラの戸籍簿」を比較し、山城・大和・近江国を境として東側に郷が多く、西側に村が多い傾向を指摘している。

6　榎原雅治「大山喬平・三枝暁子編『古代・中世の地域社会――「ムラの戸籍簿」の可能性――』を読む 書評報告Ⅳ」（「ムラの戸籍簿」研究会シンポジウム報告レジュメ、二〇一九年八月三日）。

7　紀伊国の場合は『日本霊異記』からも多くの郷・村が検出される。

8　甲斐国同様に郷・村が検出しにくいのが飛驒国で、十一世紀以前には郷・村ともに確認できない。

9　大山喬平「鎌倉初期の郷と村――文治元年（一一八五）から建暦元年（一二一一）まで――」（前掲注1大山喬平『日本中世のムラと神々』、初出一九九九年・二〇〇〇年）、同「越中の庄・郷・村」（同上書、初出二〇〇三年）。

10　拙稿「中近世における下野国の郡域変動」（前掲注3大山喬平・三枝暁子編『古代・中世の地域社会』）。

11　前掲注9大山喬平「鎌倉初期の郷と村」三九五～四一九頁、同「越中の庄・郷・村」四四六～四五七頁。

12　福田豊彦「下総国香取神社の中世への変容」（同『中世成立期の軍制と内乱』吉川弘文館、一九九五年、初出一九六〇年）二七六～二七七頁。ここにいう「本来的な性格の相異」は、「郷」は国衙領の呼称であり「村」は「やがて荘園となるべき所領が私領主的状態にある時の呼称」であるとする清水三男氏の理解（清水三男〈大山喬平・馬田綾子校注〉『日本中世の村落』岩波書店、一九九六年、初出一九四二年、第三章「荘園文書に現れた村」・第四章「郷」）を前提としている。

13　上村喜久子「中世尾張国の「郷」「村」と荘園・国衙領」（同『尾張の荘園・国衙領と熱田社』岩田書院、二〇一二年）。

14　応安八年正月日山内通忠軍忠状（証判は今川頼泰）（「山内首藤家文書」、『大日本古文書 家わけ十五 山内首藤家文書』六〇号）。なお、同じく山内通忠が提出した同日付・同内容で証判者が今川了俊である軍忠状（同上書五九号）では「之」を欠いた「生葉村」となっているが、意味するところは変わらないと考える。

15　なお、生葉荘内には朝田村がある（暦応四年四月十日沙弥道大譲状写〈「萩藩譜録相杜六郎広連」、『南北朝遺文 中国四国編』一〇六〇号〉）。

16　保立道久「宿と市町の景観」（『季刊自然と文化』一三号、一九八六年）、池上裕子「市場・宿場・町」（『日本村落史講座2 景観Ⅰ 原始・古代・中世』雄山閣、一九九〇年）、高橋慎一朗「中世都市論」（『岩波講座日本歴史 第七巻 中世二』岩波書店、二〇一四年）。

17　村井祐樹「東京大学史料編纂所所蔵『中務大輔家久公御上京日記』」（『東京大学史料編纂所研究紀要』一六号、二〇〇六年)。
18 前掲注16池上裕子「市場・宿場・町」。
19 前掲注12清水三男(大山喬平・馬田綾子校注)『日本中世の村落』。
20 「郡郷の沿革」(鹿児島県編『鹿児島県史 第一巻』鹿児島県、一九三九年)。
21 この「浮浪九百卅余人」については、小林敏男「南九州の村落」(『日本村落史講座2 景観Ⅰ 原始・古代・中世』雄山閣、一九九〇年)に詳しい。
22 院については、坂本賞三「郡郷制の改編と別名制の創設」(同『日本王朝国家体制論』東京大学出版会、一九七二年)、海老澤衷「荘園公領制の地域偏差――南九州三ヵ国に展開する島津荘を例として――」(同『荘園公領制と中世村落』校倉書房、二〇〇〇年、初出一九七七年)。
23 建久図田帳をはじめ諸国大田文の研究は多く存在するが、さしあたってこの三ヵ国を主題としたものとして、五味克夫「薩摩国建久図田帳雑考――田数の計算と万得名及び「本」職について――」(同『鎌倉幕府の御家人制と南九州』戎光祥出版、二〇一六年、初出一九五九年)、同「大隅国建久図田帳小考――諸本の校合と田数の計算について――」(同上書、初出一九六〇年)、同「日向国建久図田帳小考――諸本の校合と田数の計算――」(同上書、初出一九六〇年)を挙げておく。
24 前掲注22海老澤衷「荘園公領制の地域偏差――南九州三ヵ国に展開する島津荘を例として――」、同「日向国における別符の歴史的意義」(前掲注22海老澤衷『荘園公領制と中世村落』、初出一九七九年)。
25 木村茂光「「村」・「ムラ」はあれど「むら」はなし――中世前期村落の評価のために――」(『歴史評論』八四五号、二〇二〇年)、坂本亮太「惣村研究の現在地――日本中世後期村落史研究の新展開――」(『新しい歴史学のために』二九八号、二〇二一年)など。

第Ⅲ部　郷と村の史料論

第一章　古代仏教説話に見える郷・村

駒井　匠

はじめに

『日本霊異記』（以下、『霊異記』と略称）は日本最古の仏教説話集である。上中下三巻に分かれ、全百十六の説話を収め、各巻に序文を付す。作者は薬師寺僧景戒である。成立過程は、延暦六年（七八七）頃に一度原形が作られ、弘仁十三年（八二二）頃までに増補されたというのが通説的理解である。

これまで『霊異記』は文学研究の立場から多くの研究が蓄積されてきたが、近年では歴史資料として活用しようとする研究も増加している[1]。本稿では、歴史学研究の立場から積み上げられてきた『霊異記』研究の成果に導かれながら、（1）『霊異記』における村・里・郷表記の特徴についてまとめ、（2）『霊異記』に見える村について興味深い事例を紹介し、『霊異記』に見える村・里の特質について考察する。

一　『霊異記』における村・里・郷表記

『霊異記』に見える村については吉田一彦氏の研究があり[2]、最近でも村上菜菜氏により検討されてい

表1 『霊異記』の村表記

	説話	地名表記	年時および説話内に見える具体的な年紀	記載内容	和名抄	備考
1	上4	片崗村	小墾田宮御宇天皇（推古天皇）代	聖徳太子が訪れた場所		
2	上4	崗本村	同上	法林寺の所在地		
3	上28	大和国葛木郡茅原村	藤原宮御宇天皇（文武天皇）之世 太宝元年（701）歳次辛丑正月	役優婆塞の出身地		
4	上32	（大和国）添上郡山村之山	神亀四年（727）歳次丁卯九月	聖武天皇の遊猟先	大和国添上郡山村郷	
5	上35	河内国若江郡遊宜村		練行の沙弥尼の活動地	河内国若江郡弓削郷	
6	中5	摂津国東生郡撫凹村	聖武太上天皇之世	「一富家長公」の居住地		
7	中10	和泉国和泉郡下痛脚村	天平勝宝六年（754）甲午春三月	「一中男」の居住地		
8	中17	大倭国平群郡鵤村	聖武天皇世	岡本尼寺の所在地		
9	中26	吉野郡越部村	聖武天皇代	岡堂の所在地		
10	中29	故京元興寺村		法会開催地		
11	中32	紀伊国名草郡三上村	聖武天皇世	薬王寺のためにこの村の人々が利殖活動を行った		
12	中32	桜村	同上	物部麿の居住地		
13	中33	大和国十市郡菴知村	聖武天皇世	この村の東方に「大富家」あり		
14	下1	紀伊国牟婁郡熊野村	諾楽宮御宇大八洲国之帝姫阿倍天皇（孝謙・称徳天皇）御代	永興禅師の活動地		
15	下2	紀伊国牟婁郡熊野村		永興禅師の活動地		
16	下10	（紀伊国）安諦郡荒田村	神護景雲三年（769）歳次己酉夏五月廿三日丁酉午時	牟婁沙弥の居住地		
17	下15	諾楽京活目陵北之佐岐村	帝姫阿倍天皇之代	犬養宿祢真老の居住地	大和国添下郡佐紀郷	
18	下16	越前国加賀郡大野郷畝田村	奈良宮御宇大八嶋国白壁天皇（光仁天皇）世宝亀元年（770）庚戌冬十二月廿三日夜	横江臣成刀自女の居住地		

19	下20	粟国名方郡埴村	白壁天皇代	忌部首の居住地	阿波国名西郡埴土郷	
20	下29	紀伊国海部郡仁嗜之浜中村	白壁天皇之世	「一愚痴夫」の居住地	紀伊国海部郡浜中郷	下25に「海部郡浜中郷」
21	下30	（紀伊国）名草郡能応村	聖武天皇代 白壁天皇世宝亀十年（779）己未 長岡宮御宇大八嶋国山部天皇（桓武天皇）代延暦元年（782）癸亥春二月十一日	弥勒寺（能応寺）の所在地	紀伊国名草郡野応郷	下16に「能応里」
22	下31	美乃国方県郡水野郷楠見村	山部天皇世延暦元年癸亥春二月下旬	「一女人」の居住地		
23	下38	紀伊国名草郡部内楠見粟村	同（山部）天皇御世延暦六年（787）丁卯秋九月朔四日甲寅日酉時	沙弥鏡日の居住地		複数の年時が見えるが、村表記に関わるもののみ採録
24	下39	大和国山辺郡磯城嶋村	平城宮治天下山部天皇御世延暦十七年（798）之比頃	善珠禅師の幼少期の居住地		複数の年時が見えるが、村表記に関わるもののみ採録

注・表1～3は、注（2）吉田論文、注（3）村上論文に基づき、「ムラの戸籍簿」データベースも使用して作成した。
・「年時および説話内に見える具体的な年紀」項の丸括弧内の西暦と天皇名は筆者による注記。

る。(3) 両氏の成果に基づき、『霊異記』の村・里・郷表記を表にまとめた。その特徴を改めて指摘しておくと、まず村は寺院の所在地や登場人物の出身地を示す場合が多い（表1）。

里（表2）で注目されるのは、『霊異記』では里と村が同様の使われ方をしているということである。例えば、下巻第十七縁（以下、下十七のように記す）には、「弥気里」にある弥気山室堂は「其村人」による建立と記されている。この場合の村は「弥気里」を指すと考えざるを得ない。里を村と同義で用いている事例である。しかもこの事例で注目されるのは、時代としては宝亀二年（七七一）に設定されており、国家的な制度としては里の呼称が使用されていない時期に当たる点である。制度は廃止されても、里の呼称はそこに暮らしている人々にとって身近な単位として残っていったことが窺われる。(4) なお、吉田氏は、『霊異記』の村・里は「自然村落」であったとする。

表2 『霊異記』の里表記

	説話	地名表記	年時および説話内に見える具体的な年紀	記載内容	和名抄	備考
1	上3	尾張国阿育知郡片蕝里	敏達天皇御世	「一農夫」の居住地		
2	上9	但馬国七美郡山里	飛鳥川原板葺宮御宇天皇（皇極天皇）之世癸卯年春三月頃 難破長柄豊前宮御宇天皇（孝徳天皇）之世庚戌秋八月下旬	「嬰児女」の居住地		
3	上10	大和国添上郡山村中里		椋家長公の居住地		
4	上13	大倭国宇太郡漆部里	難破長柄豊前宮時甲寅年	「風流女」の居住地	大和国宇陀郡漆部郷	
5	上27	（摂津国）嶋下郡味木里		石川沙弥が訪れた場所		
6	上32	（大和国添上郡）細見里	神亀四年(727)歳次丁卯九月中	聖武天皇が狩ろうとしていた鹿が逃げ込んだ家の所在地		
7	中3	武蔵国多麻郡鴨里	聖武天皇御世	吉志火麻呂の出身地		
8	中4	尾張国愛智郡片輪里	聖武天皇御世	「一力女」の居住地		
9	中10	（和泉国和泉郡）山直里	天平勝宝六年(754)甲午春三月	「一中男」と兵士が訪れた場所	和泉国和泉郡山直郷	「当村」とも表記
10	中15	伊賀国山田郡噉代里		高橋連東人の出身地	伊賀国山田郡木代郷	
11	中15	同郡御谷之里		使いが訪れた場所		
12	中16	讃岐国香川郡坂田里	聖武天皇御代	「一富人」の居住地	讃岐国香河郡坂田郷	
13	中20	大和国添上郡山村里		「一長母」の居住地	大和国添上郡山村郷	
14	中26	（大和国）吉野郡桃花里	聖武天皇代	広達禅師が訪れた場所		
15	中27	尾張国愛知郡片蕝里		尾張宿祢久玖利の妻の出身地		
16	中30	河内国若江郡川派里		「一女人」の居住地	河内国若江郡川俣郷	
17	中39	（遠江国榛原郡）鵜田里	奈良宮治天下大炊天皇（淳仁天皇）御世天平宝字二年(758)戊戌春三月	里の川辺の中から薬師仏が発見		

18	中41	河内国更荒郡馬甘里	大炊天皇世天平宝字三年(759)己亥夏四月	「富家」の所在地		
19	下8	近江国坂田郡遠江里	帝姫阿倍天皇御世天平神護二年(766)丙午秋九月	「一富人」の居住地		
20	下11	諸楽京越田池南蓼原里	帝姫阿倍天皇之代	蓼原堂の所在地		「其村」とも表記
21	下14	(越前国加賀郡)御馬河里	神護景雲三年(769)歳次己酉春三月二十七日午時	「浮浪人長」が訪れた場所	加賀国石川郡三馬郷	
22	下16	紀伊国名草郡能応里		寂林法師の出身地	紀伊国名草郡野応郷	
23	下17	紀伊国那賀郡弥気里	白壁天皇代宝亀二年(771)辛亥秋七月中旬	沙弥信行の出身地、弥気山室堂の所在地		「其村」とも表記
24	下22	信濃国小県郡跡目里	宝亀四年(773)癸丑夏四月下旬	他田舎人蝦夷の居住地	信濃国小県郡跡部郷	
25	下23	信濃国小県郡孃里	宝亀五年(774)甲寅春三月	大伴連忍勝の居住地、大伴連建立の堂(氏寺)の所在地	信濃国小県郡童女郷	
26	下27	備後国葦田郡大山里	白壁天皇世宝亀九年(778)戊午冬十二月下旬	品知牧人の出身地		
27	下27	(備後国葦田郡)屋穴国里		髑髏(穴君弟公)の父母の居住地		
28	下28	紀伊国名草郡貴志里	白壁天皇代	貴志寺の所在地		「其村」とも表記
29	下29	(紀伊国安諦郡)秦里		「一愚痴夫」が訪れた場所		平城京木簡「安諦郡秦里」平城宮木簡「安諦郡幡陀郷」長岡宮木簡「安諦郡幡陀郷」
30	下32	大和国高市郡波多里	延暦二年(783)甲子秋八月十九日	呉原忌寸名妹丸の出身地	大和国高市郡波多郷	
31	下33	紀伊国日高郡別里	延暦四年(785)乙丑夏五月	紀直吉足の居住地		
32	下34	紀伊国名草郡埴生里	天平宝字五年(761)辛丑 延暦六年(787)丁卯冬十一月廿七日	巨勢呰女の居住地		

表3 『霊異記』の郷表記

	説話	地名表記	年時および説話内に見える具体的な年紀	記載内容	和名抄	備考
1	下7	武蔵国多磨郡小河郷	帝姫阿倍天皇御世天平宝字八年(764)甲辰十二月	大真山継の出身地	武蔵国多磨郡小川郷	
2	下16	越前国加賀郡大野郷畝田村	奈良宮御宇大八嶋国白壁天皇世宝亀元年(770)庚戌冬十二月廿三日	横江臣成刀自女の居住地	加賀国石川郡大野郷	同一説話内で「加賀郡畝田村」とも表記
3	下19	肥後国八代郡豊服郷	宝亀二年(771)辛亥冬十一月十五日 宝亀七・八箇年比頃	舎利菩薩の出身地	肥後国八代郡豊服郷	
4	下25	紀伊国安諦郡吉備郷	白壁天皇世宝亀六年(775)乙卯夏六月六日	紀臣馬養の出身地	紀伊国在田郡吉備郷	平城宮木簡「紀伊国安諦郡吉備郷」
5	下25	同国(紀伊国)海部郡浜中郷	同上	中臣連祖父麿の出身地	紀伊国海部郡浜中郷	
6	下27	(備後国)葦田郡屋穴国郷	白壁天皇世宝亀九年(778)戊午冬十二月下旬	髑髏(穴君弟公)の出身地		
7	下31	美乃国方県郡水野郷楠見村	山部天皇世延暦元年(782)癸亥春二月下旬	「一女人」の居住地		

『霊異記』においては妥当であろう。

郷は、下巻のみに見える(表3)。吉田氏が言うように、これは国家的な国郡郷の地域区分に則った表記である。郷名の下に村名も記される場合があり(下十六・三十一)、改めて言うまでもないことだが、村が人の帰属を示す最末端の単位であったことがわかる。

表には『霊異記』の村・里・郷で『和名抄』と一致するものも掲載した。『霊異記』に見える村・里・郷は十世紀まで存続したものもある。

二 下巻の郷表記と霊異記説話の成立過程

『霊異記』と国家的な地域区分制度との齟齬はこれまでも指摘されてきた(5)。村表記は国家的な制度に基づかない表記であるが、里表記にも齟齬がある。すなわち、郷里制は天平十一年(七三九)末から十二年初め頃に廃止されたと考えられているが、[6]『霊異記』ではそれ以降の時代に設定されている説話でも里表記が用いられており、制度に合わせた表記になっていない。このことについて、吉田氏は、国郡里制以降も地域では「里」の呼称が使用されていたとする。

郷は国家の地域区分制度と合致しているが、これが下巻にのみ見えることについてはこれまで十分に説明されてこなかった。下巻には「帝姫阿倍天皇」（孝謙・称徳天皇）から弘仁十三年（八二二）頃、つまり『霊異記』作成時とほぼ同時代に設定されている説話が収録されている。なぜ下巻にのみ郷が見えるのだろうか。瑣末な問題かもしれないが、『霊異記』所収の各説話がいつ頃成立したのかを考えることに繋がると思われるので、説話の形成過程という観点から考えてみたい。

霊異記説話の形成について、三舟隆之氏は、国師（中央から派遣される僧官）や国分寺僧が関与したのではないかとする。[7]これを手がかりに、国分寺僧が登場する下二十五を見てみよう。下二十五には、紀伊国の「安諦郡吉備郷」と「海部郡浜中郷」という二箇所の郷が登場する。[8]宝亀六年（七七五）に紀伊から淡路国に漂流した両郷出身者二名を淡路国司が保護する内容が見える。この説話には淡路国分寺僧だけでなく国司も登場しており、国司が残した何らかの記録が説話形成に用いられたと考えられないだろうか。

ここで注意したいのは、この縁には村の表記が現れないことである。このことは、郷の中に村が存在しなかったことを示すのではなく、漂流地たる淡路の国司が、紀伊国の郷は把握できていても、紀伊国の村までは把握できていなかったことを示すと考えられる。国・郡、さらには国家が村を把握しようとしなかったわけではないが、[9]他国の村名までをも把握することは困難だったろう。

国分寺僧・国司が登場するわけではないが、郷表記を有する下七を見てみよう。これは、「武蔵国多磨郡小河郷人」である正六位上大真山継が、蝦夷征討にあたり徴兵され、天平宝字八年（七六四）には仲麻呂の乱に加担したとして死罪判決を受けたものの、首を切られる寸前に恩赦により信濃国に流罪となり、死を免れる話である。『霊異記』では一命をとりとめたのは観音の加護によるとする。多磨郡は国府・国分寺の所在地であり、[10] この説話にも国分寺僧の関与は十分考えうる。しかしそれだけでなく、対蝦夷政策や仲麻呂の乱と関係しており、[11] 平城京も説話の舞台となっている。下二十五の事例も踏まえれば、中央の官人や国司が残した記録が用いられた可能性も想定されよう。以上は、国家的制度に詳しい地位にある人物が作成した記録が説話に用いられた事例と考えられる。

ところで、国分寺の活動が活発化するのは、まさに下巻が描く称徳天皇の時代であった。[12] 堀裕氏によると、称徳朝には国分寺で本格的に安居講経が実施されるようになった。また国分寺で行われた正月金光明最勝会・吉祥悔過は国司が検校することになっていたようである（『続日本後紀』承和六年〈八三九〉九月己亥条）。[13] いつ頃からかは不明確であるが、『弘仁式』主税によると、春秋仲月各十七日の国分寺法会に「部内諸寺僧」が請われる場合もあった。なお国師は国分寺に止住していた。[14]

これらのことから、称徳朝は、国師・国分寺僧、在地の僧、国司の交流が進展し始めた時期と言える。かかる交流を背景に、国分寺僧尼・国師・国司といった国家的制度と関係が深い、或いは詳しい人物が直接・間接に説話形成に関わる機会が増加し、国家的制度に則った郷表記が、称徳朝以降に時代を設定する説話の中に現れてくるようになるのではなかろうか。

霊異記説話について原田行造氏は、地方を舞台とした説話の場合、在地で文字化されたものが多いとする。[15] 三舟氏は、地方関係の説話は在地で形成・整備され、のちに景戒に伝わり、景戒が手を加えた部分は少ないとする。[16] 景戒は、存命時の制度に則って、説話の地名表記に郷を書き加えて表記を統一するということはしていない。このことも、これらの見解を支える証左となろう。『霊異記』の地名表記は、在地で国司等が関わって形成・筆録されたものをそのまま伝えている可能性が高い。

霊異記説話に「〇〇天皇世」の出来事として記されていたとしても、その説話自体がその時期に完成したものかは不明で、原形は更に遡る可能性もある。説話が本当に、各説話が設定する時代頃に成立したのかには十分注意する必要があるが、郷表記が見える説話については、概ね称徳朝から『霊異記』成立までの間に原形が作られたとみてよいのではなかろうか。

三　村を超えた人々の繋がり

中巻「貸㆓用寺息利酒㆒不㆑償死作㆑牛役之償㆑債　第卅二」には、紀伊国名草郡三上村の人々が関わった、薬王寺（勢多寺）の利殖活動が見える。この説話は日本古代の社会を考える上でも注目されてきたものであり、屋上屋を架すようではあるが、村を超えた人々の繋がりが窺える興味深い事例であるので紹介しておく。[17]

内容を一部紹介しておこう。三上村の人々は、薬王寺のために知識（宗教活動に参加する信者の集団）を率いて、薬の費用調達を目的として「料物」＝稲を貸し付け[18]、その元利を檀越岡田村主石人（居住地不明）の妹で桜村に住む岡田村主姑女に託して酒を作り、更に酒を貸すという利殖活動を行っていた。薬王寺には一頭の牛がいた。ある日、檀越の夢にその牛が現れる。牛は「桜村にいた物部麿です」と名乗った。彼は姑女から酒を借りるも返済せずに死に、牛に生まれ変わり薬王寺で使役されていたのであった。

本説話には、稲の貸付の他、桜村に住む人への酒の貸し付けが見える。恐らく酒の貸付で生じた利息は元本とともに薬王寺に納入され、薬の購入費用に充てられたのだろう。知識とあるように、三上村の人々にとってこの利殖活動は宗教的意味があった。

本説話では、少なくとも二つの村の人々が寺院と関係していたことがわかる。[19] ここで注目されるのは酒である。これは義江明子氏が述べるように、雇傭労働のためのものと考えられる。[20] 麿は桜村を基盤として、酒で労働力を雇い、生業を営んでいたと考えてよいだろう。麿の労働力確保と三上村の人々による宗教活動は一体の関係にあったのであり、薬王寺の利殖活動は複数の村にまたがって展開していたのである。

おわりに

本稿では、『霊異記』に見える郷・村を取り上げた。目新しい成果があるわけではないが、まず村や里が『霊異記』全体を通じて広く現れることを確認した。『霊異記』では、国家的地域区分制度に則らずに、村・里の呼称が用いられている。

一方、下巻のみに見える郷表記のある説話は、当時の国分寺僧や国師・国司と在地との交流の活発化を背景として成立したもので、説話が設定する時代とさほど乖離しない時期に成立した可能性が高いことを指摘した。またこれは国家的な表記に則ったものと考えられる。本稿では下二十五を取り上げ、他地域の村名把握の困難さを示す事例と考えた。この説話も含め、『霊異記』からは、村・里がその地域の人々にとって帰属を示す最も身近な単位であったことがわかる。

村の具体例としては、中三十二を取り上げた。どこまで実態を伝えているのか判断が難しく、慎重に扱うべきところではあるが、村を超えた人々のつながりが説話の前提となっていると考えられる。本説話に見える物部麿が、自らを桜村の住人と名乗っていることからも、村がその地域や周辺の人々にとって自らの帰属を示す身近な単位であったと考えられる。また麿は桜村を生業の基盤としていたことが窺われる。『霊異記』に見える村・里を全て生活のユニット＝ムラとして把握してよいかは軽々に判断できないが、少なくとも中三十二は、ムラを考えるための事例として活用できるように思われる。

注

1　藤本誠『古代国家仏教と在地社会――日本霊異記と東大寺諷誦文稿の研究――』（吉川弘文館、二〇一六年）等。

2　吉田一彦「「村」とは何か」（同『民衆の古代史――『日本霊異記』に見るもう一つの古代』風媒社、二〇〇六年）。以下、吉田氏の見解は全てこれによる。

3　村上菜菜「古代日本の村と里」（『古代文化』第七三巻第二号、二〇二一年）。以下、村上氏の見解は全てこれによる。

4　浅野啓介氏は、『霊異記』下十六で登場人物が自己紹介する際に村名を述べていることから「加賀郡において村が民衆にとって身近な存在だったことを示す」とする（「日本古代における村の性格」『史学雑誌』第一二三巻第六号、二〇一四年、四七頁）。

5　多田伊織「コラプションと原テクスト」（同『日本霊異記と仏教東漸』法藏館、二〇〇一年）。

6　岸俊男「古代村落と郷里制」（同『日本古代籍帳の研究』塙書房、一九七三年、初出一九五一年）。

7　三舟隆之『『日本霊異記』説話の地域史的研究』（法藏館、二〇一六年）。

8　下二十九に「海部郡仁嗜之浜中村」とあり、吉田氏は浜中郷の中に「仁嗜之浜中村」があったとする。また村上氏により「紀伊国海部郡浜中郷大原里」と記す、二条大路出土の郷里制下の荷札木簡も提示されている。

9　前掲注4浅野論文。

10 三舟隆之「『日本霊異記』における東国関係説話——武蔵・信濃国を中心として」（前掲注7三舟著書、初出二〇〇四年）。
11 三舟氏は、『続日本紀』天平宝字二年（七五八）十二月丙午条に、坂東の兵士を徴発し桃生城・小勝柵を造営させた記事が見え、これに山継が参加したとする（前掲注9三舟論文）。
12 堀裕「国分寺と国分尼寺の完成——聖武・孝謙・称徳と安居」（『国史談話会雑誌』第五六号、二〇一五年）。以下、堀氏の見解は全てこれによる。
13 当該条には、会場が国分寺から国庁へと移されたことが見える。
14 佐竹昭「国分寺と国師」（須田勉・佐藤信編『国分寺の創建 思想・制度編』吉川弘文館、二〇一一年）。
15 原田行造「霊異記説話における書承性と口承性——説話の整備度から眺めた編成過程の研究——」（同『日本霊異記の新研究』桜楓社、一九八四年）。
16 前掲注7三舟著書。
17 本説話は筆者もかつて検討したことがある（本郷真紹監修・駒井匠編『考証日本霊異記 中』〈法藏館、二〇一八年〉所収の本説話注釈及び補説）。以下の内容は、その一部を踏まえたものである。
18 太田愛之「文献史学から見た村落社会と仏教——地方中小寺院と出挙をめぐって」（奈良文化財研究所『在地社会と仏教』二〇〇六年）。
19 鬼頭清明氏は、墨書土器の検討から、共通の墨書土器の文字が集落を越えて分布する場合があり、呪術を共有する集団が集落を越えて居住していたとする（鬼頭清明「郷・村・集落」『国立歴史民俗博物館研究報告』第二二集、一九八九年）。本説話も、村を越えた宗教活動の展開と言えそうではあるが、麿が知識に参加していると認識していたのかまでは読み取れない。
20 義江明子「祭祀と経営」（同『日本古代の祭祀と女性』吉川弘文館、一九九六年）。

第二章　王朝文学とムラ

木村茂光

はじめに

私に与えられた課題は「王朝文学とムラ」との関係を明らかにすることであるが、結論からいうと王朝文学(『伊勢物語』『更級日記』『枕草子』)には「村」記載は現れない。すなわち、これらの筆者にはある景観、ある実態を「村」として捉える認識はなかったといえる。しかし、「ムラ」と思われる実態を表すことばがなかったわけではない。その時、筆者が使用していたのが「里」・「山里」である。

このような認識、捉え方の違いがなにに起因するかを究明することは難しいが、以下、代表的な事例を提示して、今後の研究の素材を提供したいと思う。

一　『伊勢物語』の「里」・「山里」

『伊勢物語』には二パターンの「里」と一パターンの「山里」がある。「里」の第一は地点表記としての「里」で、次のようである。

①住む所なむ入間《（武蔵国）》の郡、みよし野の里なりける。（第十段）
②むかし、お《（を）》とこ、津《（摂津）》の国、菟原の郡、蘆屋の里にし《（知）》るよしして、（第八十七段）

②に象徴的なように、国―郡―里という地点表記として「里」が使用されている。第二は、人が住む場所としての「里」である。

③いつの間にうつろふ色のつきぬらん君が里には春なかるらし（第二十段）
④今ぞ知る苦しき物と人待たむ里をば離れず訪ふべかりけり（第四十八段）

続いて「山里」であるがその使用例は次のようである。

⑤東山に住まむと思ひ入りて、
　住みわびぬ今はかぎりと山里に身をかくすべき宿求めてん（第五十九段）

京近郊の「東山」に住もうと思って引っ越すことにしたが、その東山を「山里」といい換えていることは明らかである。

二　『更級日記』の「里」・「山里」

『更級日記』にも「人の住む場所としての「里」」と「京近郊としての「山里」」が確認できる。前者の例は次のようである。

①しりたりし人、里とをく《ほ》なりてをと《お》もせず。（四十八、西山に住む）
②里びたる心地には、中〳〵、さだまりたらむ里住みよりは（五十、初出仕）

②は筆者が「初出仕」するときの心境を表したものだが、「決まり切った「里」に住んでるよりは」と表現している。

次の「京近郊としての「山里」」は『更級日記』によく出てくる。

③ふかき夜に月見るおり《を》はしらねどもまづ山里ぞ思やらるゝ（三十、山里のほととぎす）
④思しる人に見せばや山里の秋の夜ふかきありあけの月（三十二、有明の月）

この二つの和歌は筆者が「東山」に籠もっている時に詠んだ歌である（二十九に「東山へ」とある）。他に筆者が「山里」と呼んだ地域を挙げると、⑤「宇治」（三十七、「浮舟の女君」夢想）、⑥「修学院」（四十六、修学院の尼へ）、⑦「西山」（四十八、西山に住む）がある。「宇治」「修学院」は説明は不要であろう。

最後の「西山」は、「四　「田舎」について」で該当箇所を引用するように、西山の「南は、双の丘の松風」と記されているから、「双が丘」が所在する京西北の「衣笠」付近を指す。

以上のように並べてみると、『伊勢物語』の場合も『更級日記』の場合も「京近郊としての「山里」」は「東山」「宇治」「修学院」「西山」など洛外の山裾の地域を指していることがわかる。そして「西山」は若干異なるが（後述）、一時期自宅を出て「籠もる」場所だったということができそうである。当時の貴族の女性の認識を示していて興味深い。

三　『枕草子』の「里」・「山里」

最後は『枕草子』である。『枕草子』には「一般名辞としての「里」」と「自宅・実家・里邸としての「里」」・「京近郊としての「山里」」が現れる。

「一般名辞としての「里」」とは『枕草子』の「類聚章段」に現れる「里」で、次のように記されている。

①市は、たつの市。さとの市。つば市。（第十一段）

②里は、相坂の里。ながめの里。ゐざめの里。人づまの里。たのめの里。夕日の里。（第六十二段）

これらは枕詞を含めた代表的な「市」や「里」の名前を挙げたもので、「里」に特別の意味をもたせたものではない。

次の「自宅・実家・里邸としての「里」」は『枕草子』のなかで一番多い例で約二十例を数える。いくつか摘記すると次のようである。

③里にまかでたるに、殿上人などの来るをも、やすからずぞ人〴〵はいひなすなり。（第八十段）

④さてその左衛門の陣などにいきて後、里に出てしばしある程に（第八十二段）

どちらも筆者が宮仕えの合間に自邸に下がっていた時の話である。清少納言は宮中の宿所に対して自邸を「里」といっている。その意味では『伊勢物語』や『更級日記』が「人の住む場所」を「里」と呼んでいたのと相当な違いがある。

次に「京近郊としての「山里」」についてである。

⑤ことかたの道よりかへれば、まことの山里めきてあはれなるに（第二百五段）

⑥五月ばかりなどに山里にありく、いとおかし《（を）》。（第二百六段）

⑤の表現に明らかなように、この場合は『更級日記』のようにどこか特定の地域を指しているのではなく、「山里めきて」＝「山里のような風情があって」という情景を表す言葉として使用されている。⑥もどこか特定の場所を指しているわけではなく、「五月になって山里を歩くのは気持ちが良い」という「山里の風情」を表現したものと考えられよう。

このように、同じ「山里」といっても、『枕草子』の場合と『伊勢物語』『更級日記』とでは「山里」

の使用の仕方に違いがあることがわかる。実際、清少納言も鞍馬（第七十九段）や清水（第百十五段）・太秦（第二百十段）など京近郊のいわゆる「籠もる場所」へも詣でているが、そこを「山里」とは表現していない。各々の筆者の目線や認識の違いによるものなのかわからないが、このような違いがあることも指摘しておきたい。

四　「田舎」について

以上、『伊勢物語』『更級日記』『枕草子』に記された「里」「山里」の表現の違いについて整理したが、同じような意味をもつことばとして「田舎」がある。これがどのような意味合いに使われているのか、「里」「山里」を考える参考として見ておくことにしよう。

①『伊勢物語』のなかの「田舎」（第五十八段）

むかし、（略）お《(を)》とこ、長岡といふ所に家つくりてをりけり。そこの隣なりける宮ばらに、こともなき女どもの、田舎なりければ、田刈らんとて、このお《(を)》とこのあるを見て、「いみじのすき物のしわざや」とて、集りて入り来ければ、（略）

山城国乙訓郡長岡に家を持った男の話で、その家の隣で女性たちが稲刈りをはじめた時の情景を描いている。ここで注目すべきは、京からやや離れた長岡が「田舎」で呼ばれており、「田舎なので」「稲を刈ろう」といわれていることである。「田舎」には稲刈り＝農業が付きものであったのであろうか。

②『枕草子』のなかの「田舎」（第九十五段）

かくいふ所は、明順の朝臣の家なりける。「そこもいざ見ん」といひて、車よせて下りぬ。田舎だち、ことそぎて、馬のかたかきたる障子（略）。所につけては、かゝることをなん見るべきとて、稲といふ物をとり出《扱》て、わかき下衆《げす》どもの、きたなげならぬ、そのわたりの家のむすめなどひきもて来て、五六人してこかせ、又見もしらぬくるべく物、二人してひかせて、歌うたはせなどするを、めづらしくて笑ふ。

ここの「かくいふ所」とは別の箇所で「松ヶ崎」とあるから、今の京都一条から松ヶ崎付近であったことがわかる。洛と洛外の境界に近い松ヶ崎が「田舎」と呼ばれていることは興味深いが、ここに（高階）明順の家があったので、そこに立ち寄ったときの情景である。まず松ヶ崎が「田舎だち」＝田舎らしいといわれていることと、「所につけては」＝そのような場所なので、ということで「わかき下衆」や「きたなげならぬ」娘などに稲の脱穀をさせていることが描写されている。

『枕草子』でも「田舎」と「脱穀」＝農作業がセットになっていることが知られる。

③『更級日記』「四十七　父の帰京、四十八　西山に住む」

最後は『更級日記』である。四十七・四十八の段には次のように記されている。

あづまにくだりし親、からうじてのぼりて、西山なる所におちつきたれば、そこにみな渡て見るに、いみじううれしきに（略）。東は、野のはるぐ〳〵とあるに、ひむがしの山ぎはは、比叡の山よりして、稲荷などいふ山まであらはに見えわたり、南は、双の丘の松風、いと耳ちかう心ぼそくきこえて、内には、いたゞきのもとまで、田といふものの、引板《ひた》ひき鳴らすを《(お)》となど、ゐ中の心地していとお《(を)》かしきに（略）

ようやく常陸国から帰京した父親たちと「西山」というところに屋敷を構えたときの情景が記されている。

まず、「西山」は「二『更級日記』の「里」・「山里」」で指摘したように、現在の京都の西北の衣笠付近で「山里」とも呼ばれたが、ここでは「田舎」と呼ばれている。「東は」から始まる情景の描写は王朝文学のなかでも秀逸な文章だと思うが、それはさておき、その後に続く「田といふものの、引板ひき鳴らすをと《(音)》など、ゐ中の心地していとおかしきに」という文章に注目したい。周囲に水田が広がり、すずめなどを追う「引板」＝鳴子の音が聞こえるのは「田舎の心地」がするというのである。すなわち、「田舎の心地」とは周囲に田んぼがあり、すずめなどを追う鳴子が鳴っている風景だったのである。

まとめ

以上のように王朝文学には「村」という記載は現れないが、それに代わって「里」「山里」そして「田舎」ということばが使用されていた。

「里」は「人の住む場所」を指す用例が多く「村」に近い使われ方をしていたともいえそうだが、一方では地点表示や自分の私邸などとしても使用されていた。同じく「山里」も京近郊の「籠もる場所」や「山里の風情」などを表すことばとして使用されていたように、両者とも作品によって多様な使われ方をしていた。

それに対して「田舎」は松ヶ崎・西山（衣笠）という京郊外から長岡まで結構広範囲の地域を指していたが、それを表現するとき稲刈りや脱穀、すなわち農作業を伴っているという共通性もあった。わずかな事例なので結論を出すのは早計だが、「田舎」表現は貴族社会の中でパターン化されていたと考えることもできる。

【出典】

『伊勢物語』・『枕草子』・『更級日記』はともに「新日本古典文学大系」（岩波書店）を使用した。ただ、『更級日記』の段数と表題は「角川ソフィア文庫」本（角川学芸出版）のものを利用した。

【参考文献】

拙稿「王朝文学にみられる「田舎」について」（紫式部学会編『源氏物語の環境研究と資料――古代文学論叢第十九輯――』武蔵野書院、二〇一一年）

第三章　荘園支配文書と郷・村

伊藤哲平

はじめに

本稿に与えられた課題は、中世の領主側に残された荘園支配文書から、どのような史料に郷や村の情報があらわれやすいのか、またその中で生活の単位としての「ムラ」がどのような形であらわれるのか、というものである。

そもそも、荘園支配に関係する文書は様々なものが現在までに残されており、大まかに分類すると、荘園の成立に関わる文書、土地や課役などに関する帳簿類、荘官の補任状や荘官や現地からの申状、年貢や公事の輸送に関するもの、年貢の収支決算をした算用状(散用状)など様々な荘園の経営に関わる文書、訴状や陳状、絵図など荘園をめぐる相論に関わる文書、などである。こうした荘園支配文書に登場する郷や村は、基本的には課税対象としてあらわれるものがほとんどであり、荘園の経営に関わる政治的な文書として残されたものである。こうした荘園と郷・村の関係について大山喬平氏が「庄とこれに対する郷ないし村とは、相互に異質な存在であり、双方はともに原理的に異なる契機によって存立している。郷ないし村とはともに人々の生活のユニットとして成立しているのに対して、庄は権門貴族・寺社の《所有》をその成立の契機としている。」[1]と述べていることからも分かる通り、荘園支配文書から「生活のユニット」としての「ムラ」を検出するのは難しい作業である。しかし、「ムラの戸籍簿」研究会でこれまで行ってきた、各地域の史料から村と郷を「戸籍簿」としてまとめる作業の中で、生活に関わる「ムラ」というものの痕跡もある程度みられることが明らかになってきた。[2]

そこで、本稿では、筆者がこれまで担当してきた伊勢国を題材に、荘園支配文書からみえる「ムラ」について述べていきたいと思う。

一　伊勢国とその荘園の特徴

まずは、題材となる伊勢国の荘園について伊勢神宮の神領と、神宮以外の荘園とに分けて、その特徴を簡単に述べておきたい。

伊勢・伊賀・志摩の三国の最終的な分立は、天武朝期とみられる。天武天皇九年（六八〇）に伊賀国四郡が伊勢国から分離し（『扶桑略記』）、その後、志摩国も伊勢国から分離した。その中で、郡は、奈良時代初期までに、桑名・員弁・朝明・三重・河曲・鈴鹿・奄芸・安濃・壱志・飯高・多気・飯野・度会の十三郡が存在していた（『延喜式』大国）。度会・多気郡は孝徳天皇朝、大化五年（六四九）に設置され、飯野郡は天智天皇三年（六六四）に多気郡から分置された（『皇太神宮儀式帳』）。度会・多気両郡は、はやくから神宮の神郡とされており、弘仁八年（八一七）に神郡の雑務が、同十二年（八二一）に田租検納の権限が神宮に付与され、従来の伊勢国司にかわり、伊勢太神宮司がその行政権を掌握するようになる。さらに寛平九年（八九七）には、飯野郡が神郡に加えられ、度会・多気・飯野の三郡が「三箇神郡」（『延喜式太神宮』）または「神三郡」とよばれ、神宮の経済的基盤となっていった。その後も、神宮の神郡は、天慶三年（九四〇）に員弁郡、応和二年（九六二）に三重郡、天禄四年（九七三）に安濃郡のように、逐次その数を増やしていく。安濃郡は、十二世紀後半に東西二郡に分かれていることが確認でき（『兵範記』）、鎌倉時代には安東・安西郡に分けて記されることが多くなる。さらにその後、寛仁元年（一〇一七）に朝明郡、文治元年（一一八五）に飯高郡が、それぞれ施入され、ここに「神八郡」が確立する（『神宮雑例集』）。これらのうち、北部に位置する員弁・朝明・三重の三郡はあわせて「道前」とよばれ、神宮膝下の度会・多気・飯野の三郡は「道後」ともよばれるようになる。

　こうした伊勢国における史料から作成した「ムラの戸籍簿」からは、①検出された村や郷の例の約半分が『皇太神宮儀式帳』『太神宮諸雑記』『神宮雑例集』など神宮関係文書であること、②鎌倉期の度会郡の村は『光明寺文書』の処分状や売券が多く、度会郡では十二世紀末から新たな郷名が確認でき、十四世紀末以降に増加する傾向がみられること、③そのうち、村としては郷より早く登場し、多くは近世村につながり、神宮の神役賦課、人夫供給の単位としてあらわれる傾向があること、などが地域的な特徴としてあげられる。

　このように、伊勢国は、神宮の影響が非常に色濃くみえる地域であり、荘園についても神宮領が非常に多く、神宮の禰宜ら集団の台頭により、十世紀以降、膨大な御厨・御薗が形成されていった。御厨や御薗など神宮の所領については、鎌倉時代における神領を国別に分類集成した記録で、内宮の禰宜であった荒木田氏経による『神鳳鈔』からうかがい知ることができる。『神鳳鈔』には「伊勢国　〇〇郡　△△郷　内宮神田・外宮神田・荒祭宮神田・××郷司職田　面積」という形式で各地の神領が記載されている。また「〇〇御厨内△△村」という記載もみられ、御厨や御薗内に村が存在していたこともうかがい知ることができる。また同様に、建久三年（一一九二）に太政官に注進された伊勢大神宮神領注文にも、「当御薗内大鹿村」など「〇〇御薗内△△村」という記載がみられ、神領として報告されていることが分かる。その他、『神鳳抄』以外の史料である、醍醐寺文書内に残されている長禄二年（一四五八）十二月十三日付の伊勢国智積御厨年貢帳からも、御厨内に存在する複数の郷がみてとれる。こうした郷や村は、神宮が神領から年貢徴収のために設置した「政治的なユニット」として考えられ、どの程度「生活のユニット」としての「ムラ」が基盤に存在しているのかは史料からはうかがい知ることができない。

一方で、神宮領以外の荘園としては、大安寺領、東寺領の川合・大国荘、醍醐寺領の曾禰荘、近衛家領の栗真荘、鹿取荘などがあげられる。これらの荘園内にも多くの郷や村が検出できる。東寺百合文書に残されている保安二年（一一二一）九月二十三日付の大国荘流失田畠注進状は、大国荘内における洪水によって流失した田畠や砂に埋もれた田畠など損亡の状況を報告したものであるが、その中に「御庄内麻生曾村」をはじめ、「大国村」「横道村」がみられる。これは伊勢国内における神宮領外の荘園で「御庄内〇〇村」とみられる初見の史料である。また、弘安元年（一二七八）九月十七日付の大井蓮実譲状写は、子息の彦次郎頼郷に処分した所領を記載したものだが、その中にも「伊勢国鹿取庄内上郷」とみられ、荘園内に郷や村が存在していたことが分かる。こうした村や郷も荘内において年貢賦課のための「政治的なユニット」としてあらわれているのがその特徴である、これらの村がその後どのようにみられるのかをみていくと、「横道村」や「上郷」のように近世村につながっていくものもあれば、「麻生曾村」のような近世村にはつながらないようなものもみられる。

二　伊勢国の荘園と「ムラ」

それでは、前節でみたような荘園支配文書からみえる「政治的なユニット」としての村の史料を使用して、どのように「生活のユニット」としての「ムラ」の痕跡を探せばよいのだろうか。

神宮の荘園支配文書にみえる村は、そのほとんどが年貢・神役賦課のための「政治的なユニット」としてみられることは先に述べたが、このような神宮が設置した御厨・御薗内において十四世紀以降に新たに出現する村が近世村につながっていく傾向にあることが注目される。三重県多気郡多気町に「佐伯中」という大字の地名があるが、これは元禄郷帳にみられる「佐伯村」と「中村」が合わさった地名である。もともとこの地域に「中村」という村はみられず、周辺地域は神宮が設置した「十一村」（相可・三疋田村・四疋田村・井内・佐井木・荒牧・寺脇・阿波曽・蛸路など）が位置する地域であった（永享十一年（一四三九）十二月十一日付「道後政所下文」による）。ではなぜ中村という地名が近世村につながっていったのかというと、この地域には古くから八王子社が存在しており、この八王子社の結衆が神宮領であった頃から存在していた。この八王子社の信仰を中心とする結衆がやがて神事組を周辺地域でつくり、次第にその範囲が拡大していき、近世村へとつながっていったと考えられる。このように、十四世紀以降に出現する村は、神宮の領域とは関係なく新たに出現する村であり、こうした村は「生活のユニット」としての「ムラ」の痕跡として考えられるのである。その他にも、多気郡明和町大字大淀地域の例も同様で、もともとこの地域には神宮の「大淀御厨」が存在していたが、領域内に古くから存在していた八王子社の結衆らが神事組を構成したことで、「大淀御厨」が存在していたころにはみられなかった新たな村が出現し、近世村へとつながっていった。

一方で、大国荘や川合荘など神宮領以外の荘園の支配文書にあらわれる村について、立荘された九世紀頃に荘内にみられる村や郷は近世村につながらず、十二〜十三世紀に荘内に出現する村のうち、「刀禰」「住人」などの文言が付き、なおかつ、般若経の奥書など在地の人間の結縁の記録といった宗教史料にあらわれる村や郷は近世村につながる傾向がみられた。例えば、東寺百合文書に残されている保安三年(一一二二)三月十一日付けの大国荘専当藤原時光・菅原武道等解案には大国荘内に「稲木村」という村が登場し、そこでは「稲木村刀祢住人等」が活動していたことが分かる。具体的な活動内容は不明だが、このような刀禰らが付されている村で十二世紀以降に出現する村は近世村につながる傾向がみられた。

このように、神宮領の荘園および神宮領以外の荘園における支配文書にみられる「政治的なユニット」としての村と十二〜十四世紀以降、荘内に新たに出現する村とを比較する作業が、今後中世後期にみられる「生活のユニット」としての「ムラ」の実態をつかむ手がかりになりそうである。

おわりに

以上、簡単であるが、伊勢国を題材に荘園支配文書から生活の単位としての「ムラ」がどのような形であらわれてくのかという課題設定のもと、いくつか論点をまとめてきた。

御厨や御薗など神宮領の荘園に関わる支配文書にあらわれる村をはじめ、神宮領以外の荘園内にみられる村においても、そのほとんどが年貢・神役賦課のための「政治的なユニット」である。これらの村からは、「生活のユニット」としての「ムラ」はみえにくく、その痕跡を探すことは難しい。しかし、こうした荘園内にみられる村でも、十二～十四世紀に新たに出現する村で、なおかつ刀禰や結衆など在地の有力者の結束を中心とした村からは、ある程度「生活のユニット」としての「ムラ」の痕跡がみられると考えている。こうした「ムラ」は、ほとんどが近世村につながっていく特徴をもつ。「ムラの戸籍簿」を活用して、徴税の単位として把握されていた荘園内の村が、その後どのような変遷をたどっていくのか、また新たに出現する村との比較作業をすることで、今後「生活のユニット」である「ムラ」の痕跡がより詳細にみえてくると考えている。

注

1　大山喬平「鎌倉初期の郷と村──文治元年（一一八五）から建暦元年（一二一一）まで」（同『日本中世のムラと神々』岩波書店、二〇一二年、初出一九九九・二〇〇〇年）。

2　本稿の内容は、伊藤哲平「伊勢国の八王子社と村──二つの神事頭番帳から」（大山喬平・三枝暁子編『古代・中世の地域社会──「ムラの戸籍簿」の可能性──』（思文閣出版、二〇一八年）を執筆する際に行った作業の過程で考察した論点をまとめたものである。

第四章 「名」史料と郷・村

吉永隆記

はじめに

中世の荘園支配や、領主層の所領把握などに際して頻出するのが名《みょう》である。本来、名とは荘園制下の収取や経営単位として、或いは荘園領主や在地領主らの所有単位として設定されたものであるが、端的にその性格や機能を説明することは難しい。研究史上においても、名の機能や役割などについて議論が交わされてきた経緯があり、特に中世荘園研究においては、重要な論点のひとつとなった(1)。

大山喬平氏は、「ムラの戸籍簿」を作成するにあたり、地域社会の骨格を形づくる基本型として、「国―郡―郷―村」というタテの序列を重視した(2)。なぜなら、このタテの序列を切り取ることで成立する荘・保・御厨といった所有単位は、「政治のユニット」であるのに対し、郷や村こそ中世庶民の「生活のユニット」であるという概括的な区分が設定されていたためである。大山氏の整理に従うと、「郷―村」の系列こそ生活集落としての村落であり、荘園制下の「荘―名」の系列はこれに当たらない。しかしながら、本章で注目しようとする名については、生活集落の単位として再評価が進められている。実際、かかる大山氏の理解では名の実態を捉えきれていないという批判も提示されている(3)。そこで本章では、名が生活集落としてどのように評価されてきたのか確認しつつ、その可能性を示すこととしたい。

一　集落名の発見

集落名とは、生活集落を前提として成立する名であり、その形成契機として在地における水利関係等も注目された。(4)生活集落として成立している名に注目し、それを「集落名」として評価したのは海老澤衷氏である。同氏は、豊後国田染庄（大分県豊後高田市）に見られる「大曲名」をその事例として挙げている。以下、簡単ではあるが概要を紹介しておこう。

田染庄内には中世前期から確認できる永正名という大規模な名があった。永正名では、南北朝期以降に「永正名之内大まかり」などとして、その内部に大曲の地名が見られるようになるという。(5)同氏によると、荘内でも高地にある大曲の地は、南北朝期段階で屋敷や耕地はなく、信仰の聖地となっていた。その後、田染氏（宇佐宮神官）によって室町期に急傾斜地に田地等の耕地開発が進むこととなり、戦国期には田染氏の所領として大曲も編成されるに至った。すなわち、かつて永正名内の一部であった大曲は、十六世紀になって史料上初めて「大まかり名」として把握されたのである。(6)その後、近世の当地域には、村高六十石余の「大曲村」が確認されるため、十六世紀の大曲名が近世村落へ移行したと評価された。

この大曲名の事例が示す通り、中世の荘園制下で確認される名は、その内実や性格は一括りにできない。中世を通して支配者側が把握する大規模な永正名と、開発を経て中世末期に初めて名として把握された大曲名の性格は、決して同一視できないのである。近世村落へ接続する集落名とは、中世後期〜末期にかけて形成されてきた集落形成の一形態として評価できよう。

同様のものとして、備中国新見庄の事例にも触れておきたい。かつて竹本豊重氏は、新見庄内の中世地名の多くが近世の村名に接続することを指摘していたが、[7]似鳥雄一氏は、それらの地名が中世段階の名としても見えることに改めて注目した。[8]そして、これらの名は谷奥の地域に分布し、開発時期が遅いことも指摘している。このことは、田染庄の大曲名との共通点として留意すべきであろう。すなわち、開発地に新たな田地が広がり、耕地利用が本格化すると、人家が建つようになり、集落化が進むという流れは、集落名に共通する集落形成過程としてよいだろう。

一例として、新見庄への賦課物を書き上げた寛正二年（一四六一）の「新見庄領家方年貢公事物等注文案」を確認してみたい。

【史料1】新見庄領家方年貢公事物等注文案[9]

（端裏書）「新見庄年貢公事物帳〈寛正弐年辛巳／十月　日〉」

備中国

新見庄領家御年貢色々注文事

（中略）

一、宇都草名　銭弐貫四百六十七文

（後略）

ここに新見庄領家方（西方）の名として見られる「宇都草《うつのくさ》（宇津草）名」は、中世段階で東寺から年貢賦課単位の名として把握されていた。その後、宇津草名をはじめとして、三ヶ一名などいくつかの名は、近世初期に「内草村」や「三ヶ一村」のように村として把握されるようになるのである。[10]
以上のように、これまでの中世荘園研究の中で検討されてきた名の中にも、近世村の前提となるような集落名があり、村と名の関係を改めて注視する必要があるのである。

二　集落名の可能性

さて、前節で確認した田染庄や新見庄の集落名など、実は集落としての「名」を評価するようになったのは、比較的最近のことである。したがって、集落名の本格的な研究については、今後の展開に期するところが大きい。ただ、これまでの名研究の成果の中にも、実は集落名として再評価すべきものも少なくない。

例えば、中国地方のうち山陽地域の山間部では荒神信仰が盛んであり、荒神社を信仰する集落を〝荒神名〟と呼ぶことが藤井昭氏の宮座研究で紹介されている。[11]藤井氏の意図するところは、山陽地域山間部の荒神信仰について、中世の名に由来する宮座で形成される特徴を見出す点にあり、これはいわゆる名主座の地域性を見通したものであった。[12]こうした荒神名について、海老澤氏は田染庄の大曲名などと同様に集落名ではないかと指摘している。[13]確かに、荒神信仰によって結ばれ、その信仰圏として完結する集落を「名」として把握していることは、集落単位として「名」が成立し、近世以降も呼称として残ったと考えても無理はないように思う。このように、宮座の形態として注目される名の中には、集落名と評価できるものも少なくない。

このような宮座に現れる集落名について、海老澤氏は備後国太田庄（広島県世羅郡世羅町）の検討のなかで、荘内伊尾郷の井原八幡宮の「御当名」に注目している。[14] これは近世段階で井原八幡宮の宮座（名主座）を形成した名（依末名・守清名・国実名・兼清名・光清名・光末名・国宗名・貞宗名・末国名・近守名）のことであるが、中世史料にはこれらの名が見られないことに意味を見出した。すなわち、近世の宮座を構成する名は、中世最終段階の名の状況を伝えるものとし、それらが近世の宮座を構成する集落へ接続したと見通している。このことは、名主座を中世の名残として単純に評価することに注意が必要であると再認識させると同時に、むしろ近世の直前の段階で成立していた集落名の存在を前提に見ている点で重要である。すなわち、十六世紀に集落名の形成が一気に進んでいると考えられることから、近世の宮座（名主座）から中世末期の集落名に迫る可能性が示されているといえよう。[15]

おわりに

以上のように、集落名は「生活のユニット」として中世後期～末期に現れる集落単位として評価され、それが近世村として接続することもあれば、宮座の単位として名残をみることもある。本章の内容に即して大雑把に捉えるならば、第一節の大曲名や宇津草名のように荘園制下で生まれた集落名が近世村となるもの、第二節の名主座のように地域信仰と共に形成されてきた集落単位としての名に分けられるといえよう。こうした視点で中世荘園内部に見られる名を検討した成果は、現在も非常に限られている。むしろ、研究史上においてその機能・規模などの変容が論じられてきた名に対して、今後は集落という側面から更なる検討を迫る必要を再認識させられる。今後の成果が待たれるものの、中世村落の一形態として集落名が広く認識され、中近世の村落論を繋ぐ一つの重要な鍵となる可能性に期待したい。

注

1　中野栄夫『中世荘園史研究の歩み――律令制から鎌倉幕府まで』（新人物往来社、一九八二年）において、名の研究史やその評価について整理されているので参照されたい。

2　大山喬平「鎌倉初期の郷と村」・「越中の庄・郷・村」（同『日本中世のムラと神々』岩波書店、二〇一二年、初出はそれぞれ一九九九～二〇〇〇年・二〇〇三年）。

3　似鳥雄一氏は、大山氏の設定した「郷―村」系列や「庄―名」系列といった切り分け方に疑問を呈し、村と名に互換性があることなどを指摘している（同「あらためて村落とは何か――大山喬平・三枝暁子編『古代・中世の地域社会』を中心に」（『歴史評論』第八四五号、二〇二〇年）。

4　海老澤衷「豊後田染荘の復元」、「中世における荘園景観と名体制」（いずれも同『荘園公領制と中世村落』校倉書房、二〇〇〇年、ともに初出一九九一年）。

5　「大まかりの見田取帳」（渡辺澄夫編『豊後国荘園公領史料集成一　豊後国田染荘・田原別符史料』別府大学附属図書館、一九八四年。三〇四号）。以後、『豊後国田染荘・田原別符史料』。なお、史料番号はこの中で付されているもの。

6　「帯刀紹慶質地預り状案」（『豊後国田染荘・田原別符史料』五九三号）。

7　竹本豊重「地頭と中世村落――備中国新見荘」（石井進編『中世の村落と現代』吉川弘文館、一九九一年）。

8　似鳥雄一「備中国新見荘にみる名の特質と在地の様相」（『鎌倉遺文研究』第二九号、二〇一二年）。

9　「東寺百合文書」ク函四〇号（『岡山県史　第二〇巻　家わけ史料』岡山県、一九八九年に所収の「東寺百合文書」では二二一号）。

10　近世段階の村とその統合の過程については竹本氏の検討に詳しい（前掲注7竹本論文）。

11　藤井昭『宮座と名の研究』（雄山閣出版、一九八七年）。

12　藤井氏は名主座が中国地方の特徴的宮座としているものの、薗部寿樹氏によれば各地に同様の形態の宮座が確認できるという（薗部寿樹『中世村落と名主座の研究』高志書院、二〇一一年）。

13　前掲注4海老澤「豊後田染荘の復元」。

14　前掲注4海老澤「中世における荘園景観と名体制」。

15　さらに海老澤氏は、田染庄故地の近世村である横嶺村を例に、その内部の組（上組・中組・下組）という複合体に注目している(前掲注4海老澤「豊後田染荘の復元」)。このうち上組には「楢林」という集落があるが、中世末期の「ならはやし名」が集落名として接続したものとみている。集落名は近世村のみならず、その内部の組などの小集落との関係も含め検討が必要であることが分かる。

第五章　鎌倉幕府関係史料と「村」

西田友広

はじめに

大山喬平・三枝暁子氏を中心に活動している「ムラの戸籍簿」研究会では、「ムラの戸籍簿」データベースを作成するとともに、日本列島各地に存在した「ムラ」（生活のユニットとしての村）の全体像と地域的特質の解明を追究しており、二〇一八年には研究会メンバーを中心とした論文集『古代・中世の地域社会──「ムラの戸籍簿」の可能性──』[1]を刊行している。

「ムラの戸籍簿」作成の目的は、「古代・中世の人びとが、何をもって「郷」・「村」と呼び、認識したのかを具体的な史料にそくして確かめていこう」ということであり、採録基準としては「史料上に「某郷」あるいは「某村」と明確に郷・村を付して記される場合のみ」を採録対象としている。[2]

一方、春田直紀氏は「史料上検出された郷・村自体が〈生活のユニット〉を示すとは限らない」とし、「史料上に現れる郷と村の性格を、その郷・村が記載された史料類型との関係で特定していく」ことが必要であることを指摘している。[3]

また、上述の論文集でも、史料に現れる「村」には乙訓上村・乙訓下村のように、「地域区分や住民生活と全く無関係」なものが含まれることが確認されており、[4]「肝要なのは、残されている史料の種類によって村表記の意味合いが違う可能性」や「村表記は時代・時期によって変化するということ」に注意すべきことが指摘されている。[5]

これらの指摘を踏まえ、ここでは鎌倉幕府関係史料に「村」はどのように現れるのか、また、その「村」にはどのような意味・性質があるのかを確認したい。なお、ここでは鎌倉幕府関係史料として、まずは鎌倉幕府法を確認した上で、鎌倉幕府の裁許状から特徴的な「村」について検討する。[6]また、以下では特にそれが史料表記であることを示す場合に「村」という表記を用いる。

一　鎌倉幕府法と「村」

1　『御成敗式目』三十八条と「村」

池内義資・佐藤進一編『中世法制史料集　第一巻　鎌倉幕府法』（岩波書店、第一五刷、二〇〇一年。以下、『史料集』）に収録されている史料がそのまま鎌倉幕府法のすべてということになるわけではないが、それでもこの『史料集』が鎌倉幕府法を最も網羅的に収集していることは間違いないところである。

そこで『史料集』を通観してみると、意外なことに、村落の意味で用いられている「村」表記は、参考資料として挙げられた事例としての個別具体的な村名としての「村」以外には、次の『御成敗式目』三十八条にしか出てこない。

一　惣地頭押㆓妨所領内名主職㆒事

右、給二惣領一之人、称二所領内一掠二領各別村一事、所行之企難レ遁二罪科一。爰給二別御下文一、雖レ為二名主職一、惣地頭若伺二尪弱隙一、有レ限沙汰之外、巧二非法一致二濫妨一者、可レ給二別納御下文於名主一也。名主又寄二事於左右一、不レ顧二先例一違二背地頭一者、可レ被レ改二名主職一也。

事書では、惣地頭が領内の名主職を押妨することが主題として掲げられており、事実書の冒頭では「惣領」を与えられた者が、所領内であると主張して「各別村」を掠領することが不当な行為であることが記されている。

惣地頭と名主・名主職、「惣領」と「各別村」が対置されており、惣地頭が支配する惣領の中に、名主が支配する個別の村が存在していることがわかる。また、この名主は「別御下文」をもっている場合があり、また、惣地頭に非法・濫妨があった場合には「別納御下文」が与えられた。

『御成敗式目』三十八条における「村」は、惣地頭が設置された所領全体、すなわち惣領の一部分であり、「村」の支配者は名主として把握される存在であった。また、『御成敗式目』三十八条に描かれている、惣地頭と名主との関係は、これまで惣地頭―小地頭制として把握されてきた。(7) これらのことから、「村」が全体としての惣領の一部分として、下位の存在であることが想定される。

鎌倉幕府法に「村」は一か所しか出てこないが、これに対して、「郷」は「郡郷」「荘園郷保」「郡郷荘園」などとして出てくる。(8)「村」を単位とする地頭職が広く存在する一方、幕府法には「村」がほとんど現れないということからは、幕府にとって、惣領として把握される所領の基本的な単位は荘園・郡・郷・保までであり、「村」はそれらの一部分として、直接把握する所領単位とは考えられていなかったと思われる。

2　惣名と村

全体の一部分として下位に位置づけられる村の存在は、ほかの史料からも確認することができる。例えば、建久四年（一一九三）六月日の、伊賀国の在庁官人らの訴えに対する東大寺三綱らの陳状[9]には次のような一条が見える。

一　阿拝郡北杣出作百余町由、無実事
是又勿論之僻事也。其故北杣者惣名也。此内処処皆有二別称一。所謂玉滝・湯船・鞆田・内保等是也。此村村本号二山内之本庄一、全無二段歩出作一、以二鞆田出作一号二北杣出作一也。（下略）

伊賀国の在庁官人らが、東大寺が北杣の出作田として百余町を有していると訴えているのに対し、東大寺はそれを事実ではないと主張しているのであるが、ここで東大寺は、北杣は「惣名」つまり全体の名称であり、その下に、玉滝・湯船・鞆田・内保といった別称をもつ村々が存在していると説明している[10]。

また貞永元年（一二三二）の文書かと考えられている丹後国の在庁官人らの解[11]には以下のように記されている。

丹後国在庁官人等
言上、国領野間・世野村、惣名永久保、号二山門使一、不レ帯二院宣・御庁宣・証文等一、捧二神宝一令二下向一、欲レ令二押領一子細状右、件使等、去五月国御得替之刻、乱二入彼両村一、可レ為二山門□〔領カ〕一由張行之旨、依レ令二風聞一、入二遣国使一相尋之処、無二子細一逃上畢。（下略。下闕）

丹後国の在庁官人らが、延暦寺の使者が国衙領を押領しようとしていると訴えているが、ここで問題となっている野間村・世野村という二つの村が、永久保という「惣名」つまり全体の名称の下に存在したことがわかる。

「惣」という言葉については、近年、似鳥雄一氏が、惣村と関係づけられてきた用法を批判的に検討し、「惣」とは補集合、すなわち「特別な一部を除く、残り一般の全部」であるとの指摘を行っている[12]。しかし先にみた『御成敗式目』三十八条の「惣領」と「各別村」の関係や、右に掲げた史料に見える「惣名」と村の関係を考えるならば、これらの「惣」は補集合ではなく全体集合と考えるべきであり、村は全体集合としての惣に対する部分集合ということになる[13]。

二　肥前国長嶋荘にみる惣領と村

1　「惣名」としての村と「一村之名」としての村

第一節では、鎌倉幕府法においては、村は所領全体である惣領の内部の一部分であること、惣と村を全体集合とその部分集合と位置付ける用例がほかにも存在することを確認した。

第二節では、肥前国長嶋荘を取り上げ、より具体的な御家人所領について、惣領と村との関係を考えてみたい。

肥前国長嶋荘は杵島郡西半部を占め、蓮華王院領として平清盛と肥前守橘以政の連携によって立荘されたと考えられている。鎌倉時代になると中原親能が惣地頭に補任されたと考えられ、親能の子の季時から小鹿島公業に交替した後は、小鹿島氏がその地位を継承した。惣地頭の下には「長嶋庄御家人」[14]と呼ばれる国御家人・小地頭が存在していた。[15]彼らの中には墓崎村の地頭職を幕府から安堵された後藤氏のような存在もあり、[16]また、既に建暦元年（一二一一）段階で長嶋荘内には少なくとも五つの村が存在していたことが確認できる。[17]

ここでは、惣地頭小鹿島一族内部での相論に関する、正安三年（一三〇一）の鎌倉幕府の裁許状[18]を見てみたい。

橘薩摩左衛門次郎公遠与二同左馬允公綱一相論、肥前国長嶋庄内大崎村事

右、如二上総前司実政執進訴陳具書等一者、「枝葉雖レ多、所詮、『当村者、依レ不レ被レ載二本御下文一、混二嫡家相論中一、申二子細一之処、閣二彼篇一、公綱竊擬レ給二安堵御下文一之条、無二其謂一。且如二嘉禎四年十月廿八日御下文一者、［長嶋庄上村并惣検非所］〔違脱カ〕云々。於二上村一者、被レ収二公之一、薩摩右衛門次郎公助仁治元年給レ之畢。於二〔惣脱カ〕検〔違脱カ〕非所一者、祖父公義跡相伝畢。此上者、可レ被レ召二出大崎村御下文一』之由、雖レ申レ之、『当庄者、本主公蓮遺領也。分二一庄一為二上下一、以二上方一号二上村一、以二下方一号二下村一。而以二上村一者、譲二余一公員法師〈法名公阿〉一、以二下村一者、所レ譲二後家一也。上村則有二河上・大崎・大渡以下之村一。下村亦有二志保江・牛嶋・中□〔村カ〕等之村一。上下者是惣名也。非二一村之名一。且公阿雖レ被レ召二上村一、其内被レ残二大崎村一畢。為二上村内一之条顕然也。随公遠父祖遂不レ及二訴訟一。而今依二嫡家相論〇〔之〕宿意一、初雖レ申二出之一、父子二代知行及二六十余年一』之由、公綱申之

処、於二年記一者、公遠陳詞不二分明一。其上『嫡家相論之時、当村事、及二訴訟一』之由、同雖レ称レ之、不レ立二申証拠一者、於二公遠濫訴一者、所レ被二棄捐一也。但公阿跡未処分也。爰子息等以二和与状一、所レ申二子細一也。可レ依二彼左右一之状、依二鎌倉殿仰一、下知如レ件、

正安三年七月十二日

陸奥守平朝臣御判
相模守平朝臣御判

この相論は小鹿島公遠が長嶋荘内の大崎村をめぐって一族の小鹿島公綱を訴えたものであり、次項で触れる人物も含め、関係する小鹿島一族の親族関係は次のようになる。(19)

公業（公蓮）┬公益――公助―公村――公康
　　　　　　├公義――公村―公遠（後、公時）
　　　　　　└公員（公阿）――公綱

この裁許状の傍線部に記された公綱の主張は「村」の性格を考えるうえで興味深い。これによれば、長嶋荘の惣地頭であった公業（法名公蓮）は長嶋荘を上村と下村とに二分し、上村を公員（法名公阿）に、下村を妻に譲った。上村の中にはさらに河上・大崎・大渡以下の村があり、下村にはさらに志保江（渋江）・牛島・中村などの村があった。そして上村・下村が「惣名」であるのに対し、その中にある河上村・大崎村などが「一村之名」であるという。長嶋荘は、まず上村・下村の二つの「村」に分割されており、そ

の上村・下村がそれぞれ複数の「村」をその内部に含む惣名として機能していたのである。

「村」の中にさらに「村」が存在する場合があることについては、既に春田直紀氏も指摘しており[20]、ほかにも越中国堀江荘の小泉村の中に西条村が存在する例[21]や、肥前国佐志村の中に塩津留村・神崎村が存在する例[22]などを確認することができる。村が惣領すなわち所領全体の中の一部分であるとすると、ある村自体が惣領となり、そのなかにさらに村が存在することは、論理的に可能であり、実例としても存在するのである。

2　長嶋荘の相伝過程と村

本項では、さきにその一部をみた正安三年の裁許状に至る経緯を確認し、長嶋荘における「村」の性格を考えていきたい。

小鹿島公業が長嶋荘の惣地頭職を得たのは嘉禎二年（一二三六）と考えられているが[23]、先述のとおり、惣地頭の下には「長嶋庄御家人」と呼ばれる国御家人・小地頭が存在していた。

公業はその後、嘉禎四年（一二三八）十月二十八日に長嶋荘上村と同荘の惣検非違所を公員に、同荘下村を妻に譲与した[24]。この時、長嶋荘の惣地頭職も惣検非違所と同様、公員に譲られたと考えられる[25]。そして、幕府は嘉禎四年十二月四日に、長嶋荘上村の地頭職を公員に安堵している[26]。

ここに見える長嶋荘の上村と下村は、前節でみたように惣名であり、それぞれの内部に、さらに個別の村が存在していた。この上村・下村は、複数の個別の村が既に存在する長嶋荘の分割相続にあたって、嘉禎四年に新たに設定された村ということになる。

また、後に「上村惣地頭」という語が見えることから[27]、同様に公業の妻は「下村惣地頭」と位置づけられたと考えられる。つまり、嘉禎四年の分割相続により、公員は長嶋荘惣地頭であるとともに長嶋荘上村惣地頭となり、公業の妻が長嶋荘下村惣地頭職となったと考えられる。

ところが、仁治元年（一二四〇）、幕府は公員の所職を没収して小鹿島氏の所領の再配分を行い、上村は公助に、惣検非違所は公義に与えられた。[28] 惣検非違所を与えられた公義は、長嶋荘の惣地頭職の地位も獲得したと考えられる。[29] また、この時点のことかどうかは不明ながら、公義はいずれかの時点で下村の惣地頭職も獲得したと考えられる。[30]

一方、長嶋荘惣地頭職と長嶋荘上村惣地頭職を没収された公員には、同年閏十月十三日に将軍家政所下文によって、上村に含まれる大渡村の地頭職が与えられている。[31] また、上村の中の大崎村も所領として残されたとされるが、大崎村については幕府からの下文は与えられていないようである。[32] 大崎村と大渡村とでこのような違いが生じた理由は不明であるが、公員・公綱父子は正安年間の相論まで大崎村を「六十余年」の間、知行している。

この仁治元年の再配分により、長嶋荘惣地頭は公義、長嶋荘上村惣地頭は公助となり、公員は長嶋荘上村内の大崎村と大渡村の地頭（小地頭）となった。

その後、初め長嶋荘惣地頭であった公員の子の公綱と、公員に代わって長嶋荘惣地頭になった公義の孫の公遠（公時）との間で「嫡家相論」が発生する中で、大崎村の知行が争点化し、正安三年の裁許状発給に至ったのである。

以上の長嶋荘の相伝の経緯からは、「村」について以下の点を指摘することができる。

まず、長嶋荘の上村・下村は、分割相続にあたって、いくつかの既存の村をまとめる形で設定されたものであった。また、上村内の大崎村は、村そのものの成立と、史料上への「村」の登場にはタイムラグがある。大崎村という名称は幕府からの本御下文には記載されておらず、大崎村を対象とする安堵下文も存在していなかったと考えられるが、公員・公綱父子は、六十年余り、安堵下文のないまま大崎村を当知行していた。公綱が安堵下文を求めた背景には、公時との相論があり、惣領単位で譲与や安堵が行われていたり、問題なく当知行が行われていたりする場合は、「村」は譲状や安堵状に姿を現さないと考えられる。

おわりに

以上、極限られた範囲ではあるが、鎌倉幕府関係史料に見える「村」について考えてきた。以下、簡単にその内容をまとめておこう。

鎌倉幕府法には「村」は『御成敗式目』三十八条にしか現れず、そこでの「村」はある所領全体、すなわち惣領の一部分であり、「村」の支配者は名主として把握される存在であった。「村」は全体集合としての惣領の部分集合であり、惣領に包摂される存在であった。また、「村」自体が惣領として、さらに内部に「村」を含むこともあった。

肥前国長嶋荘の事例からは、分割相続にあたって、いくつかの既存の村をまとめる形で設定される「村」の存在が確認された。また、村は惣領単位で譲与や安堵が行われている段階では譲状や安堵状に姿を現さず、村単位で分割相続がなされたとしても、安堵下文のないままに当知行が行われることもあり、他の史料でも同様のことではあるが、村の成立と「村」の文書への登場にはタイムラグが存在することには注意が必要である。

鎌倉幕府関係史料に現れる「村」から生活のユニットとしての「ムラ」を直接追究することには困難が伴うと思われる。しかし、鎌倉幕府関係史料に現れる「村」は、惣領制や惣地頭――小地頭制といった、鎌倉幕府の御家人制のあり方とも密接に関わっていることが予想され(33)、こうした観点からも「ムラの戸籍簿」を利用した研究の可能性が広がりそうである。

注

1 大山喬平・三枝暁子編『古代・中世の地域社会――「ムラの戸籍簿」の可能性――』(思文閣出版、二〇一八年)。

2 「ムラの戸籍簿」研究会事務局「序章」(前掲注1書)四頁。

3 春田直紀「中世肥後国における「村」と「浦」――史料類型別分析の試み――」(工藤敬一編『中世熊本の地域権力と社会』高志書院、二〇一五年)一四四頁。

4 「ムラの戸籍簿」研究会事務局「序章」(前掲注1書)二〇頁。

5 木村茂光「中世紀ノ川流域における「村」の出現と変遷」(前掲注1書)一一五頁。

6 鎌倉幕府の発給する補任状や安堵状については、そこに記される「村」は基本的には所領の単位と想定されることから、ここでは検討の対象とはしなかった。

7 『御成敗式目』三十八条の解釈および、惣地頭―小地頭制については清水亮「鎌倉時代の惣地頭・小地頭間相論と鎌倉幕府」(同『鎌倉幕府御家人制の政治史的研究』校倉書房、二〇〇七年、初出二〇〇二年)を参照。

8 『御成敗式目』三条では「郡郷」「荘保」が対句として記され、新補率法(追加法一〇~一四)には「荘園郷保」、建長五年(一二五三)の検断法(追加法二八二~二九四)には「郡郷荘園」といった表現がみられる。

9 建久四年(一一九三)六月日　東大寺三綱等陳状(竹内理三編『鎌倉遺文』〈東京堂出版、以下『鎌』〉六七四号)。

10 玉滝・湯船・鞆田・内保の村々には出作地はないという部分と、鞆田の出作を北杣の出作と言っているという部分は矛盾しているように見える。ただし、同じ文書の別の部分で東大寺は鞆田荘の出作地として六十余町が公認されていると主張していることからすると、北杣の出作という非公認の出作地の存在を主張する在庁官人に対し、北杣の出作とは公認されている鞆田の出作のことであると主張しようとしているのだと考えられる。

11 (貞永元年〈一二三二〉カ) 丹後国在庁官人等解(『鎌』四三一六号)。

12 似鳥雄一「「惣」の用法と意味──補集合の「惣」──」(『鎌倉遺文研究』四八号、二〇二一年)五六頁。

13 ただし、このことは似鳥氏の指摘している、「惣」が補集合の意味で用いられる場合があることを否定するものではない。全体集合としての「惣」の内部の部分集合であった「村」が、別納・別相伝化して「惣」からの自立性を強めていくなかで、「惣」の意味が変化していくということは十分に想定可能である。

14 建保三年(一二一五)十月二日 将軍家政所下文案(肥前武雄神社文書『鎌』二一八一号)。

15 長嶋荘については服部英雄「肥前国長嶋庄と橘薩摩一族」(同『景観にさぐる中世』新人物往来社、一九九五年)・高橋典幸「肥前の武士と鎌倉幕府」(高橋慎一朗編『列島の鎌倉時代』高志書院、二〇一一年)を参照。

16 後藤氏は建保六年(一二一八)に「墓崎地頭宗明」が見え、寛元五年(一二四七)には将軍藤原頼嗣の袖判下文によって後藤氏明が墓崎村の地頭職を安堵されている(建保六年八月日 源披譲状案〈肥前伊万里文書『鎌』二三九五号〉・寛元五年二月十四日 将軍藤原頼嗣袖判下文〈肥前後藤家文書『鎌』六八〇〇号〉)。

17 建暦元年(一二一一)十月二十二日 肥前長嶋荘預所代下文(『鎌』一八九五号)。

18 正安三年(一三〇一)七月十二日 関東下知状(肥前小鹿島文書『鎌』二〇八二四号)。

19 前掲注15服部論文五〇九頁の系図を参照。ただし上記の系図では、公康は公助の子となっているが、公康の父は公村である(正応二年〈一二八九〉七月六日 橘薩摩公康請文、肥前小鹿島文書『鎌』一七〇六〇号)。また、嘉元四年(一三〇六)九月日橘薩摩公時申状(肥前小鹿島文書『鎌』二二七三三号)から、前掲注18関東下知状に見える公遠は後に公時と改名したと考えられる。

20 前掲注3春田論文一六三頁・一七〇〜一七二頁・一七九〜一八〇頁。

21 寛元二年(一二四四)十二月二十四日 関東下知状(尊経閣所蔵文書『鎌』六四二一号)。

22 弘安二年(一二七九)十月八日 関東下知状案(肥前有浦文書『鎌』一三七三〇号)。

23 嘉禎二年(一二三六)二月に伊予国宇和郡の代替として長嶋荘惣地頭職を与えられたと考えられている(『吾妻鏡』嘉禎二年二月二十二日条。前掲注15服部論文四八二頁)。

24 嘉禎四年(一二三八)十二月四日 将軍家政所下文案(肥前小鹿島文書『鎌』五三三一号)・前掲注18関東下知状。

25 この後、仁治元年(一二四〇)に惣検非違所を与えられた公義の孫にあたる公時が、嘉元四年(一三〇六)に「長嶋荘惣地頭」と見えている（前掲注19橘薩摩公時申状）。
26　前掲注24将軍家政所下文案。
27　仁治元年（一二四〇）に上村を与えられた公助の孫にあたる公康が「長嶋荘上村惣地頭」と見える（年月日未詳橘薩摩公康陳状、小鹿島文書四三号、『佐賀県史料集成古文書編第十七巻』所収）。なお、公康は嘉元四年（一三〇六）には既に死去している（前掲注19橘薩摩公時申状）。
28　前掲注18関東下知状。
29　寛元元年（一二四三）には幕府が公義を公業跡の公事負担責任者としていることが確認できる（寛元元年九月六日関東御教書案、肥前橘中村文書『鎌』六二三五号）。なお、公義の仮名が薩摩十郎であることは正応五年（一二九二）十月七日　関東下知状案（肥前小鹿島文書『鎌』一八〇二九号）から確認できる。
30　前掲注29関東下知状案。
31　仁治元年（一二四〇）閏十月十三日　将軍家政所下文案（肥前小鹿島文書『鎌』五六四八号）。
32　前掲注18関東下知状。
33　この点については前掲注3春田論文一六九頁も参照されたい。

第六章　南北朝時代の軍事関係文書と郷・村

花田卓司

はじめに

全国的な内乱が展開した南北朝時代には、各種の軍事関係文書が作成された。武士が参陣した事実を証明するために提出し、指揮官が内容を確認したことを示す花押（証判）を据えた後に返却される着到状、自身の戦功を書き上げ、着到状と同じく指揮官の証判を得て返却される軍忠状、戦功を挙げた武士を賞して将軍や守護・大将が発給する感状などがその代表例である。これら軍事関係文書には郷・村の名が記されているものが少なくない。文献史料にみえる郷・村の初出事例を各国別に集積する「ムラの戸籍簿」からは、十四世紀に初出数が増えることが読み取れるが、その一因には南北朝時代にその数を増大させる軍事関係文書の存在も挙げられるだろう。ここでは主に軍忠状を取り上げ、郷・村がどのようなかたちで現れてくるのかを整理しつつ、「ムラの戸籍簿」における軍忠状の史料的価値を述べていきたい。

一　軍忠状における郷・村表記の二類型

軍忠状での郷・村の現れ方は大きく二つに分けられる。一つは、「出雲国三刀屋大田庄藤巻村地頭左兵衛尉宇佐輔景」[1]のように、軍忠状の冒頭部分で差出人が帯びる地頭職などを記すのに伴って郷・村が現れるパターンである。これは宛行状や預状などと同じく所領単位・支配単位としての郷・村であり、必ずしも軍忠状特有の現れ方ではないが、ここに挙げた藤巻村のように他の史料にはみえないものや、初出事例となる場合がある。

もう一つが、戦場や城館などの所在地名、あるいは軍勢による放火など戦禍を被った地域として郷・村が現れるパターンである。いくつか主な事例を列挙すると以下のようになる。

①馳二向**野崎村**（大隅国）一、惣領禰寝郡司清成相共致二散々合戦一[2]

②当国（陸奥国）行方郡**高平村**寛徳寺打越、…（中略）…構二城館一、…（中略）…佐竹・石河凶徒等、引二率多勢一相向之間、久慈東**小里郷**（常陸国）内自二西山手一、一族相共馳向天、捨二于身命一、令二合戦一之間[3]

③下総国神崎庄内**多賀郷**合戦事。当郷者朝行所領也。而千葉下総守一族等、為二先帝御方一令二乱入一之間、千葉余三清胤、朝行代官等相共為二御方一、連日致二合戦一之間、…（中略）…亦常州**大枝郷****栗俣村**等、同朝行知行分也。而前国司勢并小田勢等、率二大勢一責来之間、朝行代官等焼二払在所一、妻子交二山林一畢[4]

④二上御敵等退散之処、同日**山田村**（河内国）凶徒等追払、処々在家懸レ火、則於二美曾路越一致二合戦一候了[5]

⑤自二**高市郷**竹林寺一追二越佐礼山一、追二籠龍岡城一、自二鴨部**中村**(伊予国)一焼二払所々一、攻二入府中一[6]
⑥深江孫次郎種長焼二払**深江**・**片山村**(筑前国)一、楯二籠一貴寺山一[7]
⑦山形**井野村**(安芸国)多尾責入被レ召二御陣一之処[8]
⑧件凶徒等、親胤親類卿〔郷カ〕房在所**清瀧村**(豊前国)ニ寄来之間、致二合戦一[9]
⑨安雲七郎・尻高次郎四郎・安先孫三郎以下御敵構二上毛郡**屋形村**(豊前国)於城郭一楯籠之間[10]

右の①野崎村、②高平村・小里郷、③多賀郷、④山田村、⑤中村、⑥片山村、⑦井野村、⑧清瀧村、⑨屋形村はいずれも初出事例で、このうち中村・片山村・井野村・清瀧村・屋形村は他の中世史料にみえず、井野村は比定地も未詳である。[11]

二　軍忠状の村とムラ

前節で挙げた事例のうち、他に関連史料があるものを中心に若干の検討を加えておく。

①野崎村は建武三年(一三三六)五月の大隅国加世田城をめぐる戦いで登場し、「野崎馳合合戦」・「野崎懸合合戦」と記す軍忠状[12]の存在から、騎兵戦がおこなわれたことがわかる。また、応永十七年(一四一〇)には「島津庄大隅方肝付郡野崎内波見村弁塩屋湊[13]」とみえ、「野崎村―波見村」という所属関係が読み取れる。

②高平村は文永九年(一二七二)に「陸奥国行方郡高平□弁鷹倉[14]」と記されるが、明確に「村」として現れるのは②の軍忠状が最初である。小里郷は応永三十一年(一四二四)にも「常陸国小佐都郷(佐竹尾張守跡)[15]」

とあり、鎌倉公方足利持氏から白河結城氏の庶家小峰朝親に宛行われた。その後、文亀三年（一五〇三）に小峰朝脩が「常州小里村内も〻とり之地」[16]の在家一間を八槻近津大明神に寄進しており、これが「小里村」の初出事例となる。

④山田村は他の史料では山田郷または山田荘と記される。軍忠状を作成した伊藤義明は「依㆓自訴事㆒上洛候間、於㆓義明㆒者、可㆑被㆑責㆓上東条近日㆒由承及候間」と述べているように、訴訟で偶然在京していたところ、南都に向けて出陣することとなった出雲守護塩冶高貞に動員された出雲国小堺郷の武士なので、河内国内の地名情報に詳しかったとは思われない。軍忠状には郷・村を付さない地名が記される場合も多いので、伊藤義明があえて「山田村」と表記したのは現地での呼称をそのまま記載したか、あるいは彼自身が「村である」と認識したかのいずれかに違いない。

史料上における「村」表記には多様な意味があり、人びとの生活基盤としてのムラ（＝〈生活のユニット〉）の実態を把握するためにはそれぞれの史料的性格を踏まえた分析が必要になるが[17]、そうした作業を進めていく際に、所領単位・支配単位などとしてではなく戦場の所在地名として、現地での呼称（音声としての「郷」や「村」）や当事者の認識に基づいて郷・村の名を記録する軍忠状は、中世の人びとが何をもって「郷」や「村」と認識したのかを知る手がかりになる。

⑧清瀧村は近世の豊前国高帳や天保郷帳には載らないが、元禄十四年（一七〇一）作成の豊前国絵図[18]に「楠原村ノ内清瀧」とみえる。楠原村の前身である楠原郷は文永九年（一二七二）に初出し[19]、南北朝時代に下総（門司）親胤の兄弟で楠原系門司氏の祖となる門司親連の支配するところとなったようである[20]。⑧にみえる郷房は楠原系門司氏の人物とされるので[21]、清瀧村は楠原郷内の村として成立したのだろう。南北朝時代に戦場となったために史料上に姿を現した清瀧村は、近世に制度的に位置づけられる村にこそ

ならなかったものの、近世楠原村を構成する集落（＝〈生活のユニット〉であるムラ）として持続していたのである。

以上のように、南北朝時代の軍忠状に記された村は他の史料にみえないものが多く、村の具体的な実態や内部構造が明らかになることは少ない。ただ裏を返せば、他の史料に現れにくい村が戦場の所在地として記録される点に、軍忠状の大きな特長があるといえる。

おわりに

さて、戦争のなかで初めて姿を現す村がある一方、軍忠状の記載を最後に消えてしまう村もある。③栗俣村は多賀郷と同じく野本朝行（軍忠状を作成した野本鶴寿丸の父）の所領で、南朝方の北畠顕家・小田治久らが侵攻してきた際に、代官らが村を焼き払って朝行の妻子を避難させたと記されている。栗俣村の初出史料である正和五年（一三一六）閏十月十六日野本時重申状案[22]によれば、同村は大枝郷地頭下河辺氏が開発した新田で承元元年（一二〇七）以前には成立しており、後に開発された岩瀬村が「新々田」とよばれたのに対して「本新田」とよばれ、文応元年（一二六〇）に下河辺政義の後家淡路局から野本時光（朝行の祖父）に譲与されたという。その後の伝領については史料に恵まれないが、おそらく時光から子の貞光を経て朝行に継承されたと考えられる。しかし、③の軍忠状を最後に常陸国における野本氏の活動は途絶えてしまい、栗俣村も焼き払われたためか、以後の史料には現れなくなる。[23]

大枝郷内の栗俣村や岩瀬村の例をもとに、新たな開墾地が「村」と呼称されるという清水三男氏の指摘[24]を再確認した網野善彦氏の研究[25]を踏まえると、領主の開発によって生まれた村が、領主の没落によって姿を消す事実は興味深い。「ムラの戸籍簿」に基づいて「持続するムラ」の実態に迫ろうとする際には、「持続しなかった（＝消滅した）ムラ」との対比も有効であろう。ムラの存続・消滅を左右する要因はさまざまだが、その一つが戦争であることは言うまでもない。栗俣村のような事例を見出すことができる軍忠状をはじめとする軍事関係文書は、その意味でも高い価値を有するのである。

注

1 建武三年二月日宇佐輔景軍忠状写（「諸家文書纂三所収三刀屋文書」、『南北朝遺文 東北編』二一二号）。以下、『南北朝遺文』は編名のみを略記。

2 建武三年六月十七日建部清吉軍忠状案（「早稲田大学所蔵禰寝文書」、『九州』六三四号）。

3 延元二年八月二十六日相馬胤平軍忠状（「相馬文書」、『東北』三三九号）。

4 建武四年八月日野本鶴寿丸軍忠状（「熊谷家文書」、『関東』七四四号）。

5 建武四年十月二十三日伊藤義明軍忠状写（「萩藩閥閲録六十六」、『中国四国』六七一号）。

6 暦応元年十二月日鳥生貞実軍忠状写（「予陽河野盛衰記所収文書」、『関東』九一六号）。

7 暦応三年三月日重富正高軍忠状（「重富文書」、『九州』一四九五号）。

8 観応元年七月二十七日吉川実経軍忠状（「吉川家文書」、『関東』一九〇七号）。

9 観応三年二月日下総（門司）親胤軍忠状（「門司文書」、『九州』三三四三号）。

10 観応三年三月日河依範房軍忠状写（「下毛郡誌所収久恒文書」、『九州』三三八二号）。

11 井野村は同じ合戦について述べた観応元年七月日周防親長軍忠状（「吉川家文書」、『関東』一九〇八号）、観応元年七月日逸見有朝軍忠状写（「小早川家証文」、『関東』一九〇九号）、観応元年八月五日内藤熊王丸軍忠状（「斉藤元宣氏所蔵内藤家文書」、『関東』一九一〇号）、観応元年八月十日内藤氏廉軍忠状（「斉藤元宣氏所蔵内藤家文書」、『関東』一九一二号）がある。

12 建武三年六月十八日建部清種軍忠状（「池端文書」、『九州』六三五号）、建武三年六月日和泉道悟軍忠状写（「薩藩旧記十八所収出水文書」、『九州』六六二号）。
13 応永十七年正月十六日島津元久安堵状写（「旧記雑録前編三十二」、『大日本史料 第七編之十三』三八頁）。
14 文永九年十月二十九日関東下知状（「相馬文書」、『鎌倉遺文』一一一三六号）。
15 応永三十一年四月二十六日足利持氏御判御教書（「小峰城歴史博物館所蔵白河結城家文書」、『新訂白河結城家文書集成』六五頁）。
16 文亀三年八月十二日小峰朝脩寄進状写（「八槻文書」、『茨城県史料 中世編Ⅱ』二四九頁）。
17 この点、春田直紀「中世肥後国における「村」と「浦」――史料類型別分析の試み――」（工藤敬一編『中世熊本の地域権力と社会』高志書院、二〇一五年）、坂本亮太「中世「村」表記の性格と多様性――紀伊国荒川荘を事例に――」（荘園・村落史研究会編『中世村落と地域社会』高志書院、二〇一六年）、木村茂光「中世紀ノ川流域における「村」の出現と変遷――高野山領官省符荘の場合――」（大山喬平・三枝暁子編『古代・中世の地域社会――「ムラの戸籍簿」の可能性――』思文閣出版、二〇一八年）などを参照。
18 『福岡県の地名（日本歴史地名大系41）』（平凡社、二〇〇四年）「楠原村」の項、みやこ町歴史民俗博物館／WEB博物館「みやこ町遺産」（https://adeac.jp/miyako-hf-mus/viewer/mp010001-200030/kuniezuv2/）。
19 文永九年十月九日門司六郷惣田数注文写（「甲佐神社文書」、『鎌倉遺文』一一一一七号）。
20 「門司氏系図」（門司市役所編『門司市史』門司市、一九三三年）三八～四一頁。
21 門司宣里『中世九州落日の譜――門司氏史話――』（門司宣里、一九七五年）五八～六一頁・一三六頁。
22 「塙不二丸氏所蔵文書」（『鎌倉遺文』二五九九五号）。
23 江戸時代に「栗又四ケ村（四箇村）」があるが、栗俣村の比定地が茨城県玉里村（現在は小美玉市）下玉里なのに対し、栗又四ケ村は玉里村栗又四ケに比定される（『角川日本地名大辞典8茨城県』〈角川書店、一九八三年〉「栗俣」・「栗俣四ケ」・「栗俣村」の項）。
24 清水三男（大山喬平・馬田綾子校注）『日本中世の村落』（岩波書店、一九九六年、初出一九四二年）一二一頁。
25 網野善彦「常陸国」（同『日本中世土地制度史の研究』塙書房、一九九一年、初出一九六八年）四三八～四四五頁。

第七章　伊勢道者売券にみるムラ

松井直人

はじめに

中世伊勢神宮の御師（以下、伊勢御師）が発給した道者売券には、「里《さと》」を冠して呼称される地名が多数検出される。本章ではそのようなムラがいかなる実態を有したのかを、伊勢道者売券の悉皆的な分析をもとに考察する。

伊勢御師とは、現代的な言葉でいえば、伊勢参詣にかかる「コンシェルジュ的旅館業者」と祈祷などを行う伊勢神宮職を兼ねた「総合エージェンシー」的存在であり、伊勢神宮の御祓大麻や土産の配布、伊勢参詣の勧誘・斡旋、伊勢両宮の門前町宇治山田での宿泊先の手配などを生業とした。御師は全国の道者（檀那）と師檀関係を結び、祈祷や神楽奏上などの依頼を受ける対価として初穂料・神楽料を集積した。それらは永続性の強い利権として株化し、檀那場として売買の対象となっていた。(1)

そのような檀那場の権利を売買する証文が道者売券である。特に伊勢道者売券については宝徳四年（一四五二）を初見に全国で確認され、十六世紀前半にかけて急激に増加し、後半にかけて減少した。(2) 経済単位としての檀那場の地名は、売券中で「里」（一部、「郷」「村」）を冠して呼称されることが多い。本研究会ではそのような在所を生活共同体の「ムラ」と見なし、「ムラの戸籍簿」の「郷村表」に採用している。では、道者売券中の「里」とはいかなる実態を伴う場であったのか。まずは関連する研究史を概観したい。

一　伊勢道者売券の「里」に関する研究史

萩原龍夫氏は、伊勢道者売券を蒐集して一覧表を作成するとともに、それらの売券中の「里」について初めて本格的な分析を行った。氏は伊勢御師と熊野大社の御師を比較し、地方の土豪を一族ごとに把握する熊野御師に対し、伊勢御師は、荘・（国衙領としての）郷・保などの「伝統的行政単位」によらず、実際の檀那廻りによって知った現実の村落に基づいて檀那を把握していたとする。また、村落の「里」表記は、伊勢神宮周辺に古代条里制が残存したことや旅行者が集落を「里」と呼んだことにも由来していたとする。加えて、一村落には一つの講と一人以上の講親が存在しており、その背景には、村落における商業資本の侵入と、ある程度の惣村結合を想定しうるとした(3)。

西山克氏は、萩原氏作成の伊勢道者売券一覧表を大幅に増補改訂し、改めて総合的な分析を行った。そのうえで、十五世紀末の伊勢講の広範な成立を背景に、従来の修験者的な道者から「里」の講を基盤とする道者への変化がみられること、伊勢御師は都市・村落共同体から自立した領主クラスの「家」と、各地域・「里」とを基準に道者を把握していたこと、「里」表記は行政単位ではなく、より現実的な地域単位を指し、人的結合としての「惣」と重複する場合もあったことなどを指摘している。なお、萩原氏が「里」を律令制の遺制と理解した点については、農村を「さと」と呼ぶ慣習に従ったにすぎないとしている。[4]

工藤祥子氏は、淡路国の在地社会を研究する視角から、道者売券に登場する淡路の地名や「里」について詳細な検討を行った。氏は、国衙・守護所が所在する三原平野、洲本平野では在地の有力寺社・領主が檀那として把握されるケースが所見する一方、里・村として把握される地域は津名郡北部に集中する傾向があるとして、国内における道者把握方式の地域差を明らかにした。また、淡路国内の「里」は、必ずしも政治的・経済的な村落共同体とは限らず、近世村落に継続するもの・しないものが並列的に扱われていることから、中世段階固有の生活の基礎単位とみるべきとしている。[5]

このように既往の研究は、道者売券の網羅的収集に基づいてマクロ・ミクロ双方の視点から「里」の性格を検討し、有力寺社や領主の把握方法と対比させながら「里」を住人の生活単位（＝ムラ）に近いものと認定してきた。ただし、在地領主の在所を「里」と記す道者日記（伊勢御師が初穂料などの徴収のために現地を訪れた際の帳簿）が確認されるように[6]、伊勢御師における「里」に対する認識と道者把握方式との関係には、検討の余地があると思われる。また、道者売券には、「郷」や「村」を冠して登場する地名も、「里」ほどではないが確認される。それらと「里」との関係も、本研究会の主旨とかかわって興味を引く点である。

幸い、伊勢市編『伊勢市史』（第二巻中世編、二〇一一年）において、寛永元年（一六二四）までの道者売券一覧表が作成され、西山著書の段階からさらに多くの文書の存在が明らかにされている。さらに、『三重県史』史料編にも多くの道者売券が翻刻のうえ収録されている。以下ではこれらを参考に、道者売券における「里」とはいかなる場か、あるいはいかなる場と認識されていたのか、同じく所見する郷・村との関係を踏まえて分析したい。

二　伊勢道者売券における「里」と郷・村

伊勢道者売券における「里」の初見は、岩淵兵衛五郎が軽物座の福市太郎に「山城国一縁《(円)》、下駒里地下侍方幷寺坊無残」の道者株を売却している文明三年（一四七一）の文書である。[7]「下駒里」は古代の下狛郷の遺称地にあたる。ここでは現地の「地下侍」と「寺坊」が檀那としてみえており、仮に講が存在していても、彼らのような現地の有力者によって形成されていたものであったことが窺える。ゆえに、御師が現地を「里」として把握していたとしても、その集落を直ちに村落共同体の卓越する場と見なすことには慎重を期す必要があると思われる。

「里」が登場する道者売券を蒐集すると、郡や郷との関係が判明するケースも見て取れる。長享二年（一四八八）には、宮こ屋末次が西近江の「ハニ《(和邇)》ノ郷之河原・中村二里」を売却しており、和邇郷に河原・中村の二つの「里」が含まれていたことがわかる。奥書には「河原のかうおや《(講親)》の事、ミやうせんのさこ殿、中村にてハさ衛門九郎兵衛殿」とあるように、両「里」に講親が存在した。[8]永正二年（一五〇五）の伊勢国の道者売券では、「北方ミヱノ郡そひ《(曽井)》の里一円、同殿様御一家中」なる表記がみえ、郡―里系列による把握がなされている。[9]伊勢国の「郷村表」で曽井は郷名として所見しており、郷が「里」と言い換えられていることが知られる。また、本史料でも現地の有力者にあたる「殿様御一家中」が「里」と関連づけて認識されている点は注意される。時代は下るが、天正八年（一五八〇）には、三河国の「はた《(幡太)》・野より《(野依)》・かた浜《(片浜)》三郷」の持分一円が売却されており、檀那場が郷として把握されている。[10]このうち幡太郷は和名抄郷として知られるが、三河国の「郷村表」によれば、いずれも郷内村は確認されないため、それほど広域的な郷ではなかった蓋然性が高い。

以上の事例からは、「里」は、郡や郷の下位に属す領域単位として把握される場合がある一方で、「里」名と郷名が一致する場合や、把握の単位自体が郷である場合もあったことがわかる。これらをみると、伊勢御師にとっての「里」は領域の最小単位として出現するケースが多いように思われるが、以下ではその点を念頭に置きつつ、村と「里」の関係についても考察してみたい。

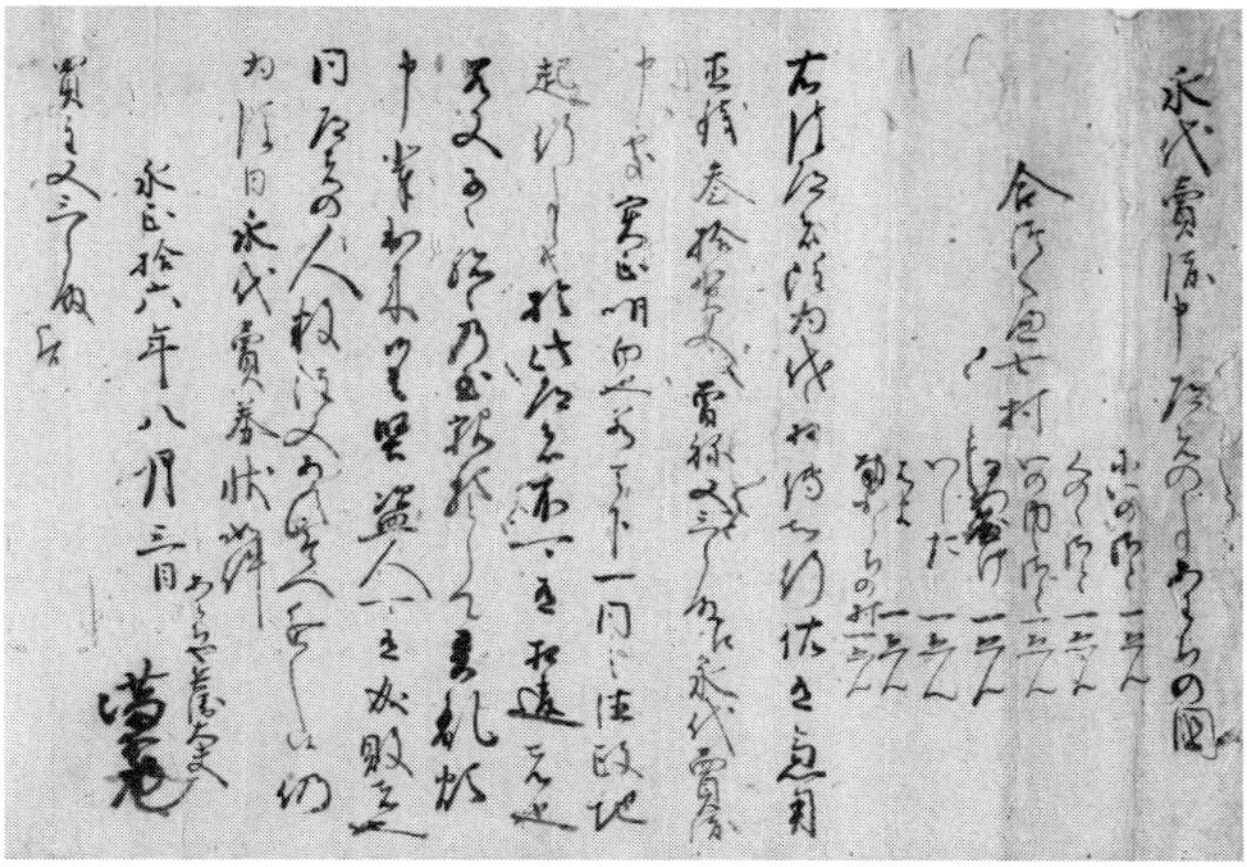

画像　「淡路屋兵衛大夫売券」（『来田文書』、京都大学総合博物館所蔵）

先述の工藤氏の研究では、淡路国の在地社会を論じるなかで、永正十六年に淡路屋兵衛大夫満近が「にいのさと」「くのゝさと」「いの内之さと」「なつやけ」「いした」「はま」「南かうちの村」からなる「つくへ七村」を売却した道者売券が分析されている（画像参照）[11]。「南かうちの村」が近世に卓越した石高を有する村となることから、このような「里」と村の書き分けには、在地における村同士の関係性が反映されているという[12]。他方、淡路国では、この前年の道者売券で「我等のもちふんの同の里」として、「上ないせん」「下ないせん」「きしかわ」「かものさと」の「合四村の分」が売却されている[13]。ここでは「里」が村と言い換えられており、実際の状況はともかく、文書の書き手は「里」と村をおおよそ同規模の在所と認識していたと考えられる。

ただし、道者売券における「里」と村の関係は、よりいっそう多様であった。延徳二年（一四九〇）の文書では伊勢国の「アノ《(安濃)》、郡カタ田ト云里五村一縁《(円)》」という表現がみえる。[14]「カタ田」は和名抄郷の「方県郷」に由来するとみられ、本文書では「里」が郷に該当し、その内部に「五村」が存在していると認識されている。ここでは、里（郷）―村という系列による地域の把握がなされているのである。また、明応七年（一四九八）の近江国の事例では「さめと《(佐目)》申里三郷」として「一、川より上村、一、川より下村、一、たに　二たに後たに」が挙げられている。[15]川や谷といった実際の地形に即して「里」内部の集落を「村」と表現しており、里―村（郷）という形で地域が認識されていることが知られる。

このように道者売券を通覧すると、「里」は、おおよそ村と同じ領域単位を表しているケースもあれば、郷と同程度の領域を指しその内部に複数の村を包含しているケースもあったことが知られる。なかには、延徳四年に尾張国内の「十五里」の道者を売却している文書の記述に「やわせ《(矢合)》の里の内一色のさ□《(と)》一ゑん」とあるように、「里」内「里」という把握の仕方すら確認される。[16]矢合村は近世村に連続するムラであり、内部の集落も同じく「里」と認識されていたことになる。

おわりに

以上、概略的ではあるが、伊勢道者売券中にみえる檀那場としての「里」について、郷・村＝ムラとの関係に留意しつつ考察した。本論から明らかなように、道者売券の「里」は、場合によって郷にも村にもなりうる領域単位であったとみられ、伊勢御師の間ではかなり融通無碍に使用されていた。ゆえに各在所の実態は相当に多様であったとみられ、各「里」の質的な特徴を掴むためには、ことさらに村落共同体の優越を前提とするのではなく、他の関連史料から得られる情報も加味しつつ、個別検討を積み重ねる必要があると思われる。一方で、中世人、とくに伊勢御師がどのような在所を「里《さと》」＝ムラとみなしていたのか、彼らの認識の枠組みを知るうえでも、道者売券は非常に魅力的な史料といえる。

なお、本章では取り上げられなかったが、道者売券には、「里」や郷・村のみならず京都市中や列島各地の「市庭」も登場する。[17] ムラを含む諸地域の実態を、当時の認識を反映して伝える貴重な史料として、今後の幅広い活用が望まれる。

注

1 千枝大志「三重県総合博物館所蔵『谷家文書』所収の伊勢御師道者売券について」（『同朋大学佛教文化研究所紀要』三八、二〇一九年）。
2 工藤祥子「中世淡路国の伊勢道者の存在形態からみる在地社会」（『大谷大学史学論究』二二、二〇一七年）。
3 萩原龍夫『中世祭祀組織の研究　増補版』（吉川弘文館、一九七五年）。
4 西山克「御師と道者の存在形態」（同『道者と地下人』吉川弘文館、一九八七年）。
5 前掲注2工藤論文。
6 田中健二・藤井洋一「冠纓神社所蔵永禄八年『さぬきの道者一円日記』（写本）について」（『香川大学教育学部研究報告第Ⅰ部』九七、一九九六年）。
7 「猪熊文書(1)経済文書」一号（『三重県史』資料編中世3下）。
8 「福島信悟氏所蔵文書」六号（皇學館大学研究開発推進センター史料編纂所編『神宮御師資料』）。
9 「退蔵文庫旧蔵道者田畠屋敷沽券類」一〇号（『三重県史』資料編中世1下）。
10 「輯古帖」三-一三号（同右）。

11　「来田文書」二〇〇号（『三重県史』資料編中世3中）。

12　前掲注2工藤論文。

13　「来田文書」一九一号（『三重県史』資料編中世3中）。

14　「五文字屋道者屋敷座沽券」二号（『三重県史』資料編中世1下）。

15　「輯古帖」三‐三七号（『三重県史』資料編中世1下）。

16　「輯古帖」九‐七九号（同右）。

17　「京中町人一円」を売却する文書（「五文字屋道者屋敷座沽券」六号『三重県史』資料編中世1下）、美濃国「いひ（揖斐）の内みわ（三輪）の市庭一円」を売却する文書（「御道者売渡証文」一号（同））など参照。

第八章　寺院史料と郷・村
――山梨県長昌寺所蔵大般若経をめぐって――

貝塚啓希

はじめに

筆者は『山梨県史』資料編中世一～四（山梨日日新聞社、一九九八～二〇〇四年）等を活用しつつ、甲斐国の「ムラの戸籍簿」を作成している。第二部拙稿で述べた通り、甲斐国に伝存する山梨県内文書は必ずしも多くない。そうした中で貴重であるのは、寺院関係史料に見える郷や村の情報である。

一般に寺院史料には郷や村の存在が見えやすい。これは甲斐国に限ったことではないが、甲斐国のような史料状況にあってもなお、在地寺院に保管されてきた経典書写奥書や過去帳、禅僧の語録などによって明らかにできる事実は多い(1)。甲斐国の「ムラの戸籍簿」に掲出した郷・村の初出事例のうち、半数近くがこれら寺院史料に基づいている。本稿ではそうした事例のなかから、瑞光山長昌寺所蔵の大般若経写本を取り上げ、その伝来の経緯と郷・村との関わりを検討したい。

長昌寺は現在も山梨県笛吹市一宮町末木に所在する、臨済宗妙心寺派の寺院である。所蔵の大般若経は笛吹市の指定文化財となっており、大正十三年（一九二四）に一宮小学校校長・郷土史家の水上文淵氏が紹介したほか、『山梨県史』に書写奥書・解題が収められている(2)。

長昌寺創建の経緯は不明だが、応永年間に愚中周及を開山として再興された。大般若経は明応年間（一四九二～一五〇一）に寄進されたものだが、天正十年（一五八二）、武田氏滅亡の混乱によって長昌寺が焼亡したとき、戦乱を避けて土中に埋められた。のち天和年間（一六八一～一六八四）の諸堂再建に際して再び発見されたのち、損傷が激しかったため、享保年間以降数度にわたり修理・補写が行われた。現在では①長元五年（一〇三二）、②明応五～六年（一四九六～一四九七）、③永正三年（一五〇六）・同七年（一五一〇）、④享保十三～十八年（一七二八～一七三三）、⑤明和九年～安永二年（一七七二～一七七三）、⑥天保四年（一八三三）の六つの時期の奥書をもつ写本によって構成されている。年紀が判明する巻のうちの大部分は、②明応年間、④享保年間、⑤安永年間のいずれかのものである。以下、各時期の書写について検討し、村や施主との関わりを考える。

一　明応年間の大般若経寄進と雨宮家国

明応年間、雨宮家国を施主として、長昌寺に大般若経全巻が寄進された。奥書には「甲州山梨県一宮庄塩田郷傘木村居住」とあり[3]、雨宮家国が傘木村の住人であったことが判明する（巻五百十など）。長昌寺自体の在所も傘木村であった（巻五百五十八など）。

近世に編纂された甲斐国の地誌『甲斐国志』[4]は、雨宮氏宅跡が末木村（傘木村と同じ村か。後述）に残っていたことを記している（巻百五など）。雨宮氏がいつから甲斐に居住していたかは諸説あり不明であるが、具体的に事蹟を跡付けられるのは家国からとみられる。

家国については、甲斐国永昌院二世菊隠瑞潭の語録『菊隠録』に撒骨法語が残り、明応九年（一五〇〇）

八月十六日に五十一歳で没したという。[5] また法語には「或創長昌禅苑」「或営慈眼精舎」とあるが、[6] 長昌寺と並んで記される慈眼寺は、長昌寺に近接する真言宗寺院である。家国は長昌寺のみならず、傘木村を中心に周辺地域一帯の寺院を保護する存在だったのであり、[7] 大般若経全巻の長昌寺への寄進も、その活動の一環として理解できる。家国は有力寺院の保護を通じ、傘木村支配の強化を図ったのであろう。

二　享保年間の修理と雨宮氏

大般若経は戦乱を避けて埋められたのち再度掘り出され、享保十三～十八年(一七二八～一七三三)に大規模な修理が行われた。近世の書写奥書では傘木村は末木村と記されているが、『甲斐国志』は、中世の奥書に見える「傘」の字は垂の異体字「乑」の誤字であって、もと「垂木村」(すいきむら)だったものが長昌寺蔵大般若経では「傘木村」と誤記され、のちに「末木村」(すえきむら)となったとする説を載せている(巻四十)。中世段階では傘木村や垂木村、末木村が現れる史料は長昌寺大般若経以外になく、説の妥当性を確かめることはできないが、ひとまず中世の傘木村と近世の末木村は同じものとして論を進めたい。

享保年間の修理では、多くの人々が筆写に関わった。その中心となったのは十一世住持松翁全貞で、彼が依頼して人々に書写させたことが複数の奥書から知られる。関係した人々を整理すれば、以下の通りである。

(1)甲斐国住民…木原村中沢氏、金田村石原氏、朝気村馬場氏、石村風間氏、ほか松翁全貞、石氏玄桂(甲府の医師)、州泰翁叟(木原村三星院)、小宮山昌世(石和代官)など。

（2）江戸周辺寺院関係者…普願（稲荷山円通院）、自歓・自適（龍徳山松泉寺）。
（3）雨宮氏子孫…雨宮正峰・雨宮正武。

幅広い人脈によって書写事業が行われている。（1）に見える村々は甲府盆地に広く分布しており、必ずしも近隣の村とは限らない。中世郷としても郷村名が確認できる村としては木原郷（村）・朝気郷（村）があるが、末木村や長昌寺との関係はいずれも明らかでなく、どのような関係のもと書写者が選定されたかは不明である。（2）に見られる両寺はともに臨済宗妙心寺派の寺院で、何らかの法流関係が想定できよう。注目されるのは（3）で、雨宮氏子孫が一巻ずつ書写を行っている。雨宮氏は近世には幕臣になっており、両名はいずれも書院番を務めていたことがわかる。[8] 江戸に居住していると思われる彼らにも松翁が書写を依頼したのは、雨宮家国が大般若経を寄進した由緒に基づくものであろう。松翁は末木村一村に留まらない人脈を募り、再発見以来初の大規模な修理事業を企画したのであった。

三　安永・天保年間の修理と志村氏

享保年間の修理では末木村の人々が見られないが、長昌寺大般若経と末木村の関係は希薄化したのであろうか。続く明和九年～安永二年（一七七二～一七七三）の修理は十二世夢門慧文によって、また天保四年（一八三三）の修理は十五世悦翁古鎚によって行われた。これらには雨宮氏の関与を見出せないが、代わって志村氏の活動が目立つようになる。これらの書写については、志村氏出身の甲斐浅間神社神官である古屋蜂城希真が天保六年（一八三五）に記した「書写大般若経之記」があり、水上氏が全文を紹介している。[9] その内容の要点は①掘り出された大般若経の修理に際して料紙を志村氏が全て用意した、②十五世悦翁は希真に一冊を書写させたが（天保四年の修理）これは志村氏がもと末木村に住む長昌寺の檀那であるためで、料紙は再び志村氏が用意した、という二点である。

①に関する記述は、どの時点での修理をさすか曖昧な書きぶりである。石和代官小宮山氏の書写にも言及しており、一見すると享保年間の修理をさしているようだが、享保の修理に志村氏が関与した形跡はない。一方で水上氏は備考として、紙を志村氏が用意した記念に、長昌寺は廃棄する経巻を焼いた灰で「灰観音」という仏像を作って志村勘兵衛へ贈ったが、明治四十年（一九〇七）の水害で失われたとする伝承を載せている。志村勘兵衛は安永年間の奥書に書写者として名前が見えるので、やはり年代の混乱がある。

志村氏は文中で繰り返し「歌田村志村氏」と記される一方、②では特に「末木処士志村氏」として、末木村との関わりが強調されている。[10] この点に関わる史料として、「末木郷」を志村右近允に安堵する天正四年（一五七六）付の武田家朱印状がある。[11] 一見すると末木郷（傘木村）と志村氏との関係は中世に遡るようにも思われる。しかし山本英二氏は当文書を、志村氏が近世に作成した偽文書であるとしている。[12] 山本氏によれば近世の甲斐国では、苗字帯刀特権を許される「武田浪人」の身分を得るため、先祖が戦国大名武田氏の家臣であったという由緒を騙る偽文書が多数作られたという。天正四年の武田家朱印状は、近世以降に末木村と関わりを持つようになった志村氏が、武田浪人身分獲得のために偽作したものであった。そもそも「末木郷」という地名表記も不自然で、先述の通り中世には「傘木村」としか記されない。おそらく近世の「末木村」を郷名として呼称することで、中世文書らしさを演出しようとしたのであろう。

偽文書に記された志村氏と末木村の繋がりは、志村氏の武田浪人としての身分を裏付けるものとなった。その根拠をより強固なものにするため、志村氏は長昌寺の大般若経修理に関わって「書写大般若経之記」を著し、末木村との関係を強調したのである。長昌寺大般若経は十九世紀に入ってなお、末木村を象徴するものであった。

おわりに

長昌寺大般若経が現代に伝えられた要因には、住持の人脈・寄進時の由緒のほかに、[13] 安永・天保の修理にみられたような、長昌寺と末木村（傘木村）の強い結びつきがあった。雨宮家国が大般若経を寄進し長昌寺を支援した背景には、長昌寺を中心に結合した「生活のユニット」としての傘木村の存在が想定できよう。そうした寺院とムラの関係は近世に存続し、一族の由緒を強調する論理として、志村氏の大般若経修理への関与を促したのである。

一般に、郷や村の歴史を探るのは容易なことではないが、在地寺院のもとで保管・補修される寺院史料の場合、内容のみならず伝来の経緯も、地域の歴史を考える有用な手がかりとなろう。ささやかな紹介ではあるが、長昌寺大般若経はその一例である。

【付記】貴重な原本史料の閲覧をお許しくださった長昌寺御住職水谷昌仁様に、深く感謝申し上げます。

注

1　「ムラの戸籍簿」のアプローチにおいても、大山喬平「西楽寺一切経の在地環境――平安後期の親族と社会――」(同『ゆるやかなカースト社会・中世日本』校倉書房、二〇〇三年、初出一九九八年)のほか、大山喬平・三枝暁子編『古代・中世の地域社会――「ムラの戸籍簿」の可能性――』(思文閣出版、二〇一八年)第二部所収の諸論考、とくに服部光真「中世三河の寺社境内と村落」・上川通夫「経塚・造仏・写経と民衆仏教」などが寺院史料からムラを検討している。本稿はこれらの視角に学んだものである。

2　水上文淵編『長昌寺蔵大般若経六百巻』(長昌寺、一九二四年)、『山梨県史』資料編六、中世三上(山梨日日新聞社、二〇〇一年)。

3　史料には山梨県とあるが、正しくは山梨郡である。郡を「県」と表記する事例は禅宗史料を中心として、寺院史料において多く見出せる。ただし「県」は必ず郡に読み替えられるとは限らず、ほかに荘園名や、郷・村を県と呼ぶ用例も存在する(『塩山抜隊和尚語録』など)。

4　『甲斐国志』は幕府に提出され、現在は国立公文書館所蔵内閣文庫所蔵。以下『甲斐国志』は国立公文書館デジタルアーカイブによって閲覧した。

5　前掲注2『山梨県史』資料編六、中世三上。

6　長昌禅苑を「創」くとするが、先述の通り長昌寺の創建は応永年間以前に遡るので、家国が関わったのは長昌寺の創建ではなく再建であっただろう。

7　明応年間の書写は「竹森慈眼院」でも行なわれたが、竹森慈眼院は慈眼寺とは別の寺院で、傘木村とは距離がある。長昌寺と同じ妙心寺派であることから、家国とは直接関わらず、法流等の繋がりによって書写に携わったものと考えられる。

8　『新訂寛政重修諸家譜』第四巻(続群書類従完成会、一九六四年)。

9　前掲注2水上『長昌寺蔵大般若経六百巻』。現在「書写大般若経之記」は所在不明である。

10　歌田村は末木村北方に近接した村である。

11　『山梨県史』資料編四、中世一(山梨日日新聞社、一九九八年)。

12　山本英二「偽文書を見極める」(萩原三雄・笹本正治編『定本・武田信玄』高志書院、二〇〇二年)。

13　現在大般若経は、平成十八年(二〇〇六)に雨宮公雄氏によって寄進された木箱に収められており、雨宮氏の寄進をめぐる中世以来の由緒が現代にも生き続けていることが窺える。

第九章　真宗関係史料と郷・村

川端泰幸

はじめに

本論の課題は、鎌倉時代の仏教者・親鸞（一一七三～一二六三）が開いた浄土真宗（以下、真宗と表記）に関わる史料に現れる郷や村の性格について検討することである。

従来、真宗関係史料については、特殊であるといった印象がもたれがちであり、筆者が以前、真宗関係史料に現れる郷や村についての考察を口頭報告した際にも、他の一般史料に現れる郷や村と、真宗関係史料に現れるそれを、同列で扱うことについて、疑問が呈されたことがある。しかし、実際に詳細な検討を加えると、真宗関係史料に登場する郷や村も、たしかに中世社会において実体をもって存在していたことがわかるのである。本論では、いくつかの側面から、そのことについて言及したい。

真宗関係の史料で、郷や村が多く確認されるのは門弟らに授与された法宝物類の裏書である。本願寺教団では、特に本願寺第八代蓮如（一四一五～一四九九）の時代以降、本尊となる阿弥陀如来絵像（方便法身尊像・方便法身尊形ともいう）や、名号、親鸞以下本願寺歴代の絵像などが全国各地の門弟らに授与された。そしてそれらの法宝物類は、今なお全国に展開する真宗寺院や門徒宅に安置されていることが多い。

図1　阿弥陀如来絵像（方便法身尊像）

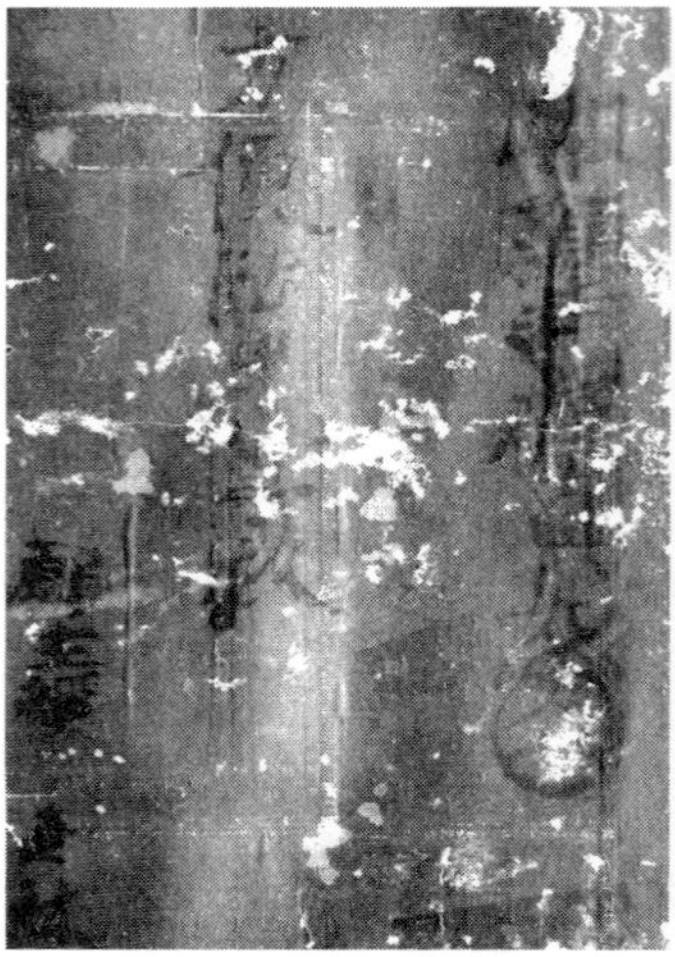

図2　阿弥陀如来絵像裏書
この事例は授与年月日や所付を欠くが一般的にはそれらも表記される

これら法宝物類の裏には、裏書と呼ばれる別紙の墨書銘のようなものが貼り付けられており、法宝物の名称、授与者（本願寺宗主）の名前と花押、授与年月日、被授与者（以下、願主と表記）の法名などが記される。そして、願主名の前には多くの場合、願主の住所＝所付が記されている。ここに、国・郡名や、郷・村名、荘や保といった地域の名が登場するのである。

真宗史料の調査を重ね、本願寺教団の研究を進めている青木馨氏によれば、蓮如とその次代の宗主実如（一四五八～一五二五）の授与法宝物裏書に登場する郷や村の名前は、その地域における地名の初出である場合も多いという[1]。つまり、中世後期に登場し、近世村に連続する村が、裏書で初めて確認されるということになる。

以下、そのような真宗史料の性格を前提として、真宗史料に登場する郷や村の性格を検討していきたい。

第九章　真宗関係史料と郷・村

川端泰幸

一　裏書の様式

ここからは、蓮如が授与した絵像などの法宝物の裏書を素材に分析を試みる。具体的な蓮如が授与した法宝物の裏書については、『真宗史料集成』第二巻所収の「蓮如裏書集」が手がかりとなる。(2) これには百六十点の裏書が採録されているが、以後の諸研究者や自治体による調査などで、現時点では当該史料集発刊当時より、かなり多くの裏書の存在が報告されている。ただし、本論ではそれらすべてを網羅する余力はないため、「蓮如裏書集」所載のものに限定して考察を進めることとする。

まず、裏書の様式を確認するために「蓮如裏書集」の中から例を挙げる。

大谷本願寺釈蓮如（花押）

長禄三年〈己卯〉十一月廿八日

方便法身尊号　江州野洲南郡中村

西道場本尊也

願主　釈西願(3)

これは蓮如が長禄三年（一四五九）、宗祖親鸞の祥月命日である十一月二十八日付けで、近江国野洲南郡中村の西道場という道場の本尊として、門弟の西願に授与した阿弥陀如来絵像の裏書である。真宗法宝物の裏書は、若干の表記の揺れはあるものの、蓮如以降、現代に至るまで、基本はこのような様式で記されるのが通例である。

蓮如は長禄元年(一四五七)に、父であり本願寺第七代であった存如(一三九六~一四五七)の遷化を受け、第八代を継職した。以後、近江や東海、北陸などを中心に積極的に布教をおこなったが、その過程で数多くの裏書を付した法宝物を授与していった。

この「蓮如裏書集」から見えてくる事柄について整理して示しておきたい。まず「蓮如裏書集」所載の裏書全百六十点のうち、所付を有するものが百四十一点ある。他のものは摩滅や欠損によって情報が取得できなかったものや、門弟に授与した以外(本願寺などに安置)のものとなる。

二 裏書に現れる国(州)と郡

では、具体的に「蓮如裏書集」所載の裏書の内容検討に入っていく。注目したいのは、所付の表記のあり方である。その中でも、まずは国(州)・郡がどう現れるかをみておきたい。所付の特徴として第一に挙げられるのが、大多数のものにおいて国(州)名と郡名が表記されているという点である。国(州)・郡名があわせて表記されているものは、百六十点中、百十七点確認される。七割の裏書には国・郡が明記されているのである。これは、蓮如が生きた十五世紀の列島社会において、あるいは当該期の真宗教団において、国―郡という系列と枠組みが厳然として存在していて、人びとの空間認識を規定していたことを示していよう。

蓮如は「国」という表記と、「州」という表記を併用しているが、そこには特段使い分けの基準というものはないように思われる。ちなみに、所付のある蓮如の裏書で国は六十六点、州は七十六点と州がやや多いようであるが、両者を比較してみても相違点といえるほどのものはない。

蓮如の三代後の宗主で十一代の顕如（一五四三～一五九二）は、織田信長との十一年にわたる「石山合戦」の期間に、諸国の寺院・門徒に対して、籠城戦の支援を求める書状を多数発しているが、その宛所にも「州」と「国」いずれもが用いられており、どちらで表記しようとも、当該期の人びとにとっては、あまり重要な事柄ではなかったのであろう。

ただし重要なのは、所付のある裏書において国（州）は全てに記されているということである。郡については記されないものもあるが、基本的に国（州）—郡の系列が所付の表記に不可欠のものとして認識されていたことを示している。

では、国（州）名のみで、郡名を欠くものにはどのような特徴があるだろうか。このタイプのものは二十四点ある。例えば、「越前和田本覚寺」、「江州堅田法住道場」、「三河国志貴庄佐々木上宮寺」「濃州馬瀬郷和田」のような所付表記である。現時点でなぜ郡名を欠いたのかの明確な理由を示すだけの材料がないが、右に挙げた事例に共通するのは、蓮如の初期布教段階で非常に近しい門弟となった人びとの本拠地であり、寺院・道場がある地という点が指摘できる。たとえば、越前和田の本覚寺といえば、それだけで蓮如や本願寺教団で通用するくらいによく知られていた門弟たちであり、それゆえに、特に郡までを書く必要がなかったと考えられなくもない。いずれにしても大多数は国（州）—郡名を示すのが基本であり、これは、当該期の人びとの空間認識において国（州）—郡の系列が重要な意味を持っていたことを示していよう。

三　裏書の郷と村

さて、裏書には先の青木氏の指摘にもあるように郷や村が登場し、それらの中には、近世村に続く郷や村の初出であるものも存在するということである。蓮如の裏書ではどのようになっているであろうか。「蓮如裏書集」では、郷が表記されるものが五点、村が表記されるものが十四点確認できる。このうち、郷が表記されたものは全てその下に村の表記がある点は注目すべきであろう。

「〇〇村」の表記がある十四点は、近江国栗田郡（栗本郡）、近江国（野洲）南郡、河内国茨田郡、丹波国桑田郡、播磨国赤穂郡、飛騨国大野郡、美濃国郡上郡のように、ほとんどに国（州）―郡の表記も備わっている。ただし、常陸国下河辺庄磯部村や、雍州山科野村西中路などのように、郡名を欠くものも二点だけある。これらは、ある意味特殊なケースといえる。

しかし、百六十点中十四点というのは、決して多い数値とはいえない。そこで、他にどのような表記があるかといえば、村の表記を伴わないものが多数存在しているのである。それらは地名のみが記されるというタイプのものである。地名表記のみのものを検索すると、八十九点検出される。そして、そのうち七十一点に示された地名が近世村に連続するのである。つまり裏書に現れる地名のみの表記は、たとえ村と付いていなくとも、村としての内実を持った集落を指していると考えられるのである。

おわりに

以上、蓮如授与法宝物の裏書に現れる特に国・郡と郷・村について、若干の考察を加えてきた。ほんの入り口にしか過ぎないが、いくつかのことが明らかになってきたと思う。一つは、国(州)―郡の系列が裏書でも重視されていることから、当該期の人びとの空間認識においても、この系列が重要と考えられていたことである。また、もう一点は「○○村」という表記でない地名のみの表記のものでも、近世村への連続率などから、それらが実際には村であったということである。その意味で、やはり真宗法宝物裏書の所付は、戦国期以降の郷・村研究の貴重な手がかりとなるといえよう。ただし、こうした国(州)・郡・郷・村(あるいは庄・保など)といった区域を表示する文言は、裏書史料にほぼ限られると言ってもよいだろう。その意味で真宗関係史料においては、裏書史料が郷や村の存在をたどる主要な手がかりであるということになる。

もう一点、付言するならば、所付は本願寺歴代が勝手に表記しているのではないと思われることである。紙幅の都合で詳細は別稿にて検討するが、こうした法宝物授与は、まず門弟側からの申請があってはじめてなされるものだからである[4]。当然、その際には自身の日頃認識している住所を伝えるはずである。つまり、当時の人びとは自身の住所をあえて「村」と表記せずともよかったために、地名のみの表記になった可能性が高いのである。今後は、「蓮如裏書集」や、それ以後に発見された裏書、あるいは蓮如の次代以降に制作された裏書なども手がかりに、総体的かつ具体的な真宗史料に現れる郷や村のあり方を探っていく必要がある。

注

1　青木馨『本願寺教団展開の基礎的研究』（法藏館、二〇一八年）二七七頁。

2　「蓮如裏書集」（『真宗史料集成』第二巻所収、同朋舎メディアプラン、二〇〇三年）。

3　「蓮如裏書集」六（『真宗史料集成』第二巻、三八九頁）。

4　法宝物授与が門弟からの申請によってなされるものであるということは、蓮如期の法宝物授与の事例を記した『金森日記抜』などの事例からも明らかであり、また近世に入ってからも、東本願寺関連史料では、そうした法宝物授与を「申物」と呼んで、システム化されていたことがわかる（大谷大学博物館所蔵『申物帳』など）。

第十章　金石文と郷・村

服部光真

はじめに

金石文とは、本来的には文字通り金工品や石造物の銘文のことであるが、木札や瓦など紙以外に記された銘文を全般的に含めるのが一般的である。従来金石文は古文書から除外され、その補助資料として扱われがちであったが、近年はそうした位置づけを脱し、支持体や機能する場を含めた史料情報を総合的に検討する視点から、紙に記された古文書の様式論を中心に構築されてきた日本の古文書学そのものを相対化しうる史料群として注目されている。(1)

早く、西岡虎之助は「中世荘民の精神生活」を探る素材として金石文に注目し、荘民らの寄進行為を考察した。(2) 西岡は金石文に、紙に比べて寄進事実を永久たらしめ、誇示することができるという特性をみているが、金石文こそが「中世荘民の精神生活」を探りうる史料であると判断した理由については明言されない。しかし現に、例えば棟札については調査の進展により中世のものも多く確認されるようになると、九〇年代以降その史料的性質や意義に関する研究が蓄積され、(3) そのなかで、村落文書が残されない地域でもこれが村落の様相を知りうる重要な史料となることも指摘されている。(4)「ムラの戸籍簿」研究会のこれまでの議論でも、各国の郷村表の顕著な傾向として、史料上、「郷」・「村」が棟札や仏具の銘文など金石文に多く確認しうるという事実は注目されてきた。

本稿では、こうした議論を踏まえ、金石文による「郷」「村」の登場状況を例示し、次いで「郷」「村」史料としてのその性質について検討したい。

一　金石文から復元される郷・村の構造

まずは、三河国賀茂郡の阿摺郷を事例に、金石文からいかなる在地の構造が復元されるか、また「郷」・「村」に対する当時の認識がうかがえるかを例示したい。阿摺郷は賀茂郡の北方、矢作川沿いの山間部に属する。村落文書は残されていないが、金石文が豊富に残されている地域である。基本史料は次の天文八年（一五三九）銘棟札銘である。

【史料1】棟札銘（裏）(5)

阿摺之内惣氏神　大川原村　月原村　摺村　渡合村　岩倉村　御蔵村
池嶋村　萩平村　大坪村　菊田村　高野村　小町村
三州賀茂郡阿摺郷謁磐宮大明神　此四村いがき之内
万根村
実栗村　西加塩村　菅田和村　鳥巣村　能見村　□□□〔切山村〕
仁和寺村此外村数多可有候得共有増書印候
以上

表面の引用を省略したが、本史料は天文八年に「想《惣》檀那」によって阿摺郷謁磐宮の「社檀一宇」が造立された際の棟札である。謁磐宮は阿摺郷の「惣氏神」と位置づけられ、氏子圏の大川原村以下の二十村が書上げられている。謁磐宮が所在する御蔵村をはじめ、下部に記された小町村、万根村、切山村は「いがき之内」、すなわち「斎垣の内」として神社の境内に擬せられた膝下の村々で、阿摺郷の中心部である。表面には「御蔵村／祢宜新□」という記載もある。

同宮には、史料1の天文八年から一世紀以上遡る明徳五年（一三九四）の銘を有する棟札の写しも残される。

【史料2】棟札写（裏）[6]

阿摺之内惣氏神大川原村　月原村　摺村　渡合村　岩倉村　御蔵村　額田郡東阿知和村
池嶋村　萩平村　大坪村　菊田村　高野村　小町村
三州賀茂郡阿摺郷謁播宮大明神　白石村　沢尻村　万根村　此四村いがき之内
実栗村　西加塩村　萱田和村　鳥巣村　能見村　切山村
仁井寺村　有間村　笹渡村　市平村　小沢村

明徳五年に源武尚を大檀那として「社檀一宇」が造立された際のものである。その銘文の書様は史料1と類似しており、原物が残されていないとはいえ、史料2に史料的信憑性が認められるならば、史料1はこれをある程度踏襲したものということになる。

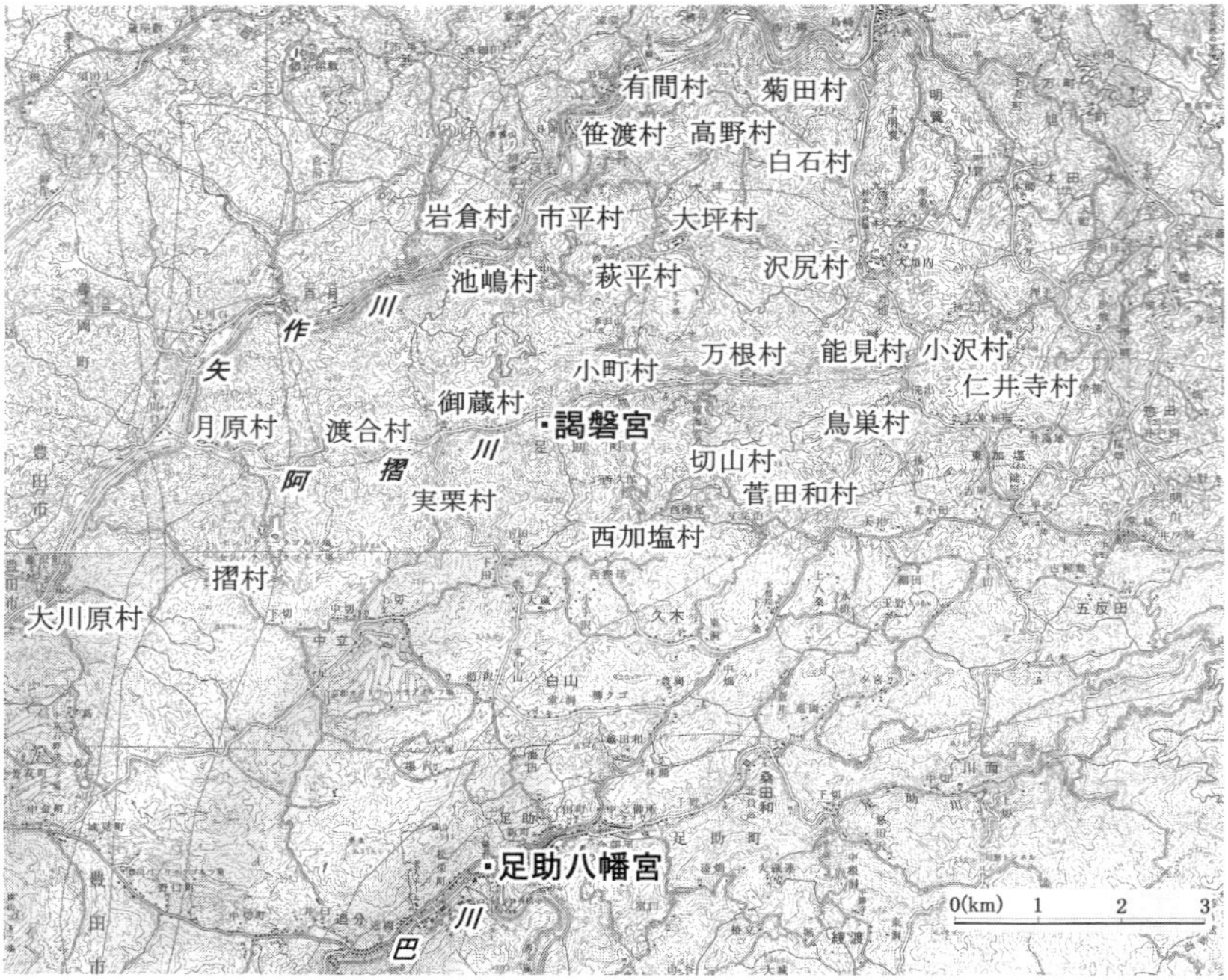

図1　謁磐宮周辺地図（5万分1地形図「明智」「足助」に加筆）

両者を比べると、史料2でも、裏面には「謁播宮」（謁磐宮）が「阿摺之内惣氏神」と位置づけられ、「いがき之内」の四村を含む氏子圏の村々が書上げられるが、中央の「三州賀茂郡阿摺郷謁播宮大明神」の直下に「白石村　沢尻村」、五行目の仁和寺村（仁井寺村）の下方には有間村、笹渡村、市平村、小沢村という北東方の村々が具体的に書き連ねられ、合わせて二十六村の村が書上げられている点で相違がある。御蔵村などの阿摺郷中心部からすると、史料2のみにみえる白石村、沢尻村は北東、小沢村は東方、有間村、笹渡村、市平村は北方に位置し、いずれも周縁部に属する。このうち沢尻村は永正十五年（一五一八）神明神社所蔵棟札銘[7]に「三州賀茂郡介木郷沢尻村」ともみえるので、東方の介木郷との境界域にあって流動的であったのかもしれない。

史料2は写本しか残されないため留保せざるを得ない部分はあるが、ひとまず史料1を中心に、関連する金石文と合わせて検討することで、地域の重層的な郷村関係を復元することは可能である。

これらの史料に記された「郷」「村」の表記からまず明確に読み取ることができるのは、三州—賀茂郡—阿摺郷—御蔵村という国—郡—郷—村の系列がこの地域の在地構造を貫いていたことである。この地名表記は、大山喬平が越中で指摘した基本型に相当する。[8]この二十村（ないし二十六村）はいずれも『寛永村々高附』『天保郷帳』にもみえ、近世村に接続していることが確認される。阿摺郷は、阿摺川流域の各「村」からなり、その核には郷鎮守である謁磐宮があったのである。

二　金石文にみえる郷・村の性格

この阿摺郷は、寛正五年（一四六四）銘雲版銘写[9]では、「三河国賀茂郡足助庄阿摺村」とも表記される。「足助庄」という表記が組み入れられる例は、いずれも中世後期に属するが、この阿摺村以外にも金石文によって同様の例を少なからず確認することができる。

例えば阿摺郷の東方に位置する介木郷は、先に触れた「三州賀茂郡介木郷沢尻村」という表記のほかに、応永十年（一四〇三）鰐口銘[10]に「三河国足助庄内介木郷／小畠名薬師堂」、明応二年（一四九三）棟札銘写[11]に「三河国賀茂郡足助庄介木郷」など「足助庄」を組み込んだ例がある。

さらに東に位置する名蔵郷の場合、明徳三年（一三九二）銘鰐口銘[12]に「大日本国三州路菜倉郷津具村」

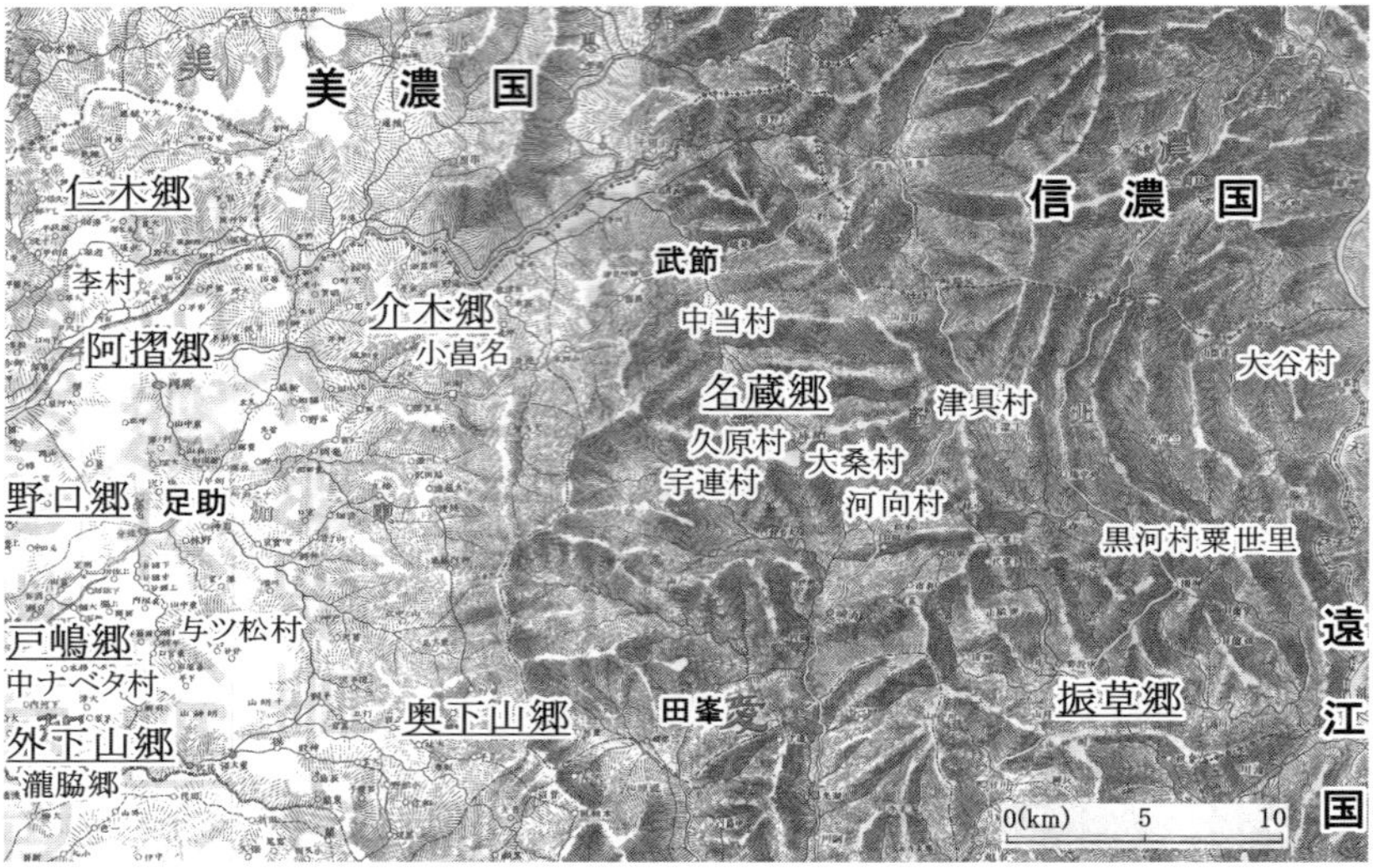

図２　阿摺郷・名蔵郷周辺地図（「輯製二十万分一図復刻版　愛知県全図」（平凡社日本歴史地名大系特別付録）に加筆）

というほぼ基本型の表記例もあるが、永正十二年（一五一五）梵鐘銘写[13]に「娑婆世界南瞻部州大日本国三河国賀茂郡足助庄名蔵郷於大谷村」、天正十二年（一五八四）棟札銘[14]に「娑婆世界大日本国東海道三河国賀茂郡阿助荘名倉郷奥七村内黒河村粟世里」、文禄三年（一五九四）棟札銘写[15]に「娑婆世界南閻浮提大日本国三川州賀茂郡足助庄名蔵郷中当村」などと、時代が下るほどにかえって仏教世界のなかでの位置づけが仰々しく明記されて地点表記がより重層的になり、それに伴って「足助庄」の表記も顕著に付されるようになっている。足助荘は平安末期には成立していたとみられる王家領荘園であるが、十六世紀末段階の「足助庄」に荘園の実態があったとは考えられず、この場合、各郷を越えた広域地域の呼称として捉え返されて用いられるようになっていたと考えられる。足助庄は、現に「足助郷」[16]とも認識されるような実態としての地域的なまとまりを前提に成立した荘園だったのであろう。唯一「名」を単位として表記された介木郷の「小畠名」も近世小畑村に接続しており、ムラと重なる内実を有していたと考えられる。この表記には鰐口奉納の願主藤原正清の出身階層が影響している可能性がある。

以上、「足助庄」の事例を見る限りは、表記の基本型は「国―郡―郷―村」であるが、仏教世界の表記に基づき地点表記が修飾されて派生的に「(娑婆世界―南瞻部洲・南閻浮提―大日本国―道)―国―郡―庄―郷―村(里・名)」の表記がみられるということになる。基本的には最小単位は「郷―村」である。この三河国山間部の郷は、複数の近世村に相当する範囲を含み込んだ広域の郷であり、その内部には中世段階から多くの村が形成され、さらに「名倉郷奥七村内黒河村粟世里」という例のように、「サト」「ムラ」が絶えずその枠組みの内部に生み出され、重層化していった様相を読み取ることができるのである。

足助庄の郷には、応永二十九年(一四二二)に将軍足利義持が土岐肥田瀬持康に当知行安堵した「参河国足助庄内仁木郷」[17]のように領有の単位として把握される郷もあったことは間違いない。ただし金石文の場合、荘園制の領有単位としての意味は意識されない局面がほとんどのはずである。同じ三河国の渥美郡普門寺領の場合、国衙領の領有単位としては「渥美郡高足郷雲谷名」などと表現されるのに対し、棟札では「雲谷郷」などと表現されており、ここに生活世界としての実態のムラに対する在地住人側の認識が表われていることを指摘したことがある[18]。これらの史料の直接の作成主体は宗教者であったとしても、在地住人らの認識を踏まえて、神仏が安穏を保障することが期待される生活の場としての実態のムラがここに反映されていると考えられるのである。

むすびに

以上、金石文においては、基本的には生活の場が「郷」「村」などとして表現されていることを確認してきた。もちろん例外はあり、願主の出身階層が武士であった場合や、仏教的な修飾が強く出る場合には派生的な表記もみられた。

ここではとりわけ仏教の影響に注意しておきたい。金石文のうち中世の木札については、古文書の様式に対応する木札文書（制札、置文、寄進札など）と、聖教に様式が規定され、なおかつそれ自体が供養・礼拝の対象となる供養札とに分類される。[19]本稿でも多く用いた棟札は供養札の一種で、すなわち仏教史料である。

本稿で取り上げてきた金石文は、棟札のほかも、鰐口や雲版など仏具の寄進銘（願文）など、ことごとく仏教史料であった。仏教史料に郷、村が多く表われる意義については本書第Ⅳ部第四章でも上川通夫が追究しているが、これら金石文の一部に「郷」「村」が表われることが多い理由も、仏教史料としての性格を第一義的に考慮されなければならない。

大山喬平は、仏教は「村の神さま」にとって代わることができなかったとして、生活世界におけるその意義を重視していない。[20]仏教も荘園制と並ぶ一つのフィルターではあるが、中世の人々がいかなる実態を「郷」「村」と認識していたかを探る上では、上川が指摘するように、身近な生活世界が仏教的世界に位置づけられて認識されていたことには留意する必要がある。金石文はこうした問題にアプローチする上での好個の史料となると考えられる。

注

1 水藤真『絵画・木札・石造物に中世を読む』(吉川弘文館、一九九四年)、田良島哲「中世木札文書研究の現状と課題」(『木簡研究』二五、二〇〇三年)、高橋一樹「金石文・木札からひらく地下文書論」(春田直紀編『中世地下文書の世界』勉誠出版、二〇一七年)、服部光真「中世木札研究の一視点」(『奈良歴史研究』九二、二〇二一年)、菊地大樹「中世阿波の金石文から地下文書論を考える」(春田直紀編『列島の中世地下文書』勉誠出版、二〇二三年)など。
2 西岡虎之助「中世荘民の精神生活」(同『荘園史の研究』下巻二、岩波書店、一九五六年、初出一九四一年)。
3 松井輝昭「中世の棟札の特質について」(『広島県立文書館紀要』三、一九九四年)、伊藤太「棟札の古文書学」(大山喬平教授退官記念会編『日本社会の史的構造　古代・中世』思文閣出版、一九九七年)、遠藤廣昭「中世の棟札」(『中世の棟札』横浜市歴史博物館、二〇〇二年)、水藤真『棟札の研究』(思文閣出版、二〇〇五年)、秋山敬『棟札の基礎的研究』(岩田書院、二〇一〇年)、伊藤裕偉「棟札資料論」(『三重県史研究』三五、二〇二〇年)など。
4 則竹雄一「棟札にみる後北条領国下の地頭と村落」(永原慶二編『大名領国を歩く』吉川弘文館、一九九三年)。
5 川原宮諏磐神社所蔵。『愛知県史　資料編一四』補一五九号。
6 川原宮諏磐神社所蔵。『愛知県史　資料編一四』補七四号。
7 豊田市神明神社所蔵。『愛知県史　資料編一〇』二二二〇号。
8 大山喬平「越中の庄・郷・村」(同『日本中世のムラと神々』岩波書店、二〇一二年、初出二〇〇三年)。
9 豊田市千鳥寺所蔵。『愛知県史　資料編九』二一六三号。
10 富山村熊野神社所蔵。『愛知県史　資料編九』八三〇号。
11 豊田市小馬寺所蔵。『愛知県史　資料編一〇』二一九五号。
12 津具村白鳥神社所蔵。『愛知県史　資料編九』六三〇号。
13 『三河鐘銘集』所収。『愛知県史　資料編一〇』八二六号。
14 豊根村神明神社所蔵。『愛知県史　資料編一二』六九一号。
15 豊田市中当神社所蔵。『愛知県史　資料編一三』五二九号。
16 『足助八幡宮縁起』(『愛知県史　資料編一四』五一号)。
17 将軍足利義持御判御教書(『愛知県史　資料編九』一一六九号)。

18　服部光真「中世三河の寺社境内と村落」（大山喬平・三枝暁子編『古代・中世の地域社会――「ムラの戸籍簿」の可能性――』思文閣出版、二〇一八年）。
19　前掲注1服部光真「中世木札研究の一視点」。
20　前掲注8大山喬平『日本中世のムラと神々』第二章各論稿。

第Ⅳ部　「ムラの戸籍簿」を広げる

第一章 荘園制研究と「ムラの戸籍簿」

鎌倉佐保

はじめに

「ムラの戸籍簿」の視角は、史料に表れる「郷」「村」の検出を通じて、人びとの生活の基盤であるムラの歴史的実態を明らかにしようとすることにある。[1] ただし大山喬平氏が「ムラの戸籍簿」に繋がる作業をはじめた基底には、「ムラと郷を起点として中世荘園を位置づけよう」という研究姿勢があり、[2]「荘園とは何か」「その(荘園の)日本中世における歴史的意義をどう考えればいいのか」という問いがあった。[3] 大山氏は一九九三年の岩波講座『日本通史』の「荘園制」という論文のなかで、「荘園とは何か」という問題に対して、遠江国内田荘下郷地頭内田氏の居館をはじめ、具体的な場の復元を通じて、領主居館や宗教上の拠点など荘園の中核となる場、耕地の水利パターン、交易拠点、そしてそこに展開される村落など、これら相互の有機的連関によって荘園が構成されていたことを論じた。このなかで提示されたのが、人びとが生活するムラを〈生活のユニット〉、荘園を〈政治のユニット〉として捉える視角である。その後大山氏の研究は、史料から検出される「郷」や「村」が、荘園や名などの〈政治のユニット〉とどのような関係にあったのかの検証へと発展していった。

だがこの〈生活のユニット〉〈政治のユニット〉という分析概念には批判もある。ひとつは、史料上に表れる「村」のなかにも〈政治のユニット〉としての「村」があったとするもので、支配単位としての「村」の存在や「村」表記の多様性・多層性が明らかにされている。(4) もうひとつは、〈生活のユニット〉としてのムラにも生活を維持するための政治性があったとする批判で、蔵持重裕氏は〈生活のユニット〉も災害・飢饉・戦乱状況のなかで、「政治的結集体」「国家的村落」としてあらわれざるを得ないとし、木村茂光氏はムラが果たした機能を明らかにしなければ〈生活のユニット〉としてのムラを明らかにしたことにはならないとし、似鳥雄一氏はこのユニット論によって、村落や荘園がもつ「生活」と「政治」の両面性が捨象される懸念を示し、分析概念としての有効性に疑問を呈している。(5)

たしかに、史料上の「村」や人びとの生活基盤としてのムラを捉えようとするとき、それは必ずしも〈政治のユニット〉との対比によって捉えられるものではなく、同様に荘園も「生活」の要素を内包して成り立っていたことも諸氏の指摘の通りである。しかしここでは、この二区分が「荘園とは何か」という問いのなかから提起されたものであったこと、大山氏も〈生活〉と〈政治〉が不可分に絡まり合っていることは当然だとしたうえで、あえてこれを区別し、その相互の関係と歴史的推移を明らかにしようとすることから荘園を論じようとしたことに留意したい。

この視角は、荘園、荘園制を捉えようとするとき重要な意味をもつ。大山氏の「荘園制」論文ののち荘園制研究では、川端新氏によって立荘論が提起され、中世荘園が権力側の主導により創り出されていくという側面の強かったことが明らかとなった。(6) 院政期以降の荘園形成において〈政治のユニット〉として荘園が国制上どのように位置づけられ、それまでの私領・荘園がどのように再編成されて新たな中世荘園が形成されていったかを捉えることは重要である。その一方で、立荘論に対する批判として、村

第一章　荘園制研究と「ムラの戸籍簿」

鎌倉佐保

落や地域社会からの規定性が論じられたように、それが村落や在地領主、武士勢力の地域編成との関連のなかで具体的に論じられる必要があることはいうまでもない。[7]「ムラの戸籍簿」研究では、荘園という政治的枠組みのなかにある〈生活のユニット〉としてのムラに視線が注がれるが、荘園制研究においては、史料上に表れる「村」と荘園という枠組みとの関係を具体的に明らかにしていくことが必要であろう。

本稿では、院政期に広大な中世荘園の立荘が展開し荘園・公領の枠組みが大きく再編される前段階の、十一世紀に史料上に見える「村」と荘園の関係について考察したい。従来の荘園制研究では、十一世紀中葉には、村落を支配の核とし田畠と山野河海の領有を有機的に統一した領域型荘園が形成されはじめ、[8]それと軌を一にして在地諸階層の要求を荘園領主に主張する「住人等」の政治的組織が形成されてくることが明らかにされてきた。[9]立荘論の提起以降、領域型荘園(中世荘園)の形成は政治的契機による免田からの転換として論じられる傾向にあり、村落との関係は領域画定の規定性や、立荘やその後の経営の「在地的基盤」として論じられるが、十一世紀段階の荘園の形成と村落との関係についてはほとんど論じられていない。だが中世荘園の内部にそれまでに形成された所領の枠組みが残存したり、公領が鎌倉期の大田文に見られるように多様な形態から成っていたりしたことも明らかで、それらは〈政治のユニット〉と〈生活のユニット〉の関係のなかで歴史的に形成されてきたものである。そして政治権力が強く作用した院政期に比べて、それ以前の段階では〈政治のユニット〉は〈生活のユニット〉とのより密接な関係を基礎に形成されてきたことが想定される。ここでは「ムラの戸籍簿」を手がかりに、十一世紀の私領上の「村」と〈政治のユニット〉との関係を見ていきたい。

一　寛仁二年賀茂社神郷寄進と延暦寺領八瀬村・横尾村

「ムラの戸籍簿」によって検出される「村」は、七～十二世紀においては全国的傾向として文献史料の豊富な八世紀には多く検出されるものの、九～十一世紀は史料自体が少なく「村」の検出数は極めて少ない。だがそのなかで、十一世紀に多くの「村」が検出される国がある。「ムラの戸籍簿」では、山城国五ヶ村、伊勢国八ヶ村、紀伊国十七ヶ村、このほか伊賀国で二十六ヶ村、安芸国でも二十ヶ村以上の「村」が検出される。これらの国では、寺社史料が多いことが関係しているが、紀伊・伊賀・安芸などは、ひとつの史料のなかに複数の「村」が検出されるという特徴がある。これらの「村」は田畠所在表示としてあらわれることが多いが、国衙の徴税単位、もしくは領有対象としての「村」も見られる。平安期に私領の「村」が見られることは清水三男氏以来指摘されているが、[10]ここではこうした領有対象としての「村」に注目したい。まず取りあげるのは山城国愛宕郡の延暦寺領八瀬村・横尾村である。

寛仁二年(一〇一八)十一月、賀茂上下社に山城国愛宕郡内の八郷が神郷として寄進された。これは前年十一月に後一条天皇の賀茂社行幸に同行した母皇太后彰子が神徳を願い愛宕郡を寄進すると発願したことによるもので、最終的には愛宕郡内を四至を限り、下社には蓼倉・栗野・上栗田・出雲の四郷、上社には賀茂・小野・錦部・大野の四郷が寄進されることとなった。[11]

ただし領域内には諸社寺、官司、供御所、私領など多くの所領が入り組んで存在しており、調整にはかなりの時間を要し、国司に確認がなされたうえでそれらを除き、山林についてももともとの神山と葵採取の山以外は除外して、それまでの国司の支配を継承して官物・官舎が賀茂社に移管され応輸物は恒例祭祀・神殿雑舎料・上下枝属神社神館神宮寺等修造・臨時巨細の料とすることが定められた。太政官符は寛仁二年十一月二十五日付で作成されたが、調整はその後も続き文言が確定されて実際に下付されたのは翌年七月であった。[12] その間の経緯は『小右記』に委しく記されている。

まず最初の官符に対して、延暦寺が四至の北堺となる大原郷内の志豆原（静原）は西塔領であるとして異論を唱え、また西堺についても埴川（高野川）以東が天台領であると訴えた。[13] さらに翌年二月には、延暦寺法印院源が八瀬・横尾村は天台領であると訴えたため、改めて山城国司に確認がなされることになった。[14] このとき藤原道長は、「八瀬・横尾等住人、任レ例可レ為二天台役人一」とし、八瀬・横尾両村の住人は天台役人であることを認めた。大納言藤原実資が「八瀬・横尾等、可レ為二山領一者、田畠如何」として両村が山領であるなら田畠はどう扱うかを確認したところ、道長は「彼八瀬等田畠、租税共納天台歟、将只納二地子一、至レ租弁レ国歟、問二国司一、随二彼申一重可レ被レ尋也」と指示し、租税ともに延暦寺に納めている不輸租田なのか、地子を延暦寺に納め租を国に納めている輸租田なのかを国司に確認し、地子のみであるなら官物は賀茂社に弁進するよう定めるとした。[15] 現状の進納の状態を確認したうえで決定するとしたのである。調査の結果、天台四至内にあたる両村の田畠三町余と畠若干は、官物を禅院（延暦寺別院）の燈明料に宛てており、官符はないが禅院領として多年を経ていること、また八瀬・横尾村の住人も天台四至内であるために天台が召し仕っていることが確認され、「不レ可レ改二数年例一」とされた。[16] その結果、太政官符には、「延暦寺領八瀬・横尾両村田畠等、代々国宰以二租税一宛二禅院之燈分一、令三住人勤二彼寺之所役一者、久作二仏地一、何為二神戸一哉、」と記され、神郷から除外されることになったのである。[17]

ところが、八月には今度は賀茂社の側から八瀬・横尾村の田畠数や住人の進退が問題とされ、再び国

司に確認がなされることになった。このとき山城国司は以下のように注申した。(18)

八瀬村西塔院下埴河東　所在田畠四町田一町三段畠三町一段、件田畠、永付二図帳一、依レ便下人所二開作一也、即地子物等勘二納西塔一、但至二于官物一、禅院燈分稲三百束内、請二国郡判一永所二弁進一也、因レ之国郡不レ充二他公事一、横尾村禅院立村中字下永(衍)水飲、所在田畠二町八段田一町二段畠一町六段、件田官物、充二彼院燈分稲内一、国郡無二進退一、但横尾村住人、延暦寺不二進退一、観音院・修学院等住僧并下人也、

八瀬村の埴川の東側の田畠については、永く図帳に付されたうえで西塔の下人によって開作され、地子物等は西塔に納められている、つまり国司に開発申請をしたうえで西塔領として開発された田畠で、官物は禅院の燈分として国郡の判を得て便補されており、国郡の他の公事は充てられていないことが確認された。一方、横尾村については、村内に所在する田畠二町八段は、官物は禅院に便補され、国郡の進退はないことが確認されたが、住人については延暦寺は進退しておらず、観音院・修学院等の住僧・下人であるということであった。横尾村の「字下水飲」は延暦寺が西の四至として主張している地であったが、実際には、住人は必ずしも延暦寺の支配下にはなかったのである。

さらに小野郷を神郷として寄進された賀茂上社は、八瀬・横尾村内にはもっと多くの田畠があると主張し、十一月に改めて史生が遣わされて社司・国司とともに巡検が行われた。(19) 調査の結果、横尾村内には観音院・月林寺の田畠がその大門内や大門辺にあり、年来耕作して寺領としてきており、官省符はないものの国司は官物を勘納していないこと、また禅院燈分稲料田は坪が指定されておらず、長年にわたり禅院の申請によってその田の官物を給付してきたことが明らかとなり、道長の裁定によって、これら

の田は幾ばくもないので寺領とし、元来官物を弁済してきた田については神領とすることとなった。

この経緯から明らかになるのは、国衙は八瀬村の田地については禅院の主導による開発を把握していたものの、八瀬村の住人支配や横尾村の田畠・住人支配の実態を明確には把握しておらず、官物の便補も申請されたまま承認してきたことである。両村が延暦寺領であるという認識は実際には極めて曖昧で、神郷寄進を機にそれが明確化されていくことになったのである。

しかし賀茂社と延暦寺の相論は、治安元年（一〇二一）になっても四至北堺をめぐって続いており、神郷大原郷の刀禰は、社領の四至がまだ定まっていないことを理由に賀茂社祭雑事を拒否した[20]。さらに翌年十月には、賀茂社司が数多の人を引率して大原郷に乱入して住人を責め煩わすという事件が起き、その翌年四月には八瀬村・横尾村住人が社司に追われるという事件もおこった[21]。四至の問題は住人に対する雑役賦課に関わる問題であった。このとき実資は、「件二村、可レ令レ進二退寺家一之由、已以分明」としてこの二村が延暦寺が住人支配をおこなう延暦寺領であることは明らかだとし、官符に記されたことで両村が延暦寺の進退であることが分明とされたのである。

この後、寛治六年（一〇九二）には八瀬村は山門の青蓮房の支配するところなっており、村内には宮座の組織があり座役をめぐる相論がおこっていた[22]。これは宮座の初見事例として知られている。延暦寺西塔や禅院との密接な関わりのもとに成立した八瀬村・横尾村は、実態としては他領の田畠・住人など多様な内実を含んでいたものの、賀茂社神郷寄進を契機として神郷四至・天台四至を確定するなかで、延暦寺領の「村」として明確化されていったのである。

二　紀伊国の十一世紀の「村」

次に紀伊国では永承三年（一〇四八）の紀伊国郡許院収納米帳と二通の同収納米帳進未勘文（郡許院収納所結解）[23]に多くの「村」が検出される。前者は永承三年期末の損益と収納所の資産を記した収納米帳、後者二通は期後の未進追及の結果を記した進未勘文で、これらの史料のなかに、楠見村・楠見上村・楠見下村・辛海《からみ》村・和佐村・仲村（和佐中村）・（和佐）上村・（和佐）下村・安居村・津奏村・薢津《ところつ》村・有真村・永弘村・三空《みぞら》村・氏田村が見え、「村」を付していない岡前も含めると十六ヶ村を数える。

この史料については先行研究によって詳細な分析が加えられており[24]、これらの「村」は負名・上人（現実の納入者）とならぶ官物の所進者・未進者として見え、国衙領の徴税単位・進末沙汰の単位としての「村」であったと捉えられている[25]。ただし中込律子氏は、収納米帳に見える所進者・未進者には整合性がなく負名や田数の把握は未徹底であることから、未進稲は実態を正確に把握せずに機械的に割り振られたのではないかとし、また「村」のほとんどが未進者のなかに見えていることから、負名に割り振れなかった未進を「村」として処理したように見受けられるとしている。つまり、ここに見られる「村」は負名や田数把握に疎漏性があるなかで官物の進納を担保するユニットとして把握されていたということになろう。一方で中込氏は、これらの村名が鎌倉期には荘園や郷など、所領単位として見られることも指摘しているが[26]、十一世紀の「村」から鎌倉期の荘郷にどのように繋がっていくのかはそれ自体検討が必要である。

そのことを十二世紀の日前国懸社（以下、日前宮）領に見ておきたい。大治二年（一一二七）、日前宮の申請によって名草郡内の岡前村内二十四町・和太南村内三十町・安原村内十五町・岡田下村内十町の荒田七十九町が立券され、国司庁宣によって封戸百二十一烟の代として便補され、四至が定められて国使入勘が停止された。(27)このとき社司は、熊野社・金剛峯寺・国分寺・粉河寺で、御封の代として公田の便補がおこなわれていることを例に挙げ、これら四ヶ村の荒野はもとより当社御領で他領は交わらず、塩入地であるために年来耕作不能となっていてこのままでは公私に益がないために、数千万の単功を入れて四十町余（約五㎞）に及ぶ塩洲を防ぐ堤を築いて開発すると述べている。すなわちこの四ヶ村内荒田はそれ以前から日前宮が領主権をもった公田であり、開発を条件として領域をもった所領とし便補とすることが認められたのである。ただし岡田村には治安三年（一〇二三）段階に薬勝寺領の田地二町六段二十歩が存在しており、(28)「村」全体が日前宮領であったわけではなかった。

この領域は、海津一朗氏・野田阿紀子氏によれば、和太荘（吉原郷・三葛郷・冬野郷・朝日郷・（黒江郷））と封郷和田郷の一部にあたり、紀ノ川中流域を取水口とする日前宮の基幹用水「宮井」がここまで延々と引かれ、蛇行する和田川の流路（旧流路）に対して築堤して大規模開発がおこなわれていったことが明らかにされている。(29)一方これとは別に十二世紀以降には、十一世紀段階の和太南村を除く三つの「村」名を継承した岡崎荘、安原郷、岡田郷の存在が確認できる。すなわち、和太南村を中心に周辺四ヶ村の荒田が囲い込まれて日前宮の新たな領域的所領が形成され、開発の進展とともに内部に新たな郷が生み出された一方、岡崎村・安原村・岡田下村は、荒田を除く中心的な集落と耕地がそれぞれ荘・郷として編成されていったのである。

また日前宮は、保延六年（一一四〇）には諸郡散在の神領を社辺の公田と相博し、公領を取り込んで広大な「神宅新庄」を形成した。(30)中世の日前宮領は、海津氏の整理によれば、A日前宮周辺の膝下所領・

封郷、B大治二年（一一二七）の便補を基礎に形成された和太荘四箇郷、C「宮井」の経路にあたる紀ノ川南岸地帯の他領の荘郷（日前宮勢力が多様な権利をもつ）からなっており、保延の相博による神宅新荘を原型として形成されたのがAの封郷十九郷にあたる。このなかには十一世紀の「村」名を継承した郷も見られ、公領の「村」が封郷に転化したと考えられる。その領域は、十三世紀の嘉禎の遷宮に際して「四面四至」が定められ、嘉禎四年（一二三八）に他領との堺が、艮（北東）は有間郷、永沼郷、西方寺免畠、東は忌部郷の僧綱寺山峯筋、神前郷の福飯峯筋、巽（南東）は船尾郷海擔子洲、南は毛見郷「海三井之神山頂上少シ見ユル堺」、坤（南西）は毛見郷の「擔子洲於当東、小嶋甲崎於当丑方堺」、西は小宅郷西島西畠、大田郷西畠、吉田郷本畠新畠、乾（北西）は本有本郷の刀禰名畠、北は薢津郷の若島畠と「糺定」された。[31] 他領との相論により郷の堺が確定されたのである。ここには、四ヶ村の荒田を切り取り最初に領域を設定して出発する所領（B）と、公領の「村」を封郷に転化することに出発する所領（A）との性格の違いが見て取れ、それがその後の所領のあり方を規定していたのである。[32]

さて、紀伊国では十一世紀から十二世紀、「村」を基礎に荘園が形成されていった事例が少なからず見られるが、その早い例として石清水八幡宮領隅田荘がある。隅田荘は、寛和二年（九八六）には「件隅田村作田、任㆓見開数㆒、如㆓去年㆒可㆑免㆓除正税直等㆒」として「隅田村」の新開田の正税等が免除されておりすでに石清水八幡宮領として開発が進められていたが、永延元年（九八七）に太政大臣藤原兼家が外孫一条天皇の御願寺として石清水八幡宮内に建立した三昧院の料所に設定された、「隅田村」を基礎に成立した荘園であった。さらに万寿五年（一〇二八）には野上荘とともに宣旨により不輸・不入が認められ、この段階で国衙支配を事実上排除した領域型荘園となった。[33] 延久荘園整理令が出されたとき、国衙はある段階の「水田貳拾玖町」を把握するのみで、坪付・見作田数を把握していなかった。また隅田荘には四至記載がない。実際には不入権を得ていることから領域認識はあったはずだが、後の相論でも四至を示す証文は提出されておらず、明確な境界設定はなされていなかったとみられる。

その境界が問題となったのは、長承元年（一一三二）に隅田荘の西に接して密厳院領相賀荘が立荘されたときのことである[34]。相賀荘は、覚鑁が「故陸奥守女子藤原氏」から古い本公験と調度文書を伝得し、鳥羽院によって立荘された荘園で、立荘の際、隅田荘と相賀荘の堺に位置した妻谷は、本公験の四至に基づき相賀荘内とされ牓示が打たれた。このとき隅田荘の荘園領主石清水八幡宮もそれに合意したという。

しかしその後、石清水八幡宮別当光清は私使を派遣して牓示を抜き棄て、在家を追捕するなど妨害をおこなった。相賀荘からの訴えをうけた鳥羽院は、石清水八幡宮別当を譴責し元通り牓示を打ち直すよう命じたが、紛争はその後も続き、保延五年（一一三九）には再び相賀荘から、石清水八幡宮側が相賀荘民を神人として駆仕し聖燈供料を押し止めたとの訴えがあった。鳥羽院から事情を問われた石清水八幡宮別当任清は、「牓示之内、敢不レ成レ妨、但本為二神人一之輩、依二先例一勤二所役一許也」と返答し、牓示の内には妨害を加えていないとして妻谷が相賀荘に属することは認めつつも、妻谷の住人はもとより神人として所役を勤める関係があるのだと主張した。つまり石清水八幡宮と妻谷の住人との間には神人としての奉仕関係が築かれており、隅田荘は「先例」に基づき妻谷住人に所役を課し、支配関係を継続しようとしたのである。

この堺相論は、鳥羽院の後ろ盾のもと相賀荘が立荘され、それまでの八幡宮と神人の関係が否定されたことにより起こったもので、領域の設定は住人支配に関係する問題であった。鳥羽院はこのときも石清水八幡宮別当を厳しく咎め、妨害行為を停止するよう裁定を下したが、相論は鳥羽院が亡くなった後に再燃している[35]。このとき後白河院庁の法廷には隅田荘の沙汰人「任範・忠村等」が出廷したが、高木徳郎氏は、この「忠村」は、隅田八幡宮俗別当長忠延の子で隅田荘公文であった在地領主隅田氏で、妻谷の開口部近くに所領をもち、自らの利害にも直接関わるため四至を決定する現場に深く関わっていたのだろうと推測した(36)。高木氏の指摘の通り、石清水八幡宮の妻谷をめぐる再三の抗争は、在地領主隅田氏の利害に基づく要求でもあったのだろう。しかし任範・忠村は、証文の対決になすすべなく法廷から逃脱してしまった。妻谷住人との間に築かれてきた支配関係は、院権力を後ろ盾とし「永延・正暦公験」を法的根拠とする立荘によって否定されたのである。ここには領域の曖昧な「村」を出発点とした隅田荘と、院権力のもと領域を明確化して出発した相賀荘との荘園形成の原理の違いがあらわれている。

もうひとつ紀伊国において「村」を基礎として荘園が形成された例として官省符荘(高野本荘)がある。その出発点は、伊都郡「家多村」に高野山の下政所が建てられ三綱・小綱・職掌等及び俗丁の臨時雑役が免除されたことにあり、寛弘元年(一〇〇四)には寺田収公を訴えて太政官符による承認を得(37)、永承四年(一〇四九)には寺家政所前の「長杜(栖)村」「大野村」の荒野・見作田を諸郡散在の領田と相博して四至が設定され、官省符荘の中核が成立した(38)。さらに康平年中(一〇五八～六五)には西に隣接する「伊指(飯降)・大谷両郷」田畠三百町余が御封代に便補され(39)、十二世紀初頭には東部の往古国領「山田・村主」の臨時雑役免除を得て荘域を拡大した(40)。官省符荘でも、東に隣接して相賀荘が成立すると境相論が起こり、保延五年(一一三九)には相賀荘から、官省符荘が相賀荘西堺の牓示を抜き棄て検田使を入れ地子を徴収したという訴えが出されている(41)。この相論は金剛峯寺と密厳院の山上での対立が関係しており、また背景には在地領主坂上氏の勢力拡大という問題があったが、永承段階の四至設定以後徐々に周辺の郷村を包摂して成立してきた官省符荘と、領域を画定して成立した相賀荘との、隅田荘と同様の問題が根底にあったといえるだろう。

また、紀伊国では十二世紀以降になると、私領の「村」が寄進されて荘園が形成されるケースが少なからず見られるようになる。大伝法院領石手荘は、大治元年(一一二六)平為里の私領「石手村」が覚鑁に寄進されて立荘された荘園で、「石手村」は、十一世紀初頭頃の荒河権大夫の私領に由来し、平為里が寛治五年(一〇九一)に庭田庄司伴時通から出挙代として伝領したもので、「限東岡田村西堺并沼田畠　限南大河　限西市村東堺　限北弘田庄南境」とする四至が存在した。また、同じ大伝法院領山前荘は、山前郷内の平光昌相伝私領「畠井村」「名陵村」、金剛峯寺前入寺僧慶義領の「市村」の三ヶ村が寄進されて長承元年(一一三二)に立荘された。それぞれの村には四至があり、ある段階で四至が設定され私領として領有対象となった「村」であった。このような四至をもった私領の「村」とはどのような性格をもつのか、次節で伊賀国を例に見ることとしたい。

三　伊賀国の藤原実遠所領の「村」

伊賀国においては、天喜四年(一〇五六)二月二十三日藤原実遠所領譲状案[42]のなかに、二十ヶ所の「村」が見えている。藤原実遠が甥で養子とした藤原信良に譲与した二十八ヶ所の所領は、石母田正氏によって、条里坪付・田地面積で示される所領(A型)と、四至が記された所領(B型)に分類されているが[43]、「村」表記はその双方に見られ、A型所領では田地所在を示す地名表記、B型所領では所領単位を示しており、B型所領は四至を設定したところにはじまる私領の「村」であったとみることができよう。

領域をもち荒蕪地を含むB型所領については、石母田氏以来実遠所領の基軸をなすものとして重視されてきたが、木村茂光氏はA型所領をさらに面積＋条里坪付の記載があるA－1型と、条里坪付のみの

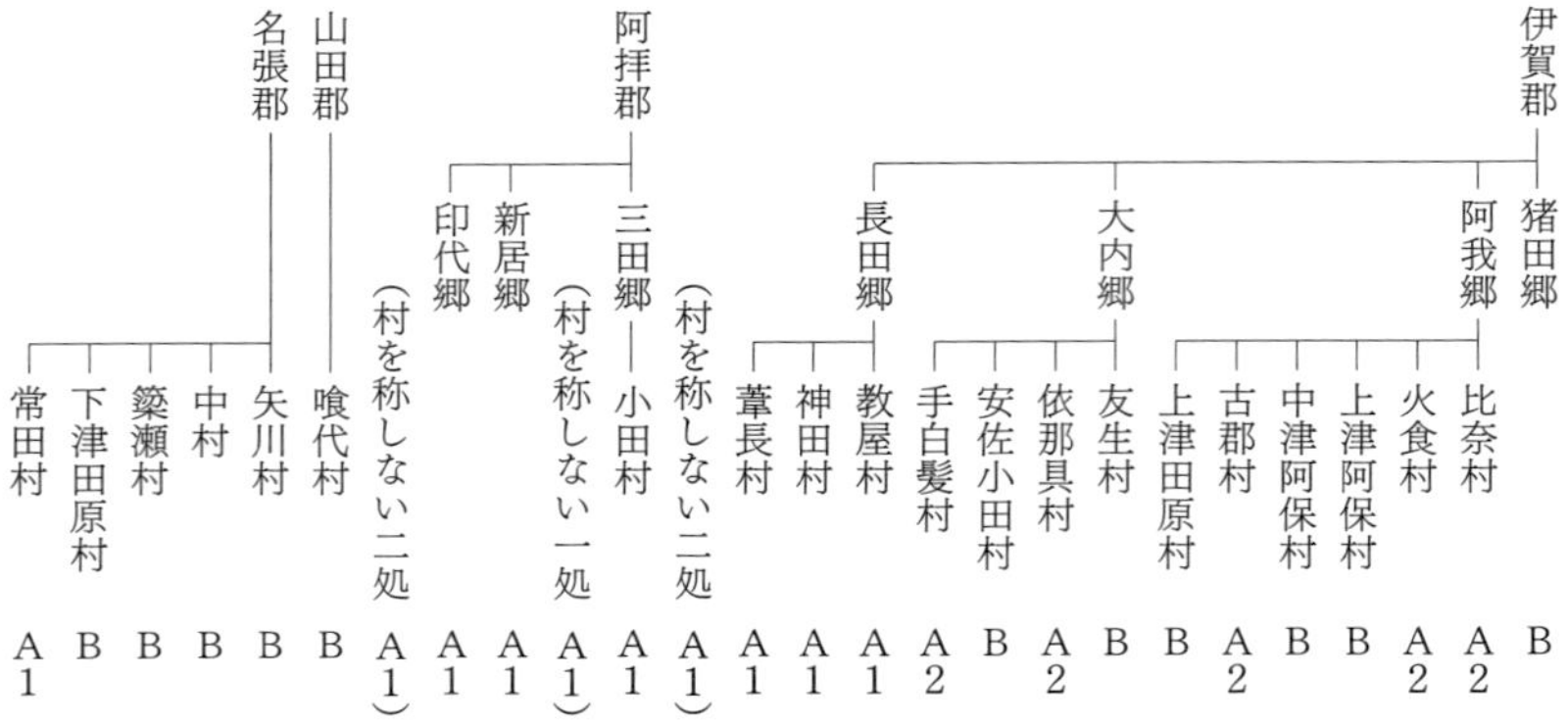

図1　天喜4年藤原実遠譲状にみえる伊賀国の郡・郷・村

A―2型に分類し、国衙に近い伊賀盆地に広がるA―1型所領が実遠所領の中核であり、ここに経営拠点があったと推定しA型所領の重要性を指摘した。[44] 木村氏の指摘は「私営田領主」概念への批判として重要ではあるが、実遠は「神戸住人」であったことから神戸郷に隣接する猪田郷を本拠とみる説も有力で、実遠所領がその後伊勢神宮神戸出作田や神宮領の御厨・御園となっていったことを明らかにした勝山清次氏の研究[45]や、藤原清廉・実遠父子の所領経営がこの時期国衙を支えた「受領に準ずる都市的貴族的家政経営体による請負」であったことを明らかにした小川弘和氏の研究に注目すれば、[46] B型所領のもつ意味も改めて評価が必要だろう。

実遠所領の構成を確認しておこう。図1は、坂本賞三氏の整理をもとに所領類型を示したものである。坂本氏が示したように、伊賀国では郡郷制再編により、伊賀郡・阿拝郡では和名抄郷が、山田郡・名張郡では郡が国衙に直結し、下部単位はすべて「村」で構成されていた。[47] 伊賀郡では和名抄郷の阿保郷が解体し、上津阿保村・中津阿保村は阿我郷に吸収され、名張郡では周知・名張・夏身郷が解体し

「村」が郡に直結する単位となった。

このうち、郡―「村」の構成をもつ山田郡・名張郡の「村」は、喰代村が伊勢神宮領喰代御厨となり、矢川村・中村・簗瀬村は在京私領主に継承され後に東大寺領となっていく。郷―「村」構成をもつ伊賀郡では、上津田原村・火食村がそれぞれ伊勢神宮領田原御園、比志岐御園となっていったとみられる。火食村のみA型所領であるが、そのほかはB型所領であり、B型所領が後の所領単位として継承されていく傾向があったことが明らかである。

ただしその後もそれが所領単位として継承されていくかは、それぞれの状況を考える必要がある。和名抄郷が所領単位となっていた猪田郷は、十二世紀になると「三百六十四丁三段小」のうち「石打庄田十丁半、待賢門院御庄田三十八丁一段、殿下御庄田五丁六段六十歩、勅旨田二丁七段、六条院御庄出作三丁一段、神戸出作三百一丁八段小、公分二丁九段小」となっており[48]、大半は神戸出作となり新たな荘園が形成され、郷内は大きく再編されていった。これは実遠の経営破綻後、国衙および東大寺・伊勢神宮などの諸権門が、官物・封物の確保のために新たな徴収体制を構築した結果として捉えられている[49]。

一方すでに内部が「村」に再編されていた名張郡では、天喜二年（一〇五四）には、簗瀬村内に下津名張村、中村内には長屋村というさらに新たな村が分立し国衙検田の単位として把握されており[50]、東大寺杣工（黒田荘住人）の出作も進み、「村」の内部は公民の名と杣工等の出作名とが混在するようになっていたが、所領単位としての「村」の枠組みはその後も継承された。それは、名張郡内の「村」はその後も私人所領として継承されたこと、また絶えず荘園化の動きはあったものの国衙側がそれを強く抑制したことがその大きな要因であろう。矢川村は実遠から買得した禅林寺座主深観（東大寺別当）が自領として立券した後、四至内開発田の官物・臨時雑役免除の国判を得て「箭川庄」と称したが、次の国司によって荘園整理令により停廃された。その後矢川村は中村とともに実遠から甥（養子）信良、次いでその妻当麻三子（実遠孫）に譲与され、延久六年（一〇七四）に薬師寺別当隆経に売却された後、隆経弟の藤原保房が領有し、免除の国判を得て荘を号したが、再び停廃され公領内の私領としての位置づけが維持された。また簗瀬村は、実遠から信良に譲与された後、封戸未済の代として元興寺別当有慶大僧都に売却され、有慶が院主であった東大寺東南院に伝えられ、寛治年中（一〇八七〜九四）国司小槻祐俊のとき別符（別保）を申請して承認され、東大寺御封便補の保となった。このとき東大寺は簗瀬保を「寺領」と称したが、長治三年（一一〇六）には国司藤原孝清により停廃され国保とされた。その後も便補（加納）と収公を繰り返したが、国領とされていた応保年中（一一六一〜六三）には東大寺覚仁が軍兵三百人をもって保司源俊方を追い出すという武力行使に出て、嘉応年中（一一六九〜七一）には「簗瀬庄」を称するようになる。そして東大寺は承安四年（一一七四）後白河院庁下文により黒田荘出作の所当官物免除を承認されたことをもって、矢川・中村および簗瀬を一円寺領化したが、国衙との抗争はその後も続いた。所領としての枠組みが継承されたのはこうした政治過程があったのである。

さらにここで注目しておきたいのが、この間十二世紀初頭に、「村」の枠組みが改変されそうになる事態があったことである。興福寺が国見杣の領有を主張し、簗瀬村・中村・矢川村・夏見村を含む一帯の荘園化を図った一件である。矢川村・中村をめぐっては十一世紀末に大中臣宣綱が領有権を主張し藤原保房と相論し敗れていたが、長治元年（一一〇四）大中臣宣綱の子息則綱が興福寺に矢川村・中村の公験を寄進し、それを受けた興福寺が国司高階遠実に矢川村・中村・長屋村・簗瀬村・夏見村を含む領域を「山階寺領御庄」として立券することを求め、雑役免の国判を得たのである。[51] これは造興福寺事業に積極的であった国司高階遠実と興福寺との間に結託があったものと考えられているが、[52] これがすぐに現地で実効性をもった形跡はない。しかし次の国司藤原孝清も興福寺に雑役免の国判を与えると、東大寺は訴訟を起こした。相論は双方証文を提出し勧学院で勘問がおこなわれた後、記録荘園券契所での審査となった。興福寺の証文や主張には疑義があり、結果として興福寺の一円寺領化は実現しなかった。だがこの訴訟のなかで、興福寺が貞観六年（八六四）の名張郡戸主藤原倫滋請在地証判申文・実遠寄進状を示して興福寺領であることを示したのに対して、東大寺は、包摂された「村」を自らの寺領と称することはできず、東大寺杣工の負田であること、そして実遠以来の「地主」の存在を主張して対抗する以外になかったのである。東大寺の主張は、長治二年（一一〇五）に藤原保房が子息東大寺禅師実誉に矢川村を譲与したことをもって入手した保房の所持していた文書に拠っていた。近年、東大寺による出作地の一円寺領化は負名の支配に基づくなし崩し的な拡大とは捉えられないことが明らかにされ、その政治的契機が重視されているが[53]、この訴訟で東大寺はみずからこれらが私領の「村」であることを主張しており、結果として公領としての枠組みが維持されることとなったのである。名張郡の私領の「村」は、十一世紀に四至を設定して成立し、さらにこうした政治過程を通じてその後も公領内の所領単位として継承されていったのである。

おわりに

最後に、安芸国で十一世紀末から十二世紀に検出される「村」について触れ、結びとしたい。安芸国では、厳島神社に残された高田郡司藤原氏関係史料に多くの「村」が検出され、応徳二年（一〇八五）三月十六日高田郡司藤原頼方所領畠立券状[54]には三田郷の二十七村、風早郷九村が見え、十二世紀には仁平四年（一一五四）十月十一日高田郡三田郷立券状[55]に三田郷二十五村（うち九村が初出）が見える。これらの立券状に見られる「村」は、田畠の所在を表示するものである。だがこれまでの研究によって、これらが住民とその組織の実体を有した「村」であったことが明らかにされている。[56]長沢洋氏は、個々の「村」の現地比定をおこない、これらの「村」が現在の小字レベルの領域であったことを明らかにし、[57]それを踏まえて前田徹氏は「村」の耕地景観の復元をおこない、これらの「村」が共通の灌漑水利条件をもったこと、そして作人名はひとつの「村」にとどまらず二つ以上の「村」にあらわれることなどを明らかにし、三田郷の「村」は、水利灌漑を契機として成立した「より基底的な共同組織」が国衙によって行政単位として把握されたことによって史料上にあらわれたものであるとした。[58]これらの研究は当該期の「村」と「より基底的な共同組織」（ムラ）の実態を明らかにしたものとして貴重である。

高田郡司藤原氏の所領は、徴税業務を通じて買得・集積した田畠からなり、[59]保延五年（一一三九）には王家領荘園化を企図して中央貴族中原氏に寄進されたものの、荘園化は実現しなかった。それは政治的な要因によるところが大きいと考えられるが、藤原氏はこれらの田畠を別符重行名として領有したものの、「村」を基礎とした領域的な所領を形成していなかったことも関係していよう。三田郷・風早郷の「村」は小規模な農民的開発によって形成されており、それがその後の〈政治のユニット〉にも少なからず影響を与えたと考えられる。

本稿で見てきたように、十世紀後半から十一世紀初頭に領有対象となった「村」が存在し、「村」を基礎とした荘園も形成されたが、その領域は、他領の領域設定との関係のなかで明確化されていった。一方、十一世紀以降、四至をもった領有対象としての「村」も登場した。伊賀国では、国衙行政機構の再編のなかで、中級貴族の請負経営のもとで私領の「村」が成立し、その後の国衙・権門間の鬩ぎ合いのなかで、その枠組みが維持されていった。「村」がどのように史料上に表出し、またそれがどのように関係しながら私領や荘園が形成され、中世の荘郷に編成されていくかは、その政治過程を踏まえて検証する必要があろう。

注

1　大山喬平『日本中世のムラと神々』（岩波書店、二〇一二年）、大山喬平・三枝暁子編『古代・中世の地域社会――「ムラの戸籍簿」の可能性――』（思文閣出版、二〇一八年）。
2　大山喬平「鎌倉初期の郷と村」（前掲注1大山著書、初出一九九九・二〇〇〇年）。
3　岩波講座『日本通史　7巻』岩波書店、一九九三年。のち前掲注1大山著書所収。
4　前田徹「中世初期の地域社会」（荘園・村落史研究会編『中世村落と地域社会』高志書院、二〇一六年）、坂本亮太「中世「村」表記の性格と多様性」（同前書）、拙稿「伊賀国名張郡の村」（前掲注1大山・三枝編書）、吉永隆記『古代・中世の地域社会』（同前）序章など。
5　高木徳郎「書評大山喬平著『日本中世のムラと神々』」（『新しい歴史学のために』二八四号、二〇一六年）、蔵持重裕「大山喬平氏のムラ論と土地問題」（『立教大学日本学研究所年報』一三号、二〇一五年）、木村茂光「「村」・「ムラ」はあれど「むら」はなし」（『歴史評論』八四五号、二〇二〇年）、似鳥雄一「あらためて村落とは何か」（『歴史評論』八四五号、二〇二〇年）。
6　川端新『荘園制成立史の研究』（思文閣出版、二〇〇〇年）。
7　拙稿「立荘論とその行方」（鎌倉・木村茂光・高木徳郎編『荘園研究の論点と展望』吉川弘文館、二〇二三年）。
8　小山靖憲「荘園制的領域支配をめぐる権力と村落」（同『中世村落と荘園制』東京大学出版会、一九八七年、初出一九七四年）。
9　木村茂光『日本中世百姓成立史論』（吉川弘文館、二〇一四年）。
10　清水三男『日本中世の村落』（岩波文庫、一九九六年、初版一九四二年）。

11 寛仁二年十一月二十五日太政官符（『類聚符宣抄』）、『小右記』寛仁元年十一月十六日・二十三日・二十九日条、寛仁二年十一月二十五日条など。須磨千穎「中世賀茂別雷神社領の形成過程」（同『荘園の在地構造と経営』吉川弘文館、二〇〇五年、初出一九七〇年）、同「賀茂境内六郷」（網野善彦他編『講座日本荘園史7』吉川弘文館、一九九五年）。

12 『類聚符宣抄』、『小右記』寛仁三年七月九日条。

13 『小右記』寛仁二年十二月二十日条、同二十九日条。

14 『小右記』寛仁三年二月十六日条。

15 「租税」の解釈については、佐藤泰弘「平安時代の官物と領取得分」（『甲南大学紀要　文学編』一二九号、二〇〇三年）参照。

16 『小右記』寛仁三年五月十六日条。

17 『小右記』寛仁三年七月九日条。

18 『小右記』寛仁三年八月二十三日条。

19 『小右記』寛仁三年十一月十四日条、同十二月十一日条。

20 『小右記』治安元年三月二十八日条。

21 『小右記』治安二年十月六日条、治安三年四月五日条。

22 寛治六年九月三日山城国八瀬刀禰乙犬丸解（青蓮院吉水蔵菩薩釈義紙背文書）。

23 九条家本延喜式裏文書（『和歌山県史』古代1）。

24 薗田香融「古代末期のある徴税文書――永承三年紀伊国名草郡郡許院収納米帳の復元――」（同『日本古代財政史の研究』塙書房、一九八一年、初出一九六五年）。勝山清次「紀伊国名草郡郡許院収納米帳と進未勘文について」（同『中世年貢制成立史の研究』塙書房、一九九五年、初出一九八二年）、中込律子「十一世紀半ばの官物結解」（同『平安時代の税財政構造と受領』校倉書房、二〇一三年、初出一九八九年）。

25 前掲注24薗田論文、大石直正「平安時代の郡・郷の収納所・検田所について」（豊田武教授還暦記念会編『日本古代・中世史の地方的展開』吉川弘文館、一九七三年）。

26 中込氏は、岡前荘（治承二年造日前国懸宮役請文案、壬生家古文書）、和佐荘（嘉元元年十月日歓喜寺住侶等寺領文書紛失状、歓喜寺文書）、日前宮領の有馬郷・薭津郷（嘉禎四年九月二十五日日前国懸四方指、日前国懸神宮文書）を指摘している。
27　大治二年八月十七日紀伊国在庁官人等解案（林峯之進氏所蔵文書）。
28　治安三年十一月二十三日太政官符案（薬王寺文書）。
29　海津一朗編『和歌山平野における荘園遺跡の復元研究――中世日前宮領の研究――』（平成15～17年度科研報告書、二〇〇六年）、海津一朗「中世日前宮の成立と民衆運動」（木村茂光編『日本中世の権力と地域社会』吉川弘文館、二〇〇七年）、野田阿紀子「中世雑賀の塩入荒野開発」（『和歌山地方史研究』五一号、二〇〇六年）。
30　応保二年十一月日大伝法院僧徒重解案（根来要書）。
31　嘉禎四年九月二十五日日前宮神領四面四至注文写（日前宮文書、前掲注29海津編書）。
32　海津一朗氏は、Bの百姓名編成にもその違いを見て取り、またAの一円神領が「宮郷」として確立したのは、神領興行運動がおこった十三世紀末、永仁の大検注以後であったことを指摘している（前掲注29海津論文）。
33　延久四年九月五日太政官牒（石清水八幡宮文書）。
34　長承元年十二月日覚鑁下文案（根来要書）、長承二年十一月日高野山沙門覚鑁申文（根来要書）、保延五年七月廿八日鳥羽上皇院庁下文案（根来要書）、応保二年九月廿六日紀伊国密厳院政所陳状案（根来要書）。
35　応保二年九月廿六日紀伊国密厳院政所陳状案（根来要書）。
36　高木徳郎「紀の川流域荘園の領域形成と在地領主」（高橋慎一朗編『列島の鎌倉時代』高志書院、二〇一一年）。
37　寛弘元年九月二十五日太政官符案（前田家本高野寺縁起所収、平安遺文四三六号）。
38　永承四年十二月二十八日太政官符案（高野山文書又続宝簡集八八）。
39　大治二年八月十七日紀伊国在庁官人等解状案（林家文書）。
40　元久元年七月日金剛峯寺所司等解状（高野山文書宝簡集三七）。
41　長承二年十一月十一日相賀荘四至堺注文案（根来要書）、長承三年十月二十九日都維那宗祐起請文案（根来要書）、保延五年七月二十八日鳥羽院庁下文案（根来要書）。
42　東南院文書。
43　石母田正『中世的世界の形成』（岩波文庫版一九八五年、初版一九四六年）。
44　木村茂光「藤原実遠の所領とその経営」（同編『日本中世の権力と地域社会』吉川弘文館、二〇〇七年）。なお黒田日出男氏も独自の分類をしており、「村」＋「在条里坪付」の記載の所領（木村のA－2型）を四至型所領（石母田のB型）に近い形態の所領としているが（「私営田領主藤原実遠と「猪鹿の立庭」」『日本中世開発史の研究』校倉書房、一九八四年、初出一九七八年）、四至を設定しているか否かは私領主の権限に差異があるものと考える。
45 勝山清次「伊勢神宮伊賀神戸の変質と御厨・御園の形成」（同『中世年貢制成立史の研究』塙書房、一九九五年、初出一九八六年）。
46 小川弘和「藤原清廉・実遠の官物請負と受領制」（『日本歴史』七一〇号、二〇〇七年）。
47 坂本賞三『日本王朝国家体制論』（東京大学出版会、一九七二年）第二編第三章第2節。
48 年月日未詳大田文ヵ断簡（八代恒治氏所蔵文書・具注暦紙背、石井進「院政時代の伊賀国大田文断簡」『史学雑誌』八八巻九号、一九七九年）。
49 前掲注46小川論文。
50 天喜四年三月二十七日黒田荘工夫等解（天理図書館所蔵）。
51 天永元年十二月十日東大寺三綱等注進状案（東大寺文書）、天永元年十二月十三日勧学院使紀守俊等文書勘注状案（同）、天永二年二月日東大寺解土代（同）、（天永三年）記録荘園券契所勘注状（同）。
52 新井孝重「雑役免荘園の運動」（同『東大寺領黒田荘の研究』校倉書房、二〇〇一年、初出一九九五年）。
53 正木有美「院政期における伊賀国黒田荘の拡大と負名」（『ヒストリア』二二三号、二〇一〇年）。
54 新出厳島神社文書（『広島県史』古代中世資料編Ⅲ）。
55 『徴古雑抄』所収厳島神社文書。
56 村上絢一「厳島社領安芸国久嶋郷の刀禰とムラ」（前掲注1三枝・大山編書）。
57 長沢洋「平安時代における安芸国高田郡三田郷内の村について——その位置比定——」（『内海文化研究紀要』第二一号、一九八三年）。
58 前田徹「安芸国三田郷の耕地景観と「村」」（『芸備地方史研究』二二二・二二三号、一九九八年）。
59 坂上康俊「安芸国高田郡司藤原氏の所領集積と伝領」（『史学雑誌』九一巻九号、一九八二年）。

第二章　「郷」優位の中世社会と武蔵国

海老澤　衷

はじめに

日本社会の特質を論じる際、キータームの一つにサステイナビリティーがある。持続できる力、生命力、持続可能性といった意味になるが、日本の社会、歴史、文化を論じる場合に最も重要なタームであると私は考えている。近年、共同研究として行った『中世荘園村落の環境歴史学　東大寺領美濃国大井荘の研究』(1)においてもサスティナビリティを共同研究のコンセプトとして提示し、全体をまとめることができた。荘園を生命体と捉え、美濃国大井荘が有する持続力について七世紀から十六世紀に到るまでを明らかにしたものである。七世紀に生まれた王領がやがて国土の安穏を祈る東大寺の荘園となり、中世を生き続け、さらにはその景観的な骨格部分が城下町として近世から現代へと引き継がれており、その全体像が日本社会の特質を明快に示すものであった。

このようにして荘園の歴史を考えることは従来の制度史的なとらえ方とは相違するものではあるが、それぞれの分野において一線で活躍する人たちの努力に支えられて当初の狙いを一応達成することができた。大山喬平氏から「この著作の充実した内容は、学問のいわゆる文・理融合の上に立つ最新の荘園研究として、こうした方面での今後の研究にゆるぎない指標を与えつづけることになると思う。」との論評をいただいた。(2)確かに「ムラの戸籍簿」研究会の目指すところも、従来の制度史の枠を超えてムラの持続性と特性を明らかにするものであり、両者には共通性がある。しかし、その一方で「ムラの戸籍簿」研究会は列島全体にわたるデータベースの作成作業を行っているものであり、「美濃国大井荘の研究」はわずか一荘園の問題を一つのモデルとして提示したに過ぎないものである。(3)

今回、この反省に立って、東海道に所属し、二十一ヶ郡を擁する武蔵国の「郷」を考察対象とし、「ムラの戸籍簿」研究会の成果に沿った考察を試みた。なお、筆者は武蔵国の国府が所在した東京都府中市から『新府中市史』の執筆を依頼され、他の中世部会の執筆委員とともに市史の編纂に携わった。(4)本稿にはその成果が盛り込まれている。

二〇一二年十月には、「ムラの戸籍簿」研究会主催のシンポジウム「古代のムラと中世のムラ――連続・非連続性について考える」で報告させていただき、日本における火山性の自然条件がムラの持続性にとってプラスとなる場合があることを指摘した。これらの研究成果がまとめられた『古代・中世の地域社会――「ムラの戸籍簿」の可能性――』では「自然頭首工」という視点で灌漑の持続性の考察からムラの持続力に言及することが可能となったのである。(5)この頃、理系の研究者が和名抄郷を素材として千年村構想を展開させる研究プロジェクトを生み出し、「ムラの戸籍簿」研究会は自然科学分野へも視野を広げることが可能となり、学際的な研究へのひろがりを有することとなったのである。

幸いなことに、東京都府中市が編纂する『新府中市史　中世編』に関わることとなり、「ムラの戸籍簿」データベースを活用する機会が与えられ、武蔵国の郡・郷そして村の考察を進めることができた。結論として、武蔵国全体を俯瞰すれば、国―郡―郷の系列が荘―名の系列による切り崩しを許さなかったことを指摘できる。[6]「郷」による行政支配が有効で、保元新制の理念が貫徹し、武蔵守となった院近臣受領が力を振るうこととなったのである。平氏政権下においては平清盛以下平家一門によって武蔵国の知行国支配が持続され、さらには鎌倉時代においても幕府の直轄領としての性格が強く、院政期において「政権を支えた国」という役割は持続され、さらに強化されたといっても過言ではないであろう。足利尊氏が武蔵守となった建武政権下までこの特性は持続される。このような「郷」優位な社会の特性をまず「武蔵国郷村名初出表」に立ち戻って検討していきたい。

一　「武蔵国郷村名世紀別初出表」の分析

「ムラの戸籍簿」データベースは、「和名抄郷〈千年村〉」データベース[7]等が地図ソフトを活用し、郷の位置比定に重点を置いたのに対して、文献史料を徹底的に渉猟し、その「初見」を追究したことに特質がある。ここでは東海道に属する武蔵国を対象として考察を加えていくことになるが、その理由は以下の二点である。

第一に、「ムラの戸籍簿」研究会が二〇一四年に科学研究費補助金・基盤研究（B）を獲得して体系的なデータベースの作成に着手し、その最初の成果として二〇一八年に刊行した『古代・中世の地域社会――「ムラの戸籍簿」の可能性――』に載せられた十三ヵ国[8]の「郷村名郡別世紀別初出表」がテンプレートとして掲載され、その中に武蔵国が含まれていることである。これによって十三ヵ国間の数的比較が可能となった。もちろん、日本の国土全体では六十余ヵ国が存在したわけで、全体から見れば約四分の一程度であるが、五畿七道という国土の展開状況に照らして十三ヵ国の確定値が得られたことの意義は大きい。古代・中世の日本列島に関する行政単位の新たな分析が可能となったのである。武蔵国は現代において埼玉県、東京都、神奈川県（主に横浜市と川崎市）というそれぞれ人口の集中する三つの自治体からなり、従来、中世成立期における武蔵国の特性を論じることは非常に難しいことであった(9)。

第二点として重要なことは、「ムラ」というきわめて定義の難しい、形を捕捉しがたい概念に対して外側から枠を固めていくことによってその性格をあぶり出すことが可能となったことである。従来、武蔵国については大国であることは容易に認識できるが、「ムラ」に関する史料は極端に少ないという印象が強く、それを主な分析対象とすることは不可能であると多くの人が思っていたのである。「ムラの戸籍簿」研究会はその先入観を振り払い、ムラの性格に関して把握しがたい状況を克服し、郷と村を一つのテンプレートにまとめるという非常に独創的な作業を行って、その切り分けた結果を示した。これによって日本列島における古代から中世にかけてのムラの状況が見えてきたといえる。

武蔵国は二十一ヵ郡を擁する大国である。この表(10)は八世紀から十六世紀までの文献上に現れた初出を示している。武蔵国においては「郷」が圧倒的に多く、二百八十一例が示されており、二十一ヵ郡の内に「郷」を検出できない所は一箇所もない。それに対して「村」は百四十二例が示されており、「郷」の半分にすぎず、検出できない郡が四例（都筑・久良岐・橘樹・大里）存在し、たまたま一例のみ検出できる郡が五例（荏原・新座・横見・男衾・加美）存在する。しかも「村」は「郷」に比して出現する時期が遅く、十六世紀に到ってようやく「村」が郷の出現事例とほぼ肩を並べるようになるのである。もともと「村」は行政的な命令系統とは直接的なつながりを持たず、戸々が集まって共同生活を営む場としての意味合いが強い。したがって、「村」は為政者の記録には残らない場合が多いが、そのこと自体を「郷」から照射することによって明らかにできたことの意義は大きい。

以上、武蔵国の「郷」と「村」の初出史料を検討することによって、この国の性格を数値によって示すことができた。これは日本列島全体からみてどのように位置づけられるのであろうか。律令体制国家において武蔵国は「周縁」に位置する。対照的な位置にあるのは中心にある山城国である。言うまでもなく、五畿七道と呼ばれる地方行政組織の地勢的な展開の要に平安京があり、その所在地がこの国であった。そのテンプレートを見ると、(11)八ヵ郡存在する中で、「郷」が百六十七ヵ所であるのに対して「村」は百五十三ヵ所でほぼ拮抗しており、どちらかに偏りがあるというものではない。また、畿内に接している近国の例として七ヵ郡を擁する紀伊国の例が挙げられる。(12)中世において紀伊国は惣村が発達した地域として知られている。村人の自治意識が強く、宮座あるいは村堂に名主と呼ばれる農民や商工業にも関係する村人が結集する史料が多数残されている。(13)彼らは荘園領主や地頭あるいは守護に対して団結して立ち向かうこともあった。この国の場合には「郷」百七ヵ所に対して「村」は二百六十四ヵ所であり、村が遙かに優勢なのである。さらにもう一歩踏み込んで、「郷」が生まれた八世紀から鎌倉幕府が成立した十二世紀末までに限定すると武蔵国では十七例の初出の「郷」が確認できるが、この期間における「村」の初出事例はわずか一例で、比率は十七対一となる。ちなみに山城国では「郷」七十八に対して「村」二十九で、すでに生活の基盤となる「村」の存在は無視しえないが、国家政策の浸透が進みつつあることがわかる。紀伊国の場合には「郷」四十八対「村」七十七で、この時期に限っても「「村」優位の社会」であった。惣村の発達は中世後期のことであると一般に認識されているが、中世成立期にその下地があったことを数的な事実が裏付けている。対極的な数値を示す武蔵国は八世紀の段階から一貫して「「郷」優位の社会」であったとみなすことができるであろう。

二 武蔵国における「郡」・「郷」形成の特異性

「郷村名郡別世紀別初出表」テンプレートから一歩踏み込んで考察する場合、「郡」が形成される際の地勢的な形態を把握する必要がある。ここでは武蔵国府の所在郡である「多摩郡」をまず考えなければならない。通常、国府が設置される立地条件はその国において古墳時代から続く先進的な地域である場合が多い。多摩郡の場合にも国衙近傍に上円下方墳として知られる熊野神社古墳があり、この地に古墳時代以来の有力首長がいたことが確かめられる。ただし、上円下方墳は、首長墓として全国的に普及した前方後円墳より出現時期ははるかに遅く、七世紀から八世紀にかけて築造されたものであるとされている。多摩郡に国府が形成される、あるいはその直前の首長墓であった可能性が高い。上円下方墳は、全国的に見ても希少なものである。終末を迎える古墳時代の中で新たな意匠の古墳に関心を持ちうる氏族が武蔵の中で力を持ち始めたことを予感させるものがある。

一方、武蔵国北部から東部にかけて利根川と荒川に挟まれた長大な低地に埼玉郡が存在する。その上流部（現在の行田市域）に埼玉古墳群があり、大型の前方後円墳が八基確認できるほか、多数の円墳が存在する。そのなかで、五世紀後半に築造したことが知られる稲荷山古墳が中央と地方との歴史を知る上で重要な鍵となる。この古墳から出土した鉄剣の銘にある「辛亥年」は四七一年とされ、古墳時代の朝廷と深く関係した首長の一族が長期間にわたってこの地域を治めていたものと考えられる。

律令体制にあって当初武蔵国は東山道に属していたが、宝亀二年（七七一）に東海道に組み替えられるという政策変更が行われている。(14) このことは、奈良時代に到っても武蔵国では東山道側がいわば表玄関であったことを意味するのであろう。信濃―上野―下野と繋がる街道から分岐する武蔵路によって武蔵国府は結ばれていた。また、南部域は伊豆―相模―安房と進む東海道に隣接し、その往来が次第に増してくる状況にあったのであろう。しかし、武蔵国府は東海道の近傍にあるとは言いがたい位置に存在した。こちらからも長い分岐路を必要としたのである。武蔵野と呼ばれる広大な未開発の台地が中央に存在し、国府所在郡として多摩郡が設置されたが、その北側にはやはり広大な台地を含む入間郡が設置された。こうして南北に両街道に接する既開発地域があり、中央に広大な未開発の台地が展開し、東側は荒川と利根川という二つの大河川が形成する低湿地に覆われていた。さらに七〇八年には中央における新たな都城の造営と軌を一にして武蔵国西部の山間盆地（秩父郡）から銅の産出が告げられた。新たなフロンティアの役割を担わされた武蔵国は自然環境の視点から見て異形の大国であったといえよう。

八世紀において武蔵国の異形性はこれだけに止まるものではなかった。人為の視点からその性格がさらに鮮明になっていくのである。もともと駿河・甲斐・相模・上総・下総・常陸・下野の各地に高句麗からの渡来人が入植していたが、その人達が武蔵国中部の入間地域に集められ、霊亀二年（七一六）に高麗郡が建てられたのである。[15] 荒川に注ぐ入間川の支流は幾重にも分岐して武蔵国の中央を流れているが、その一つに高麗川と名付けられた水系があり、高麗本郷と現在呼ばれているところが高麗郡の中心的な地であった。ここには長く信仰の中核を担ってきた高麗神社がある。高麗川流域には古代から中世にかけて次々に新たな郷が生まれた。武蔵野とも呼ばれる広大な台地は開発と入植の進むフロンティアであったといえる。入間郡に割り込む形で建郡された高麗郡は結果として入間郡の形を大きくゆがめることとなった。古代から中世にかけて入間郡は入東郡と入西郡に分けられるが、実際には南北に分断され、間に高麗郡が割り込んだ形となっており、くびれた部分を曲げた瓢箪のような形となっている。こ

図１　武蔵国の郡と郷・荘（『新府中市史　中世通史編』31頁を典拠とした）

れも武蔵国の特異性を示すものであろう。

図1「武蔵国の郡と郷・荘」は、武蔵国の郡境と院政期から室町期に出現した郷を示したものである。『新府中市史　中世資料編』に掲載された文献史料から抽出した「郷」のなかで位置の判明したものをドットで示した。郷名が現行の大字と一致することを原則としている。和名抄郷であっても地名として継承されていない場合には示されていない。この図を見れば高麗郡によって分断された入間郡の地理的異形性は明らかであろう。また、多摩郡は早い時代に多東郡と多西郡に分かれている。東山道によって早期に開かれた北武蔵においてはそれぞれの郡域が極めて狭い。また、利根川や荒川の氾濫原であった埼玉郡にあっても早くから開発が進んでいたことがわかる。埼西郡は史料上に散見されるが、埼東郡が見えずこれらの境界線をひくことはできなかった。

三　山海両路を結ぶ東山道武蔵路

神護景雲二年（七六八）に派遣された東海道巡察使が、武蔵国乗潴《あまぬま》・豊島の二駅が東山道と東海道の両道に関わっていることをあげ、馬五疋を置く小路から馬十疋を置く中路に引き上げるべきことを提言している。[16]「山海両路、使命繁多」とあり、武蔵国が東山道・東海道の両路に関わらざるを得ない状況が示されている。このことからも後述する東山道武蔵路の必要性が明らかとなる。近代の話題となるが、昭和五十三年（一九七八）に当時の国鉄中央線と新規に敷設された武蔵野線が交叉する地に西国分寺駅が新設された。それまで存続していた鉄道中央学園（敷地約三十二ヘクタール）が廃校となり、大規模な発掘調査が行われた。その際、古代計画道路が五百メートル以上にわたって出現した。この道路は国指定史跡

「東山道武蔵路跡」として保存されている。国府を起点とし、国分寺の脇を通過し、多摩郡・入間郡を南北に縦断する幅十二メートルの直線路が走っていたのである。遊水池の軟弱な地面では干した水草を固めて補強し、丘陵地帯では削平も行って道作りを行ったことがわかる。まさに武蔵国の背骨を成していると言っても過言ではないであろう。古代における「郡」・「郷」の形成はこのような大規模な土木工事を必要としたのである。同様にインフラ整備としての用水の確保が必要であり、池や水路の灌漑施設を整備するとともに条里制水田の開発も進めなければならなかった。このような基盤整備を大規模に進めるに当たっては台地上の平坦地と湧水を活用することも「郡」および「郷」を構築する上で必要な事業であったと考えられる。国府と国分寺の西脇を通過する東山道武蔵路は発掘調査の結果、平安時代の初めまで街路として使用されたことが確認されており、国分寺建立に際して、北部の各郡で調達された瓦が国分寺跡から出土しているが、多くはこの道路を使用して運ばれたものであろうし、国府に集積される貢納品の運搬にもこの「武蔵路」が活用されたと考えられる。高麗郡に集住した渡来人も、多摩郡所在の国府と彼らが整えた高麗郡の郷々との間を往復したと考えられる。また彼らは、平城京との往復に東山、東海の両道を活用した。

正倉院に残る庸布、平城宮遺跡の木簡、国分寺関連遺跡の瓦により八世紀における武蔵国の「郷」の状況を見ておこう。天平勝宝五年(七五三)十一月の庸布に「加美郡武川郷」、「横見郡御坂郷」がみえる。(17) 横見郡「御坂」は『和名抄』の「美佐加」として確認できる。「加美郡」は利根川の上流域にあり、武蔵国最北端の小郡である。神流川が利根川の支流である烏川に合流する地点にあり、上野国との国境地帯に存在する。このように加美郡の地域は明快に設定されるが、その中の武川郷の所在地については未詳である。

天平勝宝八年（七五六）の東大寺献物帳には「従四位上行紫微少弼兼武蔵守巨万朝臣福信」の署名がある[18]。ここに登場する高麗福信は祖父が高句麗から渡来したといわれ、高麗郡で育った官人である。聖武天皇の信任を得て、皇太子阿倍内親王が孝謙天皇として即位した天平勝宝元年（七四九）に光明皇太后の執政の機関として新たに設立された「紫微中台」の少弼となった。天平勝宝八年七月の時点で武蔵守を兼任していたことがわかる。高麗福信は、若い時に剛力で知られ、相撲に強かったことから内裏に召されることとなったという。高句麗からの移民の一族として武蔵国の高麗郡に育った。国際関係の政策の中で作り上げられたムラで育ち、皇太后宮の警護を任されるとともに武蔵守に任じられており、院政期以降の武人の「先駆け」ともいえる人物である。武蔵国のフロンティア的性格をよく象徴しているといえよう。国分寺の造営や東山道武蔵路の造作にも深く関与していたものと思われる。

四　武蔵国多摩郡小川郷と二宮

国府の所在地となった多摩郡について『和名抄』が最初に挙げるのは「小川（乎加波）」である。武蔵国のなかでも著名な「郷」の一つである。『日本霊異記』によれば、多摩郡小川郷出身の正六位上であった丈部直山継は天平宝字八年（七六四）に起こった恵美押勝（藤原仲麻呂が改名）の乱に縁坐して死刑となるところであった。しかし、観音菩薩の霊験により信濃国に流罪となることで命をながらえることができ、その後多摩郡の少領に任じられた。『日本霊異記』は説話集であるが、多摩郡小川郷出身の官人が、光明皇太后のもとで力を振るって唐風政治を推し進めた藤原仲麻呂の配下で活動していた事実を疑う必要はないであろう。

前節で述べたように高麗福信が紫微中台の少弼を勤めていた時、その長官には藤原仲麻呂が就任していた。そもそも紫微中台の組織そのものを作ったのは藤原仲麻呂であり、その周辺に高麗福信や丈部直山継が働いていたのである。天平期にあって唐風の政治が推進されていた頃、武蔵国はその影響を強く受けていたと考えて良いのであろう。多摩郡・入間郡において幅十二メートルの街路造成の工事が推し進められたのもこのことと関係するものと考えられる。小川郷は多摩川の支流である秋川の流域に遺称地を残している。この地域に鎮座する二宮神社は府中六所宮のなかの二宮神社として知られている。現代においても「二」と書かれた烏帽子をかぶった人たちが二宮の神輿を担いで御旅所への渡御を行っており、現在では府中市八幡町の人たちがこの神輿の伝統を守っている。

この神社はあきる野市東部の段丘崖上にあって、昭和三十年（一九五五）頃までは崖下には豊かな湧水があって用水池が作られ、それによって開発された水田が広がっていた（図2「二宮神社と小川郷」参照）。この図では一九七〇年の空中写真によって水田の位置を示したが、二宮池から導かれた用水によるもの以外に小規模な水田が点々と存在する。舌状を成す大地の先端部には二宮池以外にも小さな湧水がいくつもあって小水田がつくられていた。平成期を経て宅地化が進んだ現在、水田はほぼ姿を消したが、小川郷開発の基盤となった湧水池と水路は現在に到るまで保存されている。その周辺の台地上の広い範囲に大字「二宮」があり、二宮神社が台地突端に位置している。その南境に大字「小川」が接しており、この「二宮」と「小川」の二つの大字が古代以来の小河郷の根本領域と考えられる。多摩川の支流の内では最大の水量を有する秋川が「秋留《あきる》台地」と呼ばれるこの台地の南側を流れ、北には規模こそ秋川には及ばないものの谷地田を造成するのに適した平井《ひらい》川があり、東辺部分には多摩川の河原が広がっている。段丘崖の縁辺に湧水があって集落と水田を開くことが可能であるという点で、秋留台地は武蔵野台

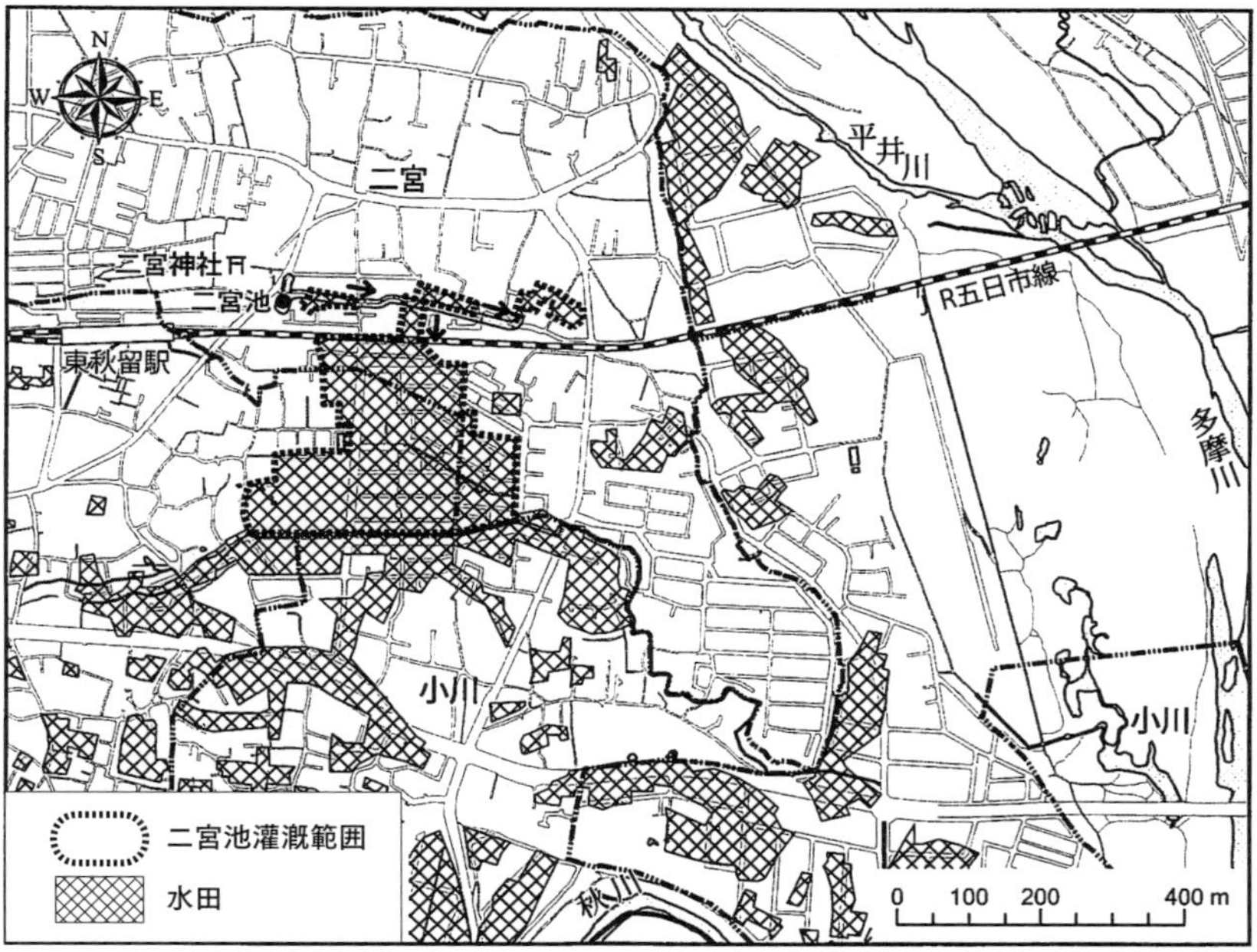

図２　二宮神社と小川郷（水田は1970年の航空写真により復原）

地のミニ版ともいえる類似性を有している。勅旨牧として小川牧の存在が知られるが、平安時代にはこの地から良馬が献納されたとみて誤りはないであろう。このような地形を見ると小川郷は国府・国分寺の周辺の状況と共通点があり、平城京に出仕する官人にとって生活拠点を設けやすいと感じていたのであろう。段丘崖の湧水を活用した水田開発であり、大きな頭首工や用水池を必要とせず、安定した水田を確保することができる。また多摩川の氾濫原から遠く、大規模な水害からも免れる地であったといえよう。奈良時代に丈部直山継が活動した頃に開かれたものと推定され、災害にも強い安定した集落を築くという意味での「千年村」の構想が実現できる地であったことがわかる。

このような地は平安時代末期になると、武蔵国特有の党として結合する武蔵七党と呼ばれる武士団が登場する。彼らは治承寿永の内乱のなかで最大の会戦であった一ノ谷合戦で活躍し、平家軍団の大将の首級を次々に上げる活躍を見せている(19)。西党と呼ばれる武士団に属した小川氏は鎌倉幕府の御家人となり、薩摩国甑島の地頭となった。この時期に特徴的な移動性を示す西遷御家人に位置づけられる。

おわりに

武蔵国は古代国家においてフロンティア（先進的な開発が可能な未開発地）の性格が付与されていた。計画道路や国分寺の策定・建設などに多大な労力がつぎ込まれ、現代にまでその巨大な遺跡が残されている。日本が七世紀における朝鮮半島の動乱に深く介入したことから、その難民は主に関東諸国に送られ、八世紀には武蔵国に集住することとなった。このような中から高麗福信のような官人が出て、朝廷に直接奉仕する地域的な役割が芽生えていったものと考えられる。これらのことを抜きにして武蔵国のムラを考えることはできない。

渡来人の郡として新たに高麗郡が入間郡に割って入る形で設定された。入間台地の中央にあたり、まさに武蔵国の中心的な位置ではあるが、それぞれ山海両道につながる先進地域を南北に有するこの国にとっては入間台地こそもっとも人跡未踏の地であった。霊亀二年（七一六）に茫漠たる武蔵野の中心に置かれたこの郡はまさに「郷」の初源的特質である「計画村落」であったといえる。聖武天皇とともに天平文化を体現した光明皇后の近くに仕えて武蔵守ともなった高麗福信がここから育ったのである。「東山道武蔵路」は二方向から都へ向かう道であったが、武蔵国内においては何より多摩郡と入間郡を結ぶハイウエイであり、フロンティアの象徴的な施策をそこに見ることができる。また、これらの台地にあってはその縁辺部に〈千年村〉ともなる長期間生き続ける「郷」が出現した。

台地上には良馬が育つ牧があり、歴代の武蔵守は朝廷に馬を献納することが主任務の一つとなった。院政期には、院近臣が好んで武蔵守となり、[20]平氏政権期には平家の知行国となった。清盛の最愛の息子平知盛が武蔵守となり、やがてそれを知盛の長男知章が継承する。知盛は一ノ谷合戦で生田森の木戸口を守り、奮戦したが、かつての家人と思われる敵方の武士から窮地にあることを告げられる。包囲され、郎党と長男を失うが、知盛自身は武蔵国で育った名馬によって危地を脱することができた。以上は『延慶本　平家物語』の一節[21]ではあるが、武蔵国の風土が非常によく語られている。武蔵国の「郷」は上意下達を本旨とする社会を育て、そこに連帯を見いだす人々を育てるムラであったといえよう。

注

1　海老澤衷編、吉川弘文館、二〇一八年刊行。科学研究費基盤研究（A）「既存荘園村落情報のデジタル・アーカイブ化と現在のIT環境下における研究方法の確立」（研究代表者　海老澤衷、二〇一五年度～二〇一八年度）の研究成果。

2　大山喬平・三枝暁子編『古代・中世の地域社会――「ムラの戸籍簿」の可能性――』（思文閣出版、二〇一八年）。なお、この書においては「和名抄郷の持続性と自然頭首工」として環境的な側面から和名抄郷を考察した。

3　本稿において「ムラ」とカタカナで表記した場合には「郷」と「村」の双方を示す。「郷」は律令体制のもとで生まれた計画村落であり、計画道路や条里制水田および潅漑施設と密接に関わるものであって国家の存在が前提になる。これに対して「村」は人々の自律的な生活共同体であり、国家の支配・統制は前提とならない。前近代社会において、河川を中心とする自然領域を想定した場合、「郷」と「村」のどちらかが百パーセントを占めることはなく、国家統制には限界があるが、「村」のみで成り立つ広域的な社会も存在しない。「ムラの戸籍簿」データベースのテンプレートはこの状況が数値的に示され、画期的である。平安時代以降、「郷」は国家的な権能を付与された個人が領有権を有するようになり、鎌倉幕府、さらには室町幕府に引き継がれる。江戸時代にあって水田農耕社会を基盤とする「郷」が国家の原理となり、「村」を吸収し、「郷」と「村」は同義語となる。この段階において「ムラ」は表記の意味を失うことになる。

4 『新府中市史 中世資料編』(二〇二〇年三月)、『新府中市史 中世資料編別冊 武蔵府中の中世石塔』(二〇二一年三月)が刊行されている。

5 注2参照。

6 言うまでもなく武蔵国にも荘園は存在した。船木田荘・小山田荘(多西郡)、稲毛荘(橘樹郡)、六浦荘(久良岐郡)、河越荘(入東郡)、春原荘(足立郡)太田荘(埼玉郡)など。しかし、他地域のように一荘園が一郡を覆い尽くす、あるいは一国のほぼ全域に渡るというようなことはなかった。

7 正式名称は「『和名類聚抄』の郷名比定地による〈千年村〉データベース」である。このプロジェクトは、千年以上にわたり、度重なる自然的社会的災害・変化を乗り越えて、生産と生活が持続的に営まれてきた集落・地域を〈千年村〉と規定し、その収集、調査、公開、顕彰、交流のプラットフォームとしたもの。作成基盤となったのは科学研究費基盤研究(B)「国土基盤としての〈千年村〉の研究とその存続のための方法開発」(二〇一四年~二〇一八年、研究代表者:早稲田大学理工学術院教授中谷礼仁)。

8 この十三カ国はデータベース化が完成し、それに基づいて考察が可能な国々である。畿内:山城、東海道:伊勢・参河・武蔵、中山道:近江・下野、山陽道:美作・備前・備中・周防、西海道:筑後、南海道:紀伊・伊予。

9 相模国であれば、鎌倉という中世都市が次第にできあがっていくという歴史状況があり、それを踏まえての記述が可能となる。また、常陸国であれば、国府と在庁官人にかかわる考察が可能であり、大田文も現存する。武蔵国の場合、全体を考察しうる視点となる軸を見いだしがたかったのである。

10 武蔵国「郷村名郡別世紀別初出表」(三枝暁子「武蔵国中村氏の神領支配と西遷」前掲注2書二〇六頁)。

11 山城国については前掲注2書一三頁「序章」(吉永隆記執筆)参照。

12 紀伊国については前掲注2書、川端泰幸「紀伊国の郷――名草郡日前宮領を中心に――」の一五五頁参照。

13　黒田弘子『中世惣村史の研究』（吉川弘文館、一九八五年）、似鳥雄一『中世の荘園経営と惣村』（吉川弘文館、二〇一八年）などで、紀伊国が惣村研究に大きな役割を果たしていることがわかる。
14　『続日本紀』宝亀二年八月丙辰条。
15　『続日本紀』霊亀二年五月辛卯条。
16　『続日本紀』神護景雲二年二月癸巳条。
17　『新府中市史　原始・古代　資料編2　文献史料』六八・六九・七〇・七二。
18　『新府中市史　原始・古代　資料編2　文献史料』七八。
19　海老澤衷「『平家物語』一ノ谷合戦で「活躍」した熊谷直実と畠山重忠」（『新府中市史研究　武蔵府中を考える』一、二〇一九年）。
20　院政期の初期には摂関家の家司が武蔵守を勤めることが多かった。その最後が藤原成実である。彼は重任を得て嘉保二年（一〇九五）から康和四年（一一〇二）までその任にあった。それまで「亡国」と呼ばれていた武蔵国は彼の積極的な施策により熟国としての扱いを受けるようになった。拙稿「武蔵守藤原成実の冒険――「亡弊」の武蔵国を院政政権の支柱に変換――」（『鎌倉遺文研究』五三号、二〇二四年四月）。
21　『延慶本　平家物語』第五本「廿四　新中納言落給事　付武蔵守被討給事」による。

第三章　地下文書研究と「ムラの戸籍簿」

春田直紀

一　問題の所在

近年、同時並行的に進展した地下文書研究と「ムラの戸籍簿」データに基づく研究とによって、中世の地域社会に新たな光が当てられるようになったが、両者の議論は必ずしも交点を結んでいない。そこで、本章では二つの研究方法に接点を見出し、論点を深めていくことにしたい。

「ムラの戸籍簿」づくりという方法がもつ価値は、あらかじめ研究者が定義した村落を抽出するのではなく、「郷」や「村」と表記した中世人の認識の枠組みを通して、かれらが依拠した村落の現実世界を浮かび上がらせる試みにあるといえよう。ただし、この方法には「史料上確認できる郷・村はその史料作成目的に沿って映し出されたサト・ムラの断面」にすぎないという問題がつきまとう(1)。とりわけ、中世の村落史料は主に寺社・武家の領主文書と地域的に偏在する惣村文書とに求めてきた経緯があり、そうした史料だけでは「あるがままのサト・ムラ」の実態解明にいたらないのも確かである。この課題を克服するためには、地下文書の活用が不可欠となろう。これが第一の接点である。

地下文書とは、荘園・公領の現地で獲得・作成・機能・保管・伝来した文書のあり様を、現場の視点でトータルに把握するために定立された分析概念である。(2) 地下文書の原本調査が進められた結果、「同時代に作成された中世文書」、「後世に中世文書として再作成されたもの」、「近世の由緒形成にあわせて創造された中世年号文書」などの峻別がなされ、史料として活用できる条件が整いつつある。(3)

また、地下文書研究の成果の一つに、地域における文書発給・保管主体の階層性が明らかにされた点が挙げられる。そのなかで、地下文書群が単独で成り立つものではなく、タテ（対上位権力）・ヨコ（地下の集団相互）の関係性のなかで生成され、伝来していく過程が跡づけられた。(4) 一方、「ムラの戸籍簿」研究は史料用語としての「郷」「村」に着目することで、「郷」内の「郷」や「村」内の「村」といった体系性を欠くかに見える中世人の地域概念も析出した。(5) こうした成果もふまえるならば、「ムラの戸籍簿」データにより「ただひとつの共同体」を確定するのではなく、検出されたサト・ムラの相互関係も射程におくことで、中世地域社会の多層性を明らかにできるデータであるところに「ムラの戸籍簿」の資料的価値があるのではないか。この点が地下文書研究が明らかにした「地域社会における文書発給・保管主体の階層性」とも関わるという予想を立てておきたい。これが本章が着目する第二の接点となる。

以上、簡単ではあるが確認した二つの研究の接点を念頭に、本論での検討を進めていくことにする。まず第二節では、中世前期の領主文書にも生活組織としての「むら」が姿を見せることを確認する。しかし、領主文書から中世前期の村落の内実に迫るには限界をともなう。そこで、第三節では地下文書を用いて、中世前期における村落住人の活動実践を跡づけていく。中世後期に入ると、よりミニマムな「村」（村内村・郷内村）も制度化していくが、その過程を新たに登場する地下支配帳簿のあり方から第四節で探る。そして最後に、多段階の「村」の共同体的性格を捉えるうえで地下文書論が果たす役割に関して論じることにしたい。

二　中世前期の領主文書に現れた生活組織としての「むら」

木村茂光氏は、「中世前期の荘園において、在地住民の意思を反映する政治的共同組織として「住人等」は存在するが、そのもとで生活・生産を維持する組織として存在した「むら」は、まだ史料的には現出できなかったと考える」と述べたが[6]、果たしてその通りであろうか。私は先稿で中世肥後国における「村」と「浦」の史料初出例を網羅的に検出する作業を行ったが、そこで見出した中世前期の「むら」の事例を三点提示しておきたい[7]。

一つ目は、久安六年（一一五〇）正月二十三日の肥後国司庁宣写[8]に見える「浦々村々」という記載である。この国司庁宣は一円不輸の荘園（郡浦荘）の成立を認めたものであった。注目したいのが、「近隣有勢土民等が郡浦社領浦々村々に乱入して、済物（貢納物）の煩いをなし、神事の妨げをした」と神官らが訴えたことが契機となって、一円不輸の荘園が成立したという事実である。久安六年以前の郡浦荘は国衙領内の免田により構成されていたと推定されるが、領域型荘園成立以前の免田型荘園の段階から存在していた住人の生活拠点が「浦々村々」と総称されているのである。

二つ目の事例は、建永元年（一二〇六）八月の沙弥行西（長浦遠貞）譲状[9]で、相伝私領の田畠所在地として列挙された「村」「薗」「浦」である。この譲状に見える田畠の帰属は、藤崎宮神主家領の三郎丸名→長浦氏の私領→大友氏の五郎丸名と推移している[10]。一方、田畠の所在地であった「村」「薗」「浦」は譲状に四至が記載された領域型の村落であった。つまり、「名」は収納単位として田畠の本領主権の移動により再編成されたのに対して、「村」「薗」「浦」は「簡単に離合集散できない生活体」[11]＝「むら」として認識されていたことになろう。

三つ目は、弘長三年(一二六三)五月十日の詫磨時秀配分状案[12]に見える鳥栖村の事例である。この配分状は、故詫磨能秀が庶子の直秀に与えた弘長二年の譲状[13]に基づき作成されたが、地名表記に重要な違いが認められる。すなわち、譲状では「門内鳥栖内拾参町在屋敷等」とだけ記されていた所領を配分状では「鳥栖村」(託麻郡神蔵荘内)と表記し、田地と屋敷の所在や面積を詳細に書き上げているのである。譲状の「鳥栖」が「名」を指すと考えられるのに対し、配分状では「村」と記載されたのはなぜか。廣田浩治氏は、鳥栖名(鳥栖村)は神蔵荘の地頭下司職をもつ詫磨氏惣領家が支配するとともに、詫磨氏一族が田畠在家を配分され、その屋敷が集中した名(村)であり、白川に接していたことから、河川交通の支配の拠点でもあったと指摘している。[14]鳥栖村の田地は全て鳥栖里に所在していたことも配分状から読み取れるが、このように賦課対象となる田地や屋敷が集中し、まとまった集落景観を構成している場合は、土地台帳や配分状に「名」ではなく「村」と表記されたと考えてよいのではないだろうか。これもまた史料上に現れた「むら」の姿といえる。

ところで、「村」は私領主の所領単位や行政単位としても史料上登場するが、この政治のユニットとしての「村」と生活組織としての「むら」とはどのような関係にあったか。そこで注目しておきたいのが領主文書に見える「村内村」の存在である。近年、鎌倉佐保氏は、伊賀国名張郡の村の変遷を十世紀から十五世紀まで連続してたどるなかで、私領主の「村」、刀禰の置かれた行政単位としての「村」の内部に、下位単位の「村」があったことを実証している。[15]

鎌倉氏によると、十一世紀中葉、藤原実遠所領の系譜を引く私領主の所領単位であり、国衙行政単位であった中村と簗瀬村の内部には、それぞれ長屋村、下津名張村という村が存在していた。長屋村は天喜二年（一〇五四）の国衙による検注では、簗瀬村・下津名張村とともに検注の単位となったが、[16]十二世紀の東大寺による黒田荘出作地の検注帳類では「長屋条」（「条」は寺家検注での単位）の項目は立てられず、一貫して「中村条」内の村として扱われていたことがわかる。[17]ただし、仁安四年（一一六九）三月二十二日の高乃末武畠地売券[18]では「長屋条」と記載され、かつ「長屋条字」として「壇《檀》村」という村名が初出する点は新たな動きとして注目される。あわせ考えると、十二世紀後半には中村―長屋村―檀村という系列で三つの「村」が重層していたことになるが、時代を下って嘉元二年（一三〇四）正月十四日の黒田荘有徳人交名注進状[19]では、有徳人の所在地名として「ナカノムラ」（中村）・「ナカヤ」（長屋）・「タム」（檀）と、この三つの「村」は横並びの集落名として登場してくるのである。一方、簗瀬村内の下津名張村は、鎌倉氏によると建治二年（一二七六）の史料[20]を終見に姿を消すが、その後簗瀬村内の「村」として史料に登場する原村と鞍持村は、延慶四年（一三一一）三月二十九日の大屋戸郷百姓等重申状[21]では、出作百姓の所在地名として簗瀬村と並記して記載されている。このように、土地所有関係史料では重層して現れる上位と下位の「村」も、住人の所在地名としては並列的に現れるという事実は、制度的編成をうけた「村」にも在地住人の生活組織（むら）としての実体（中核拠点）があったことを示唆するものといえよう。

　もっとも、住人結合の場としての村名が、有徳人交名注進状や百姓等申状などの上申文書によってようやく詳らかとなるように、領主文書だけで「村」の社会生活基盤を明らかにすることには困難がともなう。そのため、中世前期村落研究では、徹底した現地調査に基づく景観復原の手法などが駆使されているが、[22]次節では地下文書の分析から見えてきた中世前期における村落住人の活動実践について紹介することにしたい。

三　中世前期の地下文書から見た村落住人の文書実践

肥後国で中世前期に「村内村」の形成が確認できるのは八代荘である。八代荘は総田数が千町を超えると見られる大荘園であり、八代荘内部の下位単位であった「村」も田数十五～四十町程度と規模が大きかった。(23) その一つ「三ケ村」内の村として建治二年（一二七六）に初出するのが八千把村である。(24) この地の屋敷・名田畠等が在地有力者の源次郎丸宗守に宛行われた文永七年（一二七〇）二月の預所代沙弥某宛行状では「三箇村内八千把」と、八千把は村名では表記されていない。その六年後、「八代庄三ケ村内八千把村新開」の三反三丈が源次郎丸に宛行われている。(25) 建治二年の宛行状では、「早く耕作致し、御年貢を全うし、鞆井樋（防潮灌漑施設）を修固（維持修理）すべきものなり」とあることから、この間の干拓事業により新しい村落が誕生し、収納単位としての条件が整ったことを前提に「村内村」として制度化していったと考えられる。

このように「村内村」が設定された背景には、在地有力者主導による地域の再開発とそれに伴う住人結合の場の成立があったと想定されるが、住人活動の実態とはいかなるものであったか。中世前期の在地関係文書の大半が領主側に保管・伝来されていったなか、幸いにして源次郎丸一族は八千把村の土地に関する権利証文を鎌倉後期に集中して蓄積し、今に伝えてくれている。現在は小早川文書と呼ばれる源次郎丸一族の地下文書群を手がかりに、「村内村」を基盤とした住人の活動を見ておきたい。廣田浩治氏が指摘するように、源次郎丸は国御家人（名主・小地頭）ではなく百姓身分の住人であったが、(26) 在地支配に関わる諸階層から次々と権利証文を獲得している。獲得した文書を発給年順に列挙すると次のよう

になる。(27)

発給年	発給者	受給者	様式	機　能
文永四年（一二六七）	預所代・検校僧	源次郎丸宗守	宛行状	没収地跡の藤元薗一所（屋敷）を宛行う
文永七年（一二七〇）	預所代沙弥	宗守	宛行状	没収地跡の三箇村内八千把の名（屋敷・名田畠等）を宛行う
建治二年（一二七六）	兵庫助	源次郎丸	宛行状	三ケ村内八千把村の新開田を宛行い、鞆井樋（防潮堤と排水路）の修固を命じる
建治三年（一二七七）	小地頭藤原盛縄	源次郎	下文	名田を宛行う
永仁六年（一二九八）	小地頭代官紀末守	源次郎丸	宛行状	徳政により西仏に沽却した八千把南里の田地を返付する
正安三年（一三〇一）	小地頭代官藤原信氏	源次郎丸宗頼	宛行状	西仏が耕作を続ける田地の返付を再度命じる
徳治二年（一三〇七）	公文実澄・図師覚賢・田所忠経・政所高綱・政所代・御使親盛	源次郎丸	宛行状	鞆役田地を宛行い、鞆の修功を命じる
延慶二年（一三〇九）	公文平実澄・図師沙弥覚賢・田所左衛門尉忠経・政所左衛門尉高縄・給主代為安	源次郎丸	下文	荒田の再開発を命じる
元亨二年（一三二二）	家弘	源二郎丸	宛状	三ケ村内八千把中九郎島の荒田を宛行い、鞆大役の勤仕を命じる
元亨四年（一三二四）	某	源次郎丸	宛状	八千把村内尼江源二郎丸名内の荒田を宛行い、開作を命じる

源次郎丸が集積した権利証文の発給者については前稿で詳らかにしたので、要点を摘記しておきたい。(28)八代荘は十三世紀半ば頃に得宗領化し、北条氏が預所職と惣地頭職とを兼務したと考えられるので、文永年間の預所代や建治年間の小地頭は、北条得宗家の被官ないし配下の人物であったと想定できる。そ

の後、永仁六年までに鎮西探題が八代荘の惣地頭職を兼務すると、鎮西探題の被官が八代荘の小地頭となる。この小地頭の代官も永仁六年と正安三年の発給者に見える。徳治二年の宛行状と延慶二年の下文は、八代荘の荘家政所の荘官と御使または給主代とが連署して発給している。御使や給主代は、惣地頭の家政機関から現地に派遣された使者や代官とみなすことができる。元亨年間に宛状を発給した人物の比定はできないが、宛状という地下文書特有の様式（書止文言が「仍宛状如件」）をもつ文書の発給者が、同時期の八代荘の西仏受給文書では「沙汰人」と記録されていることから、家弘なども小地頭代官以上とは階層を異にする沙汰人クラスの人物であったと考えられる。

前頁の表からは、源次郎丸が海辺部の没収地跡に拠点を得ることで干拓事業を主導し、新村落を建設したことがうかがわれる。源次郎丸一族の出自は詳らかではないが、外部勢力であったがゆえに得宗ついで鎮西探題の権力と結びつき、地頭領主の家政機関（被官）—現地代官—沙汰人という支配系列のなかで、積極的に諸階層から権利証文を獲得して活用し、干拓村落における一族の主導権を正当化していったものと推察される。

源次郎丸一族による労働力編成や経営形態を具体的に示す史料は残されていないが、八千把村の耕作地で競合関係にあった西仏については舛田文書という関連する地下文書群が伝来しており、参考となる。舛田文書中に、西仏の相続争いのなかで作成された徳王丸西仏等系図[29]がある。この系図を分析した廣田浩治氏によると、西仏の関係者は複数の荘園所領に及ぶ広い範囲（八代荘小隈野村・守山荘・木原荘・豊田荘・南小川福岡など）で婚姻を結ぶなどのつながりをもっていた[30]。西仏は守山荘出身であったが、婚姻を機縁に八代荘小隈野村に移住し、同村宮山の水利開発を手がけることで大百姓の地位を築いた[31]。西仏の農業経営は、下人・親族による直接経営と小百姓の小作との組み合わせで成り立っていたことが明らかにされているが、[32] 肥前国出身の小百姓も抱えており、[33] 荘・郡さらには国をも超えて流動する労働力を組織しうる経営手腕が、新たな村落基盤形成に寄与したといえよう。とはいえ、西仏のような外来者が村落指導者としての地歩を得るためには、権力による権益保障が不可欠となる。西仏も生前に「御下文」と「小隈（野）殿御下知状」と「沙汰人連署宛状」とを各二通ずつ獲得していたことが知られる。[34] また、前稿で詳述した通り、西仏の没後に相続争いをした一族の村落住人は、八代荘の支配系列各層が発給する文書を獲得・集積・活用することで、訴訟技術を磨き、自己の権益の維持や拡大を図った。このように村落住人による文書実践の背景には、新たな村落秩序形成における主導権争いという動向があったことを確認しておきたい。

四　中世後期における小さな制度村の成立と地下支配帳簿

鎌倉後期に村落住人による文書実践がみられた前提には、領内に居住する百姓身分の訴訟も受け付け、彼らの利害に直接応える北条氏権力の体制があった。北条氏所領などでは文書主義が在地に浸透し、地下文書群の早期の形成を促したが、[35] 肥後国では鎌倉幕府体制の終焉とともに地下文書群の形成が低調となる。だがその一方で、中世後期の領主による地下支配帳簿を分析すると、「村内村」や「郷内村」の新たな展開を見出すことができる。その具体相を阿蘇社領の事例から見ていくことにしよう。

肥後国一宮の阿蘇社においては社殿の造営が第一の神事とされたが、造営に必要な材木・竹釘・葺綱・苫懸縄・鍛冶炭・苫などは鎌倉末期段階では社領郷村の内部区分である「家」を単位に賦課し、調達していた。[36] たとえば、元徳二年（一三三〇）二月二十三日の造営料木注文写[37]によると、小国郷では二十四家分のうち六家分が郷内の「宮原」にあてられ、この六家が①灰原、②北河内・室原・波津田、③江古尾・尻江田・荒倉・河野、④注連内、⑤秋原・田原・脇戸、⑥中務・垂水・赤浜・椎屋・下城という六グループに割り振られている。このうち②と⑤が「三ケ村」、③が「四ケ村」、⑥が「五ケ村」と呼ばれているように、負担能力をもつ集落は「村」として捕捉されていたことがわかる。ただし、当時の阿蘇社領において「村」そのものは賦課単位ではないので、制度的な存在として一律に史料上に出現することはなかった。

　こうした「村」が「郷」とならぶ制度的な単位として登場する最初の史料が、建武三年（一三三六）三月十一日の阿蘇社領郷村注文写[38]である。この社領郷村注文では、造営料の賦課基準であった「一家」は公田「十町」に換算され、二十一の「郷」（複数郷の組み合わせを含む）と十七の「村」にそれぞれ公田数が設定されている。公田数は南北朝期以降、造営役に加え神事祭礼負担も含めた社役の賦課基準となるが、上から設定された指数的性格が強く、その淵源は社殿造営料の郷村賦課に求められるのである。

　社役負担の公田制導入にともない、郷村内の知行分も公田数を配分する形で設定されるようになる。南北朝内乱を通して阿蘇社大宮司配下の武士たちは、軍費調達のため阿蘇社領の土地を実力で占有し当知行していた。大宮司は彼らの知行を追認するとともに、阿蘇社への社役負担も義務づけ、社家とともに阿蘇社の造営と祭礼を果たす「役田」（公田）の知行人として位置づけていく[39]。その後、時代が下り室町期になると、社役負担は「公田の知行人」を越えて、百姓の「村」（村内村）に直接請け負わせるようになる。

　しやうけ（荘家）社役諸御公事けんたん（検断）あひかゝる百姓之事

一狩尾三町三反の内之名主五ヶ所
一ひかし〔東〕のむら〔村〕
一中西のむら
一おにし〔大西〕のむら
一古薗之村
一地薗之村
一所的石之村一町七反之名主、彼在所狩尾とより合、なに篇諸公役、けんたん、可為同前候、仍而
為以後之証文如件、

権大宮司
応永三年〔一三九六〕二月吉日　宇治能里(40)

右の証文からは、阿蘇社領の狩尾村で、公田三町三反を基準に賦課された社役と諸公事を五か所の名主百姓が請け負う体制が成立したことが確認できる。「名主五ヶ所」は五つの「村内村」名で記されているから、名主を代表とする百姓結合である「村内村」に基礎をおいた請負体制であるといえる。この「村内村」は諸負担とともに検断権も請け負っており、最も小さな単位の制度村が成立したと評価できよう。狩尾村に隣接する湯浦郷でも応永十六年（一四〇九）には、郷の公田数二十町が新たに設定された二十四の「郷内村」に分配され、社役（流鏑馬神事の射手・的立、御田植祭の獅子舞・蝿追役・屋形の材木負担など）を直接「郷内村」に賦課するための帳簿が作成されている。(41)すでに明らかにしたように、湯浦郷の「郷内村」は山道に沿って立地する百姓の家々の結合で、山野の生業秩序を保障する「山の神」を祀る

共同体であった。[42] 狩尾村の「村内村」も湯浦郷の「郷内村」も近世以降は「村組」として存続しており、時代を超えて持続するミニマムな生活共同体が中世後期に制度的に編成された姿が「郷内村」「村内村」ということになろう。

以上、阿蘇社領を事例に、「村」ついで「村内村」や「郷内村」が領主文書に現れる過程を跡づけてきたが、「村」の史料上の初出と「村」を対象とした地下支配帳簿の作成とはパラレルな関係にあったと指摘できる。十三世紀までは譲状などに私領としての「村」が見える程度であったが、[43] 鎌倉末期の造営事業による郷村編成で負担能力がある集落は「村」として造営料木注文に記載されるようになる。建武政権期の社領再編で「村」が「郷」と並立する収納単位となると郷村注文が作成され、この史料により「村」を網羅的に検証することが可能となる。室町期になると「村」や「郷」を単位とした負担帳簿類や田地坪付、山野境等注文などが作成されるが、[44] その背景には百姓結合である「村内村」や「郷内村」に基礎をおいた請負体制の成立が認められるのである。

五　多段階の「村」の成立要因と地下文書論の射程

「ムラの戸籍簿」づくりによって、史料用語としての「村」が重層的に現れることが明らかとなった。[45] 本章でも肥後国の事例を中心に「村内村」や「郷内村」の史料上の登場を跡づけてきた。領主文書に見える「村」は上位・下位を問わず、所領・検注・収納などの単位として、何らかの政治的編成をうけて現れたものが大半を占める。[46] しかし、制度的編成をうけた「村」が、「村」として認定された根拠を問うことも重要である。第三節では中世前期の地下文書の検討から、肥後国八代荘で「村内村」が設定された背景として、在地有力者主導による地域の再開発とそれに伴う住人結合の場の成立を想定した。第四節では、中世後期に近世の「村組」へとつながるミニマムな生活共同体が、「村内村」や「郷内村」として史料上に現れることを指摘した。このように郷村の内部から新出の「村」が史料上現れ「村」が重層化する背景には、中世を通じて一定の空間的結び付きを基盤とした新たな共同体の形成があったと考えられる。とすれば、「ムラの戸籍簿」づくりによる「村」の初出例確認は、地域社会において多層的に形成される共同体を見出すための基礎作業という意義をもつことになろう。似鳥雄一氏が指摘しているように、共同体の目的は用水、山野利用、漁場利用、信仰・祭祀、対領主関係など多岐にわたるが[47]、目的と空間範囲を異にする地域共同体が複数の層を成して存在していたという実態認識のもと、史料に現れた「村」の共同体的契機を個別に追跡することが重要な課題となる。

　ところで、いま説明した多層的共同体論の理解に立つと[48]、村落の機能を「一つの共同体」にのみ収斂させて見出す必要はないし、文書の作成・管理機能をもつことを指標に政治的な主体としての「村」の成立を論じる姿勢[49]にも疑問を感じざるを得ない。たとえば、肥後を含む九州や関東には中世村落の共同体が伝えた文書群はほとんど伝存していないからである。しかし、地下文書論の観点を活かせば、多様な地域の共同体を析出することが可能となる。武家や寺社の領主文書のなかに伝わる地下支配文書、とくに帳簿類から検出される「村」は少なくなく、阿蘇社権大宮司の証文からは収納と検断権を委任されたミニマムな生活共同体の姿も確認できた。他方、廣田氏が提言しているように、武家・寺社の文書に伝来したり引用される地下文書（伝来しなかったが存在がわかるものも含む）の発見も求められる[50]。一例を挙げると、正平十三年（一三五八）五月の肥後国山本荘大清水村田畠屋敷注進状[51]には、大清水村の田地、屋敷、畠地、荒野の所在地・名請人と山の区分が詳細に記載されている。この注進状は領主正観寺が命じて現地側が作成した指出とみられ、[52] 地下帳簿を作成する力量をもつ地下集団の存在が浮かびあがってくるのである。また、肥後では小領主の家が名主座文書の伝来主体となっているが、[53] その他知行坪付や「村」の検注帳などを伝える在村給人や地侍の家もあり、村落秩序の一端を担ったと考えられる中間層の文書群を用いた地域共同体の復原も進めていく必要があろう。[54]

さらに、紙以外を支持体とする銘文史料の活用も有効である。稲葉継陽氏は、熊本県阿蘇郡西原村に伝存する戦国期の百姓板碑を素材に、小村（現在の小字）の百姓らが村共同体（現在の大字）の成員として結集するという重層的な地域コミュニティの形成を論証している。[55] この村共同体と小村の関係は、阿蘇社の文書に現れた「村」と「村内村」の関係に類似するが、古文書や古記録に名をとどめない「むら」の住人も地域的に結集し、信仰を媒介に上位の共同体を形成していたという事実は、新たな研究方法を要請するものでもあろう。地下文書論は、「地下の社会では、紙の文書であれ、金石文や木札の銘文であれ、場と密着しながら文字列情報の機能に最適な素材がフレキシブルに選択された」という考えのもと、研究の射程を〈文字史料の総体〉にまで伸ばしているが、[56] 残された課題は大きい。「ムラの戸籍簿」研究で作成される郷村表でも銘文史料は活用されているが、単に「村」名の確認だけにとどまらず、銘文の支持体である石碑・木札・鰐口・仏像等々が建立・制作された共同行為の意味を問うなかで、地域共同体のあり方を検証していく方法が求められることを指摘しておきたい。[57]

第三章　地下文書研究と「ムラの戸籍簿」

春田直紀

注

1 春田直紀「中世肥後国における「村」と「浦」――史料類型別分析の試み――」（同『中世浦社会の研究』同成社、二〇二四年、初出二〇一五年）三〇頁。

2 春田直紀「中世地下文書論の構築に向けて」（同編『中世地下文書の世界――史料論のフロンティア』勉誠出版、二〇一七年）。

3 春田直紀「中世地下文書の階層性と地域性」（同編『列島の中世地下文書――諏訪・四国山地・肥後』勉誠出版、二〇二三年）を参照。

4 前掲注3春田論文を参照。

5 大山喬平・三枝暁子編『古代・中世の地域社会――「ムラの戸籍簿」の可能性――』（思文閣出版、二〇一八年）「序章」の吉永隆記執筆分を参照。

6 木村茂光「「村」・「ムラ」はあれど「むら」はなし」（『歴史評論』八四五号、二〇二〇年）一四頁。

7 前掲注1春田論文。以下、先稿とは同論文を指す。

8 『大日本古文書 家わけ第十三ノ二』「阿蘇文書写」三頁。なお、本史料に見える「浦々村々」について大山喬平氏も「浦や村がこの地域の一二世紀にあって、ごく普通の地域社会の基礎単位だったことを明確に示す表現である」と指摘している（大山『日本中世のムラと神々』岩波書店、二〇一二年、二六二頁）。

9 『新熊本市史 史料編第二巻古代・中世』「詫摩文書」一。

10 『北部町史』（北部町、一九七九年）第二章「中世」（執筆阿蘇品保夫）、『新熊本市史 通史編第二巻中世』（熊本市、一九九八年）第一編第三章第一節「建久図田帳と飽詫二郡の荘園公領」・第二節「鹿子木荘」（執筆工藤敬一）を参照。

11 前掲注10『北部町史』二〇一～二〇二頁。

12 「詫摩文書」一〇-二。

13 弘長二年八月卅日、詫磨能秀譲状案（「詫摩文書」一〇-一）。

14 廣田浩治「在地領主支配下における中世村落――肥後国神蔵荘の村落――」（荘園・村落史研究会編『中世村落と地域社会――荘園制と在地の論理――』高志書院、二〇一六年）。

15 鎌倉佐保「伊賀国名張郡の村――平安期の村とその展開――」（前掲注5大山・三枝編書）。以下、関説する鎌倉氏の見解は本論文による。
16 天喜四年三月廿七日、黒田荘工夫等解（『三重県史 資料編古代・中世（上）』「伊賀国黒田荘」四七、以下「県史黒」と略記）。
17 長承二年七月日、黒田荘出作田畠立券状案（「県史黒」二三九・二四〇）。長承三年七月日、伊賀国矢河・中村・夏見公畠取帳（「県史黒」二四三）。永暦二年二月日、黒田荘出作田注進状写（「県史黒」三〇二）。養和元年八月日、黒田荘出作・新荘田数等注進状案（「県史黒」三八九）。（養和元年）黒田荘田数注文案（「県史黒」三九二）。
18 「県史黒」三二五。
19 「県史黒」九五四。
20 （建治二年）簗瀬荘官物結解状（「県史黒」八〇二）。
21 「県史黒」九九六。
22 たとえば、前原茂雄「中世前期村落の共同体的契機について」（前掲注14荘園・村落史研究会編書）は、備後国大田荘上原村内部の三つの村（村内村）における共同性の成立要件について、水利や山野用益の様態、屋敷地や耕地分布などを復原する手法により追究している。
23 廣田浩治「鎌倉末～南北朝期の凡下・住人と在地社会」（『ヒストリア』一四一号、一九九三年）を参照。
24 建治貳年十月七日、兵庫助某宛行状（『熊本県史料 中世篇第三』「小早川文書」四）。
25 「小早川文書」二。史料名は改めた。
26 廣田浩治「肥後の地下文書――肥後国中部を中心に」（前掲注3春田編書）。
27 表に掲げた文書は全て「小早川文書」に収められている。
28 春田直紀「中世肥後の大百姓文書――舛田文書と小早川文書」（前掲注3春田編書）。以下、前稿とは同論文を指す。
29 年月日未詳、徳王丸西仏等系図（『熊本県史料 中世篇第三』「舛田文書」七）。
30 前掲注23廣田論文。
31 熊本大学教育学部日本史研究室編『舛田文書と八代荘小熊野村の現況調査』（同研究室、一九九八年）を参照。
32 阿蘇品保夫「中世から生まれた村落」（『新・熊本の歴史3 中世』熊本日日新聞社、一九七九年）、工藤敬一「徳王丸西仏――中世の大百姓――」（同編書『熊本――人とその時代』三章文庫、一九九三年）。

33　年月日未詳、西得陳状案（「舛田文書」六）に、肥前国出身の牢人である与三が正応五年（一二九二）頃に来たので、作子として召し仕うと記されている。
34　年月日未詳、八代荘百姓西得申状（「舛田文書」九）。
35　たとえば、浦刀禰家文書として著名な若狭国遠敷郡多烏浦の秦文書は、得宗給主代による文書行政が契機となって集積された文書群であったことが明らかにされている（春田直紀「中世浦社会にとっての文書主義――「秦文書」からの考察――」、前掲注1春田著書、初出一九九六年）。
36　春田直紀「中世阿蘇社と帳簿史料」（熊本大学・熊本県立美術館編集・発行『阿蘇家文書修復完成記念 阿蘇の文化遺産』、二〇〇六年）を参照。
37　『大日本古文書 家わけ第十三ノ一』「阿蘇家文書」二九一、所収。
38　「阿蘇家文書」九四。
39　前掲注36春田論文を参照。
40　応永三年二月吉日、宇治能里証文写（「阿蘇文書写」六三八～六三九頁）。
41　応永十六年九月日、肥後湯浦郷阿蘇社役注文（「阿蘇家文書」二二七）。
42　春田直紀「多層的共同体と景観の歴史――阿蘇湯浦からの考察」（内山純蔵・リンドストロム編『景観の大変容――新石器化と現代化』昭和堂、二〇一一年）。
43　前掲注1春田論文を参照。
44　応永十六年に阿蘇社権大宮司の宇治能里が書写した帳簿（「阿蘇家文書」二二六）には、湯浦郷の「田地坪付・山野境注文」と「土貢注文」、狩尾村の「一宮免田検見帳」と「土貢注文」、下竹原郷の「田地坪付」と「地頭土貢注文」、小里郷の「中司土貢注文」が書き継がれている。
45　前掲注5吉永論文、前掲注15鎌倉論文、伊藤哲平「伊勢国の八王子社と村――二つの神事頭番帳から――」（前掲注5大山・三枝編書）。その他の研究成果もふまえ、似鳥雄一「あらためて村落とは何か――大山喬平・三枝暁子編『古代・中世の地域社会』を中心に――」（『歴史評論』八四五号、二〇二〇年）が「村」の重層性と共同性について論点整理を行っている。
46　坂本亮太「中世「村」表記の性格と多様性――紀伊国荒川荘を事例に――」（前掲注14荘園・村落史研究会編書）は、紀伊国荒川荘を素材に、検注単位としての「村」、収納単位としての「村」、支配単位とは異なる生活の単位となる「村」を析出している。また、木村茂光「中世紀ノ川流域における「村」の出現と変遷――高野山領官省符荘の場合――」(前掲注5大山・三枝編書)は、検注帳に使用された村と採用されなかった村とを確認している。木村氏が前者が「政治的な村」で後者が「生活に根ざした村」という評価は意味をもたず、残されている史料の種類によって村表記の意味合いが違う可能性があると指摘している点は重要であろう。

47 前掲注45似鳥論文。

48 多層的共同体論については、春田直紀「地域社会の多層性とその歴史形成――阿蘇郡におけるムラの動態史――」(吉村豊雄・春田直紀編『阿蘇カルデラの地域社会と宗教』清文堂出版、二〇一三年)を参照。

49 前掲注6木村論文。

50 前掲注26廣田論文。

51 『熊本県史料 中世篇第二』「正観寺文書」一。

52 阿蘇品保夫「南北朝・室町期における山野支配の展開――阿蘇社領湯浦郷と山本庄大清水村の場合――」(『史学研究』一一三号、一九七一年)を参照。

53 薗部寿樹「肥後国海東郷における名主座(ジンガ)について」(『米沢史学』二九号、二〇一三年)。

54 春田直紀「熊本県の中世文書――地下文書の活かし方――」(『社会と人間』一六号、二〇二四年)を参照。

55 稲葉継陽「九州中部における村共同体の形成――百姓板碑をもとに――」(同『近世領国社会形成史論』吉川弘文館、二〇二四年、初出二〇一〇年)。

56 前掲注3春田論文。

57 菊地大樹氏は、「中世阿波の金石文から地下文書論を考える」(前掲注3春田編書)で、板碑には寺社などに立てる寄進銘としての意味があり、文字情報が貧弱でも地下文書としての機能を独自に評価すべきであると指摘している。

第四章　民衆の生活世界と世界認識――「ムラの戸籍簿」を動態視する――

上川通夫

はじめに

変化の過程を合理的に説明するという歴史学の任務は、「ムラの戸籍簿」の作成と活用に際してもそのままあてはまる。この稿では、「ムラの戸籍簿」から引き出されるはずの豊かな民衆世界像のうち、中世の生活のユニットがそれを取り巻く世界にどのように位置づけられていたのか、住民自身はそれをどう認識したのか、特にこの時代に重要な意味をもった仏教的世界認識との関係で、論点を抽出してみたい。

中世の村落は、荘園・公領の内側に所在するものの、支配単位というより生活集団としての実態に意味があり、民衆生活の歴史的達成を体現していると見られている。また、幕藩体制下に組み込まれた近世村との違いを踏まえつつ、そこにいたる歴史過程についての議論がある。そのことを踏まえつつ、ここでは、生活のユニットを含む中世の村や郷が、外部にして上位の行政的系列と関係づけて認識された諸例に注目したい。それは、日本―国―郡―郷―村という系列の両極に、南贍部洲（世界）と寺を置く発想である。その史料事例は思いのほか多いことからすれば、実際の支配系列としての機能や、そこに仏教の理念が関係づけられる理由は、問われるべきことであろう。ここではきわめて大雑把ながら、中世にこそ社会的に浸透した仏教との関係で、日本国さえ越えた視野で自らの足元を見据えるかのような生活者民衆の世界認識について、捉えてみたい。

試論の域を出ないが、以上の課題に取り組むことは、村を歴史的動態の中で理解するとともに、民衆世界の文化史的特質を再考し、民衆の価値観や世界観を推測する手がかりになるかも知れない。

一　仏教の世界性と地域性

国郡制を敷いた古代国家は、何度かその地図を作らせたが、[1]その実際は伝えられていない。国家の直接的で実効的な支配が後退した中世では、国郡などの全国的行政についての関心が、仏教と結びついて出現する。中世の仏教史史料には、国内行政区分や区分内の居住者数を具体的に示す、特徴的な例がある。宗教の世界、特に個人の信仰を基礎とするはずの仏教に関して、政治行政と関係深い記述には、今日の常識からは理解しにくさがあるが、歴史としての仏教史には固有の意味があるらしい。仏教と行政、また居住人民とには、どのような関係があるのだろうか。しかも仏教の属性からして、日本を越える世界との関係が含まれているはずである。それらのことを考えるために、まずは代表的な史料を時代順に列挙してみる。

A　九八四－九八六年　入宋僧奝然の日本知識　『宋史』日本伝[2]（原漢文）

畿内に山城・大和・河内・和泉・摂津、すべて五州あり、共に五十三郡を統ぶ。東海道には伊賀・伊勢・志摩・尾張・参河・遠江・駿河・伊豆・甲斐・相模・武蔵・安房・上総・常陸、すべて十四州あり。（東山道・北六道・山陰道・山陽道・南海道・西海道・三島は省略）これを五畿七道三島という、およそ三千七百七十二郡、四百一十四駅、八十八万三千三百二十九課丁。課丁の外は詳見すべからず。皆脅然の記す所という。

B

一二三九年（延応元）九月日　新大仏勧進浄光申状(3)

新大仏勧進上人浄光跪言上

可レ賜三重人別一文御下知於二北陸・西国一事、

右、大日本国記云、水陸三十里也、国六十六国、島二島、郡五百七十八、郷三千七百七十二、男女四十五億八万九千六百五十九人也、男十九億九万四千八百二十八口、女廿五億九万四千八百三十一口也、是則行基菩薩算計勘定之文也云々、然則一天之下四海之中、算二諸人之数一、勘二一文之銭一、四十五億《四万貫》八万《五百貫》九千《八十貫》六百《九貫》五十九枚也、民力無レ費、我願可レ成、所レ祈者東土利益之本尊也、（以下、略）

C

一三〇五年（嘉元三）　日本図（仁和寺本）注記(4)

日本八道、五畿五ヶ国、東海道十五ヶ国、東山道八ヶ国、北陸道七ヶ国、山隠道八ヶ国、山陽道八ヶ国、南海道六ヶ国、西海道十一ヶ国、已上六十八ヶ国、

行基菩薩御作

東西二千八百七十里、南北五百卅七里、郡数五百七十八、郷数三千七百七十里、人数六十九億一万九千六百五十二人、

D　一五六六年（永禄九年）　不動明王法則[5]

惣日本六十六ケ国内、郡数五百八十八、郷数四万四千三百廿二、村数八万四千二、河数一万三千卅四也、此内ニ住給神数廿万億七千七百七神也、（以下、略）筆者愛玄坊

Aは、求法巡礼の入宋東大寺僧奝然が、皇帝太宗の指示に応じて提出した日本情報である。活発な仏教外交を進めた皇帝が、多くの西域出身者に「西方風俗」「山川道里」を語らせたように、日本僧にも問うたのである。[6] この外交政策は北宋初期の特徴ではあるが、仏教を媒介とする国際情報の収集と仏教世界への自国定位政策は、唐初期の玄奘三蔵への処遇を重要な先例としている。ここでは詳述しないが、皇帝の命で編纂された『大唐西域記』は、玄奘による中央アジアから南アジアの仏跡巡礼の行程に沿った諸国の詳細な地誌でもある。そこには、諸国の東西南北の里数、都城の周里数、自然の形姿、住民の風俗・言語・文字などの記述が整序されている。一方、六四五年の玄奘長安帰還は「遺法東流未有若茲之盛也」（『大唐大慈恩寺三蔵法師伝』巻第六）と意味づけられたが、日本古代国家はこれに連動させるべく、七五二年の東大寺大仏開眼を「仏法東帰斎会之儀未嘗有如此之盛也」（『続日本紀』天平勝宝四年四月条）と総括した。Aの入宋僧奝然も、玄奘の長安帰還の盛儀を意識しつつ、入手した天竺風釈迦像をパレードに押し立てたいわゆる行像などの演出で、入京した。事蹟の大きな意義に比して史料の少ない奝然だが、北宋を中心とする国際情報は、仏教事業の特徴にそくして日本朝廷に伝わったらしい。[7] 巡礼僧による地方の実情把握という方式も、奝然によってあらためて伝えられた可能性がある。Aについては、巡礼僧奝然の陳述に、国郡や課丁の数があることに注意したい。[8]

Bは鎌倉大仏を銅で再建するための勧進状である。引用された「大日本国記」については不明だが、

幕府や朝廷に支援された仏教界の一部で共有されていた記録かも知れない。国郡郷や男女人口の記述は、粗いながらも勧進事業の台帳的な役割をもっている。推測だが、十二世紀末に大勧進職として東大寺復興の中心となった入宋経験僧重源は、全国的とはいえないながらも、周防の知行国支配を公認されるなど、すでに国郡の公領・荘園に沿った勧進方式において、「大日本国記」のような情報を確保していた可能性がある。しかもそれは「行基菩薩」に仮託されている。行基伝説は十二世紀に顕著となる。[9]『渓嵐拾葉集』(十四世紀初期)に引く「行基菩薩記」に「行基菩薩、日本を遍歴して、国境を定め田畠を開きたまふ」という記事は十二、三世紀に遡る、という推定も参考になる。[10]中世には、勧進僧が日本国の行政知識と親密な関係にあったらしい。なお、勧進僧ではないが、次のCとの間に位置する日蓮の書状には、たとえば弘安四年(一二八一)の曽谷二郎入道宛に、「夫日本国者、道は七、国は六十八箇国、郡は六百四、郷は一万余、長三千五百八十七里也、人数四十五億八万九千六百五十九人、(中略)寺は一万一千三十七所、社は三千一百三十二社矣」(『鎌倉遺文』一九―一四三八三)などの知識が書かれている。

Cは、行基図とも通称される現存最古の日本図に付された記事であり、郡郷や人数とともに「行基菩薩御作」とあって、遍歴・勧進との関係づけをうかがわせる。ほぼ同時代の金沢文庫所蔵の日本図には、「肥後、上、二万三千五百丁」というように国とその等級、田数を記す。[11]唐土・高麗・蒙古国・新羅国・龍及国などの記載にも注目される。なお、原本が南北朝時代初期に推定される『拾芥抄』所載の大日本国図(「行基菩薩所図也」)にも、数字は異なるが、「七道、州六十八ヶ内、嶋三、郡六百四、郷一万三千余」等といった記事がある。[12]『拾芥抄』の後段には五天竺図もあって、仏教的な世界地理知識と関係づけて理解できる。

Dは、三河国の山間村落を遍歴した修験者愛玄坊による、密教的作法の地域上層俗人への伝授書の一部である。ここに記された村数「八万四千二」は、その多さを示す仏教的慣用句（阿育王の造塔伝説に由来）だが、村の実情を知る山伏の中には、門付けの祈祷だけでなく、棟別銭徴収を請け負うことができる者もいた。[13] 巡礼・遍歴・勧進という行為は、地方の行政単位だけでなく、村という住民生活単位をも射程に入れていたらしい。Dとほぼ同時代の唐招提寺所蔵「南瞻部洲大日本国正統図」（「行基菩薩図書之」とある日本図）[14] の場合、国郡郷などの詳細な注記とともに、「村　九十万九千八百五十八、里　四十万五千三百七十四」などと記す。中世末期には、仏教世界の中に日本とその行政、さらに村里とその住人が確かに位置づけられていた。

以上から、次の諸点を確認したい。第一に、中世日本の行政単位や人口数[15]は、巡礼・勧進といった仏教事業の対象として位置づけられていた。第二に、その歴史的由来は、世界宗教たる仏教を国家宗教として用いた権力による領域支配の方法を、中国から継受したものであった。第三に、日本国が南瞻部洲の一部とされることで、国内行政単位とその住民はまるごと仏教世界と関連づけられたが、その最末端は村である。

これらの史料からはDの時代、中世末期に村が浮上したように見えるが、次節で見るように、十二世紀初期には仏教的世界に「村」を位置づける史料が表れる。それは、仏教の普及・受容による一種の体制内化であるが、支配機構の末端化なのか自立単位の浮上なのかは、別の検討が必要であろう。

二　仏教世界系列と村

仏書や金石文に「村」記載を比較的多く見出されることは、「ムラの戸籍簿」データベース作成上の経験的実感である。なぜ仏教関係の史料に多いのかは、難問である。

　前節で一部触れた「南瞻部洲」という仏教世界表記は、北宋・契丹・高麗で用いられ、日本では寛弘四年（一〇〇七）の「南瞻部洲大日本国左大臣正二位藤原朝臣道長」（金峯山埋納経筒銘文）が初見である。[16]これに日本国以下の行政名が記される例は、中世に出現する。「ムラの戸籍簿」データベースからは「南瞻部洲（州）」「南閻浮提」の表記を伴う郷村史料を拾うことができるが、その出現は十二世紀近くからのようである。[17]

　たとえば山城国には、康和五年（一一〇三）経筒銘に「寂円古本ハ閻浮提州日本国内山城国乙国郡石上村ニ生せる世俗人也」（『経塚遺文』42。傍点上川、以下同）とある。丹後国では、嘉応二年（一一七〇）経筒銘に「南閻浮提大日本国山蔭道丹後国管熊野郡佐野郷大治村円頓寺」（一一七〇年、『経塚遺文』270）とある。[18]三河国には、承安四年（一一七四）瓦経銘に「南閻浮提大日本国東海道三河国渥美郡伊良期郷万覚寺」（『経塚遺文』293）、建久八年（一一九七）経筒納入法華経奥書に「南閻浮提日本国参河国中條郡洚寺村書畢」（『経塚遺文』352）とある。

　この記載方式は、『倶舎論』などにいう須弥山世界にある四大洲の一つ南瞻部洲（娑婆世界、人間世界）に、日本―国―郡―郷―村・寺を連ねるものである。そして「大治村円頓寺」や「洚寺村」のように、末端に村が連なり、そこに寺が位置づけられている。「洚寺村」の場合は、村自体が寺と不可分一体に機能する場合の、いわゆる「寺村」[19]の類例かも知れない。このような詳しい記載ではなく、日本国以下、または尾張国など地方国以下を記す場合が多いが、仏教史料の場合、南瞻部洲や日本国の存在を前提としている場合が多いと想像される。

　中世を通じて、経典等の奥書に書写場所が記される例は多い。それは単なる村や寺の所在地表示ではないらしい。寺と結びついた村が仏教世界系列の末端に位置づくという知識は、執筆者個別の事情を越えて、[20]記載様式として常態化しているのではないだろうか。この推測を検討するため、膨大な事例の一部として、美濃国と飛騨国の事例を『岐阜県史　史料編古代中世二』から抜粋してみる。[21]

1　濃州武儀郡揖深庄、於勝妙寺洞菴南西邑、于時永和二年《一三七六》丙辰正月廿一日書写畢、幸尊（揖斐郡横蔵寺蔵『大般若経』一八九）

2　奉寄進鐘一口、美濃州山県郡蘿□《(原)》之上村八月之観音堂（後略）明徳二年《一三九一》辛未十月二十一日、大願主道円、藤木稲木十六人之講衆等敬白（山縣郡八月堂蔵半鐘陰刻銘）

3　此帙印写願主飛州益田郡萩原郷中櫓村願主堂［、旹応永第二《一三九五》乙亥十一月廿日謹誌之、施入円通禅寺常住（益田郡禅昌寺蔵『大般若経』四〇）

4　応永卅二年《一四二五》乙巳十一月七日、濃州武儀郡吉田郷新長谷寺円顔房書写畢、隆慶一校了、右筆浄順（美濃市大矢田神社蔵『大般若経』一〇）美野国武儀郡於吉田村新長谷寺書写畢（同二一三）

5　美濃国各務郡大洞村如意山願成寺之御本堂（中略）長禄元《一四五七》丁丑年三月十八日（後略）（岐阜市願成寺蔵寺号額墨書銘）

6　濃州武義群《(ママ)》牧郷垂井村薬師堂、于時永正三《一五〇六》年九月吉日　願主敬白（美濃市真木倉神社蔵鰐口陰刻銘）

7　濃州中井戸荘戸立邑観音坊大通寺什物、旹弘治元《一五五五》年乙卯十一月吉日（可児郡大通寺蔵花瓶陰刻銘）

8　濃州大野郡衣斐郷南領家村堀鐘山薬師寺実相院縁起（元亀元《一五七〇》年、首題）（揖斐郡実相院蔵実相院縁起）

9　飛州吉城郡高原郷殿村殿秀山瑞岸禅寺什物、現住喝山叟代、惟時　文禄三《一五九四》甲午稔八月良日、金龍子造（吉城郡瑞岸寺蔵鑿鉢陰刻銘）

村記載のない場合も多く、「於濃州山縣郡富永庄三輪眞長寺東幾坊」(延文五年〈一三六〇〉武儀郡恵利寺蔵『大般若経』二〇一)、「濃州武義郡むき庄跡部郷慧利寺御経也」(年未詳、武儀郡恵利寺蔵『大般若経』巻数未詳)、「美濃武義武義庄尾前山恵利寺本堂」(文明元年〈一四六九〉恵利寺蔵『大般若経』櫃上蓋内側墨書銘)、「濃州多芸庄安久郷有寺曰荘福寺」(文明二年〈一四七〇〉養老郡荘福寺蔵骨蔵器陰刻銘)など多様である。国—郡—荘—郷—寺、国—荘—郷—寺、また国—荘—寺など、荘・郷・寺をめぐる地域の具体相による記載であろう。

これら地名表記は、単に所在地を明示するために行政の大区分から小区分へと重ねているのではない。美濃国や飛騨国を含む日本国、さらに日本国を含む仏教世界への認識を伴っている。次の二例を参考にしたい。

10　大日本国美濃州武義郡揖深荘碧雲山永安禅寺鴻鐘　至徳元年《一三八四》甲子季秋朔丙申晦日乙丑鋳之、(後略)(美濃加茂市龍安寺蔵梵鐘陰刻銘)

11　娑婆世界南瞻部州大日本国美濃州賀茂郡老梅山東香禅寺(応永十六年〈一四〇九〉書写『大放光仏華厳経』二〇奥書、関市新長谷寺蔵。『説無垢称経』奥書によると平賀郷に東香禅寺がある)。

これは南瞻部洲—日本のもとに地元の寺を位置づけた、仏教世界系列記載の典型例である。この例には村記載がないが、先に見た村・寺まで記す山城・丹後・三河の十二世紀史料をはじめ、全国的に同様の史料は多い。総じては、例示した美濃・飛騨の1〜9史料について、南瞻部洲—日本とのつながりが意識されていたと理解してよいであろう。つまり典型的、理念的には、南瞻部洲―日本―国―郡―郷―村・寺、という系列意識が日本中世社会に存在した。末端については、村―寺と寺―村の両様ある。それは村と寺の密着度を反映した違いであろう。いずれにしても、寺の所在地としての村表記ではなく、両者が結びついて存在することを示しているらしい。そして、この仏教世界系列認識において、南瞻部洲と村は両極一対の表記である。そのような設定は、村と寺を結びつけることで成り立っているのである。

村と寺の関係は、「濃州揖斐庄極楽寺住人」（永徳二年〈一三八二〉揖斐郡横蔵寺蔵『大般若経』一三〇）や「古鐘銘曰、吉城郡荒木郷三日町十王堂鐘、講衆廿人」（永正十一年〈一五一四〉高山市国分寺梵鐘陰刻銘、宝暦十一年再鋳）のように、住人こそ営みの主体である。その実際が、支配思想でもある顕密仏教の注入・受容による設定なのか、生活者住民の自立的な導入・信仰なのか、両様が複雑に絡む割り切れなさを念頭に置いて、個別事例から歴史的動態を探る課題が浮上する。

三　和泉国黒鳥村安明寺の登場

前節までの整理を前提に、民衆の生活世界と世界認識を動態的に理解するよう、個別事例を検討する。ここでは、すでによく知られた和泉国の黒鳥村文書（立石家文書と河野家文書）(22)をめぐって、豊かな研究史にも助けられながら、(23)この稿での関心に限って述べてみたい。

伝来している古文書の上で、「黒鳥村安明寺」と表記された初例は建長八年（一二五六）沙弥蓮覚山林荒地売券だが、安明寺については建保七年（一二一九）村国貞守官物等施入状案にさかのぼる。郷司・刀禰僧と連署する施主村国貞守は、「草創年旧霊験日新」な安明寺における法華八講などの祈祷用途を確保するため、施入地の「官物段■□(以)下万雑事」の免除を求めている。安明寺の創建事情は不明だが、本尊は薬師如来であったらしく、旧安明寺本尊も伝わっている。[24] おそらく薬師悔過を営む国衙行政下の前身古代寺院から、「檀那」層の結集を促す法華八講に重点を移しつつ、先祖の「往生極楽・頓証菩提」と自身の「長生」を祈る「家」に支えられた中世寺院への転生が、この時期に進んだのであろう。安明寺は、地域の核として機能しはじめていた。

建長八年（一二五六）沙弥蓮覚山林荒地売券には、「黒鳥村安明寺」が表れる。[25] 売人沙弥が、「買人黒鳥村／安明寺御寺寺僧等」に十八町の「荒地山林」を八貫五百文で売却している。また本文には「黒鳥村安明寺御寺」に売るとある。後の時代の文書をも参考にすれば、安明寺の「寺僧等」が黒鳥村の運営主体であり、この地の上層住民は安明寺を結集核に取り込んで僧体にさえなり、黒鳥村を自立的結合の単位に浮上させたのである。

この推測を、「黒鳥村」「安明寺」の表記がある黒鳥村文書の文言を年代順にたどることで、少し確かにしてみたい。ただし次にその表記が見える文書は一三二〇年代まで下り、その間の黒鳥村の動向は多く不明である。とはいえ暗号文書としても知られる文保二年（一三一八）某立願文は、すでに安明寺に結集する住民の高度な政治意思を示しており、[26] 黒鳥村の自立性をうかがわせる。

正中二年（一三二五）梨子本里地頭藤原資員下知状案には、「黒鳥村為二安明寺進止而仏陀領一上者」とある。安明寺境内だけではありえず、それと一体化した黒鳥村が仏陀領なのである。嘉暦元年（一三二六）頼弁田地売券には「薬師如来僧中之八講料田」とあるが、嘉暦四年（一三二九）禅蓮飯田所当米売券では「黒鳥村安明寺僧中八講田」と称している。定期的な法華八講に参集するのは、僧中とその講経を聴聞する黒鳥村人である。元徳二年（一三三〇）給主某山野・池安堵状には、「於二山野并池一者、元黒鳥村為二安明寺進止二」とある。黒鳥村の農業を潤す山野と池を安明寺支配地とする際、先の仏陀領理念と重ねられたのであろう。暦応二年（一三三九）安明寺置文は、「安明寺々物事」の結解は年領（預）と住僧そして人衆・東座・末座が管理すると決めている。「黒鳥村安明寺時正田」は（康永二年〈一三四三〉覚詮田地寄進状）、「寺物」としての寄進の例である。そして、そのような寄進状は、「黒鳥村人等捧二相伝之文書一」として「奉レ寄二進安明寺一」られた（正平十二年〈一三五七〉信太地頭某山安堵状案）。そこには「安明寺寺山文書」（正平十九年〈一三六四〉カ安明寺寺山文書次第）も含まれた。なお、黒鳥村安明寺の運営主体は僧座・本座・南座・新座・弥座の五座として確立し、「黒鳥村惣物色々事」（正平二十四年〈一三六九〉安明寺五座置文）、「黒鳥村安明寺村等定置条々事」（応永二年〈一三九五〉安明寺五座置文）、「黒鳥村安明寺在地僧中置文事」（応永五年〈一三九八〉安明寺五座置文）、「和泉国黒鳥梨子本里内白木谷付池之事」（長禄二年〈一四五八〉安明寺五座置文）などに携わった。以上は、安明寺を核として実現した黒鳥村の自立的運営の一端を示している。村人が仏教思想と触れていたことは疑いない。

　では、黒鳥村安明寺は、仏教世界系列とどのように関係するのか。現存する黒鳥村文書に南瞻部洲等の文言は見出されない。しかしここで、先にも触れた正平二十四年（一三六九）安明寺五座置文を見直したい。「黒鳥村惣物色々事」についての置文は、飯荷の五座配分を内容にしているが、その違背を戒める神文が付されている。「於下若背二此旨一輩上者、日本国大小神祇・殊当村天満天神・薬師仏御罰（カ）□（可カ）レ蒙二面々一者也」、である。薬師如来を恫喝しつつ小地頭・公文を呪詛する意思を込めた某立願文と同じように、自己呪詛(27)によって誓約に実効性を確保しようとする集団意思の文言は、衆人注視下に本尊前で音読されたであろう。起請文の様式にも通じる定型神文だが、「日本国」の明記は、その外部世界が存在することを前提にするか、少なくともその存在に気づかせる。明示されていないが、この置文に記された日本国―黒鳥村は、南瞻部洲以下の仏教世界系列と無関係ではないであろう。それは、（南瞻部州）―日本国―（和泉国）―（郡）―（郷）―黒鳥村安明寺という系列であり、南瞻部洲と黒鳥村は両極一対である。しかも黒鳥村と安明寺の一体性を地域の主体性によって内実化した住民にとって、知識として与えられた表現形式からはある程度自由である。黒鳥村文書に明確な仏教世界系列の表現が見えないのは、むしろ仏教定着の表れだと考えられる。しかも国郡郷さえも省略したことは、置文を作成した五座構成員の自覚によることかもしれない。中世の黒鳥村は坂本郷・上泉郷・信太郷の行政境界を跨いで生み出された、という地域の歴史経験が、郷をはじめとする地方行政表示を不要としたのではないだろうか。

黒鳥村は、住民による主体的な仏教導入を伴って形成された自立的な地縁村落、としての性質が優位な一例であろう。

むすび

民衆生活の実態について、意識や思想を含めて解明する課題は、なお方法を含めた開拓が必要だと感じる。この稿はまだそのための予備的考察にとどまっている。そこで最後に、さらなる考察の手がかりを探る一案として、すでに周知の史料に触れてみたい。

延文元年（一三五六）十月二十三日若狭国太良荘百姓等連署起請文は、公文禅勝と法橋実円の非法二十一か条を挙げた申状に加えて領主東寺に提出された（東寺百合文書し函22）。定型様式の制約を利用しつつも、百姓五十三人が名を明かしつつ誓約対象の神仏名と対峙する迫力は[28]、非法への怒りを冷静に支える強い意思によるものであろう。ここでは神文を凝視したい。

上ハ梵天帝尺四大天王ヲ始奉テ、凡 日本六十余州大小神祇冥道、殊 伊勢天照皇大神・八幡大菩薩・天満大自在天神・当国鎮守上下大明神・当庄鎮守三社大明神、別テハ弘法大師等ノ御罰ヲ太良庄百姓五十余人可罷蒙候、

傍点を付したように、日本―若狭国―太良荘という系譜がたどられている。しかも冒頭の梵天・帝釈天・四天王こそ、須弥山の守護神である。須弥山に仏が住むことは前提である。南瞻部洲とこそ記していないが、須弥山世界という仏教世界の系列に太良荘を位置づけている。村ではなく谷あいの荘園の事例だが、ここには、微かではあっても、荘官や荘園領主はもとより日本国をも相対視する可能性を含んでいる。しかもこの仏教世界認識は、連署の個々人に意識されていた可能性がある。

仏教世界系列は、須弥山下の南瞻部洲から日本国、地方国以下へと下降するかのような記述形式だが、この起請文作成主体の目線は違う。個人を起点に、地縁集団の政治意思を、身分制秩序の下位から上位に突き上げ、その先に世俗権威を越えた仏教権威を置いている。ここに垣間見られるのは、付和雷同的な集団意識や、支配思想としての顕密主義に呪縛された意識というより、歴史的制約下において表出した中世民衆の自立的意識であると思う。連署者は成人男性に限られているが、武力を伴う非法に耐えかねて抗う状況のもとでの、仏教の普遍的権威に借りて表現された民衆的願望は、権力が用意する定型書式を貫くほどの可能性を今に伝えている。

注

1　『日本書紀』大化二年八月癸酉条「観国々彊堺或書或図」、天武紀十年（六八一）八月丙戌条「多禰国図」、同十三年（六八四）閏四月壬辰条「信濃国図」、『続日本紀』天平十年（七三八）八月辛卯条「天下諸国造国郡図」、『日本後紀』延暦十五年（七九六）八月己卯条「諸国地図」。

2　石原道博編訳『新訂旧唐書倭国日本伝・宋史日本伝・元史日本伝――中国正史日本伝（2）――』（岩波文庫、一九八六年）。

3　一条家本古今集秘抄裏文書、『鎌倉遺文』八－五四八四。

4　『仁和寺大観』（法藏館、一九九〇年）。

5　伊藤茂久氏所蔵文書、『愛知県史　資料編14・織豊中世』（二〇一四年）編年史料補遺・補三一二。永禄十一年（一五六八）二月の十五宝印奥書には、愛玄から九郎三郎への伝授だと明記する（同補三二〇）。松山由布子「奥三河の民俗芸能と文字記録」（『愛知県史別編　文化財4・典籍』二〇一五年）参照。

6　上川通夫「奝然入宋の歴史的意義」（同『日本中世仏教形成史論』校倉書房、二〇〇七年）。日本中世における玄奘認識は、数ある『大唐西域記』『大唐大慈恩寺三蔵法師伝』などの伝記写本、「玄奘三蔵絵」「玄奘三蔵図」「五天竺図」などの絵画、各巻冒頭に「三蔵法師玄奘奉詔訳」と記す『大般若経』の普及など、痕跡に満ちている。

7　上川通夫「中世仏教と「日本国」」（同前書）、同『日本中世仏教と東アジア世界』（塙書房、二〇一二年）。

8　なお、南宋の僧志磐が咸淳五年（一二六九）に撰した『仏祖統紀』巻第三十一には「華蔵世界海図」「大千世界万億須弥之図」などの仏教世界図を載せ、同三十二には「東土震旦地里図」「漢隋西域諸国図」「西土五印諸国図」などを載せる。

9　福岡猛志「行基伝の形成」（『日本福祉大学　研究紀要』三八・三九合併号、一九七九年）。

10　黒田日出男「行基式〈日本図〉とはなにか」（黒田日出男他編『地図と絵図の政治文化史』東京大学出版会、二〇〇一年）、同『龍の棲む日本』（岩波新書、二〇〇三年）。中世を中心とする日本図についての詳細は、黒田日出男氏の研究を参考にした。

11　三好唯義・小野田一幸『図説日本古地図コレクション』（新装版、河出書房新社、二〇一四年）。本稿で触れる他の日本図などの写真も掲載されている。

12　『尊経閣善本影印集成17　拾芥抄上中下』（八木書店、一九九八年）。

13　榎原雅治「山伏が棟別銭を集めた話」「中世後期の地域社会と村落祭祀」「中心村落と周縁村落についての覚書——修験者の見た中世末期の在地社会——」（いずれも同『日本中世地域社会の構造』校倉書房、二〇〇〇年）。

14　『奈良六大寺大観　第十三巻　唐招提寺二』（岩波書店、一九七二年）所収。

15　唐招提寺所蔵「南瞻部洲大日本国正統図」には、「経云、人間輪廻生死故不増不減也云々」と注されている。

16　上川通夫「北宋・遼の成立と日本」（『岩波講座日本歴史5　古代5』岩波書店、二〇一五年）。

17　出現は十一世紀後半にさかのぼるようである。「日本国壱岐嶋物部郷鉢形嶺」（一〇七一年、『経塚遺文』23）、「瞻部州日本国大□□《(宰府)》武蔵寺住僧頼暹」（一〇九四年、『経塚遺文』33）。上川通夫「中世仏教と「日本国」」（前掲注7書）。なおデータベースでは郷・村の初出事例を世紀単位で拾っているので、初出以外の事例はほかにもあり、郷・村表記を伴わない南瞻部洲表記史料もある。

18　文治四年（一一八八）銅製経筒銘に「南閻浮提大日本国山陰道丹後国与謝郡拝師郷溝尻村」等とある（『経塚遺文』330）。なお、延久元年（一〇六九）雄坂寺棟札名に「南閻浮提大日本国丹後州竹野郡雄坂村鷲尾山尾坂寺雄坂村」等とあるが、『宮津市史史料編第一巻』（一九九四年）は実際の作成時代は下ると指摘している。

19　服部光真「中世三河の寺社境内と村落」（大山喬平・三枝暁子編『古代・中世の地域社会——「ムラの戸籍簿」の可能性——』二〇一八年、思文閣出版）。

20　常に大仰な世界認識を意識して奥書を記すわけではなく、執筆者の個性や写経事情などの条件にもよる。ただ、文献史学では仏書奥書のみを切り取りがちだが、仏説としての経典本文を辿る行為の結びとして奥書を記す際の、実感を想像したい。

21　やや詳しくは次の小文で述べた。上川通夫「文献からみた古代・中世の寺院」（『岐阜県文化財保護センター調査報告書第162集　岐阜県古代・中世寺院跡総合調査報告書』第6分冊、二〇二三年）。

22　『和泉市史紀要第32集　中世「黒鳥村文書」「泉井上神社文書」の研究』（二〇二三年）によった。

23　三浦圭一「日本中世における地域社会——和泉国を素材として——」（同『日本中世の地域と社会』思文閣出版、一九九三年）、『和泉市の歴史6　和泉市の考古・古代・中世』（二〇一三年）など。

24　薬師如来が本尊であったらしいことは、文保二年（一三一八）某立願文などからわかる。和泉市黒鳥町長楽寺に伝わる木造薬師如来坐像は、平安後期の作風を残しており、近世文書等によって、近世に廃された安明寺から移されたものだと推定されている。「コラムⅢ　信太山地域の仏像」（『和泉市の歴史4　信太山地域の歴史と生活』二〇一五年)。
25　「黒鳥」の初出は、長和三年(一〇一四)宗岡光成解状案の四至「限東信太大道・黒鳥道行合」。
26　三浦圭一「日本中世の立願と暗号」(同『中世民衆生活史の研究』一九八一年、思文閣出版、初出一九七九年)、保立道久「呪詛の立願・訴訟の立願――「血」と「暗号」の願文を読む――」(『週刊朝日百科日本の歴史別冊　歴史の読み方10　史実と架空の世界』朝日新聞社、一九八九年)、上川通夫「勧進帳・起請文・願文」(『愛知県立大学日本文化学部論集』一三号、二〇二二年)。
27　佐藤進一『古文書学入門』(法政大学出版局、一九七一年)「起請文」の項。
28　前掲注26上川通夫「勧進帳・起請文・願文」。

第五章　中世の非人集団とムラ

三枝暁子

はじめに

「ムラの戸籍簿」は、古代・中世の民衆が村落を基盤に結んだ共同体の歴史の痕跡を、史料上に明確に現れる「郷」・「村」の初出事例の検出作業を通じてたどろうとするものである。こうした取り組みの前提には、第Ⅰ部の論稿でもふれられているように、清水三男氏の中世村落論と大山喬平氏のムラ論がある。すなわち、一九四二年（昭和十七）に書かれた『日本中世の村落』の「序」において、清水氏は、中世村落を「国家生活の基体」をなすものとして位置づけたうえで、「中世の村人が作っていた村落的結合の姿」・村落住民の「共同生活」を具体的に明らかにしていく必要を説いている。[1] また大山喬平氏は、七世紀ないしは八世紀に成立する〈国―郡―郷―村〉という地域行政システムのもと、郷・村＝ムラが「庶民各層」の生活の舞台であると同時に、中世社会の基底を形作っていたとし、[2] その多くは近世村落の母胎として歴史的生成をとげるとした。[3] 「ムラの戸籍簿」研究会の活動も、こうした見解をふまえつつ、七世紀～十六世紀における郷・村＝の生成過程を全国レベルで追うとともに、個別のムラの実態について、国や地域ごとの特徴をもふまえながら検証していく作業を続けている。

それでは、ムラが中世民衆の共同生活の場であり、なおかつ中世社会の基底をなしていたというとき、ムラを通じて見える中世の社会構造とは具体的にはどのようなものなのであろうか。ここで注目されるのは、大山氏が、中世のムラを、職人や商人さらには非人身分を含む多様な集団が生きて存在した場であるとみていること、さらに「ムラは長いあいだ、都市（マチ）の成立を見る以前においては、すべての周縁的身分に、それぞれに居どころを与えつづけてきた存在だったのではないか」と述べていることである。(4) こうした言葉は、多様な人々をムラの外部的な存在である「非農業民」として捉えた網野善彦氏への批判として投げかけられたものであると同時に、中世のムラが都市的要素をも包摂していたとする清水氏の見解を再評価する意義をもっている。

それでは実際に、「非農業民」とされる多様な人々は、ムラとどのような関係をもっていたのだろうか。本稿ではこうした点を、特にムラのもつ包摂性を問ううえで重要であると考えられる非人集団の場合について、「ムラの戸籍簿」から読み取れる情報をもとに検討してみることにしたい。そのうえで、先行研究に学びながら、非人集団とムラの関係をより個別具体的に探るための道筋を示していくことをめざしたい。

一　十六世紀という画期

はじめに、非人集団とムラとの関係を見る前提として、「ムラの戸籍簿」の世紀別初出状況について確認しておきたい。「序」でふれているように、「ムラの戸籍簿」は現在、おおよそ列島全体の三分の二に相当する国の郷・村初出状況を見通し得る段階に達しつつある。現段階における、郷・村世紀別初出数を世紀別で見てみた場合に明確となる特徴としては、郷については八世紀が初出数のピークとなること、村については十三世紀以降に初出事例が増加し始め、十六世紀に激増することが挙げられる[5]。こうした特徴は、現在も引き続き行われている作業状況をふまえると、今後も大きく変わることはないと考えられる。

　このうち、十六世紀に村の数が増える理由については、戦国大名による検地や太閤検地が大きく影響していることが予想される。これらの検地がもつ意味を、「ムラの戸籍簿」の内容に即して本格的に検討していくことは今後の課題とせざるを得ないが、検地を通じて出現する村が、これ以前のムラとどのような関係にあるのかという点が大きな論点となることは間違いない。中世において、必ずしも郷・村として史料上明確には現れない集落が村として把握されるようになる場合や、新たな編成を受けて村が成立する場合など、様々なケースが想定される。そして本稿が課題とする、中世の非人集団とムラとの関係を見る場合においても、これらの検地——とりわけ太閤検地——以前と以後の郷・村をめぐる変化をどのようにとらえるかは重要な問題である。

　この点とかかわって注目されるのは、すでに三浦圭一氏によって中世後期における惣村の成立が「未解放部落」の成立の重要な前提となったことが指摘されている点である[6]。氏によれば、惣村の宮座には、汚穢観と宮座そのもののもつ「階層的・カースト制的」構成によって、「被差別民をつくり出す重要な契機があった」と考えられるという。そのうえで、太閤検地前後に「かわた」および「かわた村」の成立が見られるようになるとし、統一政権は「全国的なカースト制度」の「再編・強化」を通じ、未解放部落を画一的かつ制度的に形成していったと述べている[7]。

　こうした中世の惣村の成立と未解放部落の成立との関係、太閤検地とかわた村の成立との関係については、朝尾直弘氏もまた重要な指摘をしている。朝尾氏によれば、近世の村を基準にすると、中世の惣村の多くは、複数の村から構成された複合村であり、太閤検地以降、十七世紀半ばまで続く検地や村切によって、近世の村が惣村から分出・成立するという。そして惣村から分出するものとしては「村」ばかりでなく「町」もあるとしたうえで、「惣村から町と村が分出し、都市と農村とが完全な分離をとげさせられた過程において、惣村内における村と村との間の多種多様な階層差、格差・序列のうちの一種の差別のもとにおかれていた「かわた」村は、この政策から置きざりにされ、それゆえ惣村の内包していた性格と構造をそのまま近世にもちこしたということができよう」と述べている。[8]そのうえで、太閤検地において、賤視された集団を「村」と見なさず検地帳を交付しない例や、市中の賤民集団を市街の特定区域に移住させる例が見られたこと、その前提に、惣村や形成過程にあった村・町における、身分差別を内包した社会秩序への志向があったことを指摘している。[9]すなわち三浦氏・朝尾氏いずれも、中世後期の惣村における非人集団の位置に注目しながら、中近世移行期に展開する村・町の分出と「かわた村」の成立との密接な関係を指摘し、その重要な画期を、太閤検地に見出しているのである。

しかしこうした両氏の指摘をふまえた研究が、その後の中世惣村史研究や中世都市史研究において、十分に深化してきたとは言い難い状況にある。「ムラの戸籍簿」から確認される、十六世紀における村の激増は、朝尾氏の述べる惣村からの村の分出や新たな村・町の形成と、対応しているものとみることができる。このことをふまえ、中近世移行期における村の成立や編成が非人集団の存在形態にもたらした影響について、本稿では「ムラの戸籍簿」から読み取れる情報を手掛かりに考えてみたい。

二　非人集団のムラ

「ムラの戸籍簿」に現れる、十六世紀に激増する村の名を一覧してみたときに注目されるのは、山城国をはじめとする畿内近国の戸籍簿に、「河原者村」や「散所村」・「声聞師村」、「しゆく(宿)村」、といった、非人集団の名を帯びた村が出現してくることである。

例えば、「ムラの戸籍簿」データベースの山城国葛野郡の郷・村表を確認すると、永正十四年(一五一七)を初出とする「帷子ノ辻河原者村」が見える。出典および史料の内容から、洛外西北部にある広隆寺「寺辺」の「屋地田畠分」に含まれる村であることがわかる。[10] どのような村であったのか、その内実について具体的に知ることはできないが、同じ葛野郡の他の村名と比較しても、社会集団の名に「村」の字が付された地名はこれ以外に見えず、注目される。

同じ葛野郡には、天正十七年(一五八九)を初出とする「北山山所(散所)村」もある。北山は洛外北西部一帯をさす地名で、室町幕府三代将軍足利義満が金閣および御所を造営した地として知られる。この地に、永禄二年(一五五九)の段階で「北山さん所(散所)」があったこと、また天文十八年(一五四九)には「北山唄門士(声聞師)」が存在したことが、岡佳子氏によってすでに明らかにされている。[11]「声聞師」が「散所者」の別称であることをもふまえるならば、遅くとも十六世紀半ばまでに北山の地に声聞師の集住地が存在しており、それが一六世紀末に「村」名を帯びるようになったことがわかる。

その背景について岡氏は、北山の声聞師たちが、天正十三年(一五八五)に豊臣秀吉によって寄進された北山の大徳寺領の耕作者となっていること、および彼らが農地を集積していることに注目している。

そして「北山山所村」が、その初出史料において等持院村・松原村・大将軍村・西京村などと並列して現れていることをふまえ、「北山散所」から「近郷の村落同様に農業を基盤とする村落である「山所村」へ」と展開していったことを読み取っている。(12)

「ムラの戸籍簿」データベースからは漏れてしまっているものの、(13)山城国には、他にも散所村が存在する。早い例としては、文明八年（一四七六）に初出する乙訓郡久我庄の散所村がある。すなわち、『久我家文書』所載の「久我家領弁諸散在田数指出帳案」に、「一、散所村」として、西衛門・孫四郎・三郎五郎をはじめとする十三名の散所者の所持田の反数と年貢が記載されている。(14)

また文明十五年（一四八三）には、東寺領散所の一つ「南小路散所村」が史料上に現れる（「巷所田指図」）。(15)「南小路散所」については、すでに応永十八年（一四一一）には東寺の東門前の方一町の地内に存在していたことが知られ、(16)散所者によって屋敷地が形成されていくことも宇那木隆司氏によって指摘されている。(17)こうした散所が村名を帯びることになった経緯について詳細は不明であるものの、散所者が巷所の作人にもなっていることなどが影響しているのであろうか。(18)

さらに文明十七年（一四八五）には、洛中にも「声聞師村」が存在していたことが確かめられる。(19)すなわち、『親長卿記』五月十七日条に、「及レ晩禁裏東方有二火事一、顚倒衣装参内、万里小路過(通カ)昌門出(士カ)村也」と見え、万里小路土御門のあたりに「声聞師村」があり、そこで火事が発生していたことがわかる。この声聞師村は、土御門家から宝徳四年（一四五二）に大徳寺如意庵に寄進された土御門四丁町が、応仁の乱によって荒野となり野畠と化すなか、その巷所に形成されたものであった。(20)すでに下坂守氏が指摘されているように、大永七年（一五二七）には、声聞師村の数千人の人々が近衛家領の二千余人の人々と田地をめぐる争いを展開しているほか、(21)大徳寺如意庵の作成した永正六年（一五〇九）の地子納帳には、「唄門士村分」として八人の声聞師の名が見える。[22] その後天文十年（一五四一）、如意庵が土御門四丁町の「巷所分」の作人の改易を行うことになった際に「先作人」として抵抗したのも声聞師であり、抵抗は細川晴元代官茨木長隆の後ろ盾をも得て天文十五年頃まで継続したという。[23]

以上、山城国には十五世紀後半から十六世紀にかけて、「河原者村」や「散所村」・「声聞師村」など、非人集団の名を冠した村が出現することを確認した。身分集団名を帯びたムラが現れるようになる経緯については不明であるものの、田畠を内包した空間であること、特に京都にあっては巷所に形成される傾向にあったことなどを特徴的な点として読み取ることができる。

次に、山城国以外の地域の状況について見てみる。まず、丹波国桑田郡の「ムラの戸籍簿」に、「散所村」が見える。すなわち文亀元年（一五〇一）を初見とする、南禅寺集慶軒領保津保の散所村である。[24] また、播磨国飾東郡には、文禄四年（一五九五）を初見とする「しゆく村」が存在したことがわかる。[25]「しゆく村」とはおそらく「宿村」のことで、非人の集住地である非人宿に由来するものであると考えられる。同様の例は、山城国乙訓郡でも確認され、九条家領小塩庄内に、大永二年（一五二二）を初見とする「しゆく村」がある。[26] また、天文十六年（一五四七）には、和泉国にも「宿村」の見られることが、三浦圭一氏の研究によって明らかである。[27] すなわち十六世紀になると、畿内周辺各地に宿村が出現するようになっていた。

一方、同じ十六世紀、近江国にも「散所村」が現れることが、諸研究から明らかとなる。すなわち神埼郡の「算（散）所村」が天正七年（一五七九）の史料に見え、「国一大夫」が諸公事免除と分国中の「徘徊」を許可されている。[28] 山路興造氏によれば、国一大夫の名はすでに永正二年（一五〇五）の『多聞院日記』に見え（五月五日条）、「通り名」であったという。[29] そして当散所村は近世においても存続し、「庄屋横目」

が存在したことも古川与志継氏によって指摘されている。[30] また野洲郡にも、散所村に類する村があった。すなわち地域に伝存する永正十三年（一五一六）の史料（写）に「小南太夫村」が見え、近世には陰陽村・博士村中・中村などの呼称を帯びていたことが山路氏によって指摘されている。[31]

このほか、摂津国菟原郡に所在した「きよめ村」もまた、非人のムラであったと考えられる。この「きよめ村」は、菟原郡篠原村の土豪・若林家に伝来したとされる「天城文書」所載の文安四年（一四四七）の夏麦山手注文に見え、[32]「高羽村」や「やわた村」・「大道村」などと並んで「奥山手春納」分二百五十文を納めている。落合重信氏の研究によれば、中世においては都賀庄内の「小村」として荘官若林氏に隷属した村であるといい、「近世皮多部落への連続を示す珍しい例」であるとされている。[33] 当注文に見える「きよめ村」が、そのまま近世の「皮多村」に連続するものとみてよいのか判断する力をもたないが、ここではさしあたり応仁の乱前の十五世紀半ばに、すでに摂津国に非人のムラが現れていることに注目しておきたい。

三　非人のムラが意味するもの

これまで、山城国および畿内周辺各地に現れる、非人のムラの事例を見てきた。十五世紀半ばから十六世紀にかけて、散所村や河原者村、宿村といった非人集団名を冠した「村」が出現することを確認したが、このことは何を意味するのだろうか。本来ならば、個々の「村」が成立する背景や地域固有の実態について詳細に検討すべきであるが、今後の課題とせざるを得ない。ここではいくつかの先行研究に学びながら、非人のムラの出現にどのような意味を見出し得るのか、考えてみたい。

まず、これら非人のムラが、データベースの上でも諸研究の成果からも十五世紀半ば以降に確認されることは、朝尾直弘氏の指摘する惣村からの村・町の分出という状況、さらには勝俣鎮夫氏の提唱した「村町制」の成立との関わりを想起させる。勝俣氏によれば、十五世紀から十七世紀半ばという時代は、「自律的・自治的性格の強い村や町を基礎とする社会体制、すなわち村町制の体制的形成期」であった[34]。そうであるならば、列島各地で「自律的・自治的性格の強い村や町」が形成されていく時期に、非人の「村」も現れ始めていることになる。

また洛中において「〇〇町」のような個別の町名が広範に成立してくるのは、十六世紀初期の永正～大永頃（一五〇四～一五二八）であることが、高橋康夫氏によって指摘されている[35]。これとほぼ同時期に京都に「声聞師村」が現れることをふまえると、京都における「町」の成立と非人の「村」の成立は、密接不可分のものであったと考えられる。そしてその展開は、都市住民の自律的な動き——朝尾氏のいう身分差別を内包した社会秩序への志向——に基づくものであった。豊臣政権による都市改造をともなった身分編成——「かわた村」（「えた村」）の編成——は、こうした十六世紀初頭の動きの延長線上にあったと捉えることができよう。

近世京都において「えた村」とされた天部村は、豊臣政権期の天正十五年（一五八七）、寺町四条下ルの地にこれ以前から「惣」を形成していた人々が、「三条橋東三町目にて、南北九十六間餘東西七十六間餘四方堀切場所」へと移転を命じられて成立する[36]。すでに小川保氏によって、天部村が公儀からは「村」として扱われながらも住民たちは村内部の居住地区を「町」と認識していたこと、堀や藪、田地に接しつつ出入り口は三条通に一つあるのみという空間であったことが指摘されている[37]。また川嶋將生氏によって、早くから市街地的様相を帯びながら、行刑役や追捕役を担う人々の居住する「村」として行政区分されていたことも指摘されており、(38) こうした区分は、身分編成と一体のものとして展開したのである。

さらに、十五世紀から十六世紀に出現する、各地の非人のムラの中に、近世村として村名をとどめていないものが散見されるのも、豊臣政権による町・村の編成の影響を受けてのものと考えられる。(39) 山城国の散所の場合、洛中にあった声聞師村や、東寺領散所の南小路散所村は、近世以降見えなくなる。また乙訓郡久我庄の散所村は、慶長期までに消滅していた可能性が指摘されている。(40)

ただし、一方で村名が近世村として存続せずとも、集落それ自体は存続している事例のある点は注目される。例えば山城国葛野郡の北山散所村の場合、『元禄郷帳』や『天保郷帳』にその名は見えず、近世には「正式な村名称とはならなかった」ものの、元和・寛永初年頃に平野村を本村とする「小北山村」として現れるようになった可能性が岡佳子氏によって指摘されている。(41) また同じ葛野郡には中世段階で梅津散所(「村」名をもった形跡はない)が存在していたが、近世になると、西梅津村の本郷から溝によって隔てられながら声聞師五、六家から成る独自の集団を保持し続けていたことが村上紀夫氏によって指摘されている。(42)

さらに近江国には、近世に入ってから明確に「村」名をもって現れる散所村が存在する。すなわち高嶋郡の「産所村」は、『正保郷帳』『元禄郷帳』『天保郷帳』に登録され、近世初頭から庄屋・肝煎といった村役人をおく独立した行政村であったことが木下光生氏によって指摘されている。(43) 木下氏によれば、すでに慶長七年(一六〇二)の検地帳に「さん所」が見えることから、中世末にはこの地に散所の集落が存在していたという。そして近世には、若林牛頭天王社(現田中神社)の氏子十一カ村のうちの一村として、毎年五月一日に行われる祭礼を他の氏子村々と協同して執行するとともに、村人は農業を生業の中心におきつつ、氏神社の大鳥居の建立時に地鎮祭を担うなど呪術的な職能も帯びていたという。

近代には産所村住人との婚姻を忌避する地域の存在が明瞭になることから、[44]行政村であったからといって、産所村が他の氏子村々と平等な関係にあったとは限らない。しかし、木下氏の紹介されている慶安四年（一六五一）の文書には、「田中郷拾郷」の「郷中一同」・「郷中寄合」を構成する村として産所村が見えている。すなわち産所村は、若林牛頭天王社を中核とする地域秩序において不可欠の村であった。そして現在公開されている近江国高嶋郡の「ムラの戸籍簿」に、嘉禎元年（一二三五）を初見とする「田中郷」の存在が確認できること、中世末に散所の存在が確認されることをふまえると、こうした地域秩序はすでに中世から存在していた可能性が高い。田中郷を惣村として捉えるならば、朝尾氏のいう「惣村内における村と村との間の多種多様な階層差」がそのまま近世に持ち越されながら、産所村が成立していったとみることができよう。[45]

おわりに

本稿では、十六世紀に激増する「村」の中に、非人集団の名を帯びた「村」も含まれることを、各地の散所村（声聞師村）や河原者村・宿村を例に紹介してきた。また、これらの村の村名が、必ずしもそのまま近世村へと引き継がれていくわけではない一方、中世の地域秩序が近世にも引き継がれ、枝村として、あるいは集落として存続していくムラもあることを確認した。こうした点は、史料に現れる郷・村の初出事例を採録していくという、「ムラの戸籍簿」の採録基準があって初めて見えてくる点であり、「ムラの戸籍簿」が中世身分制研究においても重要な視角・素材を提示するものであることをよく示していよう。[46]

また中世の非人のムラが、常に「村」名を帯びて現れること、すなわち「郷」名を帯びることはなかったことは、「郷」と「村」とに位相の違いがあったことを示すものとして注目される。こうした違いが何を意味するのか、「村」の社会構造上の位置づけを見るうえで今後さらに検討していく必要がある。

一方、十五世紀半ば以降に非人集団独自の「村」が現れることは、ムラが常に多様な集団を包摂するものであったとは限らないこと、少なくとも当該期においてはその包摂性が揺らぎ始めていたことを示している点で注意される。こうした点は、第一章で紹介した三浦圭一氏の、惣村の成立が一方で未解放部落の成立の前提となったとする指摘とも関連しよう。ただし三浦氏は、その後に展開する統一政権による「全国的なカースト制度」の「再編・強化」の展開を、主として「かわた村」の成立から論じられた。すなわち、各地の「かわた」史料を分析し、「きよめ」や「さん所」も「かわた」に改称されたとみている。[47]しかし山城国葛野郡の散所（村）や近江国の散所の近世におけるありように着目するならば、非人あるいは非人のムラの中世から近世への展開は、「かわた村」の成立に収斂されない内実をもっている。三浦氏自身が、一方で「かわた」の位置づけが地域ごとに異なることにも注意を向けているように、[48]統一政権による「全国的なカースト制度」の「再編・強化」の影響は、地域ごと、非人集団ごとに異なっていたと考えられる。中世身分制から近世身分制への展開過程について、今後個別の集団・地域ごとに分析していく必要がある。

第五章　中世の非人集団とムラ
三枝暁子

注

1 『清水三男著作集第二巻　日本中世の村落』（校倉書房、一九七四年）。なお、清水氏の中世村落論については、「清水が荘園を越えて、村落に価値を置き、自然村落の究明に学問上の全力を傾注してやまなかった理由は、日本史におけるナショナルなものへの願望とともにあった」ことに留意する必要がある（大山喬平「荘園制」同『日本中世のムラと神々』岩波書店、二〇一二年、初出一九九三年）。

2 大山喬平「ムラの歴史を考える――『香寺町史　村の記憶　地域編』のこと」（前掲注1大山書、初出二〇〇六年）・「ムラの新たな研究のために――ムラの戸籍簿を作ろう――」（前掲書、初出二〇一〇年）。

3 大山喬平「鎌倉初期の郷と村」（前掲注1大山書、初出一九九九・二〇〇〇年）。

4 大山喬平「ムラの新たな研究のために」（前掲注1大山書）五一八頁。

5 大山喬平・三枝暁子編『古代・中世の地域社会――「ムラの戸籍簿」の可能性――』（思文閣出版、二〇一八年）「序章」一〇頁掲載表Ⅲ。当該論集刊行後も「ムラの戸籍簿」の作成は進んでいるが、世紀別検出数の傾向は変わっていない。

6 三浦圭一『日本中世賤民史の研究』（部落問題研究所、一九九〇年）。

7 三浦圭一「近世未解放部落成立期の基本問題」（前注書、初出一九七二年）。

8 朝尾直弘「惣村から町へ」（『朝尾直弘著作集　第六巻　近世都市論』岩波書店、二〇〇四年、初出一九八八年）。

9 朝尾直弘「身分と秩序――町と村――」（『都市と近世社会を考える――信長・秀吉から綱吉の時代まで――』朝日新聞社、一九九五年）。

10 永正十四年十二月二十四日付「桂宮院領知行目録」（「広隆寺文書」、『史料京都の歴史14　右京区』二〇八頁）。「帷子ノ辻」は現在の京都市右京区太秦帷子ヶ辻町に相当する地で、「東は太秦、西は下嵯峨に至る下嵯峨街道上で、東北は常盤に、西北は上嵯峨・愛宕に通じる」分岐点にあたる（『日本歴史地名大系27　京都市の地名』平凡社）。

11 岡佳子「北山散所」（世界人権問題研究センター編『散所・声聞師・舞々の研究』思文閣出版、二〇〇四年）。

12 大永八年五月日付葛野五郎成宗申状（『室町幕府引付史料集成』下巻、「賦引付三」一三二頁）には、葛野五郎成宗が「北山昌門師大郎次郎男」から田地を二貫文で買得したとあり、「北山村」の初出以前から、北山の声聞師が田地を集積していた様子がうかがえる。

13 山城国の「ムラの戸籍簿」は、都道府県レベルのまとまった自治体史史料編（『京都府史』史料編に相当するもの）が存在しないなかで作成されている。公家・寺社・武家等のこした膨大な史料から山城国の郷・村初出事例を検出していく作業は容易ではないため、現状では、『史料　京都の歴史』や市町村レベルの自治体史から検出作業を行いデータベース化しているが、やむを得ず漏れてしまう初出事例がある。今後、山城国にかかわる記録・文書を可能な限り確認しながら、随時情報を補足していく予定である。

14　山本尚友「久我庄東西散所」（前掲注11『散所・声聞師・舞々の研究』）、『久我家文書』第二巻、六一四-（三九）。

15　文明十五年九月二十四日付「巷所田指図」（『教王護国寺文書　絵図』一八号）。

16　応永十八年五月十三日付「南小路散所法師所役請文案」（『東寺百合文書』の函三三・さ函九八、東寺百合文書WEB）。

17　宇那木隆司「東寺散所」（前掲注11『散所・声聞師・舞々の研究』）。

18　前注宇那木論文、享徳四年二月十五日付大巷所未進徴符（『教王護国寺文書　巻五』一五五一号）。

19　下坂守「声聞師村」（前掲注11『散所・舞々・声聞師の研究』）。

20　高橋康夫「土御門四丁町の土地支配と空間形成」（同『京都中世都市史研究』思文閣出版、一九八三年、初出一九七九年）、同「応仁の乱と都市空間の変容」（前掲書、初出一九八一年）。

21　『言継卿記』大永七年八月二日条。このほか、前掲注19下坂論文によって、声聞師村が上杉本「洛中洛外図」に描かれていること、天文年間には、法華一揆と対抗したり、法華一揆にムラを放火されたりしていたことなどが指摘されている。

22　前掲注19下坂論文、永正六年正月吉日付「如意庵領所々散在地子帳」（『大徳寺文書』一五三〇号）。

23　前掲注19下坂論文、「如意庵領土御門敷地重書案」（『大徳寺文書』二六五七号）。

24　文亀元年九月十七日付室町幕府奉行人連署奉書（『亀岡市史資料編1』九四二号、九八八頁）。

25　文禄四年八月十七日付豊臣秀吉朱印状写（『兵庫県史　史料編　近世一』四四頁）。なお同じ播磨国印南郡五箇荘内にも「宿村」の存在したことが「ムラの戸籍簿」データベースから確認される。すなわち観応元年（一三五〇）十二月五日付足利尊氏袖判下文案に「同国五箇庄内宿村〈付、下司・公文／政所名〉」と見える（『兵庫県史　史料編　中世九』「森川文書」一、四八二頁）。この「宿村」は加古川宿をさすとされることや（『角川地名大辞典　兵庫県』など）、十四世紀半ばの史料であることなどから、本稿で問題とする非人宿の「宿村」とは異なる性格のものと考えられる。

26 大永二年小塩荘帳写（『長岡京市史　資料編二』八五号、三六六頁）。
27 三浦圭一「未解放部落の形成過程――和泉国の場合――」（前掲注6三浦書、初出一九六六年）。
28 天正七年十二月二十七日付某判物写（『五個荘町史　第三巻　史料Ⅰ』二二七頁）。なお『五箇荘町史　第二巻近世・近現代』第一章第一節「算所村の国一大夫」に、本文書と同文の文書が掲載されており（三九頁、日本大学法学部所蔵文書）、織田信長発給文書として、国一大夫に信長分国中の自由な往来を保証したものとして紹介されている。
29 山路興造「木流散所」（前掲注11『散所・声聞師・舞々の研究』）。
30 古川与志継「小南の芸能座について」（『野洲町立歴史民俗資料館研究紀要』七号、二〇〇〇年）。
31 山路興造「小南舞々村」（前掲注11『散所・声聞師・舞々の研究』）。
32 「夏麦山手注文」（『兵庫県史　史料編　中世1』「摂津菟原地区」所載「天城文書」一号、一一六頁）。
33 落合重信「近世皮多部落の形成と庄園村落」（『歴史学研究』三六九号、一九七一年）。
34 勝俣鎮夫『戦国時代論』「はじめに――転換期としての戦国時代――」（岩波書店、一九九六年）。
35 高橋康夫「戦国時代の京の都市構造――町組をめぐって――」（前掲注20高橋書、初出一九八三年）。
36 『雑色要録』「天部村由緒の事」（『日本庶民生活史料集成』第十四巻、三三八頁）。小川保「京都・天部村の都市的要素に関する若干の検討」（『京都部落史研究所紀要』五号、一九八五年）によると、すでに十六世紀半ばには、寺町四条下ルの地にある「天部図子」に集住し、織田信長から「四條あまへ」宛の禁制を下されるなど、独自の「惣」を形成する人々が存在していたという。
37 前注小川論文。
38 川嶋將生「天部村の組織と生業」（同『中世京都文化の周縁』思文閣出版、一九九二年、初出一九八五年）によると、天部村の人々は、行刑役・追捕役を担っていたほか、小法師役として禁裏の庭掃除を行っていた。また出作による耕作や、皮革生産に従事する人々もいた。
39 文禄二～三年（一五九三～九四）に、豊臣秀吉が畿内の陰陽師（声聞師）を尾張国に集団移住させ開墾に従事させた、「陰陽師狩り」が影響した可能性がある。「陰陽師狩り」については、三鬼清一郎「近世初期における普請について」（『名古屋大学文学部研究論集』史学三十、一九八四年）・「普請と作事――大地と人間――」（『日本の社会史第八巻　生活感覚と社会』岩波書店、一九八七年）、瀬田勝哉「失われた五条橋中島」（同『増補　洛中洛外の群像

——失われた中世京都へ——』平凡社、二〇〇九年、初出一九八八年）を参照。
40　前掲注14山本論文。
41　前掲注11岡論文。
42　村上紀夫「梅津散所」（前掲注11『散所・声聞師・舞々の研究』）。
43　木下光生「産所村」（前掲注11『散所・声聞師・舞々の研究』）。
44　前注木下論文。
45　なお、吉井敏幸氏により、中世の散所や散所村が、近世において人形操村や「役者村」として存続していくことが指摘されている（「散所村から人形操村へ——淡路三条村と西宮産所村——」『天理大学人権問題研究室紀要』第九号、二〇〇六年）。近世の役者村については、神田由築『近世の芸能興行と地域社会』（東京大学出版会、一九九九年）に詳しく、今後こうした成果に学びながら、非人のムラの中世から近世への展開過程をさらに詳細に追究していく必要がある。
46　ただし一方で、近江国高嶋郡の産所村のように、中世において明確な「村」名を帯びた非人のムラとして史料上に現れずとも、実態としては集落を形成し、地域秩序のなかで一定の役割をはたしているムラが存在した可能性についても考慮する必要がある。関連する事例として、山城国葛野郡の常盤散所がある。村上紀夫氏の研究によれば、葛野郡常盤には、天文年間に、地縁的共同体である「常盤太秦七里地下人等」と、これとは別に「常盤産所惣中」とよばれる集団とが存在していた（村上紀夫「常盤散所」（前掲注11『散所・舞々・声聞師の研究』））。天文十五年の玉芳軒申状において、常盤散所の散所者が玉芳軒との間で米や大麦を貸借していることなどをふまえると（『室町幕府引付史料集成　下巻』「銭主賦引付」、二六一～二六三頁）、両者の間には年貢納入を媒介とする支配関係が存在したものと考えられる。すなわち常盤散所は、田畠を含む、ムラといってもよい内実を帯びていた可能性が高い。今後、史料上に現れる郷・村を採録基準とする「ムラの戸籍簿」から漏れ出るムラもあることをふまえながら、非人のムラの中世から近世への展開過程を明らかにしていく必要がある。
47　前掲注7三浦論文。あわせて、「かわた」の初見が大永六年（一五二六）六月十二日付今川氏親朱印状であること、皮革業の専業化の促進と分国内の皮革業の集中的把握によって武器生産を推進したい戦国大名の政策によってもたらされたこと、これが全国的に「かわた」を公称身分とする未解放部落の成立の前提となったことも指摘している。
48　前掲注7三浦論文。

第六章　中世集落遺跡研究と「ムラの戸籍簿」
――西日本の集落遺跡を中心に――

佐藤亜聖

はじめに

「ムラの戸籍簿」プロジェクトへ、考古学からどのように寄与できるかを考えた場合、ムラを構成する重要な要素である人間の生活痕としての集落遺跡を拾い上げる作業が有効であろう。文献史料が「意図的に残した」情報が主であるのに対し、考古資料は「意図せず残った」情報が大半で、発掘調査で蓄積された情報量は膨大である。しかし膨大であるがゆえに悉皆的に集めることが難しく、またノイズが多いことから、その情報を読むこともまた困難である。さらに、文献史料が「人のいない場所」の情報も豊富に含むのに対し、考古資料は「人のいた場所」しか発掘対象とならないという制約がある。本稿ではこうした資料的制約を前提としたうえで、中世集落遺跡の動向から「ムラの戸籍簿」にアプローチしてみたい。

第IV部
「ムラの戸籍簿」を広げる

一　中世集落遺跡研究の現状

一九六〇年代の高度経済成長に伴う大規模開発の増加と、それに対応した大規模発掘調査のはじまりは、それまで古墳や寺院など点的な発掘調査が主流であった考古学の世界に大きな変化をもたらす。折しも草戸千軒町遺跡（一九六一年調査開始）や一乗谷朝倉氏遺跡（一九六七年調査開始）のような大規模中世遺跡の調査が耳目を集めていた中、中世集落遺跡の発掘調査が各地で開始される。

一九七〇年代の日本中世史研究において、重要な位置を占めていた課題の一つに領主制論があるが、中世集落遺跡研究はこの問題と密接に関係を持ちながら展開してゆく。一九七四年に発表された橋本久和の研究は、その嚆矢となるものである。橋本は淀川流域の中世集落遺跡の調査成果をもとに村落景観を復元し、遺構の分析から村落個々の内部に階層性の存在を指摘、地域の実態に応じた豊かな村落像を確認した(1)。この橋本の検討は、永原慶二らの村落内部構造を均質的なものと捉える視点に対して(2)、考古学の立場から異を唱える意図を持ったものであり、考古学による中世集落論を歴史学に反映させる重要な試みであった。

こうした中世村落にみられる内部構造を、考古学的に分析しようとする方法論として脚光を浴びたのが集落遺跡類型論である。広瀬和雄は集落遺跡を構成する建物の規模や群構成から集落をA～D類に分類し、さらに堀で囲繞するD類を、一町規模のDa類とそれ以下のDb類に細分した。そのうえで考古学的に抽出した類型間の階層性を、領主制論の問題とも絡めて議論を喚起した(3)。広瀬の方法論は考古学的にみられる遺構の階層性を、文献史学における諸階層へ、いわば「翻訳」するための方法としても有効とみなされ、一九九〇年代を通じて強い影響力を有した。

これに対して一九八〇年代以降、日本中世史において大きな影響力を持ったのは、網野善彦らによる一連の研究である。発掘調査による遺跡の多様性を取り扱いかねていた中世集落遺跡研究において、網野らによる中世農業村落の相対化は非常に魅力的なものであった。特にその非農業要素に着目し、発展段階論的な集落遺跡類型論とは異なる視点で、中世村落のもつ多面的な性格を理解しようという方向性は二〇〇〇年代初頭にかけて研究の主要な方向性となっていく。中世集落遺跡における鋳物師をはじめとした非農業民の存在形態に注目した鋤柄俊夫の研究[4]や、東北の大規模遺跡における都市的要素に注目した飯村均の研究などは重要である[5]。またこの時期、民俗学における村落領域論の検討[6]や、荘園研究の進展を背景として[7]、考古学においても集落遺跡論から周辺空間を取り込んだ村落論への昇華が課題となる。先に述べた鋤柄の研究はまさにこうした問題について、広域発掘調査事例を元に切り込んだものであったが、空閑地や耕地が発掘対象となりにくい考古学は、集落遺跡間の空間の扱いが苦手であり、遺跡の周囲空間が「村落」においてどのような意味を持ったのかは明確にできていない。この点について山川均は中世集落遺跡を取り巻く耕地のありかたに注目して、集村化原理を考古学的に検討した[8]。

このような傾向を受け、二〇〇〇年代初頭まで中世集落遺跡の研究は各地で華々しく展開する。二〇〇〇年に帝京大学山梨文化財研究所で「遺跡・遺物から何を読みとるか（Ⅳ）　ムラ研究の方法」が、二〇〇二年には第九回東海考古学フォーラムにおいて『東海の中世集落を考える』がそれぞれ行われ、中世集落遺跡研究は様々な視点を組み込み、次の段階へ進んでいくかに見えた。しかし、二〇〇〇年代前半を境に、研究は急速に下火となってゆく。その原因としては、二〇〇〇年をピークに、埋蔵文化財発掘調査件数と広域調査件数が激減してゆき、発掘調査報告書作成に際して集落遺跡を解釈する必要性が減じたことが背景にあったと考えるが、詳細は不明である。

中世集落遺跡研究は、集落遺跡論からムラ論・村落論への展開を目指しつつ、今一度二〇〇〇年代以降増加した基礎資料を、遺跡論に立ち返って見つめなおすことが必要な段階にあると言えよう。

二 「ムラの戸籍簿」と中世集落遺跡

本書における筆者の役割は、文献史学の研究による「ムラの戸籍簿」研究に対して、考古学的にアプローチすることである。しかし、先に述べたように中世集落遺跡は「埋蔵文化財」として発掘対象となった「遺跡」であり、遺跡間に存在する耕作地や里山など、生活のユニットとしての「ムラ」を構成する領域については発掘調査の対象となることがまれである。このため、特別な場合を除きその把握は困難であり、居住域としての集落が主な研究対象となる。そのうえで、中世集落遺跡＝居住空間を、「「ムラ」の核」と位置付けて取り扱いたい。

本書の目的は生活ユニットとしての「ムラ」について、その誕生から消滅、移動、分化などの経歴を詳細に把握することであると理解している。この筆者の理解に基づいて、本稿では中世集落遺跡の時間的変遷を検討することを主な目的とする。ただし、それぞれの遺跡が「村」「郷」といった歴史的単語とどのような関係で結び付けられるかという検討は、不可能ではないものの、遺跡ごとの詳細な検討が必要であり、筆者の能力を超えるため踏み込まない。また、日本列島全域の遺跡をすべて網羅することも現実的ではないため、まず、西日本を中心とした中世前期集落のうち大規模な調査が行われたものを対象として検討を行いたい。

三　集落遺跡の変遷と画期

前節での前提をもとに、中世前期の西日本における集落遺跡の検討を行う。検討対象としたのは五〇〇〇㎡以上の広域調査が行われた遺跡である。ただしこれについても実際には膨大な数にのぼるため、各県数例をサンプル的に取り上げた。それらの変遷を表にまとめたのが表1である。ムラの戸籍簿論は古代からを検討対象としているため、変遷表も八世紀前半から記載している。遺跡の機能期間を棒線で明示したが、前後の時代と比較して明らかに遺構が減少する、または遺物のみで遺構が確認できない、などの場合は破線で示している。なお、集落遺跡における遺構密度については、遺構数や建物数を調査面積で除して、密度指数を設定することが有効であるが(9)、建物を復原している遺跡としていない遺跡があることや、遺構の種類によって遺構数に大きな差が出るため、客観性を担保できない場合が多い。感覚的にはなってしまうが、絶対数で評価を行うよりも相対的関係を明示することを優先して作表した。いずれ稿を改めて数値データを提示したい。

さて、表1を通覧すると、①八世紀後半、②九世紀初頭、③十世紀～十一世紀前半、④十一世紀中葉～後半、⑤十二世紀後半～十三世紀前半、⑥十四世紀前半～中葉、にそれぞれ変化を指摘できる。①は全国的に新規開発集落の出現が見られることに伴う。②の画期に消滅・衰退する遺跡については、青銅製銙帯や大量の墨書土器が出土したことで官衙とのかかわりが指摘されている福岡県北九州市上清水遺跡、佐波郡衙との関連が指摘される山口県防府市下右田遺跡、二十棟もの掘立柱建物が存在し、初期荘園の荘所ではないかと考えられている高知県南国市田村遺跡、条里制の敷設とともに掘立柱建物群が展

表1　西日本主要集落遺跡消長表

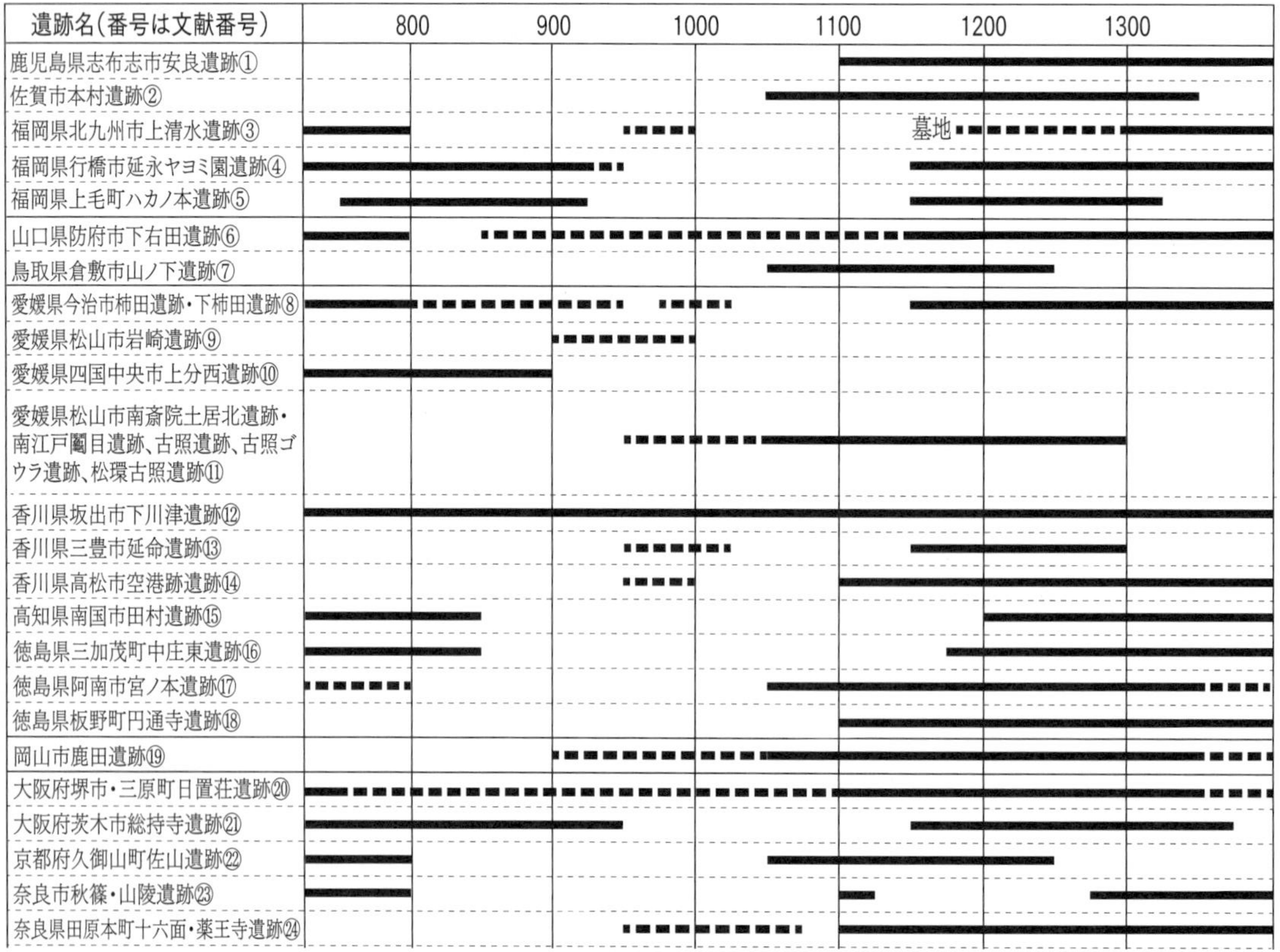
遺跡名(番号は文献番号)
800
900
1000
1100
1200
1300
鹿児島県志布志市安良遺跡①
佐賀市本村遺跡②
福岡県北九州市上清水遺跡③
墓地
福岡県行橋市延永ヤヨミ園遺跡④
福岡県上毛町ハカノ本遺跡⑤
山口県防府市下右田遺跡⑥
鳥取県倉敷市山ノ下遺跡⑦
愛媛県今治市柿田遺跡・下柿田遺跡⑧
愛媛県松山市岩崎遺跡⑨
愛媛県四国中央市上分西遺跡⑩
愛媛県松山市南斎院土居北遺跡・南江戸䦨目遺跡、古照遺跡、古照ゴウラ遺跡、松環古照遺跡⑪
香川県坂出市下川津遺跡⑫
香川県三豊市延命遺跡⑬
香川県高松市空港跡遺跡⑭
高知県南国市田村遺跡⑮
徳島県三加茂町中庄東遺跡⑯
徳島県阿南市宮ノ本遺跡⑰
徳島県板野町円通寺遺跡⑱
岡山市鹿田遺跡⑲
大阪府堺市・三原町日置荘遺跡⑳
大阪府茨木市総持寺遺跡㉑
京都府久御山町佐山遺跡㉒
奈良市秋篠・山陵遺跡㉓
奈良県田原本町十六面・薬王寺遺跡㉔

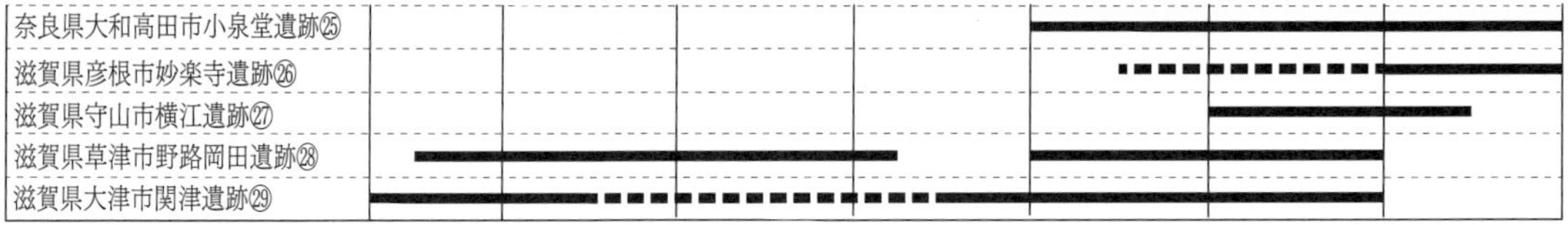

【参考文献】
①鹿児島県教委ほか2020『安良遺跡』　②佐賀県教委1991『本村遺跡』　③北九市文化芸術振興財団埋文調査室1991・1995・2003『上清水遺跡』Ⅱ区～Ⅳ区　④九州歴史資料館2012『福岡県行橋市延永ヤヨミ遺跡Ⅱ区の調査Ⅰ』、2013a『福岡県行橋市延永ヤヨミ園遺跡Ⅰ区の調査』、2013b『延永ヤヨミ園遺跡－Ⅲ区Ⅰ－』、2014a『福岡県行橋市延永ヤヨミ園遺跡Ⅱ区2』、2014b『延永ヤヨミ園遺跡　Ⅴ－4～7区』、2015a『延永ヤヨミ園遺跡　Ⅳ区Ⅰ』、2015b『延永ヤヨミ園遺跡－Ⅳ区Ⅱ－』、2015c『福岡県行橋市延永ヤヨミ園遺跡Ⅰ区の調査2』　⑤九州歴史資料館2013c『ハカノ本遺跡2・3次調査　安雲山田遺跡1地点』　⑥防府市教育委員会ほか1999『下右田遺跡　第9・10・13・14・15・17次発掘調査概報』、2003『下右田遺跡　第21・22次発掘調査報告書』、2017『下右田遺跡　第33・34次発掘調査報告書』、2018『下右田遺跡　第37次発掘調査報告書』　⑦鳥取県教育文化財団2021『山ノ下遺跡Ⅱ・平ノ前遺跡Ⅱ』　⑧愛媛県埋文センター2014『朝倉下下柿田遺跡』、2020『柿田遺跡』　⑨松山市教育委員会ほか1998『岩崎遺跡』　⑩愛媛県埋文センター2011『上分西遺跡　上分西遺跡安乗地区』　⑪中野良一2007「南江戸地区の中世集落」『南斎院土居北遺跡・南江戸鬮目遺跡(2次調査)』愛媛県埋文センター　⑫香川県埋文センターほか1990『下川津遺跡』　⑬香川県埋文センターほか1990『延命遺跡』　⑭香川県埋文センターほか1998『空港跡地遺跡』Ⅲ、2000『空港跡地遺跡』Ⅳ　⑮高知県教委1986『田村遺跡群』　⑯徳島県埋文センターほか2005『中庄東遺跡』、2008『末石遺跡　中庄東遺跡』　⑰徳島県埋文センターほか2008『宮ノ本遺跡Ⅰ　大原遺跡　庄境遺跡』、2009『宮ノ本遺跡Ⅱ』　⑱徳島県埋文センターほか2000『円通寺遺跡』　⑲山本悦世2007「中世の集落構造と推移―鹿田遺跡の場合―」『鹿田遺跡』5、岩崎志保2021「1.鹿田遺跡の中世～近世における集落の様相」『岡山大学埋蔵文化財調査研究センター紀要』2021　岡山大学文明動態学研究所　⑳大阪文化財センターほか1995『日置荘遺跡』　㉑大阪府文化財調査研究センター1998『総持寺遺跡』　㉒京都府埋文センター2003『佐山遺跡』　㉓奈良大学考古学研究室ほか1998『秋篠・山陵遺跡』　㉔奈良県立橿原考古学研究所1988『十六面・薬王寺遺跡』　㉕奈良県立橿原考古学研究所2005『小泉堂遺跡』　㉖滋賀県文化財保護協会1989『妙楽寺遺跡』Ⅲ　㉗滋賀県文化財保護協会ほか1990『横江遺跡発掘調査報告書』Ⅱ　㉘草津市教育委員会ほか2008『野路岡田遺跡発掘調査報告書』　㉙滋賀県文化財保護協会ほか2007『関津遺跡』Ⅰ、2010『関津遺跡』Ⅲ

開する徳島県三加茂町中庄東遺跡、寺院造営にかかわる施設と考えられている奈良市秋篠・山陵遺跡など、公的施設やそれに関連を持つ遺跡が多数を占める。十世紀以降も継続する滋賀県大津市関津遺跡においても、九世紀中葉まで官衙的配置の建物群を配するが、それ以降は耕作溝を介在させる農村的景観へ変化している。このように九世紀初頭に廃絶する遺跡については、公的性格を失うことが変化の背景にあると考えられる。③からの画期については節を別にして、以下検討を加える。

四　十世紀〜十一世紀前半の空白期

次に③の画期について考えたい。当該期は従来古代集落遺跡研究と中世集落遺跡研究のはざまにあって注目度が低く、また資料も不足することから専論の少ない時期である。筆者も長年各地の遺跡調査にかかわる中で、感覚的に「遺構・遺物の少ない時期」と捉えてきた。この時期については既に坂井秀弥や笹生衛らによって遺跡数が激減する時期と評価されているが[10]、表1には当該期の遺構減少が西日本全体で明確に表れている。この時期に遺構が存在する遺跡も、その存在形態は前段階とは異なる。

福岡県北九州市上清水遺跡では九世紀前半までに遺構が激減し、その後十世紀後半〜十一世紀に井戸が少数展開するが、一時的なもので継続性を持たない。愛媛県今治市柿田遺跡・下柿田遺跡では七世紀、八世紀の官衙関連施設が存在し、数を増減しながら十世紀前半でいったん廃絶する。その後十世紀後半〜十一世紀頃に一時的に規模の大きな蔵を持つ館が成立するが、やはり継続性を持たない。香川県三豊市延命遺跡でも、縄文時代晩期から続いたヒトの営みが古墳時代初頭を境に廃絶し、その後十世紀後半〜十一世紀前半に再び遺構が出現するが、この時期の遺構は建物二棟前後で継続性を持たず、その後十二世紀後半まで遺構が見られない（図5参照）。この時期に遺構が残る遺跡は、いずれも前後の時期と比べ著しく遺構数が少なく、継続性に乏しいことが指摘できる。

こうした傾向は九州・四国で顕著にみられ、畿内では見えにくい。表2は加藤貴之による下総国印旛郡印旛沼西岸地域の遺構消長表、表3は永井邦仁による西三河地域の遺跡消長表、表4は平野修による山梨県内の集落消長表である。今回検討対象としていない東日本地域でも、やはり十世紀の空白が明確に見て取れ、この現象は全国的に確認できると考えてよさそうである。[11] この時期の遺構数の減少を、居住域の移動と解釈することも不可能ではないが、消滅する遺跡に対して出現する遺跡が少なく、足し引きのつじつまが合わない。やはり広範囲にわたって集落の衰退現象が起きているとみるべきだろう。

このような議論をふまえて、広域調査が行われた佐賀県内の事例を対象に、遺構変遷の具体相を確認する。佐賀市徳永遺跡群、上和泉遺跡群は、上和泉工業団地の造成にともない、昭和五十九年より総面積約二十万㎡に達する発掘調査が行われている。[12] 一部未報告の調査区があるため、分析は完全なものではないが、ここでは縄文時代から中世後期、一部近世に至る遺構が確認されている。本遺跡における古墳時代以降の本格的な集落の出現は八世紀からとなる。八世紀中葉以前は竪穴式住居二棟があるのみだが、八世紀後半には大きく四つの居住域が成立する（図1）。居住域Aは最も建物が集中する地区であり、二間×三間を基調とする比較的均質な構造を持つ。これに対し居住域Bは六×六間で両面庇を持つ建物と、三棟の附属屋、倉庫を伴い、居住域Aとは格差のある独立した構成を持つ。居住域C・Dはさらに小規模な構造である。また調査地西端には二棟の建物を溝状土坑で囲繞し、周囲に附属屋を配する特殊な建物があり、神社もしくは仏堂と推定されている。さらに調査地東端は膨大な数の土坑が集中する密集土坑地域となっている。これらの土坑は粘土採掘穴の可能性を考えているが、周囲からは供養空間に

表２　下総国印旛郡印旛沼西岸地域の遺構消長表（注 11 加藤貴之論文より）

（　）内は掘立柱建物の数

番号	遺跡名	7世紀		8世紀			9世紀			10世紀
		前半	後半	末～前葉	中葉	後葉	前葉	中葉	後葉	
1	境堀遺跡					3	6	6	2	1
	向境遺跡		1			10	18	13	6	
2	栗谷遺跡			3	2	4	9	15	6	6
3	上谷遺跡				3	28（22）	63（49）	63（60）	29（40）	1（1）
4	雷南遺跡					2				
5	保品庚塚遺跡					1		1		
6	西山遺跡						1	2		
7	殿内b遺跡		3	2	7	5	6	3	6	3
8	浅間内遺跡		3	7	7	13	11	11	8	3
9	村上込の内遺跡			2	3	41	57	33	14	3
10	勝田大作遺跡					2				
11	子の神台ｂ遺跡	1								
12	道地遺跡	3	1							
13	間見穴遺跡	1				4	11	8	6	
14	島田込の内遺跡					3	3	4（2）	1（1）	1（2）
15	菅地ノ台遺跡				1	1	1			
16	権現後遺跡	2	4			5	5	22	27	
17	北海道遺跡	1	2			11	32	24	21	5
18	井戸向遺跡	1	1		2	7	20	20	30	3
19	白幡前遺跡	1	4	2	3	49	75	72	29	2
	上の台遺跡			1	1	1	3	2	5	1
	池の台遺跡							6		
20	川崎山遺跡					2		3		
21	内込遺跡	12	6				1	8		1
22	本郷台遺跡				1					
23	芝山遺跡						2		1	1
24	内野南遺跡						1			
25	臼井台大名宿遺跡			3		2	1	2	1	
26	臼井南遺跡群	1				3	6	10	12	
27	飯合作遺跡						7	6	3	
28	井野城跡						2	2	2	
29	上志津干場遺跡					3	2	3		

表3　西三河地域の遺跡消長表（注11 永井邦仁論文より）

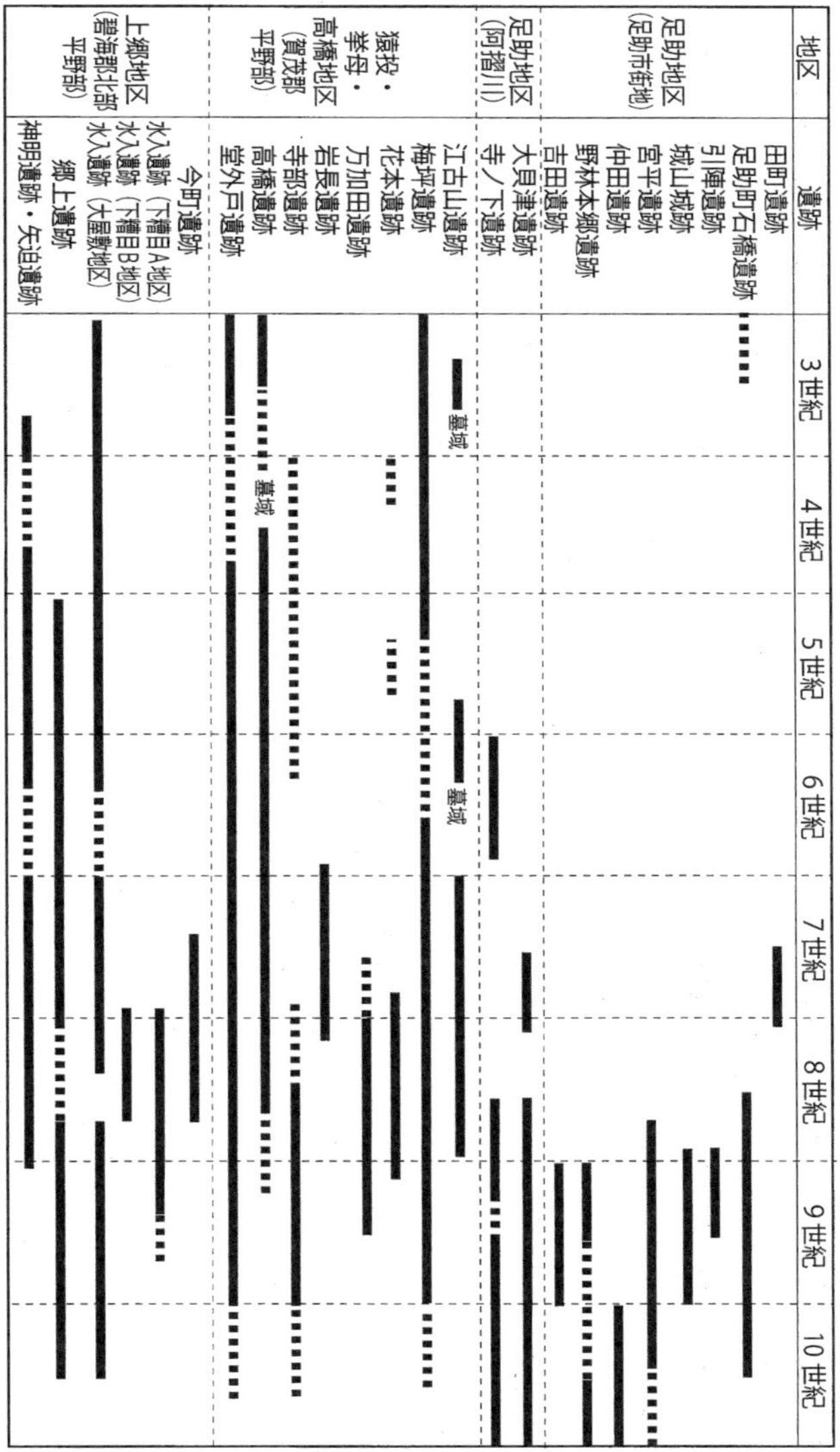

表4　山梨県内の集落消長表（注11 平野修論文より）

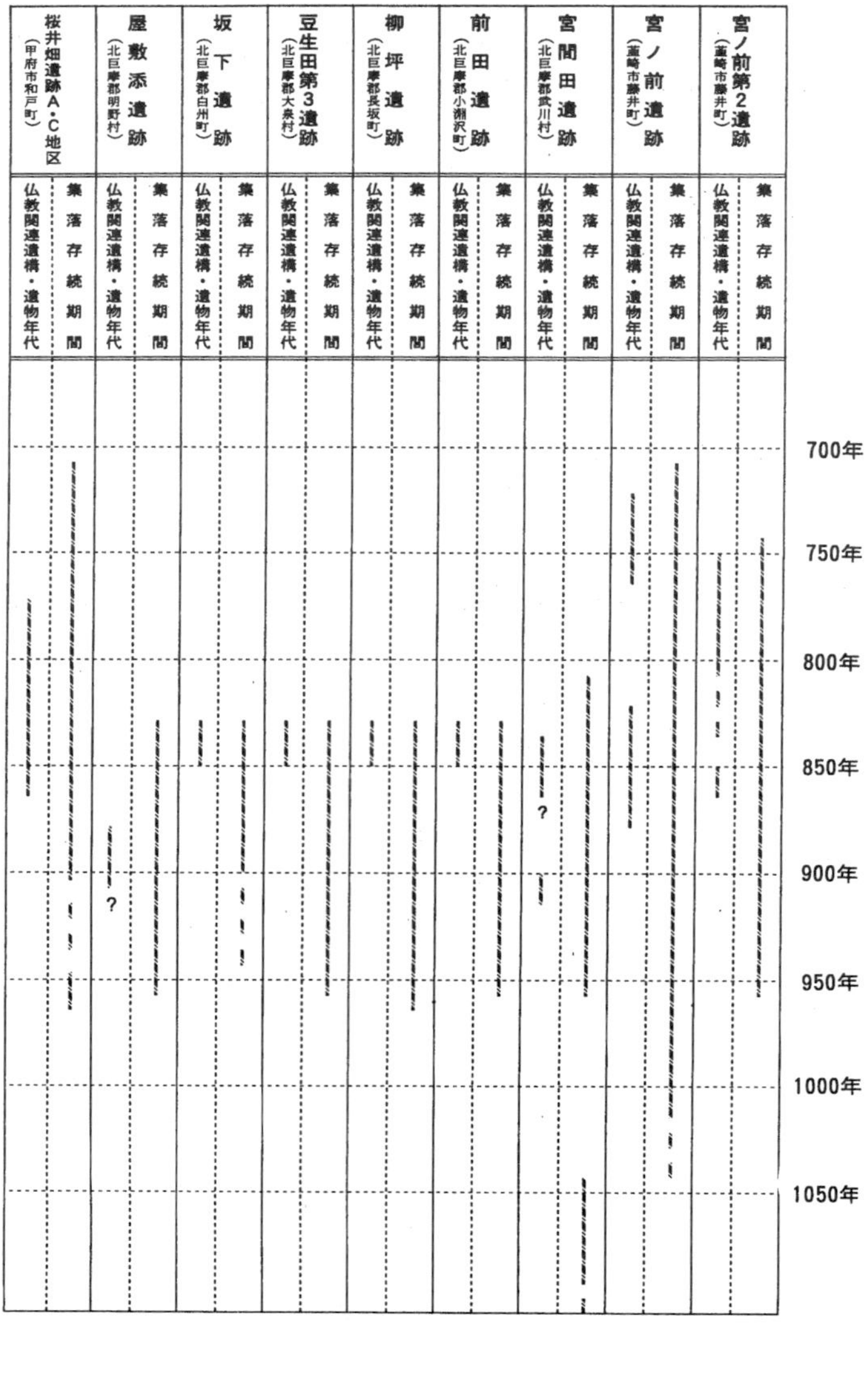

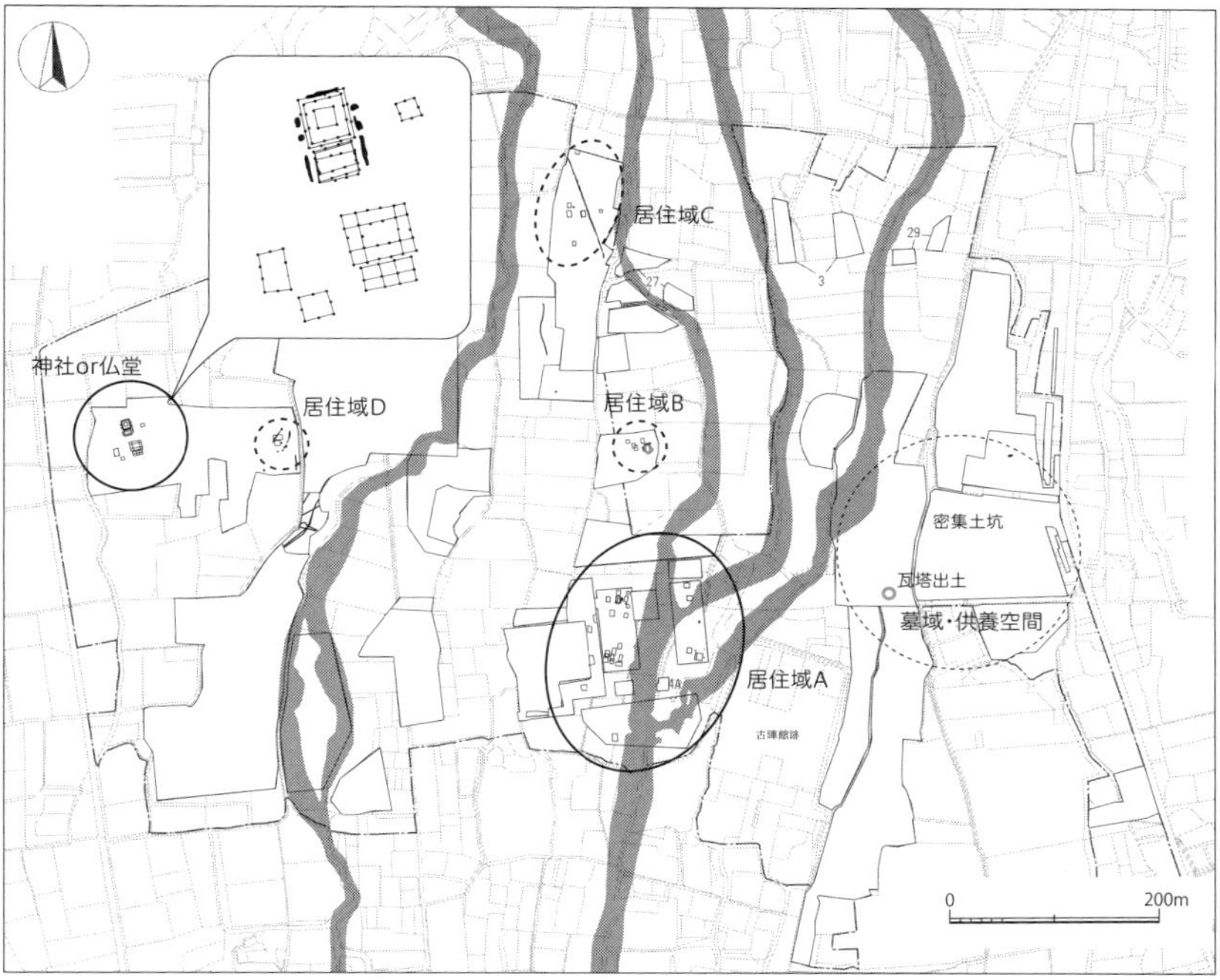

図1　徳永遺跡群における8世紀後半から9世紀半ばの遺構

配される瓦塔の部材が複数個体分見つかっており、土坑のいくつかは墓として利用されていた可能性もある。このように八世紀後半から九世紀中葉までの本遺跡は、居住域Bの居住者を上位にいただいた緩やかな階層性で構成され、鎮守と墓地をそれぞれ東西に配する、完結した生活単位が営まれる空間であった[13]。

こうした状況が一変するのが九世紀後半である。それまでの居住域はほぼ消滅し、新たな場所に建物が営まれる(図2)。特徴的なのは居住域1である。ここには一町占地の溝囲い区画の中に、半町占地の「ロ」字形配置、いわゆる官衙風配置の建物群を持つ。ただし奢侈品や輸入陶磁器は極めて少な

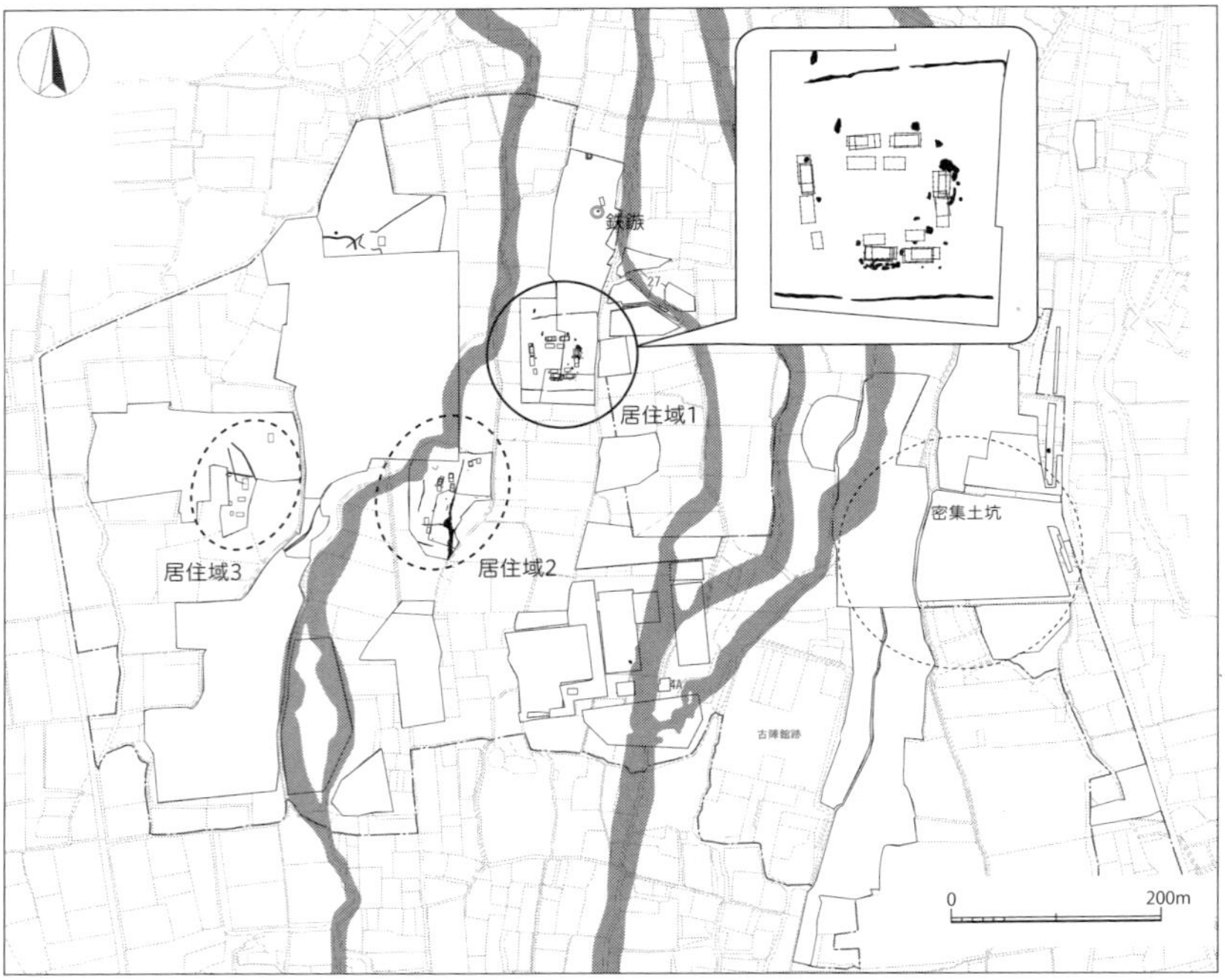

図2　徳永遺跡群における9世紀後半から10世紀前半の遺構

く、また調理具・煮炊具も僅少であるなど、生活感のない機能重視の建物である点が特徴的である。墨書土器、木簡、銙帯など役所的な出土遺物もほとんどないことから、開発にかかわる基地的施設と考えられる。これらの建物は短期間に幾度も建替えられ、十世紀初頭のうちに消滅する。このように徳永遺跡群では八世紀後半に成立した「ムラ」的なユニットが、九世紀後半に突然解体し、機能的な官衙風配置建物群を核とする開発基地のような施設となる。九世紀後半までの営農がいったん解体し、急激な再開発の必要性に迫られた結果造営された施設と考えられる。

以上のように、十世紀から十一前半の時期、西日本全域、特に九州に色濃く遺跡・遺構の減少が確認できる。徳永遺跡群では、九世紀後半から十世紀初頭に、前段階の集落が形成していた地域構造を全く引き継がない、官衙風配置の建物群を核とする大規模な再開発が行われ、そしてそれが継続しなかった状況が確認できた。宮崎県都城盆地の遺構変遷を分析した桒畑光博は、都城盆地においても、八世紀後半に開発村落が成立し、九世紀中葉から十世紀前半にこれが拡散するが継続せず、その後十一世紀後半まで遺跡が消滅する事実を明らかにしている[14]。都城盆地の十世紀前半に増加する遺跡は、徳永遺跡群のような既往の耕作地の荒廃を前提とした再開発の試みで、これが成功しなかった事例と思われる。九世紀後半から十世紀の危機的状況はこれまで想定されていた以上に深刻であったと考えるべきであろう。

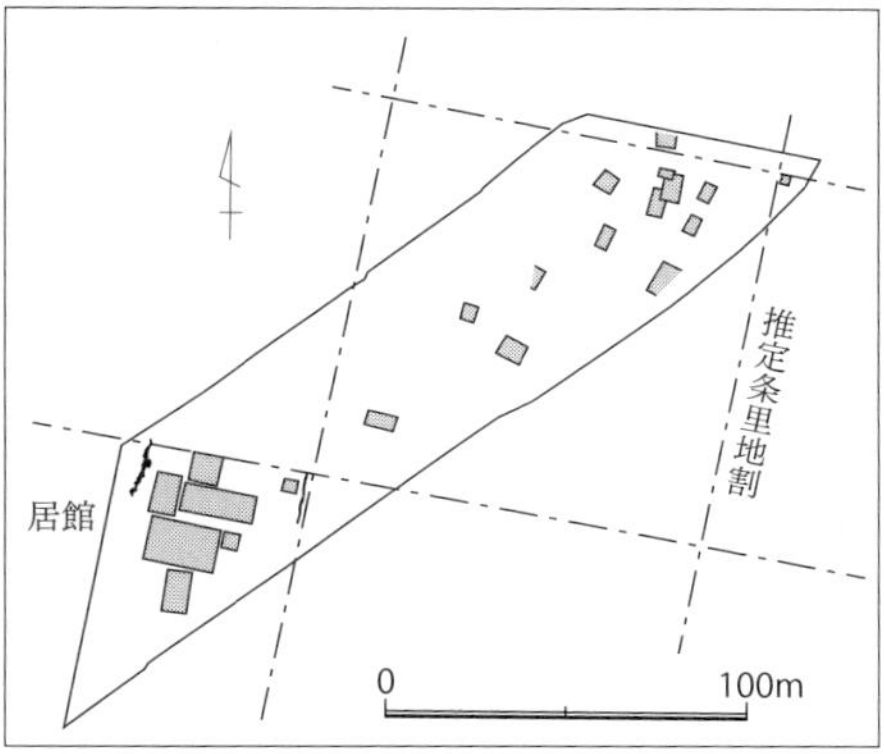

図３　山ノ下遺跡と推定条里地割

五　十一世紀中葉〜後半

この時期は中世集落が出現する最初の画期である。多くの遺跡で前段階の空白期間を経て新たに遺跡形成が始まる。鳥取県倉吉市山ノ下遺跡では、十一世紀後半〜十二世紀中葉頃に、一部を溝で区画する八間×五間前後の大型掘立柱建物が出現する。屋敷地の北東部には規模の小さな建物が集中する地域があり、階層性を持った集落の成立がうかがえる（図３）。周辺には小規模な条里型地割が展開するが、屋敷地が条里型に合致するのに対し、集落域はまったく規制を受けない。屋

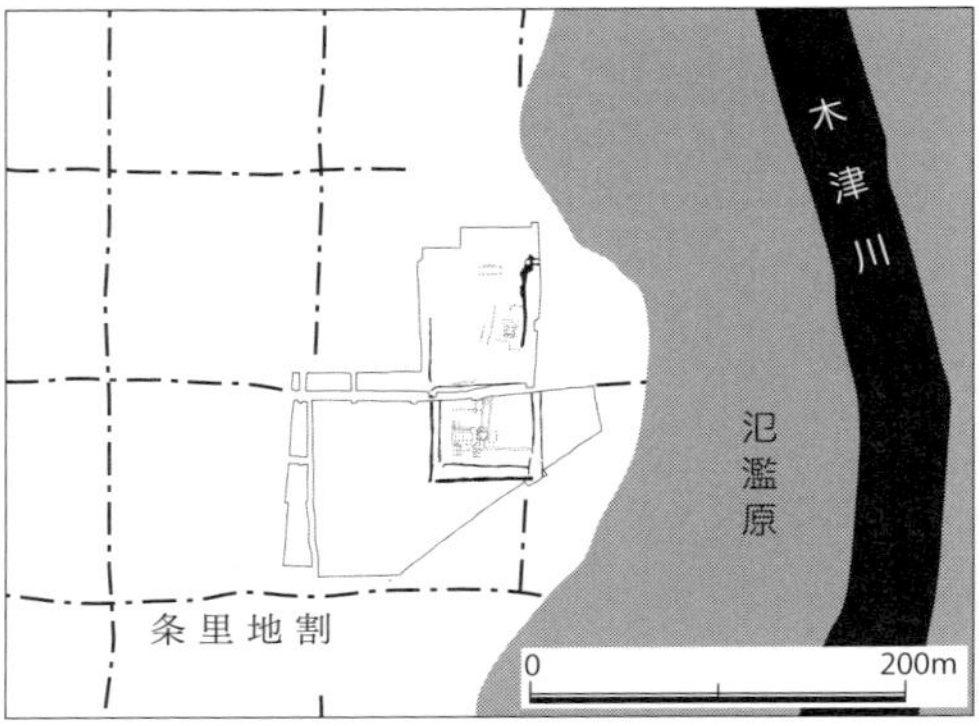

図４　西打遺跡と周辺の地割（報文より作成）

敷成立当時条里型が不明確であり、屋敷の設置が条里型の施工（延伸・再施工を含む）画期となった可能性が考えられる。これらの遺構は十三世紀中葉まで継続する。

岡山市鹿田遺跡では古墳時代後期以降、九世紀以前の遺構は非常に希薄で、十世紀〜十一世紀前半は三基の井戸が散在するのみである。十一世紀中葉には溝区画を持つ屋敷地の展開が確認されている。また、京都府久御山町佐山遺跡では、十一世紀第３四半期には幅十一ｍ近い巨大な濠で区画された、一町四方の大型居館が成立する。居館の配置は条里制に規制される。

このように、十一世紀代に成立する遺跡には溝区画を持つ屋敷地が伴う事例が多く、またそれに条里制、ないしそれに類する方格地割の設置を伴うことが多い。同時期の居館としては岡山県総社市御所遺跡[15]、香川県高松市西打遺跡Ｂ２区[16]（図４）、京都府長岡京市下海印寺遺跡[17]、鳥取県琴浦町井図地頭遺跡[18]、三重県津市雲出島貫遺跡[19]、宮崎県都城市郡元西原遺跡[20]などが存在する。筆者は以前、これら十一世紀前後の溝囲居館（出現期居館と呼称）を分析し、これらがいずれも居館と同じ方位を持つ方格地割を伴うことから、初期居館が開発拠点として成立することを指摘した。さらに方格地割と屋敷地をセットにするその設計思想が共通しており、屋敷墓的な土葬墓という画一的な墓制を伴う点を重視し、畿内地域からの強い影響が背景にあったことを想定している[21]。こうした開発拠点としての居館が各地に一斉に出現する理由は詳らかではなかったが、十世紀～十一前半の荒廃期を前提とすると、荒廃した地域を再開発するにあたって、荘園領主により中央から派遣された技術者、あるいは畿内から国衙へ派遣された下級官人層が核となった開発と理解することも可能である。ただし、これらの居館を区画する溝については、中世前期を通じて流水、滞水痕跡を持つものはほとんどないことは注意が必要である。この時期に成立した遺跡は、短命のものでも十三世紀中葉、大半の遺跡が十四世紀、もしくは中世後期まで継続しており、前段階とは異なり遺跡の安定性が顕著になることも特徴である。

図５　延命遺跡遺構変遷（報文を筆者年代観をもとに改変）

六　十二世紀後半～十三世紀前半

十二世紀後半は中世集落遺跡成立のピークである。山口県防府市下右田遺跡では溝区画を持つ屋敷地や集落が出現するが、周辺に展開する条里もこの時期に拡大していることが判明している。同様に、香川県三豊市延命遺跡でも前段階の建物が条里制の方向と異なるのに対し、この時期出現する居館は条里制に合致した配置を持つ（図5）。愛媛県松山市南斎院土居北遺跡・南江戸鬮目遺跡・古照遺跡群、徳島県三加茂町中庄東遺跡などではやは

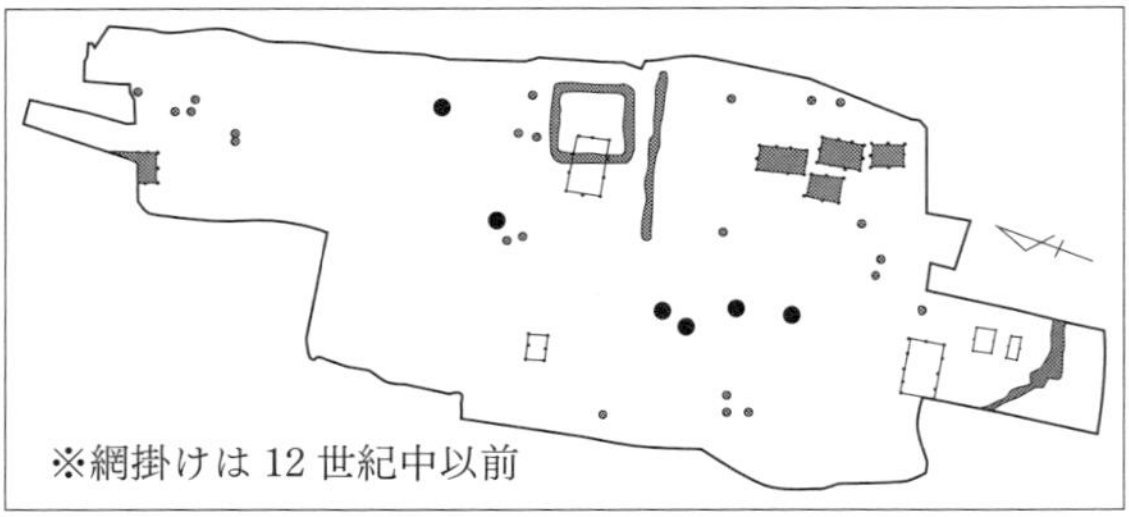

図６　本村遺跡の遺構変遷（報告書を元に作図）

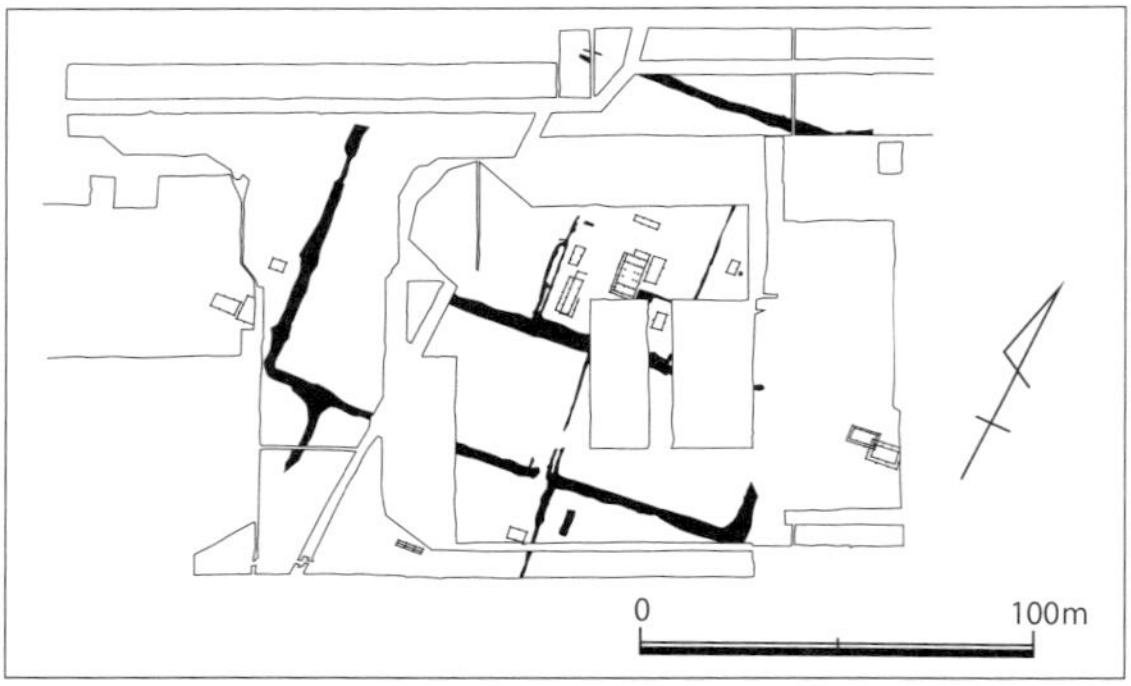

図７　空港跡遺跡検出の居館（報文より作成）

り溝区画を持つ居館の成立が確認でき、この時期にも十一世紀同様、居館を核とした新たな開発の進展がみられる。ただし、十一世紀末〜十二世紀中葉に溝区画を持つ集落が出現していた佐賀市本村遺跡では、十二世紀後半には建物主軸方向が転換し、塚墓が破壊されることから、居住者の変化が想定されており(図6)、この時期の居館の成立には人の移動が伴う事例も想定される。このように居館や中心的施設が確認できる遺跡に対して、愛媛県今治市柿田遺跡・下柿田遺跡、徳島県阿南市宮ノ本遺跡、大阪府茨木市総持寺遺跡などではこうした中心核が確認できない。集落群を越えたより大きな範囲を単位とする開発が進展した可能性を考えたい。

その後十三世紀に入ると、滋賀県草津市野路岡田遺跡（十三世紀中葉）などで再び溝区画を持つ居館が成立する。香川県高松市空港跡遺跡では、十三世紀前半にそれまでの集落とは連続性を持たず唐突に居館が出現する(図7)。この居館はそれまでの集落が安定して継続している中で成立しており、既存集落と有機的に結びついていた灌漑水路網を変更して成立していることから、既存集落とは断絶した主体が想定されている。十二世紀後半に本村遺跡で確認されたような居住者の変更が、十三世紀にも確認できる。

以上のように、この時期には村落エリアが拡大する傾向がみられる。また、十一世紀に見られた新規開発と連動した居館の形成が引き続き見られるほかに、既存の集落域に新しい居住者が居館を伴って入り込む状況が確認できる。

七　十四世紀

十四世紀の変化についてはすでに先学の検討により、居館の大規模化、溝区画を持つ屋敷地の集合など集村化の進展が指摘されているが[22]、この想定に大きな修正はない。ただ、表1からは、前段階から安定して継続していた集落の消滅が著しいことも指摘できる。現在の集落域へ移動した可能性や、集落の統合などがその背景として推定されているが、中世前期の開発を大きく変更する必要性がどこにあったのか、中世後期の開発状況との比較のなかで集落を考えていく必要がある。ここでは課題としておく。

八　中世集落遺跡の展開

本稿では西日本の中世集落遺跡について、八世紀からの変化を概観してきた。サンプル的な調査事例の抽出であり、単純に一般化できるかどうかについては、なお検証が必要であるが、各地で行われている中世集落研究の事例と比較しても、概ね全体の傾向を示しているものと思われる。ここでは本稿で明らかにした点を整理し、中世集落遺跡変遷画期の背景についても予察しておく。

中世集落遺跡成立前段階の大きな画期として、十世紀〜十一世紀前半の空白期を指摘した。これは全国的にみられる現象であるが、畿内ではそれほど顕著ではない。この時期の遺跡減少は単なる集落の移動や開発の変化ではなく、大幅な人口減少を伴う大規模な変化であると考えられ、従来述べられていた「律令体制の崩壊による在地社会の変化」では説明がつかない。先に触れた都城盆地の変化について桒畑光博は、その要因を環境変動に求めている[23]。近年、樹木年輪セルロースを用いた酸素同位体比年輪年代法が開発され、一年ごとの気候変化が読み取れるようになっており[24]、その成果として十世紀が気温・降水量変動の激しい気候不安定期であることが指摘されている。田村憲美や水野章二はこの成果を用いて、十世紀の危機的状況に対する国家的、社会的対応が中世荘園と中世社会を生み出す原因と推定している[25]。文献史学における伝統的理解として、十世紀を耕地開発の著しく進展する時代と位置付け[26]、考古学でも畿内における条里型村落の出現をもって同様の理解がなされていたが[27]、十世紀前半に一時的に見られる集落遺跡の増加は、いずれも一過性で継続性を持たず、発展的な耕地開発の進展とはみなせない。その後空白期を迎えるのは、この時期の開発が既存農地の壊滅的な荒廃を受けたいわば災害復旧であり、これが畿内では一部成功したものの、結果的に多くの地域で失敗に終わったためと理解すべきではないだろうか。

十一世紀中葉以降には新たな集落遺跡が出現する。これらには居館と条里型を含めた方格地割が伴う事例が複数みられるが、こうした現象の背景として、前段階のいわば壊滅的状況を受けた再開発が全国的に行われる可能性を考えたい。水野章二は遺跡として見つかる条里制の痕跡が中世に降る事例が多い事について、開発の流動性に原因を求めているが(28)、こうした再開発に際して、面積課税に適した方格地割が採用された可能性を考えたい。

さて、十一世紀中葉～後半に成立した中世集落遺跡はその後安定して継続する。樹木年輪セルロース酸素同位体比分析では十二世紀前半は再び危機的状況であり、田村はこれに伴う山野紛争の頻発と、荘園制の枠組みを利用したその解決が中世荘園制の確立の背景にあるとしたが(29)、中世集落遺跡の動向をみると、十二世紀前半が空白になることはなく、この時期を越えた十二世紀中葉以降には集落遺跡の増加、村落域の拡大が見られる。十一世紀中葉以降に確立する新たな耕地経営形態は、十二世紀前半の気候変動期にも対応でき、その後の安定期の集落増大を導いたと思われる。

十二世紀後半から十三世紀には居館の成立が増加するが、その中には他所からの移入者と考えられる事例が複数みられる。溝には灌漑溝としての機能は乏しく、区画としての機能が強いが、内部空間には空閑地の占める割合が高い。樫木規秀は香川県高松市空港跡遺跡のような二重居館のうち、外郭と内郭の差が大きいものについて、外郭周辺が耕作地に利用されている事例が多いことなどから、外郭溝の機能を直営田畑や私領を区画したものと推定しているが(30)、灌漑機能を持たない区画溝をわざわざ設置する背景として、こうした外来系居住者の直営地の明確化を想定できよう。こうした居館を伴う移住者については、治承寿永内乱から承久の変にかけて盛衰を繰り返す武士階層を想定することができるが、考古学的な特定にはなお手続きが必要である。

こうした中世前期集落遺跡は、中世前期を通して継続性を以って展開するが、十四世紀、特に中葉前後に、居館化、多区画化を目指し中世後期の集落へと転換する一方、多くの遺跡が消滅する。集落の統合や現状集落の場所への移動など様々な要因が考えられるが、今は断定を避けたい。

九　「ムラの戸籍簿」と中世集落遺跡

最後に本稿の主題である「ムラの戸籍簿」と中世集落遺跡の動向を対比させてみたい。二〇一八年に刊行された「ムラの戸籍簿」[31]では、郷の検出数が八世紀に特に多く、その後九・十・十一世紀に著しく減少した後、十二世紀に再び増加に転じることが指摘されている。遺跡動向をみると、八世紀後半に新出集落が各地に出現しており、やはり八世紀、特に後半は両者ともに重要な画期として共通する傾向が確認できる。

その後、郷村表記は九・十・十一世紀に激減することが指摘されているが、これは集落遺跡の動向とほぼ一致している。特に十世紀から十一世紀前半の遺跡数の減少は顕著で、この時期の変化は単なる開発形態の変化などではない可能性が高い。

前段階の空白期を経て、十一世紀中葉から十二世紀にかけて、前段階と連続性を持たない新たな集落が出現する。この集落を中世集落と位置付けることが適当と考えるが、郷村表記も十二世紀以降顕著な増加が確認できる。中世集落遺跡の出現が若干先行するものの、両者はほぼ同じ動向であると考えてよいだろう。この時期成立する集落遺跡は、その後居住者の変化など内的変化はあるものの、安定して展開し、十三世紀後半から十四世紀にふたたび動揺を迎える。居館化、多区画化を伴い中世後期の集落へと転換する一方、多くの遺跡が消滅するなど、地域の再編成が行われているようにみえる。この時期、村表記が郷名を上回るようであるが、集村化によって集落が「ムラ」と一対一の関係を形成していくことが背景にあると考えることも可能であろう。

このように集落遺跡の変遷と郷村表記の推移はほぼ対応関係にあり、史料上にみえる郷村表記は、そのまま居住空間の存在を反映していると考えてよいだろう。ただし「郷」と「村」の差異が、集落遺跡とどのような関係にあったかについては、今回の方法では明らかにしえず、課題として残される。

おわりに

以上、かなり粗い分析となってしまったが、古代集落から中世集落成立過程と、中世前期におけるその展開を整理した。「ムラの戸籍簿」論にどの程度寄与できるか、はなはだ自信はないが、中世集落遺跡の動向が、郷村表記とほぼ正確に連動していたことが確認できた点は重要な成果と自負する。

中世集落遺跡の調査事例は二〇〇〇年代以降も確実に増加している。さらに多様性と具体性を持った「ムラの戸籍簿」を目指して、今一度、今日的視点で中世集落遺跡の分析を重ねていくことが必要であろう。

注

1　橋本久和「中世村落の考古学的研究」(『大阪文化誌』一-二、財団法人大阪文化財センター、一九七四年)。
2　永原慶二『日本中世社会構造の研究』(岩波書店、一九七三年)。
3　広瀬和夫「中世村落の形成と展開」(『物質文化』五〇、物質文化研究会、一九八八年)。
4　鋤柄俊夫「中世丹南における職能民の集落遺跡」(『国立歴史民俗博物館研究報告』第四八集、一九九三年)。
5　飯村均「中世の「宿」「市」「津」」(中世都市研究会編『中世都市研究』3、新人物往来社、一九九三年)。

6 福田アジオ『日本村落の民俗的構造』(弘文堂、一九八二年)。

7 石井進編『中世のムラ　景観は語りかける』(東京大学出版会、一九九五年)。

8 山川均「中世集落の論理」(『考古学研究』四十五-二、考古学研究会、一九九八年)。

9 たとえば、笹生衛「地域の環境変化と祭祀」(同『神仏と村景観の考古学』(弘文堂、二〇〇五年、初出二〇〇三年)など。

10 坂井秀弥「古代の官衙・集落からみた館の形成」(同『古代地域社会の考古学』同成社、二〇〇八年、初出一九九四年)。前掲注9笹生「地域の環境変化と祭祀」。

11 加藤貴之「下総国印旛郡における集落の構造と変遷」(奈良文化財研究所編『古代集落の構造と変遷』二、第二十五回古代官衙・集落研究会報告書、クバプロ、二〇二二年)。永井邦仁「参河国賀茂郡・碧海郡の集落構造と変遷」(同前書)。平野修「古代仏教と土地開発――山梨県内の事例から――」(『帝京大学山梨文化財研究所　研究報告』第七集、帝京大学山梨文化財研究所、一九九六年)。

12 徳永遺跡群については、佐賀市教育委員会より一~三十七区(一部未刊行)の発掘調査報告書が刊行されている。

13 ただし、『徳永遺跡群一区』報告書総括では、未報告の二区に「富豪の屋敷」ともよべる建物群が存在するということで、本遺跡の階層構造はもう少し複雑となる可能性がある。

14 桒畑光博「都城盆地における八世紀後半から十世紀の集落動態とその背景」(『国立歴史民俗博物館研究報告』第二三二集、二〇二二年)。

15 総社市教育委員会『総社市埋蔵文化財調査年報』十五~十九(二〇〇六~二〇一〇年)。

16 香川県教育委員会・(財)香川県埋蔵文化財センター『西打遺跡』II、サンポート高松総合整備事業に伴う埋蔵文化財発掘調査報告書　第二冊(二〇〇二年)。

17 (公財)京都府埋蔵文化財調査研究センター「京都第二環状道路関係遺跡」(『京都府遺跡調査報告集』第百五十冊、二〇一二年)。

18 (財)鳥取県教育文化財団・鳥取県埋蔵文化財センター『井図地頭遺跡・井図地中ソネ遺跡』鳥取県教育文化財団調査報告書　八十(二〇〇三年)。

19 三重県埋蔵文化財センター『嶋抜』II、三重県埋蔵文化財調査報告　二百十二-一(二〇〇〇年)。三重県埋蔵文化財センター『嶋抜』III、三重県埋蔵文化財調査報告　二百十八(二〇〇一年)。伊藤裕偉「中世前期の「屋敷」と

地域開発」(『ふびと』第五十三号、三重大学歴史研究会、二〇〇一年)。
20 都城市教育委員会『郡元西原遺跡　確認調査総括報告書』都城市文化財調査報告書　第百四十九集(二〇二二年)。
21 佐藤亜聖「郡元西原遺跡と西日本の出現期居館」(『郡元西原遺跡　確認調査総括報告書』都城市文化財調査報告書　第百四十九集、二〇二二年)。
22 宮武正登「佐賀平野の村と館――中世村落の成立と変化――」(網野善彦・石井進編『東シナ海を囲む中世世界』中世の風景を読む七、新人物往来社、一九九五年)。前掲注8山川「中世集落の論理」。ただし山川は、十三世紀後半を画期としている。広瀬和夫「中世農村の考古学的研究」(『中世集落と灌漑』大和古中近研究会資料Ⅲ、一九九九年)
23 前掲注14来畑「都城盆地における八世紀後半から十世紀の集落動態とその背景」。
24 中塚武「酸素同位体比年輪年代法の登場と高度化」(中塚武・對馬あかね・佐野雅規編『古気候の復元と年代論の構築』気候変動から読みなおす日本史二、臨川書店、二〇二一年)。
25 田村憲美「一〇～一二世紀の気候変動と中世荘園制の形成」(伊藤啓介・田村憲美・水野章二編『気候変動と中世社会』気候変動から読みなおす日本史四、臨川書店、二〇二〇年)。水野章二「一〇～一二世紀の農業災害と中世社会の形成」(同前書)。
26 戸田芳実「中世文化形成の前提」(同『日本領主制成立史の研究』岩波書店、一九六七年)。
27 広瀬和夫「中世への胎動」(『岩波講座　日本考古学』六、岩波書店、一九八六年)など。
28 前掲注25水野「一〇～一二世紀の農業災害と中世社会の形成」。
29 前掲注25田村「一〇～一二世紀の気候変動と中世荘園制の形成」。
30 樫木規秀「古代末期～中世前期における居館の検討――西日本における二重方形区画の居館を中心に――」(『滋賀県立大学考古学研究室論集』Ⅰ、滋賀県立大学考古学研究室、二〇二一年)。
31 「ムラの戸籍簿」研究会事務局「序章」(大山喬平・三枝暁子編『古代・中世の地域社会――「ムラの戸籍簿」の可能性――』思文閣出版、二〇一八年)。

第七章　中世在地社会研究と「ムラの戸籍簿」

榎原雅治

はじめに

「ムラの戸籍簿」は「古代・中世の文献史料にみえる郷・村の初見事例」を全国的に集積、表示することをめざすデータベースであるが、その背後には「郷」「村」と表現される史料を網羅的に収集するという膨大な作業があることは明らかで、中世村落の研究史上でも空前のプロジェクトといえよう。そこから引き出すことのできる成果は当然多岐にわたるが、筆者の関心からは、次の二点をこれまでの成果として指摘しておきたい。

第一に「郷」「村」の史料上の初見年代が十二世紀、十四世紀、十六世紀に集中していることが明らかになりつつある。これは、これまで領域型荘園の成立期、荘園制の再編期、中世から近世への移行期と呼ばれてきた時期と対応している。中世的な土地領有の体系の変革と村・郷の誕生が連動していることが示唆されている。第二に、中世中葉以後、荘園や国衙領の中に成立してくる集落の呼称の東西差を浮かび上がらせたことである。「ムラの戸籍簿」を見れば、この呼称が、京都以東では「郷」、以西では「村」と表現される比率が高いことがわかる。この点は中世の在地研究者には経験的に気づかれていたことだと思われるが、全国的な傾向を数字的に示した意義は大きいだろう。

一方で課題も少なくない。その一つが史料上に現れる「郷」「村」という語の多義性である。「郷」には、和名抄郷に系譜を引く公領としての郷と、上述のように中世中葉以後登場し、近世村や現代の集落につながっていく郷がある。「村」にも近世村につながっていく「村」もあれば、荘園や公領の中にありながら、内部にいくつもの「村」を内包した「村」も存在する。和泉国日根庄入山田村の内部に、土丸・菖蒲・大木の「村」が存在していたことは中世史研究者には広く知られている。上位の村と下位の村の二層になっているわけで、このような事例は少なくないのだが、上位の村が何であるのかは、あまり論じられていない。近年、赤松秀亮氏は東寺領播磨国矢野庄が上村と下村で構成されていると同時に、二つの村の下位にいくつもの村が存在する構造になっていた点に注目し、上位の村（広域的な「村」）は信仰・水利や地割の共通性をもつ開発の単位だったと指摘している。(1) 同様の事例研究はさらに重ねられるべきだろう。「村」にせよ「郷」にせよ、この二層の構造を理解していないと、折角戸籍簿を作成しても、レベルの異なる「村」「郷」を同一平面で論じてしまう懸念がぬぐえない。

本稿では丹波国船井郡・桑田郡地域で、「村」の登場例をとりあげ、その多義性・多層性の具体的な現れ方を検討したい。

一　船井庄

船井（舟井）庄は和名抄郷船井郷の後身で、建武三年（一三三六）に足利尊氏が地頭職を北野社に寄進して以来、同社領となっていた。

文明十八年（一四八六）、丹波では新守護代上原元秀の入部に抵抗する国人・土豪たちの一揆が起きた。これに対する守護細川政元による鎮圧があり、「罪科人」とされた人々の所領は闕所とされたのだが、船井庄でも闕所とされた一族があり、それを書き上げたものが『北野社家日記』長享三年（一四八九）五月二十六日条に見える。

【史料１】

一、舟井庄十一村闕所分事、自安富与三左衛門方如此注来也、
一、八田村内海老名一類　　一、三戸村内岡人大保一類
一、宍人村内案主一類・小畠弾正・小畠小太郎・善応寺西山清水
一、新江村内加藤一類　　一、舟坂村内門介一類
一、興田村内掃《おとこ》部一類　　一、大村内五郎左衛門
一、黒田村内森一類
　　　已上
　長享三年五月　日

ここから北野社領船井庄には十一ヶ村があったこと、うち八ヶ村で闕所処分が行われたことがわかる。その二年後の延徳三年（一四九一）三月、北野社は船井庄のうち「興田村　大村　横田村　舟坂村　岐幡村　三戸村　八田村　熊崎村」の代官として太田保定を補任している（『北野社家日記』延徳三年三月二十四日）。この代官職補任と闕所処分の間に関係はないが、二つの史料の現れる村を整理するとちょうど以

下の十一となり、「舟井庄十一村」という表現と符合する。

興田村　大村　横田村　舟坂村　岐幡村　三戸村　八田村　熊崎村　宍人村　新江村　黒田村

これらの村のうち、同じ表記では元禄郷帳に見えないのは興田・岐幡・三戸・八田であるが、三戸と八田は元禄郷帳の水戸と北八田（現・口八田）であろう。また興田は現・新堂の小字の岡田、岐幡は現・仁江（新江）の小字の木畑であろう。したがって長享・延徳年間にみえる「村」は近世村や現在の集落とほぼ一致するものであるといえる。

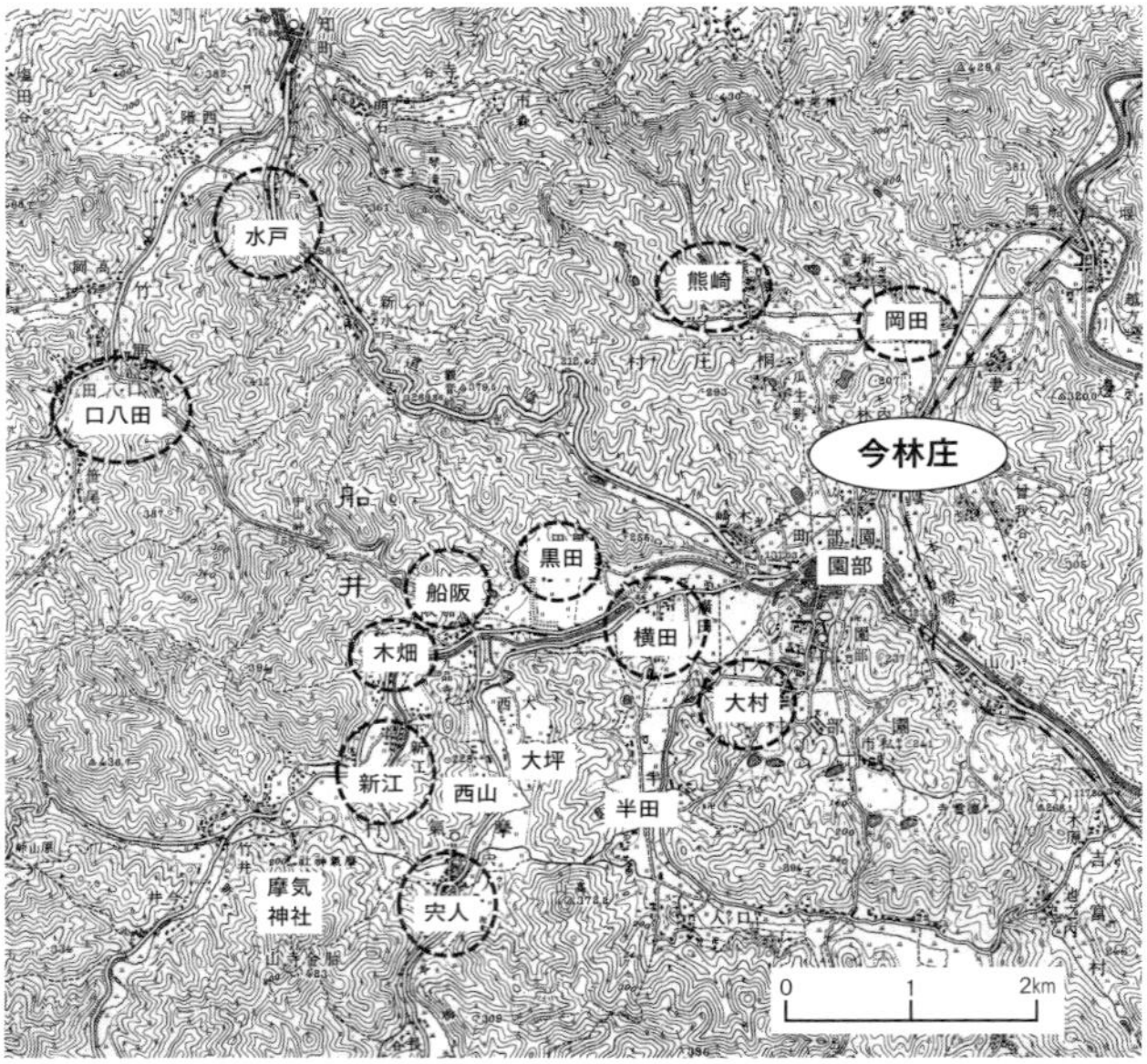

図1　船井庄十一村（国土地理院5万分1地形図「園部」明治26年測図大正9年修正測図大正14年発行より作成）

この地域の近世の祭祀圏については、元文五年（一七四〇）に園部藩寺社奉行が編纂した『寺社類集』[2]に参考になる記述がある。すなわち、船井郡摩気村の摩気大明神（現・南丹市園部町竹井摩気神社）は「船井郡第一之社」であり、境内には、元禄五年（一六九二）に半田・下横田・宍人・黒田・大・上横田・北八田・舟坂・下新江・西山・大坪の十一ヶ村の産神を勧請した末社があるとされる。この記事を詳細に検討した上島享氏は、この十一ヶ村が「舟井庄十一村」と重なりつつも一致するわけでないところから、摩気社の祭祀圏は船井庄の庄域との間に直接的な関係はなく、船井庄成立以前の祭祀状況を留めている可能性があるとしている。ただし、上島氏によれば、寛文十二年（一六七二）に建立された摩気神社の大鳥居には「十一村之惣社也」とあり、現在も「摩気郷十一ヶ村の総鎮守」と呼ばれるという。摩気神社の祭祀圏は、境内に産神を勧請された十一ヶ村のほかに、摩気神社の所在する摩気村も加えると実際には十二ヶ村（あるいはそれ以上）のはずである。にもかかわらず「十一村」という呼称が残っている点を重視すれば、中世には「舟井庄十一村」を祭祀圏としていたものが、中世末から近世初期の時期に祭祀圏の再編成があり、実際の祭祀圏の数とは食い違ってもなお「十一村」という呼称のみが続いた可能性もあるのではないか。真相は不明だが、十五世紀後半の段階で、近世村につながる村が成立していた一方で、「舟井庄十一村」という枠組みも何らかの実体性を保っていたことが、「十一村」という呼称の根強さに示されているように思われる。

二　山内庄

山内庄は和名抄郷の鼓打郷と須知郷の後身であり、鎌倉～南北朝期には近衛家領として登場する。(3) その後の経緯は不明だが、室町期には幕府御料所になっていた。この荘園内の村々の名前が判明する史料は次の史料である。

【史料2】『大日本古文書　蜷川家文書』一三五

御料所
丹波山内庄八ヶ村　小川殿御領
志津師村」　鼓打村」　十勢村」　八田村　勝智院領」　須智村　須智知行乱世以来」
塩田村　奉公衆御給分」　高屋村　同前」　紅村　伊勢七郎右衛門殿御知行
残三ヶ村御年貢百七□餘欤、此外
　地子春成等卅貫文歟、
（原文は」で改行する）

【史料3】『大日本古文書　蜷川家文書』一三四

　御料所丹波国船井郡山内庄上三ヶ村名主御百姓等謹言上、
右、当所三ヶ村者、小河殿様（紀良子）御料所以来、養心〔徳〕院殿様（足利満詮）御相続之由緒〇によりて、一乱以前まで、今出河殿様（足利義視）之御料所として、御年貢を進上仕候事、無其隠者也、然一乱中守護人〇無謂于今知行候、所詮、任先規、被補御料所候て、被成下御奉書候はゝ、御年貢等厳重可進納仕候、（中略）仍粗謹言上如件、
　　文明十四年十月日

　文明十四年（一四八二）、各地の幕府御料所が、足利義政の進める東山山荘造営のための料所に指定された。山内庄に関する二点の史料もその状況の中で作成されたものと考えられる。史料2は山内庄内八ヶ村の文明十四年時点での知行者を書き上げたもの、史料3は年貢を山荘造営料として上進するよう求められた山内庄上三ヶ村側が、応仁の乱後、守護被官に押領されて、年貢を幕府に納められない現状を訴えたものであろう。

史料2の末尾に「残三ヶ村」とあり、これが史料3の「山内庄上三ヶ村」であると思われる。具体的にどこか、史料上の手がかりはないが、八ヶ村に隣接する水原・鎌谷・大河原の三地区の鎮守はいずれも春日神社となっている。鎌倉期の山内庄が近衛家領だったことを反映している可能性はあるだろう。八ヶ村の遺称地を元禄郷帳で求めると、質志《しずし》・十勢《じっせ》・井尻八田・須知《しゅうち》・塩田谷・塩田安井・高屋・紅井となる（明治以後、紅井は豊田、高屋は富田に含まれる）。鼓打は村名としては相当する地名が見えないが、『和知町誌』[4]が京丹波町橋爪の鼓山を遺称地としているのは妥当だろう。したがって史料2に見える山内庄八ヶ村は、対応する近世の村名をほぼ求めることができる。しかしこれら八ヶ村をそのまま近世村と同等の村域をもつ村と考えることはどうだろうか。この八ヶ村を地図上に置くと、互いに接しているわけではなく、旧丹波町と旧瑞穂町内に点在している。旧両町域にはこれらのほかにも多数の村（大字）が存在するから、八ヶ村を近世村につながる村と考えると、八ヶ村に「残三ヶ村」を合わせた十一ヶ村としても、それらは山内庄のごく一部に過ぎないということになってしまう。

山内庄の村に関する中世の文献史料はほかにないが、この地域の祭祀慣行は八ヶ村の性格を考えるうえで興味深い。

現在、山内庄域にあたる地域で行われている鎮守―氏子関係を、旧丹波町域については『丹波町誌』[5]、旧瑞穂町域については『京都府の地名』[6]によってまとめると表1のようになる。氏子圏として記入した村の名は現在の大字で、（）内は元禄郷帳に見える村名である。各神社の創建、社殿造営に関する伝承もあわせて掲げておく。

これを見ると、興味深いことに、史料2に見える村々は各氏子圏に一村ずつ配されるように分布している（ゴシックで表示）。ここから、史料2に見える「村」とは近世村に直接つながる村ではなく、共通の

表　山内庄の氏子圏

神社名（所在地）	氏子圏（近世村）	造営伝承	地理環境	俗称	和名抄郷
何鹿神社（曽根）	曽根・院内・**塩田谷**・安井・幸野・森	正和4年（1315）から何鹿神社と呼称	曽根川系	一宮	出鹿郷
能満神社（上野）	上野・市森・**須知**・蒲生野	延慶3年（1310）社殿建立	須知川系	五宮	須知郷
大山咋神社（実勢）	**実勢**	弘安以前に社殿の再建 永禄12年（1569）再建	実勢川系		
九手神社（豊田字紅井）	豊田（**紅井**・谷・山内）	長元2年（1029）社殿造営 明応7年（1498）再建	高屋川系	四宮	
子守神社（富田字高屋）	富田（**高屋**・坪井）	天文12年（1543）正一位の宣旨を受ける	高屋川系	七宮	
八幡宮（富田字坪井）	富田（坪井）	天正3年（1575）勧請	高屋川系		
二ノ宮神社（橋爪）	橋爪・和田・大朴・中台・新町・出口		京街道沿い	二宮	鼓打郷
酒治志神社（三ノ宮）	保井谷・粟野・妙楽寺・三ノ宮・**質志**	元慶5年（881）頃創建か 元亨元年（1321）上葺修補 永享12年（1440）葺替 永正元年（1504）檜皮造営 寛文10年（1670）拝殿建立	高屋川上流	三宮	
日吉神社（井尻）	井尻・**八田**？	文安元年（1444）創建？	井尻川	六宮	

神社祭祀をもち、複数の集落を内包する範域に対応したものとみなすことができよう。「上三ヶ村」を除く山内庄域は史料2に見える八ヶ村で網羅されていると考えていいだろう。

問題はこれら八つの村がいつ成立したかである。これに対する回答は難しいが、上記の神社の造営伝承には鎌倉後期にさかのぼるものが少なくない。創建はさらにさかのぼる可能性がある。また各氏子圏を地図に示したものが図2であるが、その地理環境を見ると、何鹿神社は曽根川、能満神社は須知川、大山咋神社は実勢川、酒治志神社は高屋川最上流、日吉神社は井尻川、というようにそれぞれに異なった谷を氏子圏としている。また二ノ宮神社の氏子圏は京街道に沿って広がっており、他の氏子圏とは異なった条件をもっている。九手神社と子守神社は近い条件下にあるものの、多くの神社の氏子圏、すなわち史料2に見える八つの村はそれぞれ立地条件を異にし

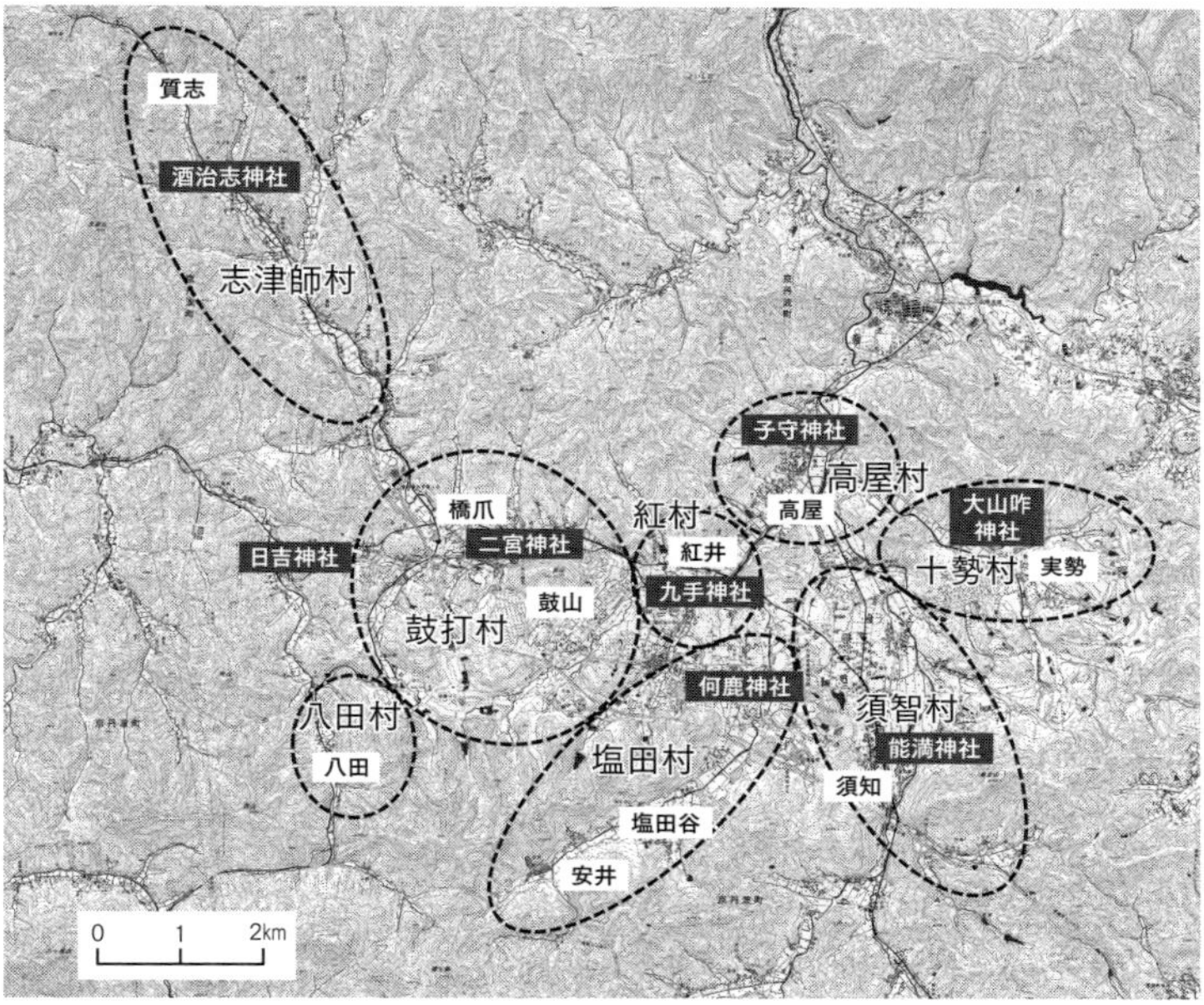

図2　山内庄八社の氏子圏（国土地理院地理院タイルを使用）

ており、開発も同一のプランの下で進められたものではないだろう。各神社の創建時期は不明であるが、八つの村の成立は鎌倉中期以前、あるいは山内庄の成立時期にまで遡るのではあるまいか。隣の船井庄を参照すれば、史料2が作成された十五世紀後半には、八つの村の下位には近世村につながるような村が誕生していたと予想されるが、奉公衆らの知行の単位としては、中世前期以来の開発の単位としての村が基準となっていたと考えられる。

三　田原桐野牧（五箇庄）

田原桐野牧は和名抄郷田原郷の後身で、平安末期〜鎌倉期には田原桐野牧あるいは桐野牧と呼ばれ、摂関家殿下渡領のうちの法成寺領とされていた。

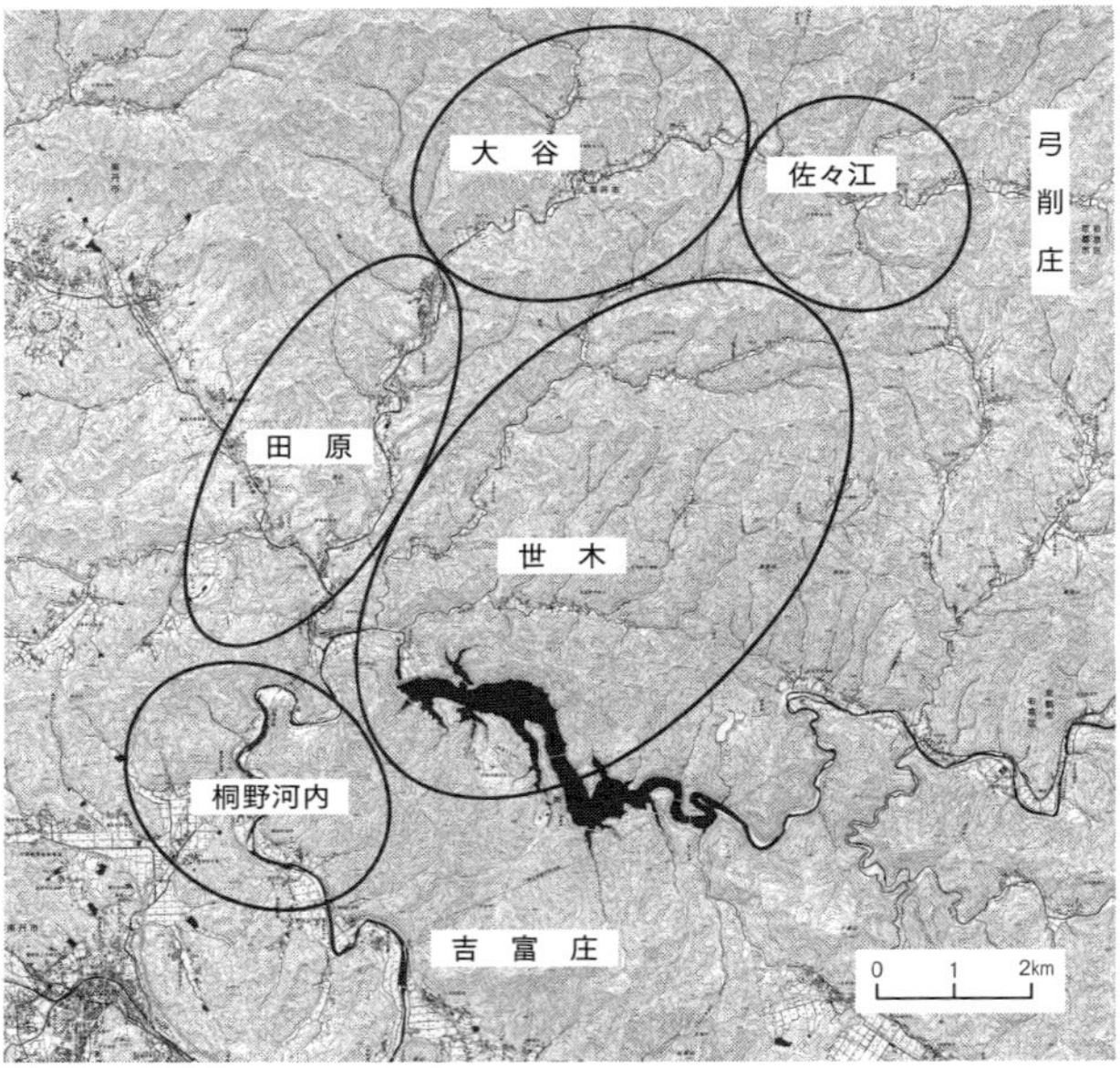

図3　五箇庄の五村（国土地理院地理院タイルを使用）

鎌倉中期～室町期の史料から、その内部が桐野河内・田原・世木・大谷・佐々江の五ヶ村で構成されていたことは確実で、それぞれに領家が設定されていた。田原・世木・大谷村の領家は相国寺、佐々江村は近衛家である。桐野河内村は幕府御料所として著名であるが、領家としての権利を足利家が獲得していたものと考えられる。また地頭も村ごとに置かれていたらしい。田原桐野牧は現地では五箇庄とも呼ばれるが、これは田原桐野牧が五つの村で構成されていたところに由来するものであろう(7)。

この五つの村の性格であるが、それぞれの村は領家や地頭も異なり、相互の独立性が強い。地理的にも、世木村は大堰川の支流であるいくつかの谷沿いに展開しており、田原川沿いに点在する田原・大谷・佐々江村とは水系が異なる。また桐野河内村は大堰川の本流沿いの盆地に開かれた村で、山間の狭小な谷に位置する他の村々とは水利状況は異なる。おそらく五つの村は田原桐野牧が成立した時点から開発のあり方を異にしており、法成寺領という高次の領有の一点で一つの荘園に属することになったものであろう。つまり、五つの村は荘園成立期における開発の単位であり、山内庄の史料に見える八つの村と同様の性格をもつものであろう。

元禄郷帳によれば、五つの村には、それぞれ多数の近世村が内包されていた。たとえば中世の大谷村の領域には、海老谷・東谷・大谷・吉野辺の四つの近世村があった。これらの村名は近世になって初めて登場したものではない。吉野辺村は、「丹波大谷村佐々木文書」の宝徳四年（一四五二）二月八日の相国寺都聞正盛等寄進状(8)にすでに「大谷内吉野辺村」と見える。また海老谷・東谷も応永二十五年（一四一八）の内検帳に住人の居住地として見えている。一方で、『寺社類集』によれば、この四ヶ村は岳安大明神（現・岡安神社）を産神としており、近世になっても中世の大谷村としての一体性は続いていたと考えられる。また田原村は近世には片野・和田・新・殿の四ヶ村に分かれるが、『寺社類集』によれば、近世になっても多治大明神（現・田原神社）を共通の産神とし、その神宮寺の庁桟には四ヶ村の氏人が座していたとされる。

四　吉富庄

1　吉富庄内の村の二重性

吉富庄は桑田郡と船井郡にまたがる広大な荘園である。和名抄郷の桑田郡宇頭（宇都）郷と船井郡刑部郷・志麻郷を前身とする。

元暦元年（一一八四）五月十九日後白河院庁下文[9]、および同二年正月十九日文覚四十五箇条起請文[10]によれば、宇都郷は源義朝の私領であったが、平治の乱後、後白河院近臣藤原成親の所領となった。成親は宇都郷に神吉・八代・熊田・志摩・刑部の五郷を加えて後白河院御願の法華堂に寄進した。このうち神吉・八代・熊田郷は和名抄には見えず、平安後期に開発された郷と思われる。平家滅亡後、宇都郷は源義朝の旧領だった由緒によって、源頼朝に帰し、頼朝から神護寺の文覚に寄進された（本庄）。ついで文覚の要望によって、残る五郷も後白河院から神護寺に寄進された（新庄）。

これらの郷は応永年間に至っても年貢徴収の単位とされていた。神護寺伝来の文書の中には、吉富庄内の刑部郷・志万郷・神吉村・八代村・熊田村を単位とした年貢算用状が残されている。さらに冒頭を欠いて郷名が記されていない算用状が二通存在するが、いずれも内容から宇津郷のものであると考えられる[11]。したがって吉富本庄・新庄が成立したときの六郷はいずれも応永年間に至ってもなお神護寺の支配の単位となっていたことが確認できる。郷と村の称の別については、和名抄郷から続くものは一貫して「郷」と呼ばれるのに対し、新庄成立のときに初めて登場した「郷」は応永期には「村」と呼ばれている。平安後期の開発によって成立した「郷」は「村」とも呼ばれているわけであるが、これは山内庄や田原桐野牧の中世史料に現れる村の性格を考えるうえでも参考になろう。以上の六郷に加えて、応永年間には、上縄野村・下縄野村・鳥羽一色の三ヶ村が年貢算用状の作成単位となっていた。いずれも六郷の周縁部にあたり、文覚の時代以後、吉富庄がその領域を拡大させていったものと考えられる。

これらの村と近世村の関係は次のとおりである。

神吉村は大堰川の支流千歳川沿いに開けた小盆地で、近世には神吉和田・神吉上・神吉下の三ヶ村に分かれていたが、『京都府の地名』によれば、いずれも神吉下村の八幡神社の祭祀圏となっている。八

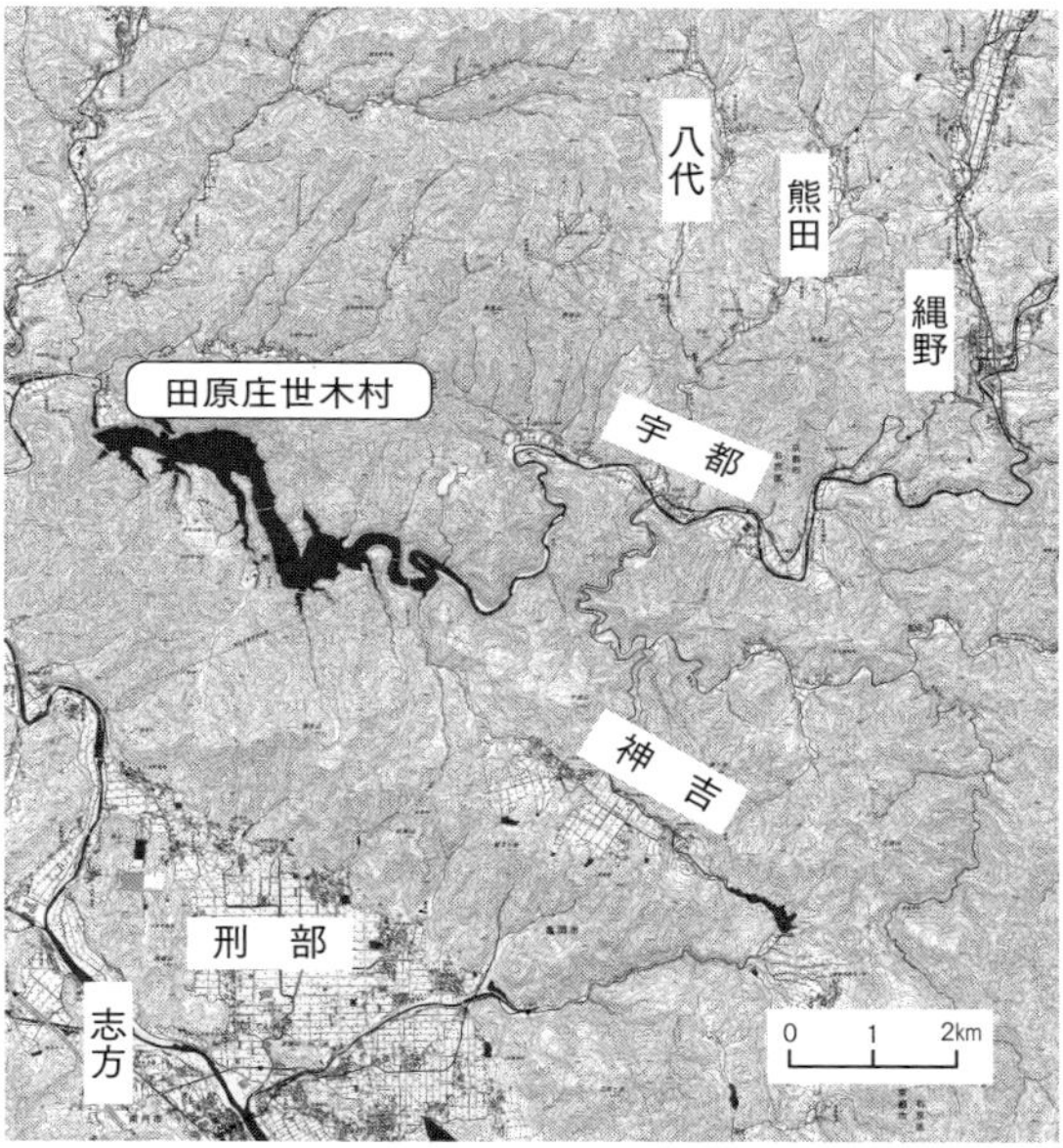

図4　吉富庄（国土地理院地理院タイルを使用）

代村は明石川沿いの狭い谷に沿った地区で、近世には漆谷・矢代中・西・浅江の四ヶ村に分かれている。応永十二年（一四〇五）の吉富新庄八代村現未進徴符[12]には、すでに住人の住所としてウルシ谷・中村・西村・アサヱが見えているので、十五世紀初頭には、八代村の中に近世村につながる村が誕生していたことが確認できる。一方で、この四ヶ村は、現在いずれも矢代中の日吉神社の氏子となっているから、八代村としての一体性は近世にも残っていたと考えられる。宇都郷は七ヶ村、熊田村は二ヶ村に分かれるが、それぞれの全域にわたるような祭祀圏は、現在は残っていないようである[13]。

上縄野村・下縄野村は大堰川上流に開けた小盆地に位置し、他の郷や村と異なり桑田郡に属する。近世には周山上・周山下・魚ヶ淵・五本松の四ヶ村に分かれていたが、谷あいの魚ヶ淵を除く三村は現在も京都市右京区京北周山町（もと周山上）の八津良神社の氏子となっており、縄野としての一体性は残っている。

刑部郷は大堰川の形成する広大な亀岡盆地の北部に位置し、上記の村とは地理的環境は大きく異なる。『寺社類集』では、鹿野森春日神社（現・南丹市八木町船枝の船井神社）に「新庄八ヶ村産社也」と注記されている。現在の船井神社の氏子圏は船枝・諸畑（近世の諸木と畑中）・室橋・野条で、「八ヶ村」がそれ以外のどこを含むかは不明だが、明治二十二年（一八八九）の市町村制施行後の新庄村には池上・山室が含まれていた。

さて、吉富庄の中世の様子を知るうえでは真継家所蔵「吉富庄絵図」[14]が参考になる。この絵図は吉富庄全域を描いたもので、平安末期に成立した原図に、近隣の荘園との相論に対応するための追記を加えつつ書写を重ねられたものと考えられている。現存の絵図の最終的な成立は江戸初期とされる。[15]この絵図に「村」として見えるのは次のとおりである。

神吉・八代・熊田（吉富新庄を構成する郷）

榎・諸木・日置（刑部郷内、「村」の称のないものとして氷所・池上・三俣）

船枝・山室・糟掻・熊原・雀部・上田・草野・木原（志万郷内）

これらの村のうち傍線を引いた村は、近世村または現在の小字集落との対応を確認できる（榎は船枝の小字梅ノ木原、糟掻は山室の小字粕掛、上田は近世村の神田）。榎以下の村々の多くはこの図が初見で、これらがどの段階の書写で記入されたのかが問題になる。現存図が描かれたときの加筆であることも、可能性としてはありうるが、この絵図では「日置」が「日量」、「熊原」が「熊厘」となっているなど、文字の誤写がめだつ。また「村」の記された位置も実際の位置からはずれている。これは、現存図の書写者は自身の同時代的な知識によって村名を記入したのではなく、先行して存在していた絵図にあった文字を、内容を十分に理解しないまま書写したことを示している。つまり、誤写の多さはかえって現存絵図に先行する絵図が存在したことの証しとなるだろう。「村」の記載が出そろったのは現存絵図の書写年代より確実にさかのぼるものであり、十五世紀から十六世紀初めのころと考えていいのではあるまいか。

以上のように、「吉富庄絵図」には、鎌倉初期に吉富庄が神護寺領となったとき以来存在し、近世には複数の村に分かれることになった村と、立荘時以来の郷の中にその後誕生し、近世の村や集落につながっていった村との、二類型の村が表現されているといえる。

２　荘園成立期の郷（村）の規定性

「吉富庄絵図」で刑部郷として描かれる空間は用水系で共通性をもつ空間である。近世、船枝・室橋・野条・池上・諸木・畑中の六ヶ村は新庄用水の井組を構成し、さらに日置・氷所もその余水掛かりとされていた。この用水が鎌倉期から存在していたと考えられることについては、すでに神村和輝氏、高野陽子氏の指摘がある。(16) すなわち、正安三年（一三〇一）七月三日の安藤蓮聖請文(17)に「丹波国吉富新庄刑部郷

為二用水一、自二周囲五箇庄内河内村一□〔依カ〕有二水便一、有レ限為二井料溝代一、毎年沙二汰-進拾五斛米於河内村地頭方一、所二申請一水路広参丈陸尺、長十捌町也、一」とある。差出人の安藤蓮聖は得宗被官として著名であるが、神護寺に吉富新庄の年貢を請け負っていたのであろう。この請文によれば、刑部郷の用水は五箇庄内河内村から引いているので、その浚渫代として毎年十五石を河内村地頭に納付することが約されている。「五箇庄」とは本稿の第三節で取り上げた五箇庄のことであり、「河内村」とは桐野河内村のことであろう。この浚渫代については、応永十二年分の吉富新庄刑部郷年貢散用状(18)にも「川内井料」の支出があったことが記されているので、桐野河内村への納付は室町期にも続いていたことがわかる。

神村・高野両氏の指摘にもあるとおり、刑部用水は桐野河内村内で大堰川から取水され、一・八キロ

メートルに及ぶ導水路を経て刑部郷の北端に入ったのち、刑部郷の過半を灌漑する用水路である。刑部郷という空間が用水の共有に裏付けられた空間であったことが知られる。また用水の利用と井料に関する荘域を越えた契約が、荘園と荘園の間ではなく、刑部郷と桐野河内村という荘園内の一地域を単位として結ばれていた点に注目しておきたい。二層の村のうち上位の村は、中世の荘園制社会の中で、荘園に準ずる位置を与えられていたのである。

そもそも吉富庄は二つの郡にまたがり、成立時から存在した荘内各郷の地理環境は大きく異なる。吉富庄という枠組み自体がきわめて政治性の強いものであり、開発の由来の異なる各郷・村の独立性が規定的であったのは当然といえるが、その規定性は内部に集落としての村が成立したのちにまで及ぶものであったといえよう。

おわりに

丹波国船井郡・桑田郡地域の荘園を中心に、史料に現れる村の二層性について検討してきたが、祭祀や用水系を共有する上位の村と、集落という居住の近接性に基づく下位の村の二層になっているあり方はこの地域に広く認められそうである。吉富庄に隣接する野口庄でも内部は村とか方と呼ばれる単位に分かれ、その下に集落としての村があった(19)。二類型の村は、同時期の史料であっても、その史料的性格によって両方とも現れうるものである。

この村の二層状況がみられるのは、つまるところ荘園という領域の政治的性格に由来するものであろう。本来地理的環境や用水系も異なり、当然開発の経緯も異なる複数の小地域が、高次の領有の一点で一つの荘園として立荘されたこと、あるいは広大な未墾地を含む領域の占有が宣言され、立荘されたのち、荘内の小地域ごとに開発が進められたことが、長期にわたって上位の村が持続した理由であろう。

注目されるのは、吉富新庄刑部郷と五箇庄桐野河内村のように、上位の村は、荘園を介することなく、直接に用水利用にかかる契約を結んでいたことである。中世社会の中で法人格をもっていたのであり、荘園に準じる位置にあったといえよう。日根庄入山田村が中世末期には入山田庄と呼ばれていたことが知られているが、本稿で取り上げた五箇庄の田原村や大谷村も近世には田原庄、大谷庄とも呼ばれていた。上位の村の荘園に準じた位置が示されているだろう。

最後に「生活のユニット」という表現との関係に触れておきたい。本稿で述べた二層の村がそれぞれ持つ役割、すなわち祭祀や用水の共有は紛れもなく生活の一部であるが、一方で居住の近接性もまた生活の一部である。その意味で「生活のユニット」もまた重層的といわねばならない。どちらが基本的かということよりも、両者の関係性やその変化のあり方を考えていくことが今後の課題であるように思う。

注

1　赤松秀亮「南北朝期における広域的「村」の特質と機能――播磨国矢野荘の上村と下村に注目して――」(『歴史学研究』九九八、二〇二〇年)。
2　南丹市立文化博物館調査報告書　第五集『園部藩関係史料　寺社類集　翻刻編』(南丹市立文化博物館、二〇一五年、解題 上島享)。
3　『鎌倉遺文』七六三一　近衛家所領目録(近衛家文書)。
4　『和知町誌一　古代・中世・近世』(和知町役場、一九九五年)。

5 『丹波町誌』（丹波町役場、一九八五年）。
6 日本歴史地名体系『京都府の地名』（平凡社、一九八一年）。
7 『丹波大谷村佐々木文書』東京大学史料編纂所研究成果報告二〇一三－四 解題 榎原雅治。
8 同前書 中世文書二一号。
9 坂本亮太・末柄豊・村井祐樹編『高雄山神護寺文書集成』（思文閣出版、二〇一七年）二一号。
10 同前書二七号。
11 榎原雅治「史料紹介 イェール大学バイネキ図書館所蔵「神護寺領丹波国吉富庄年貢散用状」」（『東京大学史料編纂所研究紀要』三三、二〇二三年）。
12 前掲注9書四四〇号。
13 宇都七ヶ村のうち栃本・弓槻・柏原は宇都八幡宮、浮井・粟生谷は粟生谷の八幡宮、中地は出雲神社、明石は三輪大明神の氏子となっている。
14 東京大学史料編纂所編『日本荘園絵図聚影 中世 近畿三』（東京大学出版会、一九九九年）、同編『日本荘園絵図聚影 釈文編三 中世二』（東京大学出版会、二〇二一年）。
15 仲村研「丹波国吉富荘の古絵図について」（同『荘園支配構造の研究』吉川弘文館、一九七八年、初出一九六三年）、飯沼賢司「丹波国吉富荘と絵図」（『民衆史研究』三〇、一九八六年）。
16 八木町史編さん事業事務局編『神護寺領丹波国吉富荘故地調査報告書』（『八木町史編さん事業歴史資料調査報告書』第二集）、南丹市教育委員会、二〇〇九年、執筆神村和輝ほか、高野陽子「丹波国吉富荘にみる耕地開発と条里関連遺構」（京都府埋蔵文化財調査研究センター『京都府埋蔵文化財論集』第七集、二〇一六年）。
17 前掲注9書二三八号。
18 前掲注11論文。
19 榎原雅治「高山寺所蔵の二つの「神尾山一切経蔵領古図」と丹波国野口庄」（『東京大学史料編纂所附属画像史料解析センター通信』九三、二〇二一年）。

第八章　近世からみた郷とムラ

牧原成征

はじめに

信州佐久郡に海瀬《かいぜ》郷という郷があった（現在、長野県南佐久郡佐久穂町海瀬）。史料上の初見は永禄三年（一五六〇）五月、武田信玄が市川右馬助・市川右近助宛に出した宛行状写で、そこに「海瀬・三分《みぶん》百三拾貫」「崎田七拾貫」などが現れる（『信濃史料』第十二巻二九四頁）。天正六年（一五七八）二月の「上諏訪大宮同前宮造宮帳」にも「海瀬之郷」が二貫三百文の出銭を負担し、代官として六郎衛門尉・神衛門尉の名前が記される（同十四巻二九七頁）。このように信濃における「郷」は、多くは諏訪社の祭祀や造営に関する史料に初めて登場してくる。

では、そのような郷の実態はどのようなものだったか。中世史料は上記にとどまるが、海瀬郷のうち近世に成立する下《した》海瀬村については、名主《なぬし》（時期によって年番名主）を務めた土屋家・相馬家などに数千点もの近世史料が伝存した[1]（以下、それぞれの文書番号で典拠を示す）。この村については、かつて村運営・村役人制度を中心に検討したことがあるが[2]、近世からさかのぼって中世の郷と集落（ムラ）のあり方を探るという関心のもと、ここであらためて検討してみたい。

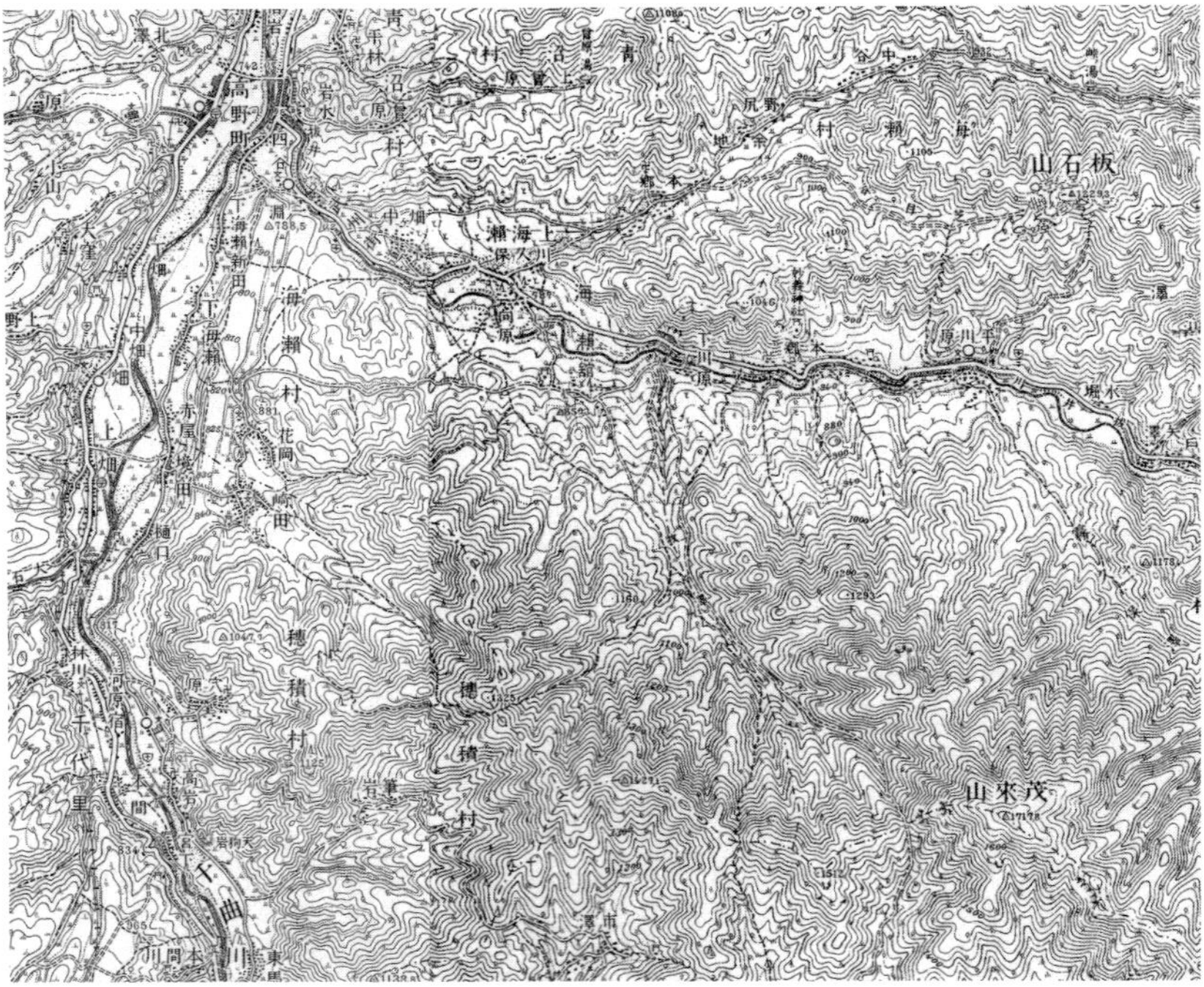

図　海瀬村周辺
中央より少し右の本郷は大日向村の本郷、同村はそこから上州までの広い範囲に及ぶ。海瀬と大日向との間、南から北へ牧澤（真木沢）がある。
原図：国土地理院5万分1地形図「蓼科山」（大正元年測図・大正4年発行）、「十石峠」（大正元年測図・大正3年発行）

第八章　近世からみた郷とムラ

牧原成征

図をみると、千曲川沿いに北から四ツ谷・海瀬新田・下海瀬・赤屋という集落があり、段丘上に花岡がある。このうち海瀬新田は独立した近世村であり、残りが下海瀬村である。一方、抜井川・余地川沿いに、館・向原・川久保・畑ケ中・一ノ渕という集落があり、これらが近世の上《かみ》海瀬村を構成した。近世にもこうした集落を住人らが「村」と呼ぶことは多いが、村請制村と区別して（本書全体の方針と異なるものの）本章ではそれをムラと呼ぶことにする。[3] かつての海瀬郷は、そうしたムラから構成されたが、近世には以上三つの村請制の村に分かれた。まずはその経緯をたどるところから始めよう。

一　郷から村へ

佐久郡は天正十八年（一五九〇）に、豊臣秀吉の臣下であった仙石秀久の領国となる。文禄四年（一五九五）六月「佐久郡永楽高辻」という郡の高辻帳が残り、郷ごとの貫高が概算（大まかな数値）で把握されている。海瀬は二百四十貫文とされる（『長野県史近世史料編』第二巻、以下県史と略す、四三号）。ただし表題はおそらく後年のもので、単位は永楽の高ではないだろう。この帳簿の川東（千曲川の東側）の分は、与良の隼人以下、高野町の善次に至る十四名の有力な名主たちが指し出すような形式になっている。佐久郡では、太閤検地方式の竿入れはまだ行われていなかった。

なお、さらに前、天正十四年戌十二月四日の日付をもつ「信州佐久郡之内貫之御帳」という貫高帳も知られている（『新編信濃史料叢書』十一巻一四三頁）。これは同年のものとして扱われてきたが、[4] 疑問がある。たとえば「矢嶋／同所ノ内八幡町」という記事があるが、八幡町（八幡宿）は慶長七年（一六〇二）の中山道整備の際に町立てされたと考えられている。[5] また村々が田の口組、望月組、野沢組などに分けて記されている点でも、天正十四年のものとは考えにくい。ただし、武田氏の下ですでに郷ごとの貫高が把握されていたことは事実である。仮に戌年であれば、慶長十五年（一六一〇）の帳簿の写かと思われる。海瀬はここでも二百四十貫である。

ちょうどその頃、慶長十四年と十五年の両年分、仙石氏の家老片岡彦左衛門が発給した海瀬村割付状が残されている。二百四十貫文の村高に対して、田畑屋敷ともに一貫に「取」九斗＝四俵五分（一俵＝二斗）という換算値で、米で年貢を納入するよう命じている。(6) 十四年分では地目等級別に貫高を書き上げているが、整然とした数値になっており、やはり竿入れはなされていない。

元和八年（一六二二）、仙石秀久の子忠久が上田に転封になると、佐久郡は徳川秀忠の三男徳川忠長の所領となり、村高も石高で表示されるが、これも貫高を何らかの操作で換算したものである。海瀬は四百二十一石二斗とされた（県史三六三号）。寛永元年（一六二四）に松平忠憲が小諸に入ったため忠長領は半減したが、寛永六年に惣検地が行われた。「海瀬」という郷を単位に竿入れがなされ、村高は六百七十三石余となった。検地帳には「上かいせ」「下かいせ」「花岡村」などの肩書をもつ名請人が現れ、後述するように海瀬新田の開発も始まっていた。

寛永九年には幕府領になり、同十三年には広く新田検地が行われ、海瀬新田が村立てされ（七十石余）、上海瀬（三百四十九石余）、下海瀬（三百四十四石余）とあわせて三つの村に分割された。(7) ただし、集落住人の所持地をまとめる形で分村したため、所属耕地の分布は部分的に入り交じりとなった。下海瀬村は、さらに延宝四年（一六七六）に地詰検地を受け五百五十石近くになった。これ以外に寺社の除地が十四石あった（旧高旧領取調帳）。

次に海瀬新田の開発についてみておこう。近世後期の記録「海瀬新田開発旧記覚書」（土屋一五二八）

によれば、元和七年春に仙石氏の家老片岡彦左衛門へ茂右衛門ら四人が願って開発を始めた。寛永六年、徳川忠長の旗本平尾伊織が知行高五百五十石で海瀬を領した。同年検地を受け、当時、新田の高はまだ十石以下だったが、その後開発を進めて寛永十三年に再び検地を受け、村高七十石余の独立村となったとする。実際に片岡から茂右衛門に宛てて、新田をおこした場合、三年間の作り取りを認め（三年過ぎれば御蔵納）、諸役を免除する、という判物が出されている。[8] 海瀬村（御蔵納・給人所）の者はもちろん、（他村から）田畑を捨てて来る者は新田へ入れるな、という規定もある。

平尾伊織（伊折）については、後年の記録では知行高七百石とされ、[9] 新田開発地を「手作」し、寛永六年検地の際、『伊折手作御縄打帳』が別冊で作成されて二町七反余（あるいは高十七石二斗余）が登載されているが、主家の改易、牢人後土着し、右の開発地をそのまま「手作」している。[10] 事実、寛永十年の年貢高は十六俵余とされ、その年貢を伊織が済まさないことが問題になっている（『信濃史料』二六巻二一四・二三四頁）。このように、寛永九年に幕府領になる以前には、なお給人に一定の在地性があった。

一方、海瀬新田より北、抜井川と千曲川に挟まれた地域に四ツ谷と称する集落があるが、ここは海瀬新田の村域ではなく、下海瀬村の領域として残された。ただし、ここも新村だった。慶長十二年（一六〇七）に右馬之助（相馬家）ら四名が千曲川を挟んだ隣村の高野町庄左衛門に宛てて出した一札には「ぬくい分海瀬新町相立申候、居屋敷之儀者海瀬江うち上候」云々と述べられている。[11] これが、やがて「苦水」、のちに「四ツ谷」とよばれる集落の前身だったと考えられる。なお、海瀬の南の樋口《ひのくち》村も元は崎田村の内で、崎田新町とよばれていた。佐久郡では当時、新村・新田のことを新町と呼ぶことが多い。この抜井（苦水・四ッ谷）の集落は高野町から海瀬の領域へ、いわば入植によって形成された。前に、天正十四年ではなく慶長十五年ではないかと推測した「信州佐久郡之内貫之御帳」には、「高野町」二百貫の次に九貫文の「ぬくひ分」が書き上げられている（ともに野沢組。海瀬は田の口組）。海瀬新田が独立した村となった一方で、この四ツ谷は新田村として独立しなかったが、それは開発の経緯や規模、タイミングなどの違いによるのであろう。

さて、段丘上にある花岡は、延宝期（一六七三～八一）以降、独自の名主を立てるようになるが[12]、下海瀬村から独立することはなかった。その石高は、「花岡組名寄帳」として年々変動して計算され（元禄期以降伝存）、固定していなかった。しかし正保四年（一六四七）の信濃国絵図[13]には「高弐拾八石余　花岡村」として独立して記載されている（なお樋口村も崎田村から独立して記されるが石高は記されず「斗付無シ」とある）。実際には、この花岡村の高は下海瀬の高三百四十四石余の内に含まれると考えられるので、花岡の分の石高が重複して図示されてしまっていることになる。次の元禄国絵図には花岡村の記載はないが、郡内に出された指示では「枝村は、親村を書き添え、親村の高の内であるか、高外であるか、そのわけを書き記すように」とされていた（県史一五号）。正保国絵図でも、たとえばそのようにして枝村の書き上げがなされ、結果的に誤った記載となってしまったのであろう。つまり正保国絵図に花岡村が掲載されたのは、固有の高を持つことが公認されたわけではなかった。

二　山野と水の用益

下海瀬村は、海瀬新田・上海瀬村とともに、肥料（刈敷）・飼料（秣）・生活資材（薪・萱・材木）を、主として大日向村との境に位置する真木沢山で採っていた（ほかに三カ村内の林、川原・芝間も利用していた）。そこには大日向村の巣守や名主が管理する御巣鷹山があり、一六六〇～七〇年代には大日向村によって厳しく利用が制限されていた（土屋二七七三・二七七四・三六七五）。

延宝四年（一六七六）には、大日向村の伝左衛門が真木沢の芝間二十九町余を新畑に開くことを願い出た（土屋二八七二〜二八七五）。やや唐突にも感じるが、大日向村では、数年前に伝左衛門が訴人（告発）をした結果、検地が行われ、村高が二百三十四石余から七百十四石余へと過剰に増加されてしまったことが背景にあったようだ。一方、海瀬三カ村は、真木沢は自分たちの秣刈敷場だとして反対し、両方がほぼ半分ずつを申し請けて開発を進めることになった。幕府代官も開発を後押ししたようだ。しかし悪所であり三カ村の開発もごく一部にとどまり、伝左衛門の開発もまもなく頓挫したため、全体を三カ村で開発するよう命じられたが、結局は頓挫し全体を三カ村で秣場にすることを願い出て認められたという。この結果については後年の海瀬三カ村の主張にもとづくが、こうした経緯にもよって、三カ村は真木沢山を「往古より所持仕候」という認識を次第に強めていったと考えられる（土屋二七九三、寛政十年（一七九八））。

延宝九年になると、海瀬三カ村は、「以前より山年貢を納めている真木沢山を、大日向村が御巣鷹山と称して支配しているが、以前より三カ村の山なので、何所かを受け取って薪・馬草・刈敷を採ってきたが、近年、刈り尽くしてしまった。真木沢山の代わりに、山銭を負担するので馬札を交付していただき、大日向村の山へ入らせてほしい」と願い出ている[14]（土屋二七七五）。真木沢山（の一部）が三カ村の山であり、その根拠として山年貢（山役・山手）を負担してきたことを主張している。また、それとは別に山銭を負担・納入するとして、大日向村内で真木沢山とは別の山の用益を願い出ている。

時期が下って寛政十年（一七九八）には、海瀬三カ村が真木沢山へ入るのを大日向村が差し止めて大規模な出入になった。結局、中央を流れる沢を限って、大日向村・海瀬三カ村それぞれの「持山」と定め、さらに大日向村山内の一部をこれまで通り海瀬三カ村から刈らせることを認める裁許が評定所から下された（土屋二八〇九）。この時に至って、真木沢山については村境（野山の境）が確定したことになる。

大日向村などに対しては共同で利害を守ろうとしたが、海瀬三カ村が常に一体であったわけではない。さかのぼるが、宝永元年（一七〇四）には下海瀬村・新田が、新たに上海瀬村を領有した松平乗真の代官に訴えた。「三カ村は田畑野山ともに村境[15]はなく入会だが、馬草薪に不足している。延宝四年（一六七六）の検地の節、大日向村より上海瀬村へ入作していた畑を返したので、縄請けし下々畑五反歩を上海瀬村高へ入れ、年貢などは三カ村で上納し、荒らして草場にしておくことにした。しかし上海瀬村で連年、草場を開発して困るので、去年、抗議し草場にしておくよう断ったところ、その通りにすると返答したのに守らない」（相馬九四六）。結局、領主の命令をうけた上海瀬村は、本田畑のほか新畑は残らず荒らし秣刈敷場にする、新畑や切添は互いに一切しないと約束している[16]。

一方、後には下海瀬村も村内で開発を企てた。享和二年（一八〇二）には、本郷の有力者与左衛門（土屋家）が、四ツ谷貫井浜なす下川原にある一町余の芝地を、「過去にも切添・切開の例はあり、幕府にも益がある」として新田とすることを代官役所へ願い出た（土屋二八八七）。四ツ谷の有力者甚兵衛も、組下に困窮の百姓がいるからとそれに協力した（土屋二八八八）。翌年には本郷前川原一町五反歩余もあわせて開発することに小前一統で取り決めて、村として正式に願い出ている（土屋二八八九・二八九〇）。与左衛門は本郷組の名主であった。それに対して上海瀬村が、かつての下海瀬村と同じように、三カ村の秣場保全を理由として反対した。このように三カ村による山野・川原の共同用益・保全の規制は一定の役割を果したが、必ずしも強固ではなかった。なお、享和の出入では、対岸の中畑村も、「寛保の満水」（一七四二年）で千曲川の流路が変わったものの、そこは自村の古荒間だと称して開発に反対した。当該地域は千曲川・抜井川・余地川の氾濫に悩まされ、恒常的に川欠が生じ、川除工事が不可欠だった。

次に用水についてみておこう。下海瀬村はやや畑勝ちであるが、花岡以外の田地は、崎田村内で千曲川から引水し樋口村を通して二里余りを引く用水堰によって灌漑していた。明治十二年(一八七九)のデータでは、この用水は長さ一里十九町で、五十二町九反余を灌漑している。一方、上海瀬では、抜井川から引水する畑中堰が、長さ十三町、灌漑面積十一町七反余、川窪新堰が長さ二十町、灌漑面積七町八反余であり、他はいずれも灌漑地五町未満の堰だった。[17] いずれも近世の灌漑面積は、より小さかっただろう。用水堰の整備や管理は、場合によって郷を越えた利害の調整が必要で、近世には領主の指示を受けつつ村役人がそれを担っていた。

他方、段丘上の花岡は「往古より山沢水、田方用水ニ仕来」とか「田方天水掛りの場所」と言われているが(相馬一八五四・九七三)、宝永四年(一七〇七)、一部崎田村分の土地を買い添え、一反三畝歩余の新溜池を造成している(土屋一九一九)。その翌年、下海瀬村(本郷)と「郷内花岡」と堤入用の出入があった。前年の新溜池造成費用をめぐるものであろう。高野町と海瀬新田の村役人が仲裁し、費用十三両一分余のうち四両を花岡で支出し、残る九両一分余は下海瀬・花岡の惣高辻で割り合うことになった。そして、今後は井堰・川除ともに惣高辻で割ることを取り決めている(土屋三二九六)。この取り決めでは、花岡村も下海瀬村も、それぞれの名主と長百姓が連名している。これ以前は、下海瀬の井堰・川除ともに花岡は費用を出していなかった可能性がある。

その後も旱魃しやすい状況は残り、下海瀬(本郷)の有力者半兵衛(相馬家)がこれを悲しみ、天明三年(一七八三)に花岡の多左衛門・五兵衛・彦右衛門と相談して溜池を発起しようとしたが、浅間山が噴火し、前代にない凶作となったので見送ったという。噴火の前にすでに天候不順となっていて、それが溜池の計画につながった可能性もある。寛政十一年(一七九九)になって、半兵衛が改めて溜池を発起し、花岡の百姓たちと相談し、敷地も購入することができたので、花岡窪はもちろん郷中万代の宝だとして造営を決めている(相馬九七三)。結局、文化三年(一八〇六)になって新溜池敷地の年貢引き方を願い、認められた(土屋一九二四・三二六五・三二六六・一一三)。このように、次第に下海瀬村の全体で村内の治水・灌漑施設を整備する方向に進んでいる。開発や灌漑を、村内の有力百姓が主導したこともわかる。

三　寺社と祭礼

次に神社についてみておこう。当村のおもな神社として、①惣社・諏訪大明神、②社宮司、③神明社(伊勢大神宮社)があった。いずれも除地を有しており、①の諏訪神社が、下海瀬村・海瀬新田全体の「惣社」「惣鎮守」であった。享保十三年(一七二八)には、この三社をめぐって余地村の(諏訪大明神)神主伊予・兵部左衛門(友野氏)と、下海瀬村の四郎右衛門(相馬家)ら七名の百姓とが争いをおこしている(土屋三五八八)。

伊予らは次のように訴えた。「下海瀬村三社の神主を代々務めてきた。三社のうち神明社は、拙者祖父門弟の主膳という者を下社家として預けてきたが、後任がなく自分が管理し祭礼も務めてきた。七名が神明の除地・主膳の屋敷を百姓地と称して新たに寺を作った。四郎右衛門らは諏訪明神の除地・宮林も勝手に用益している」。

これに対して百姓たちは次のように反論した。「伊予が三社の神主で相馬主膳が伊予祖父の門弟だというのは偽りである。主膳は、伊予とは独立した下海瀬村の社家である。下社家であれば御水帳で別に書き分けられているはずがない。主膳の断絶後は、祭礼も当村山伏の大徳院・金剛院が務めている。寺を作った場所は主膳の屋敷ではない。除地からの上がりを祭礼費用にすることは公儀から認められている」。

四郎右衛門は、享保五年（一七二〇）頃までは自分が除地からの上がりや祭礼料の取り立てを世話してきたが、その後、年番名主が世話をするようになった、私用に取り込んでいると訴えられ困っている、と述べている（相馬二四七七）。結局、評定所の裁許で四郎右衛門らは敗訴したようだが[18]、この出入は、除地を神主と村のどちらが管掌するかという対立だった。当該地域では余地村にも大日向村にも上海瀬村（舘）にも高野町村にも上畑・中畑・下畑にも、ほぼ村ごとに諏訪社があり、有力な神職が複数の郷の諏訪社を管掌する一方で、諏訪社は各村の「惣社」「惣鎮守」としての役割を果たしていた。

下海瀬村の諏訪神社の祭礼については、寛政四年（一七九二）の段階で、それまで「操り」をしてきたが、今回「踊狂言」を興行したい者もいて、意見がわかれて対立した。新田・本村（下海瀬）・花岡の三人の隠居が扱いに入り、翌年は式三番叟の後に踊狂言、その翌年は小踊りの後に操りを興行する、費用は村方（村財政）より五両の支給をうけ、残りは役者中で出す、などを決めている。踊惣代として下海瀬村五名、花岡二名、新田二名、四ツ谷一名が連名し、操り惣代の方は十八名で集落の区別は記されていない（土屋三六二六）。これらはいずれも若者たちだったようだ。翌年には本郷（下海瀬村）若者と花岡若者との間で諍いがおきたが、花岡と本郷それぞれの隠居一人ずつが仲裁して和解した（土屋三六二九）。近世後期には、こうした若者組（若年男子の年齢階梯集団）の姿が顕在化している。

諏訪大明神の修復は下海瀬・花岡・新田の「三組一体」で行い、その他の費用も「三ケ割」という入用帳面に記載して取り計らっているとされる。文政七年（一八二四）には、三組のうち祭礼を延年したい場合はそれを認め、残った組で興行する、たとえば本郷組（下海瀬）だけで祭礼をした年は、舞台の土地の年貢や祭礼入用は本郷組だけで差し出すことを取り決めている（土屋三六四〇）。このような「本郷組計り」「村計り」の会計帳簿、および、花岡を含む村請制村としての「弐ケ」の会計帳簿も整備されており、当村では「三ケ」「二ケ」「村計り」という、重層的な村財政のしくみが成立していた。

最後に寺院についてみておこう。当村の百姓は曹洞宗余地村自成寺の檀家が多かったが、本郷には実相寺が、花岡には薬師堂が、そして新田には真福寺があった。まず真福寺については、海瀬新田開発中の寛永二年（一六二五）、真福と号する真言の出家を指し置いたのが発端だという。その後無住になったが、正徳三年（二年カ、二年なら一七一二）に自成寺を本寺として真福寺という寺号をつけ、上総所生の廻国玄空という道心者を指し置き、以後二代の道心者を経て、本寺の和尚が隠居するようになった、とする（土屋一五二八）。

下海瀬本郷の実相寺については、元禄十五年（一七〇二）に村中で相談して、「当村の御水帳に実相寺免という御免地があるが、中絶しており、どこの末寺なのか、本寺がわからなかった。去冬領主支配が（甲府徳川領から幕領へ）替ったので、余地村自成寺を仮本寺に頼み、実相寺と書き上げ、真言宗の龍泉寺弟子鏡円を置いた。今後、領主支配が替ったら、御下知を得て「堂」として書き上げる」と取り決めている（土屋三五八三）。

延享三年（一七四六）には自成寺が、曹洞宗信州総禄所である松代長国寺に対して、村役人と一同で次のように願い出ている。「下海瀬村実相寺は天正年間の古跡で、兵火で焼失し小寺になったが、徳川忠長領の寛永検地で除地を下し置かれ、宗門人別改帳でも拙寺末と書き上げている古跡に相違ない。昨年の本末改めの節、無住だったので拙寺末と書き上げるのを失念した。御禄所の御帳面に記載してほしい」

（土屋三三〇）。

元禄十三年（一七〇〇）には余地村自成寺から花岡の薬師堂に堂守を置きたいと言ってきた。度々本尊を盗まれ困っていたので、公儀の許可を得て置かせてほしいと下海瀬村の名主・長百姓が代官に願い出ている（土屋三五九五）。明和三年（一七六六）には薬師堂も無住になっており、奥州南部生まれで浄土宗当郡取出村常光寺弟子自円を、本山へも届けず引き入れて堂守をさせ、（浄土宗の）七夜念仏の修行をさせ他派の塔婆を建てたとして、花岡の名主・組頭が本村の名主・組頭の奥印をうけて自成寺に謝っている（相馬一三二七）。

四ツ谷にも地蔵堂（黒地蔵堂）があったが、ここは寺檀関係が複雑で、明和九年（一七七二）に天台宗平林村千手院檀家が一軒、余地村自成寺檀家が甚兵衛など五軒であり、他十九軒は曹洞宗高野町桂霄寺檀家であった。黒地蔵堂は、その四ツ谷中残らず相談で往古より建て直してきた「三カ寺檀那組合の堂」で、これまで本寺などもなく、留守居や道心者なども差し置いてこなかったが、火の用心なども心配だとして、桂霄寺に留守居・道心者の見立てを願っている（相馬一九五九）。四ツ谷の檀家の分布は、前述したような高野町からの入植という開発の経緯を物語っている。

このように各集落には、本寺・教団の編成を次第にうけながらも、なお教団の寺院として編成され切っていない惣堂があり、それぞれの結集の核となっていた。

むすびにかえて――中世の郷とムラを想像する

中世にさかのぼると、四ツ谷・新田の集落はなく、後の下海瀬村の領域には、近世よりも小さめのムラと耕地、そして広大な山野・芝間・河原という空間構成が広がっていた。山野がふんだんにあれば採草地の規制は不要で、中世には郷の紐帯として強かったわけではないだろう。海瀬郷では上と下とで用水も別の系統に分かれ、天水・溜池による花岡を除くと下海瀬地域は一つの堰によって灌漑されていたが、隣郷からの用水を整備し調整する役割を担う存在が必要で、小規模な治水・灌漑施設で済む上海瀬地域よりも開発が遅れた可能性が高い。また、この一帯では諏訪社が、ムラよりは大きく、郷かそれを分割した範囲ごとに勧請されている例が多い。

　前章で榎原雅治氏は、荘園開発時の開発の単位としての「郷」「村」の規定性に注目しているが、その見解は示唆的である。海瀬郷では抜井川・余地川沿いの上海瀬地域のいくつかのムラ（いずれも海瀬の名を持たない）が先に開発されて、千曲川までの一帯が海瀬郷として把握され、その後に、それらのムラをおもな母体として千曲川沿いの下海瀬地域が遅れて開発されたのであろう。さらに下海瀬地域では近世初頭に抜井＝苦水＝四ツ谷、さらに海瀬新田というムラが相次いで開かれた。

　中世には領主が在地していたために、近世に村請制の下で村役人や有力百姓が果たしていた機能（川除・用水・開発・寺社・祭礼など）はおおむね領主自身か、その被官・代官であるような土豪層が担っていた可能性が高い。百姓の手許に膨大な文書が作成されることはなく、ムラや百姓の姿が史料上、具体的な姿を現すのは、かくして近世を待たねばならなかった。

注

1　国文学研究資料館所蔵・信濃国佐久郡下海瀬村土屋家文書、同館寄託・同村相馬家文書。これらとは別に佐久穂町役場（旧佐久町役場）にも村文書が伝わり、上海瀬村の文書も現地に伝存している。

2　牧原成征「近世の村運営と村内小集落」（同『近世の土地制度と在地社会』東京大学出版会、二〇〇四年、初出一九九五年）。本稿はこの旧稿を前提として、そこで論じた点やそこでの反省点を含んでいる。

3　このような「ムラ」の用語法は、本書の方針と異なるが、近世史の立場から「ムラの戸籍簿」を広げるという課題を念頭におき、あえて採用したものである。

4　『角川日本地名大辞典20長野県』（角川書店、一九九〇年）。最近では、『佐久町誌　歴史編二』（佐久町誌刊行会、二〇〇五年）、鈴木将典「仙石氏の信濃佐久郡支配と貫高制」（『駒沢史学』九〇、二〇一八年）。

5　長野県編『長野県町村誌　東信編』（明治文献、一九七三年）三〇〇頁。

6　南佐久教育会編『南佐久郡の古文書金石文』（南佐久教育会、一九三八年）、四九頁。『県史』七三号。

7　以上、古川貞雄「信州佐久郡初期幕領の地方支配方式と石代納仕法」（『信濃』二三－七・九、一九七一年）。

8　前掲注6『南佐久郡の古文書金石文』、五六頁。土屋二八六八に写あり。

9　「駿河亜相附属諸士姓名」（国立公文書館内閣文庫）。

10　前掲注7古川貞雄論文。

11　国文学研究資料館写真帳・信州下海瀬村土屋家文書。前掲注6『南佐久郡の古文書金石文』九六頁。

12　四ツ谷は近世後期に独自の百姓代を立てるようになるが、赤屋は村運営上ずっと本郷に一括される。

13　上田市マルチメディア情報センターのウェブサイトによる（https://museum.umic.jp/kochizu/index.html）。二〇二三年八月九日閲覧。

14　ここで御巣鷹の巣本だった大日向に対して強気になった背景には、将軍になった徳川綱吉が、前年九月に将軍鷹狩の停止を触れ出したこと（根崎光男「綱吉政権初期の鷹政策」法政大学教養部『紀要』一〇七、一九九八年）があったと考えられる。

15　本文に述べたように、村境がないことの意味は田畑と野山とで異なっていた。

16　長野県佐久郡旧海瀬村引継文書（国文学研究資料館写真帳）九五九。

17　前掲注5『長野県町村誌　東信編』、七六－七七頁。

18　前掲注4『佐久町誌　歴史編二』、六四一頁。友野伊予は、上海瀬村の諏訪社も管掌していた。

結

本書は、「ムラの戸籍簿」研究会のとりくみの成果をまとめた、二冊目の書籍となる。「ムラの戸籍簿」研究会の事務局メンバー（大欠哲・門井慶介・服部光真・花田卓司・吉永隆記・三枝暁子）を代表して、最後に刊行に至った経緯および本書の成果と課題について述べ、結びの言葉にかえたい。

前書『古代・中世の地域社会――「ムラの戸籍簿」の可能性』（思文閣出版）を刊行してから、ちょうど六年の月日がたとうとしている。二〇一九年八月に開催した前書の書評シンポジウムにおいては、登壇者や参加者の方々から様々な御指摘・御批判を受け、今後の研究会の活動方針について今一度議論し見直す必要があるのではないか、との思いを事務局メンバーで共有した。早速十月に例会を開き、今後の研究会の活動内容について検討する機会を設け、議論した。そして「ムラの戸籍簿」（以下、「戸籍簿」と表記）の意義を様々な方々に認めてもらうためには、①私たち自身が古代・中世村落史研究の研究史のなかに「ムラの戸籍簿」を位置づけていく努力をすること、②手つかずの地域・作業途中の地域の「戸籍簿」づくりをさらに進めて、郷・村の盛衰の長期的かつ広域的な傾向をつかむためのデータを蓄積していくこと、③「戸籍簿」づくりを通して引き続き個別具体的な地域史研究や民衆社会研究を推し進めていくことが必要であることを確認した。以後の例会は、上記①～③の課題を克服すべく、論文講読や作業経過報告、研究報告を柱として開催していくこととなった。二〇二〇年に新型コロナウイルスが流行し始めると、オンラインでの例会開催となったが、途中、ハイブリッド方式をも取り入れながら研究と交流を続け、今に至っている。

本書はこうしたとりくみの成果を中心に、「戸籍簿」の魅力を今一度伝えるべく、研究会メンバーとシンポジウム等様々な機会で交流させていただいてきた前近代村落史研究者の方々とでまとめたものである。編者含む総勢二十六名による論稿から、どのようなことが明らかとなるのか。最後に、本書の成果を整理してまとめ、結びとしたい。

まず、前書から導き出された課題①を念頭にまとめられた第Ⅰ部の服部・吉永両論稿から改めて明らかになることは、「戸籍簿」づくりが、端的にいえば戦前における清水三男氏の中世村落史研究を継承するものであり、「村落住民の生活」の痕跡をたどる試みであるということである。「戸籍簿」発案へと至る大山氏の村落史研究の歩みや、「戸籍簿」が戦後から現代に至るまでの中世荘園村落史研究において持つ意義については、両論稿に詳しいのでここでは再論しない。ただ、両論稿が指摘しているように、「戸籍簿」づくりは、古代・中世の人々がどのような空間を「郷」・「村」とみなしたのかを探ることにより、各研究者によって定義が曖昧な中世村落の内実に迫る試みであること、「戸籍簿」とセットで取り上げられることの多い〈生活のユニット〉という言葉は、荘園制や領主制との対比において生まれた言葉であることをここで改めて確認しておきたい。

続く第Ⅱ部では、前書から導き出された課題②・③を念頭にした論稿を掲載している。前書の書評を書いてくださった田村憲美氏が、「データベースの分析結果が直接に生かされている論考は少数」と指摘されたように（「時評・書評・展示評　古代・中世史学界の片隅で起こっている注目すべき出来事について」――大山喬平・三枝暁子編『古代・中世の地域社会――「ムラの戸籍簿」の可能性』（思文閣出版、二〇一八年）に触れて――」神戸大学大学院人文学研究科地域連携センター『LINK』一一号、二〇一九年）、研究会メンバー自身が「戸籍簿」を十分に活用できていないにもかかわらず、「戸籍簿」の意義を多くの方々に共有していただくことは難しい。その反省から、国ごと地域ごとに「戸籍簿」から読み取れる情報をまとめ、そこから浮かび上がる論点を提示した。また、データベースの分析において不可欠の史料論については、部を別に立てて第Ⅲ部とし、分野・テーマごとの考察を試みた。第Ⅱ部については、すでに花田卓司氏が第十章で明快な総括を示しているので、ここでは第Ⅱ部と第Ⅲ部の史料論、さらには前書から導き出される課題③を念頭に設けた第Ⅳ部の各論稿の内容をもふまえながら、本書全体で明らかになったことについてまとめていくことにしたい。

まず注目されるのは、本書によって古代・中世の史料に現れる郷・村が、多義性・多層性をもっているということが鮮明になった点である。花田氏が第Ⅱ部第十章で指摘しているように、「戸籍簿」づくりは一面で機械的な作業であるために、さまざまなレベルの「郷」や「村」が一律に拾い上げられ、表にまとめられていくことになる。しかし、榎原論稿(第Ⅳ部第七章、以下「Ⅳ―七」のように表記)が指摘するように、史料上に現れる郷・村には、実際には多義性や多層性がある。春田論稿(Ⅳ―三)が問題としている「郷内郷」や「村内村」、さらには松井論稿(Ⅱ―七)の指摘する、複数の郷や村を包摂している港津の実態をみてもこのことは明らかである。したがって、「戸籍簿」に掲載されている個々の郷や村が具体的にどのような空間・構造のもとにあるのか、個別の検討が必要となる。その際、松井論稿が明快に示したように、郷・村が、都市性を帯びている場合もあることに留意する必要がある。

また、ある空間を「郷」と呼ぶか「村」と呼ぶかという点に、これを把握もしくは支配する側の認識の差が垣間見えることは、守護方在地方双方の呼称に注目した井戸論稿(Ⅱ―三)や南北朝期の軍忠状を分析した花田論稿(Ⅲ―六)、非人のムラを扱った三枝論稿(Ⅳ―五)から明らかである。同様に、鎌倉幕府法を分析した西田論稿（Ⅲ―五）が、鎌倉幕府法に「村」がほとんど現れないこと、鎌倉幕府が惣領として把握する所領の基本的な単位は荘園・郡・郷・保であったことを指摘していることも、「郷」と「村」の位相の違いを示している点で注目される。さらに駒井論稿（Ⅲ―一）が扱った『日本霊異記』に、古代の国家的地域区分制度によらない「村」・「里」が現れる一方、木村論稿（Ⅲ―二）の扱った王朝文学には「村」記載が全くみられないという点も、史料の性格や作成者の認識の違いをよく示していよう。一方で、村上論稿（Ⅱ―八）が、自治的な村落でありなおかつ村落領主や在地領主の存在したムラがあることを指摘し、榎原論稿（Ⅳ―七）が法人格をもつ「上位の村」の存在を指摘していることに留意するならば、「村」そのものにも多様な内実があったといえ、その内実を個別に検討していく必要がある。さらに「郷」と「村」の優位性をめぐる地域差について、西国に比べ東国は「郷」の検出数が「村」よりも優位であることが、吉竹論稿（Ⅱ―五）・海老澤論稿（Ⅳ―二）などで指摘されている。この点とかかわって、花田論稿（Ⅱ―十）が、①畿内、②東海道・東山道諸国、③北陸道・山陰道・山陽道・南海道・西海道諸国という分類のもとでより厳密に「郷」が優位である地域と「村」が優位である地域とを分類していることは注目される。

ところで、これら郷・村を基盤におく在地社会の骨格は、〈国―郡―郷―村〉であることが大山喬平氏によって指摘されている（「鎌倉初期の郷と村」『日本中世のムラと神々』岩波書店、二〇一二年、初出一九九九・二〇〇〇年）。この「社会の骨格」の内実については、貝塚論稿（Ⅱ―四）、吉竹論稿（Ⅱ―五）、杉江論稿（Ⅱ―六）、荒木論稿（Ⅱ―九）がそれぞれ検討している。その結果、花田論稿（Ⅱ―十）で総括されているとおり、①郡の枠組みが比較的維持されやすい畿内近国地域から東海地域西部、②郡の枠組みの解体が顕著な関東地域と東海地域東部、③郡の枠組みは維持されるが、古代以来〈国―郡―村〉の系列が骨格となっている陸奥国、といった三つの類型および地域差のあることが明らかとなった。こうした地域差の問題とあわせて考慮しなければならないのは、上川論稿（Ⅳ―四）が指摘するように、十二世紀以降の日本社会に、仏教の影響を受けて「南贍部洲―日本―国―郡―郷―村・寺」という系列意識が存在したことである。このような系列意識の存在は、史料論として金石文を扱った服部論稿（Ⅲ―十）や、浄土真宗の法宝物類の裏書を扱った川端論稿（Ⅲ―九）によっても確かめられる。したがって、服部論稿（Ⅲ―十）が指摘するように、「神さま」ばかりでなく仏教もまたムラの成立と展開に重要な役割を果たしてきたといえよう。甲斐国の郷・村初出事例の半数近くが寺院史料にみえるものであるという貝塚論稿（Ⅲ―八）の指摘をもふまえ、今後仏教とムラの関係について検討を深めていく必要がある。

次に、近世に存続していく「村」の存在について。杉江論稿（Ⅱ―六）によれば、東海地域では十二世紀以降に初出する郷・村の多くが近世村へと接続するといい、吉永論稿（Ⅲ―四）によれば中世後期〜末期にかけて形成される集落名もまた近世村へと接続するという。また、伊勢国の荘園支配文書を分析した伊藤論稿（Ⅲ―三）でも、十四世紀以降の御厨・御薗に新たに出現する村は近世村につながっていくという。坂田聡氏が指摘しているように（「書評　大山喬平・三枝暁子編『古代中世の地域社会――ムラの戸籍簿の可能性』」『史学雑誌』一二八編一〇号、二〇一九年）、持続するムラを即座に「生活のユニット」とみなしてよいかについては別途検討を要するが、郷・村がどのような契機で成立し、どのような条件のもとで近世村へと接続していくのか、今後検討を深めていく必要がある。成立の契機については、海老澤論稿（Ⅳ―二）や榎原論稿（Ⅳ―七）、牧原論稿（Ⅳ―八）が注目する「開発」がまずは想定され、さらに鎌倉論稿（Ⅳ―一）から荘園の形成もまた重要な契機であったといえる。また近世村への接続とかかわって、吉永論稿（Ⅲ―四）が、近世の宮座（名主座）から中世末期の集落名に迫る可能性を指摘している点は、「戸籍簿」がとっているムラの検出方法の限界を示している点で注意される。川端論稿（Ⅲ―九）によれば、戦国期の浄土真宗の法宝物類の裏書には「村」表記をともなわない地名が多数存在し、その多くは近世村として存続するという。したがって近世村やその内部には、「戸籍簿」で捕捉することのできない中世のムラが多数存在していたといえ、実際に牧原論稿（Ⅳ―八）では近世に成立した下海瀬村の内部に中世から存在した集落が複数存在していたことが指摘されている。現段階で実践していく余力はないものの、豊富な近世史料をもとに中世へとさかのぼってムラを復元していく方法が存在することに留意しておきたいと思う。

ムラの持続性の問題とかかわって見逃せないのが、佐藤論稿（Ⅳ―六）によって考古学においては中世集落遺跡成立前段階の十世紀～十一世紀前半に集落遺跡の空白期が存在することが指摘されている点である。佐藤論稿が言及しているように、「戸籍簿」においても、十～十一世紀の郷・村の初出事例の検出数は著しく減少している。これまでは、当該期の史料があまり残存していないために検出数も減少するのだろうと考えていたが、集落遺跡も減少するとなると別の要因を探る必要がある。遺跡の減少が畿内ではそれほど顕著ではないとの指摘は、山城国の「戸籍簿」を分析した大欠論稿（Ⅱ―二）が、他の多くの国で九～十一世紀に郷の初出事例がほぼ確認できなくなるにもかかわらず、山城国ではほぼ変わらず確認することができるとしている点とも通じており、空白期が生まれた理由がますます気になるところである。佐藤論稿の注目する気候変動論の成果については、第Ⅰ部の吉永論稿が指摘するとおり「戸籍簿」から読み取れる情報とも親和的であり、今後、他分野において蓄積されてきたデータと「戸籍簿」の成果とを接合させながら、九～十一世紀の空白期の意味について検討する必要がある。

最後に、〈生活のユニット〉について。吉永論稿（Ⅰ―二）では、「戸籍簿」づくりについて、七世紀～

結
三枝暁子

十六世紀に初出する郷・村を網羅的に収集することを通して、〈生活のユニット〉を膨大な数の郷・村の中から見出そうとする試みであると述べている。郷・村の初出事例の検出が即座に〈生活のユニット〉の検出を意味するわけではないこと、検出した「郷」・「村」の実態を探っていくことが何より重要であることは本書のとりくみからも明らかである。一方で、「戸籍簿」づくりが〈生活のユニット〉を見出していくための一つの手法であることもまた確かであり、その際、大山氏の生みだした〈生活のユニット〉という言葉をどのように捉え、追究していくべきかがまずは問われよう。この点について、服部論稿（Ⅰ―一）では〈生活のユニット〉が〈政治のユニット〉との対比、郷―名系列と荘―名系列の対比を前提とする言葉であることが指摘され、また鎌倉論稿（Ⅳ―一）では〈生活のユニット〉と〈政治のユニット〉の二区分が荘園とは何かを問うなかで提起されたものであること、〈生活〉と〈政治〉とが不可分の関係にあることは大山氏も認識していることが指摘されている。一方、榎原論稿（Ⅳ―七）では、祭祀や用水系を共有する上位の村と、居住の近接性に基づく下位の村（集落）との二層の村の存在に注意が向けられ、二層性が荘園のもつ政治的性格に由来すること、祭祀や用水の共有も居住の近接性もいずれも生活の一部であることから〈生活のユニット〉もまた重層的であったことが指摘されている。これらの指摘に学ぶならば、〈生活のユニット〉の「生活」とは、荘園制に規定されながら郷・村に生きた人々の「生活」をさし、「政治」とも不可分の関係にあったと捉えることができよう。逆にその「生活」がどのように実現されていたのかは、帰属する郷・村の内実に規定されていたといえ、それゆえに、郷・村の個別具体的な研究を進めていくことが重要となるのであろう。

以上、本書で明らかとなった点について述べてきたが、課題もあると自覚している。まず、「戸籍簿」が七世紀以降の郷・村初出史料を扱っていることをふまえるならば、古代村落史研究における「戸籍簿」

の意義について検討し共有していく必要のあることは間違いない。この点について、研究会として検討に着手しながらも成果としてまとめるには至らなかった。今後検討を続けていきたい。また、花田論稿（Ⅱ―十）が指摘しているように、九州地域の「ムラの戸籍簿」作成は未だ進んでおらず、豊前・豊後・肥後・日向・大隅・薩摩・対馬・壱岐の八ヵ国が未着手の状態である。早急に着手し、データの蓄積につとめていきたい。

壱岐・対馬を含む六八か国にわたる七世紀～十六世紀の郷・村の初出事例を検出していくという私たちの試みは、「前代未聞の作業」（前掲坂田聡氏書評）、「空前のプロジェクト」（本書榎原論稿）と評されている。実際に作業を進めている私たち自身、いつ終わるともしれない作業を進めるなか、取りくんでいることにどのような意義があるのか心もとなく、シンポジウムを開いてみては意義を確認し反省もし…ということを繰り返しているというのが正直なところである。このようななか、昨年九月に亡くなられた田村憲美氏が、前書の書評シンポジウムに参加してくださったばかりでなく、「時評・書評・展示評古代・中世史学界の片隅で起こっている注目すべき出来事について」（前掲）において次のような文章を寄せてくださったことは、研究会を運営する身としてこのうえない励みとなっている。

「生活のユニット」としての村（あるいはムラ）とは何かという問題について、私の理解では、この用語は厳密な分析概念を目指したものではなく、あくまでも中央権門による「所有」との対比において在地・地域の民衆的諸階層の生活、すなわち諸生業、信仰、誕生・婚姻・死亡などに係わる人的交流を広く包み込んだ共同性を指示している。この用語を用いることで、史料を読む研究者のまなざしをそちらへと大きく方向づけることが期待されているのであろう。（叱られるかもしれないけれども、）「郷村表」などのデータベース作成も必ずしもそれ自体の直接的な有用性のみが志向されているように思われない。敢えて郷と村に対象を絞り、初出のみに着目することは、作業へのハードルを下げることに貢献し、結果的に日本古代・中世史を専攻する（しようとする）学生や研究者の参入を促している。（中略）今世紀にも日本古代中世史を志向する学生が地域や村落にも目を向け、自らのフィールドを獲得する仕組みが、たとえ片隅にでも脈々と存在することは本当に意義あることと思う。

今後も、ムラへのまなざしを大事にしながら、新たに参入してくださる方々を待ちつつ、世界の片隅で「戸籍簿」づくりを脈々と進めていきたいと思う。

本書の刊行にあたっては、小さ子社代表の原宏一氏に大変お世話になった。原氏には、二回にわたる執筆者会議のみならず、「ムラの戸籍簿」研究会例会にも毎回ご出席いただきながら、折にふれ本書の構成や内容にかかわるアドバイスをいただいた。また、「ムラの戸籍簿」データベースを配信するための基盤を作ってくださったのも実は原氏で、原氏のおかげで、作成作業完了国をそのつど事務局がアップロードして配信することができている。この場をお借りして改めて感謝の気持ちをお伝えしたい。

なお本書は、日本学術振興会科学研究費補助金・基盤研究（A）「郷・村名初出データにみる日本中世の民衆社会」（課題番号18H03582）による研究成果の一部である。

二〇二四年九月

三枝暁子

海老澤衷（えびさわ ただし）
1948年生．早稲田大学大学院文学研究科博士後期課程退学．博士（文学）．早稲田大学名誉教授．

春田直紀（はるた なおき）
1965年生．大阪市立大学大学院文学研究科後期博士課程単位取得退学．博士（文学）．熊本大学大学院人文社会科学研究部教授．

上川通夫（かみかわ みちお）
1960年生．立命館大学大学院文学研究科博士後期課程修了．博士（文学）．愛知県立大学日本文化学部教授．

佐藤亜聖（さとう あせい）
1972年生．奈良大学大学院博士前期課程修了．博士（文学）．滋賀県立大学人間文化学部教授．

榎原雅治（えばら まさはる）
1957年生．東京大学大学院人文科学研究科修士課程修了．東京大学博士（文学）．東京大学名誉教授．

牧原成征（まきはら しげゆき）
1972年生．東京大学大学院人文社会系研究科博士課程，単位修得の上退学．博士（文学）．東京大学大学院人文社会系研究科教授．

松井直人（まつい なおと）
1988年生．京都大学大学院文学研究科博士後期課程研究指導認定退学．博士(文学)．京都大学大学院文学研究科助教．

村上絢一（むらかみ じゅんいち）
1992年生．京都大学大学院人間・環境学研究科博士後期課程研究指導認定退学．和泉市教育委員会生涯学習部文化遺産活用課主事．

荒木舜平（あらき しゅんぺい）
1992年生．東京大学大学院人文社会系研究科博士課程在学中．

花田卓司（はなだ たくじ）
1981年生．立命館大学大学院文学研究科博士課程後期課程修了．博士（文学）．帝塚山大学文学部准教授．

駒井匠（こまい たくみ）
1984年生．立命館大学大学院文学研究科博士課程後期課程修了．博士（文学）．佛教大学歴史学部講師．

木村茂光（きむら しげみつ）
1946年生．大阪市立大学大学院文学研究科博士課程単位取得退学．博士（文学）．東京学芸大学名誉教授．

伊藤哲平（いとう てっぺい）
1992年生．東京都立大学大学院人文科学研究科博士後期課程満期退学．関東学院中学校高等学校教諭．

西田友広（にした ともひろ）
1977年生．東京大学大学院人文社会系研究科博士課程中途退学．博士（文学）．東京大学史料編纂所准教授．

川端泰幸（かわばた やすゆき）
1976年生．大谷大学大学院文学研究科博士後期課程満期退学．博士（文学）．大谷大学文学部准教授．

鎌倉佐保（かまくら さほ）
1968年生．明治大学大学院文学研究科博士後期課程単位取得退学．博士（史学）．東京都立大学人文社会学部教授．

執筆者紹介（執筆順、＊は編者、2024年10月1日現在）

＊大山喬平（おおやま きょうへい）
1933年生．京都大学大学院文学研究科博士課程単位取得退学．博士（文学）．京都大学名誉教授．

＊三枝暁子（みえだ あきこ）
1973年生．東京大学大学院人文社会系研究科博士課程単位取得退学．博士（文学）．東京大学大学院人文社会系研究科教授．

＊服部光真（はっとり みつまさ）
1985年生．愛知県立大学大学院国際文化研究科博士後期課程修了．博士（日本文化）．元興寺文化財研究所主任研究員．

吉永隆記（よしなが たかのり）
1985年生．立命館大学大学院文学研究科博士課程後期課程修了．博士（文学）．京都精華大学国際文化学部准教授．

大欠哲（おおかけ あきら）
1980年生．立命館大学大学院文学研究科博士前期課程修了．亀岡市文化資料館学芸員．

門井慶介（かどい けいすけ）
1984年生．大谷大学大学院文学研究科博士後期課程修了．博士（文学）．大野城心のふるさと館学芸員．

井戸裕貴（いど ゆうき）
1999年生．愛知県立大学大学院国際文化研究科博士後期課程在学中．

貝塚啓希（かいづか よしき）
1996年生．東京大学大学院人文社会系研究科博士課程在学中．

吉竹智加（よしたけ ちか）
1993年生．立命館大学大学院文学研究科博士前期課程修了．藤沢市文書館学芸員．

杉江綾乃（すぎえ あやの）
1999年生．愛知県立大学大学院国際文化研究科博士後期課程在学中．

● テキストデータ（文字データ）提供のお知らせ

視覚障害、肢体不自由、発達障害などの理由で本書の文字へのアクセスが困難な方の利用に供する目的に限り、本書をご購入いただいた方に、本書のテキストデータを提供いたします。（※テキストデータは文字情報のみです。図版は含まれません）
ご希望の方は、必要事項を添えて、下のテキストデータ引換券を切り取って（コピー不可）、下記の住所までお送りください。

【必要事項】データの送付方法をご指定ください（メール添付 または CD-Rで送付）
メール添付の場合、送付先メールアドレスをお知らせください。
CD-R送付の場合、送付先ご住所・お名前をお知らせいただき、200円分の切手を同封してください。

【引換券送付先】〒606-8233　京都市左京区田中北春菜町26-21　小さ子社

＊公共図書館、大学図書館その他公共機関（以下、図書館）の方へ
図書館がテキストデータ引換券を添えてテキストデータを請求いただいた場合も、図書館に対して、テキストデータを提供いたします。そのデータは、視覚障害などの理由で本書の文字へのアクセスが困難な方の利用に供する目的に限り、貸出などの形で図書館が利用に供していただいて構いません。

「ムラの戸籍簿《こせきぼ》」を読《よ》み解《と》く
—「郷《ごう》」と「村《むら》」の古代《こだい》・中世《ちゅうせい》—

2024年10月31日　初版発行

編　者　大山喬平
三枝暁子
服部光真

発行者　原　宏一

発行所　合同会社小さ子社
〒606-8233 京都市左京区田中北春菜町26-21
電話 075-708-6834　FAX 075-708-6839
E-mail info@chiisago.jp　https://www.chiisago.jp

印刷・製本　亜細亜印刷株式会社

ISBN 978-4-909782-23-6

テキストデータ引換券
「ムラの戸籍簿」を
読み解く